한 권에 담은
한나라 이야기

한서 선역

漢書

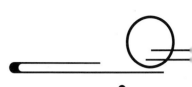

한 권에 담은
한나라 이야기

# 한서
## 선역

반고 지음
안예선 옮김

뿌리와
이파리

## 일러두기

1. 『漢書』(中華書局, 1997)를 저본으로 하였으며, 청대淸代 왕선겸王先謙의 『漢書補注』(上海古籍出版社, 2009)를 참조하였다. 해석과 각주는 『新譯漢書』(臺北: 三民書局, 2013)를 참조하였다.

2. 저본의 한자 중 현재 통용되지 않는 이체자·고자가 쓰인 경우, 이 책에서는 지금 통용되는 글자로 바꾼 것도 있다. 저본에서 혼용한 한자의 경우, 이 책에서는 가독성을 위해 통일하기도 하였다. 예를 들어 저본에는 '雁'과 '鴈'이 혼용되어 있으나 이 책에서는 '雁'으로 통일하였다.

3. 한자의 병기는 최초 노출 후 반복하지 않는 일반 표기의 원칙 대신 문맥의 이해를 위해 필요한 곳에는 반복적으로 한자를 병기했다.

4. 국립국어원 외래어 표기법 세칙에 따르지 않고 중국어 인명과 지명 모두 한자음대로 표기하는 것을 원칙으로 했다.

5. 번역문에서 한자를 표기할 경우 독음이 같으면 괄호 없이 병기하였고, 독음이 다르면 ( )를 사용하였다. 서명에는 겹낫표(『 』)를, 편명에는 홑낫표(「 」)를 사용했다.

# 傳전 100

# 중국이 만들어진 시기,
# 한나라의 역사를 읽다

『한서漢書』는 후한後漢 때 반고가 편찬한 전한前漢의 역사서이다. 한 고조 유방劉邦부터 왕망王莽이 신新 왕조를 세우면서 전한이 멸망하기까지 230년의 기록으로, 중국 24정사 중 『사기』를 이은 두 번째 사서이다. 12명의 황제를 기록한 기紀, 8권의 표表, 10권의 지志, 70권의 전傳으로 구성되어 있다.

6국을 멸망시키고 전국시대를 종식시킨 진시황제는 최초의 통일 국가를 이루긴 했지만, 2대 15년 만에 멸망하였다. 통일국가를 효율적으로 운영하기 위한 기반을 제대로 마련하기도 전에 나라가 멸망한 것이다. 각지에서 일어난 세력들로 중국은 다시 분열되었고, 유방은 이 난세에서 최후 승자가 되어 한나라를 건국하였다. 한나라는 약 400년간 명맥을 유지하였고, 우리가 생각하는 중국적인 제도·사상·학술·문화는 이 시기에 구축되었다. 『한서』는 바로 이 시대를 기록한 역사이다.

반고의 편찬이라고는 하지만, 전한前漢의 역사를 편찬하기 시작한 것은 부친 반표班彪였고, 반고가 부친의 유업을 계승하여 대부분을 편찬하였다. 후한 화제和帝 4년(92) 반고가 두헌竇憲에게 연루되어 투옥된 후 옥중에서 세상을 떠났을 때『한서』중 8표와「천문지」는 미완성의 상태였다. 화제는 반고의 여동생인 반소班昭에게 완성을 명하였으나 그녀 또한 완성하지 못한 채 세상을 떠났다. 이후 마속馬續이 보완하여 완결을 짓게 된다.『한서』는 정확히는 반표에게서 시작되어 반고, 반소, 마속 네 사람을 거친 공동 집필이라고 할 수 있다.

반고가『한서』를 편찬한 의도와 과정은 사마천의『사기』와 비교해볼 때 더 분명히 이해할 수 있다.『한서』는『사기』를 전제로 한 사서이기 때문이다.『사기』는 상고시대부터 전한 무제 시기까지를 기록하였다. 따라서『사기』와『한서』는 한 고조부터 무제까지는 동일한 시기를 다루고 있다. 그러나 두 사서는 같은 기간의 역사를 상당히 다른 입장에서 기술하였다. 중국 근대 학자 전종서錢鍾書는 역사 서술이 근원적·필연적으로 현재와의 연관성을 벗어날 수 없음을 이렇게 언급하였다. "역사의 흐름에서는 과거가 현재를 지배하지만, 역사 서술에서는 현재가 과거를 지배한다." 두 사서의 차이는 전한과 후한이라는 다른 시대적 맥락에서 비롯되었다고 할 수 있다.

우선, 사마천과 반고는 역사 편찬에 임하는 입장과 자세가 달랐다. 사마천은 자신의 저작에 대해 이렇게 언급하였다. "하늘과 인간을 탐구하고 고금의 변화를 관통하여 일가의 학설을 이루고자 하였다(究天人之際, 通古今之變, 成一家之言)."『사기』는 역사를 소재로 한 세계와 인간에 관한 사마천의 '일가지언一家之言'이므로 도가나 법가와 같은 자부子部의 저작으로 이해해야 한다고 보는 학자들도 있다. 따라서『사기』에는 한 왕실의 정통과 존엄을 위해하는 내용이 적지 않았다. 여기에는 사마천 개인의 비판을 서슴지 않는 성향, 궁형을 당한 억울함이 가미되었을 수도 있다. 한 무제는 『사기』 중 경제景帝와 자신에 대한 부분을 열람한 후 진노하여 삭제를 명하였으며, 후한 시기 반고가 『한서』를 지을 당시에 『사기』는 이미 10편이 누락된 상태였다.

그러므로 후한 조정의 입장에서 『사기』는 불편한 역사서였고 이를 대체할 새로운 사서의 마련이 시급했다. 왕조의 정통성과 정치적 이념을 공고히 하는 데 일조할 수 있는 역사가 필요했던 것이다. 그러나 역사 집필은 그리 간단한 일이 아니었다. 전한 시기, 사마천은 당시 한나라의 역사를 기술하는 데 별다른 제재나 간섭을 받지 않았다. 그때까지 아무도 당대의 역사를 편찬한 적이 없었기 때문이다. 게다가 아직 역사와 역사학에 대한 이해가 미약했고, 사서의 편찬이 조정과 황실의 권위에 불리할 수도 있다는 생각을 하지 못했다. 그러나 후한, 반고의 시대는 달랐다. 이미 『사기』로 인해 조정을 비난하는 역사 저술이 위험할 수도 있음을 인식한 상황이었다. 반고는 이러한 조정의 민감도와 간섭을 고려해야 했고, 새로운 역사가 한 왕조의 명성을 위해 일조할 수 있어야 한다는 책임감도 있었을 것이다. 게다가 사적으로 국사를 개작한다는 고발을 당해 하옥되어 모든 책과 원고를 압수당하기까지 했다. 당시 장군의 직위에 있었던 동생 반초班超가 상소를 올려 해명하고, 황제 또한 반고의 초고를 보고 난 후에야 역사를 쓰도록 허락하였다. 이러한 상황에서 조정과 황제의 주목을 의식하지 않을 수는 없었을 것이다. 『한서』는 완성 후 새로운 역사를 갈망하던 당시의 사회적 분위기와 조정의 지지를 업고 신속하게 유통되었다.

따라서 『한서』는 『사기』에 비해 한 왕조를 옹호하는 입장에서 기술되었다고 할 수 있다. 그러나 어디까지나 합리적이고 허용될 수 있는 범위 내에서의 옹호였지 과도한 수준은 아니었다. 반고는 『사기』에 실린 무제까지의 내용 중 조정과 황제에 대한 비판은 얼마든지 삭제하거나 수정할 수 있었다. 그러나 대부분 그대로 채택하였다. 한 왕조의 권위와 정통성을 위해 윤색을 가한 부분이 있기는 하지만 그것이 전체에 걸쳐 무조건적으로 진행되지는 않았다. 무제 이후의 역사를 다룰 때도 황제들의 무능함과 호색, 잔인함 등을 비호하지 않고 기록하였다. 이는 반고의 시대가 이미 전한을 어느 정도 객관화시켜 볼 수 있을 만큼 시간이 흐른 상황이었기 때문이라고 해석할 수 있다. 지배 질서에 위협이 될 수 있는 내용은 수정과 삭제가 필요했지만, 전한의 패인과 폐해는 타산지석으로 삼을 필요가 있었다. 사마천의 한 왕조에 대한 불만과 비난이 다소 감정적이었다면, 반고는 전한의 실패를 교훈 삼아 후한 왕조를 더 찬란하고 장구하게 유지하고자 했던 것이다.

둘째, 두 사서의 사상적 경향 차이를 들 수 있다. 『사기』가 편찬될 당시는 '백가의 학문을 없애고 오직 유가만을 존중한다'는 유가 중심주의가 아직 절대적인 영향력을 발휘하지 않던 상황이었다. 사마천은 "육경의 다른 해석들을 모으고 백가의 학설을 정리한" 입장에서 『사기』를 편찬하였다. 유가의 경전뿐만 아니라 제자백가의 학설도 함께 참조하였으며, 때로 유가의 폐단과 단점을 지적하기도 했다. 즉, 어떤 사상이나 학술을 중심으로 하지 않은 자신의 '일가지언'을 위한 저술이었다.

그러나 이미 유가 중심의 이념이 확립되었던, 그리고 이를 공고히 해야 할 필요가 있었던 후한 시대의 반고는 유가적 가치를 최우선으로 하였다. 이는 반고 부자가 『사기』를 비난한 점을 볼 때 분명

해진다. 반고는 사마천이 "황로를 앞세우고 육경을 뒤로하였다(『한
서·사마천전』)"며 비판했고, 부친 반표 또한 동일한 입장이었다.

> 학술을 논하면서 황로黃老를 중시하고 유가의 오경五經을 소홀히 하
> 였다. 화식貨殖을 서술하면서 인의를 가볍게 여기고 빈궁함을 부끄러
> 워하였다. 유협游俠을 서술하면서 절의를 천하게 여기고 세속적인 공
> 적을 귀하게 여겼다. 이것이 그의 큰 잘못으로 유가의 도를 해친 부분
> 이며, 극형이라는 재앙을 받게 된 이유이다(『후한서 · 반표전』).

반표는 『사기』 중 유가의 도리에 위배된 내용을 두 가지 언급하
였다. 첫째는 황로, 즉 친親도가적 입장이라는 것이다. 사마천은 '자
신만의 학설(一家之言)'을 세상에 전하고자 한 것이므로 한 가지 사
상을 『사기』에 관철시키지 않았다. 그러나 전체적인 논조를 보았
을 때 유가에 비판적이고 도가에 우호적이라는 것이 일반적인 해
석이다. 따라서 반고는 『한서』를 집필하면서 '오경의 뜻을 관철(旁貫
五經)(「서전敍傳」)'하는 것을 가장 우선하였다. 둘째는 화식과 유협을
긍정적으로 기술하였다는 점이다. 유가에서 가장 중요한 것은 상
하의 위계와 예법이다. 천자, 제후, 경대부, 사士, 백성이 각자 정해
진 신분에 따라 윗사람의 것을 넘보지 않는 것이 이상적 사회질서
이다. 그러나 사마천은 재물을 축적하여 신분을 뛰어넘는 부를 누
리는 '화식', 법과 질서보다 사사로운 의리와 은원을 위해 행동하는
'유협'을 긍정적으로 기술하였다. 유가적 입장에서 본다면 화식과
유협은 자신의 분수를 넘어 위를 넘보려는 욕망을 조장하는, 예법
과 위계를 무너뜨릴 수 있는 부정적이고 위험한 존재였다. 따라서
반고는 사마천과는 전혀 다른, 철저히 부정적 입장에서 「화식전」과

「유협전」을 다시 썼다. 두 전傳은 반고와 사마천의 서로 다른 성향과 시대적 차이를 가장 극명하게 보여주는 편이라 할 수 있다.

『사기』가 조정과 왕실에 대해 비판적인 것과 달리,『한서』가 권력으로부터 독립된 입장을 견지하지 못한 것을 결점으로 보는 것은 다소 억울한 평가인 듯하다.『사기』와『한서』에는 150여 년의 시간차가 있다. 이 기간 한나라는 모든 방면에서 비약적인 성장과 발전을 이루었다. 역사서에 대한 인식조차 없었던 시기와, 그것의 위험성을 알고 있었기에 개인의 역사 집필을 관리하려 했던 시기의 역사 서술은 다를 수밖에 없다. 또한 150년 후의 반고가 사마천과 동일한 식견이나 사고를 했을 리는 만무하다. 반고가 살았던 후한에는 전한보다 훨씬 세련되고 제고된 수준의 유학이 완성되었다. 체계적이고 완정한 학문이자 철학으로서의 유학과 사마천 시대의 유학은 다를 수밖에 없으며, 그들의 관념과 시각 또한 다를 수밖에 없다. 또한 몸소 당시를 겪었던 사마천과, 그 시대를 간격을 두고 객관화시켜 전체적으로 조망하고자 했던 반고의 입장은 분명 다른 것이었다. "사마천의『사기』가 역사는 어떻게 변화해온 것인지에 대한 서술이라면,『한서』는 지금의 체제를 어떻게 유지할 것인가에 대한 답"이란 중국 현대 사학자 백수이白壽彝의 말은『사기』와『한서』의 본질적인 차이를 잘 대변해준다.『사기』가 역사를 통해 인간이 추구해야 할 보편적 가치를 찾고자 했던 반면,『한서』는 역사를 통해 왕조와 정치를 유지하는 이념을 구축하고자 했다고 할 수 있다.

마지막으로 두 사서는 문체에서 상이한 성향을 보인다.『사기』의 문장이 글자 수나 구법에 거의 정형성을 띠지 않는 반면,『한서』는 4자구를 사용하는 경향이 강하다. 특히 마지막 편인 「서전敍傳」은 거의 모든 문장이 4자구로 되어 있다. 후한은 자유롭고 질박한 선진

先秦 산문에서 4·6자로 글자 수를 맞춘 육조六朝 변문騈文으로 이행하는 과도기였다. 산문도 대우와 정제미, 수사를 중시하기 시작한 것이다.

문체의 차이는 시대에 따른 글쓰기의 추세와도 관련이 있겠지만, 한편으로는 역사를 집필하는 사마천과 반고의 상반된 태도에서 비롯되었다고도 볼 수 있다. 『사기』는 주관적이고 감정적인 기술이 넘쳐난다. 『사기』를 읽으면서 감동을 받는 이유는 마치 눈앞에 재현된 듯한 생생한 장면 묘사, 그 인물에 빙의된 듯한 대화와 심리 묘사 덕분이다. 사마천은 역사와 인물에 대한 개탄, 분노, 슬픔을 그대로 쏟아냈고 그러한 감정이 문체에도 고스란히 반영된 것이다. 반면, 반고는 주관과 감정을 최대한 배제하고 이성적·객관적 입장에서 역사를 기록하고자 했으므로 문체 또한 절제되고 정련되어 있다. 이러한 문체적 차이는 후대 『사기』와 『한서』의 선호도에도 영향을 끼쳤다. 대체로 변문이 우세하던 시기에는 『한서』가, 질박한 고문을 추종하던 시대에는 『사기』가 작문의 모범으로 제시되었다.

간단하게나마 우리나라에서 『한서』가 어떻게 읽혔는지를 짚어보자. 우리나라에서도 『한서』는 『사기』와 함께 삼국시대부터 중요한 독서물이었다. 통일신라 시기 독서삼품과가 신설되었을 때 유가 경전·제자백가·삼사三史(『사기』·『한서』·『후한서』)를 모두 익힌 사람은 별도로 특별대우를 해주었다는 기록을 통해 『한서』가 중요한 교양서였음을 알 수 있다. 고려 현종 7년(1016) 중국에서 간행본 『한서』를 들여오게 되었고, 정종 8년(1042) 전·후 『한서』를 간행했다는 기록이 처음으로 보인다. 간행본이 유통되면서 이전의 필사본에 비해 더 정확한 원문을, 더 많은 사람들이 접할 수 있게 되었을 것이다.

우리나라에서 『한서』의 독서는 두 가지 필요에 의한 것이었는데, 하나는 역사를 이해하기 위한 사서史書로서, 또 하나는 고문을 익히기 위한 교본으로서였다.

고려와 조선시대의 글에는 전한前漢의 인물과 사건에 대한 인용, 고증, 평론 및 이를 소재로 한 작품이 셀 수 없이 많다. 당시 지식인들에게 중국의 역사와 전고에 대한 이해는 기본 요건이었으므로 『한서』의 독서는 필수적이었다.

16세기 중반 이후, 새로운 관점에서의 『한서』 읽기가 유행하게 된다. 기존에는 『한서』를 주로 역사서로 봤다면, 문학 작품으로서 『한서』를 보기 시작한 것이다. 명나라 전후칠자前後七子의 "문장은 반드시 진한 시대를 본받아야 한다(文必秦漢)"는 문학론이 조선에 본격적으로 수용되면서 『사기』와 『한서』가 고문의 전범으로 주목받게 되었다. 문인들은 작문의 요체를 습득하기 위해 『한서』를 익혔고, 『한서』의 정수만을 선별한 다양한 선집본이 유통되었다.

최립崔岦(1539~1612)의 『한사열전초漢史列傳抄』는 『한서』와 『사기』의 열전만을 뽑은 것으로 "최립과 윤근수尹根壽가 처음으로 『사기』와 『한서』를 후학에게 제시하니 당시의 풍조가 일변하게 되었다(이의현李宜顯, 『운양만록雲陽漫錄』)". 윤근수는 『사기열전』에 현토懸吐 작업을 하였다. 최립과 윤근수가 『사기』와 『한서』로 문단에 새로운 기풍을 창도한 것이다.

조익趙翼(1579~1655)도 『사기』와 『한서』의 명편을 골라 『사한정화史漢精華』를 엮었는데, 그 서문은 당시 선집의 필요성을 잘 보여준다.

지금 『사기』와 『한서』를 살펴보건대, 그 글이 워낙 방대해서 모두 보기가 어렵고 또 본다 하더라도 충분히 익히기가 어렵다. 그런 까닭에 세상에서 이 두 역사책을 공부하는 자는 항상 중요한 부분을 뽑아서 읽곤 하는데, 그렇게 해야만 충분히 익히면서 이를 본받아 문장을 지을 수 있기 때문이다.

문장가로 이름이 높았던 김창협金昌協(1651~1708)은 이의현李宜顯(1699~1745)에게 작문의 단점을 보완하기 위한 방편으로 『한서』를 읽으라 권해주며 직접 12편을 선별해주기도 했다.

> (내가 쓴 글을) 한번 농암農巖 선생에게 보여드렸는데, 농암이 자못 칭찬하였으나 그 거칠고 다듬어지지 못한 것을 흠으로 여기시고 반고의 『한서』를 읽어보라 권해주시며 손수 열두 열전을 선별해주셨다. 이에 300번을 정독하고 난 후에 글을 지어 농암에게 보여드렸더니, 이렇게 말씀하셨다. "글의 논리가 넉넉하고 구조가 엉성하지 않아서 전보다 크게 나아졌다."

이의현은 김창협이 선별해준 12편의 열전을 수백 번 정독한 후 글의 논리와 구조가 향상되었다고 한다. 이러한 선본은 분량이 상당해서 전체를 열람하기 힘든 『한서』의 정수만을 선별하여 제시해주었으므로 고문의 작법을 심도 있게 익힐 수 있는 방법이 되었을 것이다.

가장 널리 알려진 『한서』 선집은 정조가 편찬한 것이다. 정조는 『사기』의 명편을 선별한 『사기영선史記英選』을 편찬한 후, 『한서』에서 소무蘇武, 이릉李陵, 곽광霍光, 위상魏相, 병길丙吉, 하후승夏侯勝, 소망지蘇望之, 조충국趙充國, 매복梅福 9인의 열전을 수록한 선집을 편찬하였다.

이처럼 다양한 선집본이 출현했음에도 불구하고 조선에서 『한서』는 『사기』 이상의 평가와 선호를 받았다고 하기는 힘들다. 선집은 대부분 『사기』와 함께 선별되었고, 독립된 선집이라 하더라도 『사기』의 자매편으로서 편찬된 것이었다. 『한서』가 훌륭한 문장임에는 분명하지만 『사기』의 경지에는 이르지 못했다고 보는 것이 일반적 평가였던 것 같다. 정조가 이 점을 명쾌하게 정리하였다.

> 반고의 문장은 정확하고 적절한 점(精切)에서는 사마천을 능가하지만, 역량은 본래 그에 미치지 못한다. …… 사마천의 문장은 변화가 있고, 반고의 문장은 법도(矩法)가 있다. 변화는 신명神明한 작용이고 법도는 사람의 일이니, 사람의 일은 따라하기 쉽지만 신명의 작용은 파악하기 어렵다.

『한서』의 문장은 정확하고 모범적이라 노력해서 익힐 수 있는 수준인 반면, 『사기』는 천부적인 재능이라 모방하기 힘든 경지라는 것이다.

이는 문장에 대한 평가이므로 두 사서의 총체적인 우열론으로 받아들여서는 안 된다. 고문의 완성도에서 본다면 『사기』를 한 수 위로 보는 것이 일반적 평가이다. 그러나 전한 시기를 온전히 이해하는 것은 『한서』를 통해서만 가능하다.

이 책은 『한서』에서 다음과 같은 기준으로 작품을 선별하였다.

첫째, 기紀, 표表, 지志, 전傳의 네 가지 구성이 모두 포함되도록 하여 『한서』의 원모를 유지한 축소판으로 구성하였다. '기'에서는 중국의 이념과 학술, 제도의 기본적 틀을 완성한 「무제기」를, '표'에서는 전한의 멸망 원인을 제후왕의 세력과 연계하여 분석한 「제후왕표」의 서문을 수록하였다. '지'에서는 중국 학술의 전체적 면모를 알 수 있는 황실 도서목록인 「예문지」의 서문을, '전'에서는 전한 시기의 중요 인물을 선별하였으며 유전類傳의 특징을 볼 수 있는 「순리전」, 「혹리전」, 「화식전」, 「유협전」, 「영행전佞幸傳」에서도 한 명씩을 수록하였다. 그리고 마지막으로는 반씨 집안의 내력과 『한서』의 집필 의도, 전체적 구성에 대해 기술한 「서전敍傳」을 수록하였다. 「서전」은 『한서』의 서문에 해당하는 것으로 전체 100편에 대해 간략한 해제를 작성한 것이다. 『한서』의 구성과 내용을 전체적으로 이해하고자 한다면 「서전」을 먼저 읽어보는 것이 좋겠다.

둘째, 『사기』에 수록되지 않은, 시기적으로 무제 이후의 인물을 선별하였다. 『한서』는 무제 이전 시기까지는 대부분 『사기』를 채택하였으므로 그 내용이 상당히 중복된다. 구체적인 통계에 있어서는 학자마다 차이가 있지만 대략 전체 『한서』의 3분의 1에 해당하는 편폭이 『사기』의 원문을 채택하고 있으며 약간의 변동만 있다는 점은 공통적으로 인정하는 부분이다. 때문에 『한서』는 '표절을 일삼았다'라는 비난까지 받기도 했다. 그러나 기존의 사료를 활용하여 역사를 기록하는 방식은 중국의 전통적인 서사 전통이자 관습이다. 청대 사학자 장학성章學誠은 『사기』에서 "사마천 자신이 지은 것은 열에 하나고, 기존의 자료를 삭제하고 조술祖述한 부분이 열에 아홉이다. 그러나 군자는 이를 잘못이라 하지 않았다. 저서는 본디 삭제와 조술에 뛰어나야 하는 것"이라며 "반고는 전한 일대만을 단대사로 편찬하였다. 무제 이전 시기를 어찌 『사기』와 달리 쓰겠는가"라고 하였다. 더구나 반고는 『사기』에 불만이 있기는 했지만, 사마천 기록의 사실성과 문장력에 대해서는 인정하고 칭송하였다. 따라서 특별히 문제가 되는 부분을 제외하고는 그대로 채택하였다. 그러므로 이 책에서는 온전한 의미에서 반고의 편찬이라고 할 수 있는 무제 이후, 『사기』와 중복되지 않는 부분을 선별하였다.

마지막으로, 가급적 독자가 재미있게 읽을 수 있는 편을 선별하였다. 『사기』는 우리나라 독자들이 가장 선호하는 중국 고전 중 하나이다. 일찌감치 완역이 되었을 뿐만 아니라 수십 종에 달하는 선역 및 관련 저서들이 있다. 그러나 마찬가지로 한나라의 역사를 다루고 있는 『한서』는 그다지 친숙하지 않다. 『사기』가 재미있고 감동적인 이야기로 읽힐 수 있는 반면, 『한서』는 다소 엄숙하고 딱딱하게 느껴지기 때문이다. 역사학의 관점에서 『한서』는 분명 『사기』보다 객관적이고 실증적인 방향으로 진보한 사서이다. 주관과 감정을 배제하고 객관적 입장을 유지하고 있으며, 조서·상소·대책문 등 전한의 역사·학술과 관련된 중요한 원문을 수록하고 있어 사료로서의 가치도 상당하다. 그러나 이러한 『한서』의 장점이, 『한서』를 처음 접하는 일반 독자에게는 다소 난해하고 무겁게 느껴질 수도 있다. 따라서 이 책에서는 전한의 역사에서 관건적인 인물이면서도 전문적 내용이 적고 서사적 전개가 많아 용이하게 읽을 수 있는 편을 위주로 선별하였다.

紀
기

'기'는 그물의 벼리, 일의 뼈대를 의미한다. 사마천은 역사에서 제왕의 사적을 중심축으로 삼아 기술한다는 의미로 이를 '본기本紀'라 하였다. 반고는 『사기』가 한나라의 고조高祖를 진시황, 항우項羽의 뒤에 배치한 것을 불경하다고 보았기에 고조高祖에서 시작되는 새로운 역사를 집필하였다. 『한서』의 '기'는 「고조기高祖紀」에서 시작하여 「혜제기惠帝紀」, 「고후기高后紀」, 「문제기文帝紀」, 「경제기景帝紀」, 「무제기武帝紀」, 「소제기昭帝紀」, 「선제기宣帝紀」, 「원제기元帝紀」, 「성제기成帝紀」, 「애제기哀帝紀」, 「평제기平帝紀」까지 12편으로 구성되어 있다.

# 무제기

武帝紀

한 무제 유철劉徹(기원전 156~기원전 87)은 한나라의 번영기를 이끈 황제로 기원전 141년 16세의 나이로 즉위하여 54년 동안 재위하였다. 무제는 대외적으로 흉노를 정벌하여 국토를 확장하였으며 실크로드를 개척하여 동서의 문화교류 시대를 열었다. 정치적으로는 소금과 철의 국가 전매를 통해 재정을 공고히 하고, 황권과 중앙집권을 강화하였으며, 관료 기구와 제도를 정비하였다. 사상적으로는 백가를 폐출하고 유학을 국교화하였다. 중국의 정치, 제도, 문화, 사상, 학술의 기본적인 틀과 방향은 무제 시기에 확정되었고, 이후 2000년 동안 유지되어왔다고 할 수 있다. 그러나 이러한 위업에도 불구하고 만년에는 무리한 정복 사업과 건축 사업, 사치스러운 생활, 불로장생에의 헛된 욕망, 그리고 무고巫蠱로 인해 아들을 잃게 되는 등의 실책과 비극이 있었다.

한나라 초대 황제 유방劉邦은 거대한 제국과 제후들을 어떻게 다스려나갈지에 대해 아무런 준비가 없었다. 황제의 위엄과 권위는 물론, 국가를 운영할 수 있는 제도와 질서 등이 전반적으로 미비한 상황이었다. 당시 신하들은 술에 취하면 서로 공을 다투며 소리를 지르고 검을 뽑아들고 난동을 부리기까지 했다. 이때 숙손통叔孫通이라는 유생이 "천하를 얻는 일은 선비와 할 수 없지만 천하를 지키는 일은 선비와 함께해야 한다"며 나섰다. 그리고 예법을 제정하여 고조가 공신, 열후列侯, 백관에게 조회를 받는 성대하고 엄숙한 의식을 거행하였다. 이 의식은 황제의 위엄과 권위에 대해 신하들이 복종하게 하는 계기가 되었고 그제야 고조는 "나는 오늘에서야 비로소 황제의 고귀함을 알았다"고 하였다. 이는 초기 한나라가 국가로서의 질서와 기반이 전혀 마련되지 않은 상황이었음을 보여주는 일화이다.

그렇다고 당장 대대적인 개혁을 추진할 수는 없었다. 그간 진나라의 폭정과 뒤이은 전쟁으로 백성들의 생활은 피폐해져 있었다. 그러므로 우선 백성을 쉬게 하는 것이 한나라 초기 정책의 주요 방향이었다. 한나라 초기부터 문제文帝, 경제景帝에 이르는 시기까지 대외적으로는 화친을 유지하였고 대내적으로는 황로학을 기조로 하여 무위無爲의 정치로 백성을 안정시키는 데에 치중하였다. 황제 또한 검소한 생활을 하였고 토목공사나 전쟁으로 백성을 동원하는 일을 피하였다. 그리하여 문제·경제의 시대를 거치면서 민생은 안정되었고 생산력은 증대되었으며, 한나라는 전성기에 접어들었다. 무제는 이 시기에 즉위하였다. 사회의 번영과 경제력을 바탕으로 무제는 정치, 학술, 문화, 외교 등 모든 분야에서 적극적으로 정책을 펴나갔다.

54년의 재위 기간 동안 무제는 쉬지 않고 달렸다. 두태후가 세상을 떠나자마자 그동안 조모의 눈치를 살피느라 하지 못했던 유가 중심의 정치를 추진하기 시작했다. 오경박사와 태학을 설치하여 유학을 공부한 관료를 등용하였으며 계속해서 인재의 추천을 재촉하였다. 군대를 일으켜 적극적으로 대외 정벌에 나서 국토를 확장하였고, 능묘와 궁궐 등의 토목 공사를 벌였으며, 전국 각지를 순행하며 제사를 지냈다. 그러나 이는 엄청난 경제적 비용이 소모되는 일이었고 국가의 재정은 바닥을 드러냈다.

선제宣帝 때, 하후승夏侯勝은 무제에 대해 이렇게 언급했다.

"무제께서 비록 오랑캐를 물리치고 영토를 확장한 공적은 있으나 많은 병사를 죽게 하였고 백성의 재력을 고갈시켰습니다. 지나친 사치로 나라의 재정은 바닥났으며, 유리걸식하다가 죽은 백성이 절반에 가까웠습니다. 메뚜기 떼의 습격으로 수천 리가 황폐한 땅이 되었고, 백성들이 서로 잡아먹는 지경에 이르러 지금까지도 백성들 살림이 회복되지 못하고 있습니다."

무제의 과도한 의욕으로 백성의 삶과 국가 경제가 얼마나 피폐해졌는지를 적나라하게 보여준다. 반고 또한 '찬贊'에서 무제에 대한 평가를 이렇게 결론지었다.

"만약 이러한 출중한 재능과 뛰어난 경륜을 갖추고서 경제와 문제의 공손과 검소함을 겸비하여 백성을 구제했었더라면 『시경』과 『상서』에서 칭송하는 자라도 어찌 더 뛰어날 수 있었겠는가!"

'공손과 검소함을 겸비하여 백성을 구제했었더라면'이라는 표현은 무제가 초래한 국면에 대한 반고 나름의 완곡한 비판이었다.

따라서 무제 시기는 한나라의 전성기이기도 하지만, 동시에 정점에서 내리막길로 접어들기 시작하는 시대이기도 하다. 전한 역사의 가장 중요한 대목이 바로 「무제기」에 기록되어 있는 것이다. 반고가 『한서』를 집필하던 당시 『사기』의 「무제본기」는 편명만 남아 있고 내용은 실전된 상황이었다. 한 무제는 『사기』 중 부친인 경제와 자신에 대한 부분을 열람하고는 진노하여 집어던지고 삭제를 명하였다. 아마 조정과 황제에 대한 비판 등 불편한 내용 때문이었을 것이다. 지금 전하는 『사기』 중 「무제본기」는 후대 사람이 「봉선서封禪書」를 편집하여 구성한 것으로 대부분 무제의 방사술과 봉선에 관한 내용이다. 따라서 『한서』의 「무제기」는 무제에 관한 유일하고 완정한 공식 역사 기록이라는 점에서 의미가 있다.

효무황제는 경제景帝의 아홉 번째 아들로, 모친은 왕미인王美人이다. 네 살에 교동왕膠東王에 책립되었다. 일곱 살에 황태자가 되었으며 모친은 황후가 되었다. 16세인 후원後元 3년(기원전 141) 정월, 경제가 붕어하였다. 갑자일, 태자가 즉위하였고 황태후였던 두씨竇氏는 태황태후, 황후는 황태후가 되었다. 3월, 황태후의 아우 전분田蚡과 전승田勝을 열후에 봉하였다.[1]

건원建元 원년(기원전 140) 겨울 10월, 승상, 어사대부, 열후, 중이천석과 이천석의 관리,[2] 제후국의 재상에게 조서를 내려 재덕을 겸비하고 품행이 방정하며 직간할 수 있는 선비를 추천하도록 했다. 승상 위관衛綰이 건의하였다.

"추천된 자들 중 신불해申不害, 상앙商鞅, 한비자韓非子, 소진蘇秦, 장의張儀의 학설을 익힌 자들이 있습니다. 이들은 나라의 정치를 어지럽힐 수 있으니 모두 폐출하십시오."

윤허하였다.

봄 2월, 천하에 사면령을 내리고 집집마다 가장에게 작위를 한 등급씩 하사하였다. 집에 80세 이상의 노인이 있으면 2명의 인두세를 면제해주고, 90세 이상의 노인이 있으면 부역을 면제해주었다. 삼수전三銖錢을 주조하여 유통시켰다.

여름 4월 기사일, 조서를 내렸다.

"옛날, 교육을 바로 세울 때 고을에서는 나이, 조정에서는 작위를 기준으로 하였다. 세상을 돕고 백성을 인도하는 것은 덕이 으뜸이다. 그러므로 고을에서 어른을 우선하고 노인을 공경하는 것은 예

---

1) 전분과 전승은 왕황태후의 동모이부同母異父 동생이다.

2) 이천석은 3등급으로 나뉜다. 중中이천석은 매달 180곡斛, 이천석은 매달 120곡, 비比이천석은 매달 100곡의 녹봉을 받는다.

로부터 전해오는 도리이다. 그러나 지금 세상의 효자와 현손들은 극진히 부모를 봉양하고자 하여도 밖에서는 공무에 시달리고 안에서는 재물이 궁핍하여 효심을 다할 수가 없다. 짐은 이를 몹시 애석하게 생각한다. 90세 이상의 노인에게는 이미 죽을 제공하는 법이 있다. 아들 혹은 손자의 부역을 면제해주어 그들이 직접 처첩을 거느리고 노인을 봉양하도록 하라."

5월, 조서를 내렸다.

"강과 바다는 천리를 윤택하게 한다. 제사관은 산천의 사당을 정비하여 매년 정기적으로 제사를 지내고 각별히 예를 더하도록 하라."

오초칠국의 난[3]에 연루되어 관가의 노비가 되었던 반역자의 가족을 사면하였다.

가을 7월, 조서를 내렸다.

"호위 병사의 교체는 2만 명이었던 정원을 1만 명으로 줄이도록 하라. 황실의 말 사육장을 가난한 백성에게 개방하여 풀과 나무를 채취할 수 있도록 하라."

천자가 중요 의례를 거행하는 명당明堂의 건립을 논의하였다. 사자를 파견하여 바퀴를 창포로 싼 수레에 비단과 옥을 싣고 노나라 신배공申培公을 모셔오도록 했다.[4]

---

3) 오초칠국의 난은 경제 시기(기원전 154) 제후국인 오나라와 초나라 등 7국이 일으킨 반란이다. 경제는 조조晁錯의 건의를 수용하여 오나라의 세력을 견제하기 위해 영지를 삭감한다는 결정을 내렸다. 오나라 외에 초나라와 소나라까지 영도 삭감을 도모했고, 이에 반발한 제후들은 교서왕膠西王·교동왕膠東王·치천왕菑川王·제남왕濟南王 등과 연합해 반란을 일으켰다. 경제는 결국 반란군에 대한 회유책으로 조조를 처형하였고 반란은 진압되었다.

4) 일반적으로 고대의 수레는 서서 타는 것이었지만, 특별히 명성이 있는 인물을 초빙할 때에 예의와 존경을 표하기 위해 앉아서 타는 수레를 보내 모셔왔다. 바퀴를 창포로 싸면 수레의 진동을 줄일 수 있다. 신배공은 『시경』과 『춘추곡량전』에 정통하였다. 그의 제자인 왕장과 조관이 조정의 관리가 되면서 무제에게 스승을 추천하였

2년(기원전 139) 겨울 10월, 어사대부 조관趙綰이 두태황태후에게 정사를 아뢰지 말 것을 요청하였다. 태황태후는 분노하였고 그 죄로 조관은 낭중령 왕장王臧과 함께 하옥되었다가 자살하였다.[5] 승상 두영竇嬰과 태위 전분田蚡을 파면하였다.

봄 2월 병술일 초하루, 일식이 있었다.

여름 4월 무신일, 밤에 해처럼 밝은 별이 나타났다.

무제 자신의 능원인 무릉茂陵 읍을 조성하기 시작했다.

3년(기원전 138) 봄, 평원平原 땅에 황하가 범람하였다. 대기근이 들어 사람들이 서로를 잡아먹었다.

무릉으로 이주하는 자는 각 집마다 20만 전과 2경頃의 밭을 하사하였다. 장안의 서북쪽과 무릉 사이 위수를 건너는 다리인 편문교便門橋를 만들기 시작했다.

가을 7월, 서북쪽에 혜성이 나타났다.

문제文帝의 손자인 제천왕濟川王 유명劉明이 제천국의 태부太傅와 중부中傅를 죽인 죄로 폐위되어 방릉현防陵縣으로 축출되었다.

민월閩越의 군대가 동구東甌를 포위하자 동구에서 도움을 요청해 왔다. 중대부 엄조嚴助에게 회계會稽의 군대를 동원하여 바다를 건너가 구원하도록 했다. 군대가 도착하기도 전에 민월의 군사들은

---

고, 무제는 신배를 태중대부太中大夫에 임명하였다. 이후 왕장과 조관이 옥에서 자살하자 신배도 고향인 노나라로 돌아갔다.

5) 왕장과 조관은 유학자였다. 무제에게 명당을 건립하여 제후를 입조하게 할 것을 건의하였으나 무제의 조모인 두태후는 황로黃老 학술에 경도되어 있었으며 유학을 반대하였다. 이 때문에 왕장과 조관이 두태후에게 정사를 상의하지 말고 직접 친정할 것을 건의하자 두태후는 격노하였고, 결국 무제는 이들을 하옥시켰다. 승상이었던 두영과 전분은 유학을 선호하여 조관과 왕장을 임명하였기 때문에 연루되어 파면되었다. 당시 무제는 18세였기 때문에 조모인 두태후의 뜻을 거스를 수 없었다. 무제의 나이 22세에 두태후가 사망하였고, 그제야 유학을 익힌 문사들을 대거 등용하게 된다.

도주하였으므로 군대를 철수하였다.

9월 병자일 그믐, 일식이 있었다.

4년(기원전 137) 여름, 핏빛 바람이 불었다.

6월, 가뭄이 들었다.

가을 9월, 동북쪽에 혜성이 나타났다.

5년(기원전 136) 봄, 삼수전三銖錢을 없애고 반량전半兩錢을 유통시
켰다.

오경박사를 설치하였다.[6]

여름 4월, 무제의 외조모인 평원군平原君이 서거하였다.

5월, 메뚜기 떼로 인한 피해가 컸다.

가을 8월, 광천왕廣川王 유월劉越과 청하왕淸河王 유승劉乘이 모두
서거하였다.

6년(기원전 135) 봄 2월 을미일, 요동遼東에 있는 고조의 묘에 불이
났다.

여름 4월 임자일, 고조 능원의 편전便殿에 화재가 났다. 황제는 닷
새 동안 소복을 입었다.

5월 정해일, 두태황태후가 붕어하였다.

가을 8월, 혜성이 동쪽에서 하늘 끝까지 길게 나타났다.

민월왕 영郢이 남월南越을 공격하였다. 대행령大行令 왕회王恢는
예장豫章에서, 대사농大司農 한안국韓安國은 회계會稽에서 군대를
이끌고 출격하여 민월왕을 공격하도록 했다. 군내가 도착하기도 전
에 민월 사람들이 왕을 죽이고 항복하였다. 군대를 철수하였다.

원광元光 원년(기원전 134) 겨울 11월, 처음으로 군국에서 효성스

---

6)  유가의 다섯 가지 경전인 『주역周易』, 『시詩』, 『서書』, 『예禮』, 『춘추春秋』를 전문적으
로 가르치도록 조정 내에 설치한 것이다.

럽고 청렴한 자를 효렴孝廉으로 각각 한 명씩 추천하도록 했다.

위위衛尉 이광李廣을 효기장군으로 임명하여 운중雲中에, 중위中尉 정불식程不識을 거기장군으로 임명하여 안문雁門에 주둔시켰다. 6월에 철수하였다.

여름 4월, 천하에 사면령을 내리고 백성 중 장자長子에게 작위를 한 등급 하사하였다. 폐지되었던 오초칠국 종실의 세습권을 복권시켰다.

5월, 현량賢良들에게 조서를 내렸다.

"옛날 요순의 시절에는 일반인과 복장을 달리하는 것으로 형벌을 표시하였다. 그것만으로도 백성은 범죄를 저지르지 않았고 명령에 불복하는 자가 없었다고 한다. 주나라 성왕과 강왕은 형벌을 시행하지 않고서도 그 은덕이 금수까지 두루 미치고 교화가 온 세상에 퍼지게 되었으니, 나라 밖 숙신肅愼, 북발北發, 거수渠搜, 저氐와 강羌족까지 모두 귀부해왔다. 별자리는 모두 제자리에서 운행하였고, 일식과 월식이 없었으며, 무너지는 산이나 막히는 하천이 없었다. 기린과 봉황이 교외에 나타나고 황하에서는 하도河圖가, 낙수에서는 낙서洛書가 출현하였다. 아, 어떻게 했기에 이러한 것들을 이뤄낼 수 있었단 말인가! 지금 짐은 종묘사직을 이어받아 이른 아침에는 기도를 하고 늦은 밤까지 고민한다. 깊은 물을 마주한 것처럼 근심스럽고 두렵지만 어떻게 건너야 할지 알 수가 없다. 어찌하여야 훌륭하고 위대한 선조의 위업과 덕망을 기려, 위로는 요순의 반열에 오르고 아래로는 삼왕과 나란히 할 수 있을 것인가! 짐이 영민치 못하여 은덕을 널리 베풀지 못하고 있음은 그대들도 익히 알고 있을 것이다. 현량들은 고금 왕조의 일에 대해 잘 알고 있을 터이니 모두 죽간에 적어 답변하도록 하라. 짐이 직접 열람할 것이다."

동중서董仲舒와 공손홍公孫弘 등이 책문을 제출하였다.[7]

가을 7월 계미일, 일식이 있었다.

2년(기원전 133) 겨울 10월, 옹雍 땅에 행차하여 오제五帝를 제사 지냈다.

봄, 조서를 내려 공경 대신들에게 물었다.

"짐은 종실의 자녀를 꾸며 흉노의 선우單于에게 배필로 보내주었고 재물과 비단을 후하게 주었다. 그러나 선우는 우리 조정의 명령에 갈수록 태만해지고 침략과 도적질을 멈추지 않아 변경 지역이 피해를 입고 있으니 짐은 몹시 걱정스럽다. 군대를 동원하여 흉노를 치려는데 어떻게 생각하는가?"

대행大行 왕회王恢는 공격해야 한다고 건의하였다.

여름 6월, 어사대부 한안국韓安國을 호군장군護軍將軍으로, 위위衛尉 이광李廣을 효기장군驍騎將軍으로, 태복太僕 공손하公孫賀를 경거장군輕車將軍으로, 대행大行 왕회王恢를 장둔장군將屯將軍으로, 대중대부 이식李息을 재관장군材官將軍으로 임명하였다. 30만 대군을 이끌고 마읍馬邑 계곡에 주둔한 후 선우를 유인하여 습격하려 하였다. 그러나 선우가 국경을 넘어오다가 계략을 눈치채고는 달아났다. 6월, 군대를 해산시켰다. 장군 왕회는 출병을 앞장서 도모하였으나 진격하지 못한 죄로 하옥되었다가 죽었다.

가을 9월, 백성들에게 닷새 동안 모여서 음주하는 것을 허락하

---

7) 황로 학술을 숭상하였던 두태후가 세상을 떠나자 곧바로 무제는 본격적으로 유가를 새로운 통치 이념으로 수립하는 일을 추진하였다. 이 과정에서 가장 중요한 두 인물이 동중서와 공손홍이다. 동중서는 유가 사상 이외의 모든 학설을 폐지해야 한다는 '파출백가罷黜百家, 독존유술獨尊儒術'을 건의하여 이론적 방면에서 공헌하였고, 공손홍은 국립대학에 해당하는 태학의 건립을 추진하여 유학을 현실에 적용하는 데 공헌하였다.

였다.[8]

3년(기원전 132) 봄, 황하의 물길이 돈구頓丘에서 동남쪽으로 이동하여 발해勃海로 흘러들어갔다.

여름 5월, 고조의 공신 5인의 자손을 열후로 봉하였다.

복양濮陽에서 황하의 제방이 터져 16개 군郡이 수몰되었다. 10만 명의 군졸을 동원하여 터진 곳을 보수하도록 하였다. 용연궁龍淵宮을 지었다.

4년(기원전 131) 겨울, 위기후 두영竇嬰이 죄가 있어 저잣거리에서 처형되었다.

봄 3월 을묘일, 승상 전분이 서거하였다.

여름 4월, 서리가 내려 초목이 말라 죽었다.

5월, 지진이 일어났다. 천하에 사면령을 내렸다.

5년(기원전 130) 봄 정월, 하간왕河間王 유덕劉德이 서거하였다.

여름, 파巴·촉蜀의 군사를 동원하여 남이南夷와 통하는 길을 정비하였다. 또 군졸 1만 명을 징발하여 흉노의 침략을 막기 위해 안문雁門에 요새를 짓도록 했다.

가을 7월, 강한 바람이 불어 나무가 뽑혔다.

을사일, 황후 진씨陳氏를 폐위하였다.[9] 무고巫蠱를 행한 자들을

---

8) 한나라 법에 따르면 3인 이상이 이유 없이 무리지어 음주를 할 경우 금 4냥兩의 벌금에 처했다. 뒤에도 계속 며칠 동안 '모여 음주하는 것을 허락하였다(大酺)'는 조서가 내려오는데, 백성들이 모여 연회를 벌이는 것을 상으로 허락한 것이다.

9) 무제는 평생 진황후와 위衛황후 두 명의 황후가 있었다. 진황후는 무제와 사촌지간으로 무제의 고모인 관도館陶 장공주의 딸이었다. 무제가 누이인 평양공주의 집에서 가희였던 위자부衛子夫를 궁으로 데려와 총애하자 진황후는 이를 질투하였다. 원광 5년(기원전 130), 황후가 무고巫蠱의 요술을 행하고 있다는 소문이 돌았다. '무고'란 나무 인형을 땅속에 묻어놓고 사람을 저주하는 주술이다. 무제는 진상 조사를 명령했다. 초복楚服이라는 무당이 황후의 사주를 받아 저주를 행한 것이 발각되었고 관련자 300여 명이 주살되었다. 이것이 이른바 1차 무고사건이고, 2차 무고사건

체포하여 모두 처형하고 시체의 머리를 걸어두었다.

8월, 벼의 속을 먹어치우는 마디충이 들끓었다.

관리와 백성 중 현실 시무에 밝은 사람과 성현의 학술을 익힌 자를 선발하였다. 각 군국郡國에서 매년 조정에 회계 보고를 올릴 때 이들을 같이 상경하도록 하고, 각 현縣에서는 음식을 제공하도록 하였다.

6년(기원전 129) 겨울, 처음으로 상인에게서 거선세車船稅를 징수하였다.

봄, 위수渭水와 통하는 수로를 만들었다.

흉노가 상곡上谷을 침입하여 관리와 백성을 죽이고 노략질하였다. 거기장군 위청衛靑을 상곡에서, 기장군騎將軍 공손오公孫敖는 대代에서, 경거장군 공손하는 운중雲中에서, 효기장군 이광은 안문雁門에서 출격하게 했다. 위청은 용성龍城에 도착하여 700명의 적을 참수하였다. 이광과 공손오는 병사를 잃고 돌아왔다. 이에 조서를 내렸다.

"오랑캐들은 의리를 생각하지 않은 지 오래다. 흉노가 수차례 변경을 침략해와 조정에서는 장수를 파견하여 군대를 이끌고 출정하게 하였다. 옛날에는 평상시 군대를 훈련하고 정비하여 계율이 엄정했으나, 지금은 적들이 침입한 후에야 군관들이 처음으로 모이니 상하가 하나로 단결되지 못한다. 대군代郡의 장군 공손오와 안문雁門의 장군 이광이 소임을 다하지 못하였다. 또 교위校尉들은 의리를 저버린 망령된 행동으로 군대를 팽개치고 도주하였으며, 하급 군관들은 군법을 위반하였다. 용병用兵의 법도에 따르면 진심을 다하여

은 여태자를 폐위한 것이다. 진황후는 이 사건으로 장문궁에 유폐된다.

가르치지 않는 것은 장수의 잘못이고, 분명한 명령이 있음에도 힘을 다하지 않는 것은 병사의 잘못이다. 장군을 이미 정위廷尉에게 넘겨 법대로 처벌하였는데 병사들까지 형벌을 적용하는 것은 인자한 성군의 마음이 아니다. 짐은 병사들이 수치를 씻고 개과천선하여 다시 대의를 받들고자 하여도 중벌을 받아 그럴 수 없을까 염려스럽다. 군법을 위반한 안문과 대군의 병사를 사면하도록 하라."

여름, 극심한 가뭄과 병충해가 있었다.

6월, 옹雍 땅에 행차하였다.

가을, 흉노가 변경을 약탈하였다. 장군 한안국을 어양漁陽에 주둔하게 하였다.

원삭元朔 원년(기원전 128) 겨울 11월, 조서를 내렸다.

"공경대부의 소임은 정책을 총괄하고 기강을 바로잡으며 교화를 널리 베풀어 풍속을 아름답게 하는 데 있다. 인仁과 의義를 근본으로 덕망이 있는 자를 표창하고 현인을 우대하며 선한 자를 포상하고 포악한 자를 벌한 것이 삼황과 오제가 번창할 수 있었던 이유이다. 짐은 온종일 천하의 선비들이 이를 위해 마음과 힘을 다하도록 독려한다. 노인을 봉양하고, 효자에게 부역을 면제해주고, 출중한 재능을 갖춘 사람을 등용하고, 경전을 익히고 정사를 살펴 민심을 격려한다. 또한 관리에게 청렴하고 효성스런 자를 천거하도록 명하여 교화를 이루고 옛 성인들의 위대한 업적을 계승하고자 한다. 10가구의 작은 마을이라도 반드시 믿음이 있고 성실한 자가 있을 것이다. 세 사람이 동행할 때 그중에 하나는 나의 스승이 있다 했다. 그런데 심지어 전체 마을에서 한 사람도 추천하지 않은 곳도 있다. 이는 교화가 하달되지 않은 것이며, 덕행을 쌓은 군자가 군주에게 알려질 길이 막힌 것이다. 태수와 현령은 인륜의 기강을 바로 세우는 자들이어야 하거늘, 무엇으로 짐을 보좌하여 어둠을 밝히고 백성을 권면하여 고을에 가르침을 펼칠 수 있겠는가? 현자를 추천하면 큰 상을 받고 현자를 가려두면 중벌을 받는 것이 예로부터의 상도常道이다. 중이천석, 교화를 담당하는 관리, 박사는 천거를 하지 않은 자의 죄를 논의하도록 하라."

담당 관리가 아뢰었다.

"옛날에 제후가 인재를 추천하면 처음에는 덕이 있는 자를 좋아한다고 칭송하였고, 두 번째는 현자를 존중한다고 칭송하였으며, 세 번째는 공로로 인정하여 최고의 예우인 구석九錫을 하사하였습니다.[10] 선비를 추천하지 않는 자는 처음에는 작위를 폐지하였고, 다음으로는 영지를 삭탈하였으며, 세 번째는 작위와 영지를 모두 삭탈하였습니다. 아래와 영합하여 윗사람을 속이는 자는 처형하고, 윗사람에게 아부하면서 아랫사람을 기만하는 자는 형벌에 처했습니다. 국정에 참여하면서도 백성을 이롭게 하지 못하는 자는 내치고, 윗자리에 있으면서 현인을 추천하지 못하는 자는 물러나게 하는 것이 선을 권하고 악을 막는 방법입니다. 지금 조서를 내려 선제의 위업을 밝히고 이천석의 관리에게 효렴孝廉을 추천하게 하는 것은 백성을 교화하고 풍속을 바꾸는 방법입니다. 효자를 천거하지 않으면 조서를 받들지 않은 것이니 불경죄로서 논하여야 합니다. 청렴한 자를 살피지 않는 것은 책임을 다하지 못하는 것이니 관직을 파면하여야 합니다."

상주한 내용을 허락하였다.

---

10) 구석은 천자가 제후와 대신에게 수여하는 아홉 가지 특전이다. 거마, 의복, 악기, 붉은 대문(朱戶), 납폐納陛, 호분虎賁, 궁시宮矢, 부월鈇鉞, 거창秬鬯에서 황제에 준하는 의전을 사용할 수 있게 해주는 것으로 최고의 영예이다.

12월 강도왕江都王 유비劉非가 서거하였다.

봄 3월 갑자일, 위씨衛氏를 황후로 책봉하였다. 조서를 내렸다.

"짐은 천지가 변하지 않으면 만물이 자랄 수 없고, 음양이 변화하지 않으면 만물이 번성할 수 없다고 들었다. 『주역』에서 '변화에 통달하면 백성이 태만하지 않게 할 수 있다(通其變, 使民不倦)'고 했고, 『시詩』에서 '끊임없이 변화하여 선왕의 도에 부합하고 좋은 것을 선택하여 따른다(九變復貫, 知言之選)'고 했다.[11] 짐은 요임금과 순임금을 칭송하고 은나라와 주나라를 좋아하므로 옛것을 바탕으로 새로운 정치를 세워나가려 한다. 천하에 사면을 베풀고 백성과 함께 다시 시작할 것이다. 경제 후원 3년(기원전 141) 이전에 관가로부터 대출받아 갚지 않고 도망친 자와 소송 안건에 대해서는 모두 더 이상 심리하지 말라."

가을, 흉노가 요서 지역에 침입하여 태수를 죽였다. 어양과 안문을 침략하여 도위都尉를 죽였으며 3000여 명을 살해하고 약탈하였다. 장군 위청은 안문에서, 장군 이식李息은 대代 땅에서 출격하게 하였다. 수천 명의 적을 참수하였다.

동이족인 예맥薉貊의 우두머리 남려南閭 등 28만 명이 투항해왔다. 창해군蒼海郡을 설치하였다.[12]

노왕魯王 유여劉餘와 장사왕長沙王 유발劉發이 서거하였다.

2년(기원전 127) 겨울, 회남왕淮南王, 치천왕菑川王에게 원로대신에

---

11) 현전하는 『시경』에는 수록되어 있지 않은 일시逸詩이다.

12) 예맥은 한반도의 북부, 중국의 동북부에 거주하던 한민족의 근간이 되는 민족이다. 기원전 128년, 예맥의 추장인 남려가 조선왕 우거右渠와의 관계를 끊고 28만 명을 이끌고 한의 요동군遼東郡에 가서 귀속을 청한 것이다. 무제는 이곳에 창해군을 설치했다가 기원전 126년에 다시 폐지하였다.

게 내려주는 궤장几杖을 하사하고 입조를 면해주었다.[13]

봄 정월, 조서를 내렸다.

"양왕梁王과 성양왕城陽王이 친형제를 사랑하여 봉읍을 형제에게 나눠주고자 하니 허락한다. 제후왕이 자제들에게 봉읍을 나눠줄 것을 청하면 짐이 직접 검토하고 왕후에 임명할 것이다."

이때부터 번국藩國이 분할되기 시작했고 제후왕의 자제도 모두 열후가 되었다.[14]

흉노가 상곡과 어양을 침입하여 관리와 백성 1000여 명을 죽이고 약탈하였다. 장군 위청과 이식을 파견하여 운중雲中에서 출격하게 하였다. 고궐高闕에 이르고 다시 서쪽으로 부리符離까지 가서 수천 명의 적을 참수하였다. 하남河南 땅을 수복하여 삭방군朔方郡과 오원군五原郡을 설치하였다.

3월 을해 그믐일, 일식이 있었다.

여름, 10만 명의 백성을 모집하여 삭방으로 이주시켰다. 또 군국에서 세력 있는 자들과 300만 전 이상의 자산가들을 무릉으로 이주시켰다.

가을, 연왕燕王 유정국劉定國이 죄를 짓고 자살하였다.

---

13) 당대唐代 안사고顔師古는 "회남왕 유안과 치천왕 유지劉志가 모두 무제의 부친 항렬이었기 때문에 궤장을 하사하였다"고 설명했다. 그러나 청대 왕선겸王先謙은 '치천왕'이 잘못 들어간 글자라고 보았다. 치천왕 유지는 원광 5년(기원전 130)에 죽었고 이해인 원삭 2년(기원전 127)에는 유건劉建이 왕위를 이어받은 지 얼마 되지 않았을 때이므로 궤장을 하사할 이유가 없기 때문이다.

14) 추은령推恩令을 시행한 것이다. 제후가 광대한 영지를 기반으로 권력이 강성해지면서 조정에 위협적인 존재가 되자, 경제는 제후의 영지를 삭감하려 했고 결국 오초칠국의 반란이 발발하였다. 반란은 평정되었으나 제후의 세력은 여전히 강력했고 나라 절반의 땅을 차지하고 있었다. 이는 무제의 큰 걱정거리였는데, 이 시기 주보언主父偃의 건의를 채택하여 추은령을 시행하였다. 제후의 자제는 여러 명이지만 영지는 적장자에게만 세습되었는데, 주보언은 자제들에게 고루 봉지를 나누어주어 자연스럽게 영지와 권력을 약화시킬 것을 건의한 것이다.

3년(기원전 126) 봄, 창해군을 폐지하였다. 3월, 조서를 내렸다.

"형벌은 간사함을 막는 것이며 문덕文德을 숭상하는 것은 애민의 표현이다. 백성에게 교화가 두루 미치지 못하므로 짐은 사대부들에게 날마다 성실히 직무를 수행하고 나태하지 않도록 독려한다. 천하에 사면령을 내리도록 하라."

여름, 흉노가 대代 땅을 침입하여 태수를 죽였다. 또 안문을 침입하여 1000여 명을 죽이고 약탈하였다.

6월 경오일, 왕황태후가 붕어하였다.

가을, 서남이西南夷의 정벌을 중단하고 삭방성朔方城을 쌓았다. 백성들에게 닷새 동안 모여 음주하는 것을 허락하였다.

4년(기원전 125) 겨울, 감천궁에 행차하였다.

여름, 흉노가 대代, 정양定襄, 상군上郡을 침입하여 수천 명을 죽이고 약탈하였다.

5년(기원전 124) 봄, 큰 가뭄이 들었다. 대장군 위청에게 6인의 장군과 병력 10만여 명을 통솔하고 삭방과 고궐高闕로 출격하게 하였다. 적군 1만 5000명을 참수하였다.

여름 6월, 조서를 내렸다.

"백성은 예의로 이끌고 음악으로 교화시킨다고 들었다. 그러나 지금 예악이 무너졌으니 짐은 몹시 염려스럽다. 천하의 박학한 선비들을 모두 모아 조정에 추천하도록 하라. 예관禮官들은 학문에 힘쓰고, 유가의 학술을 연구하여 지식을 넓히고, 사라진 문헌을 모아 예의제도를 진작시켜 백성을 선도하도록 하라. 태상太常은 박사에게 제자를 두는 일을 논의하여 고을에서 교화를 숭상하고 현명한 인재의 선발을 장려하도록 하라."

승상 공손홍이 박사 제자를 설치할 것을 청하였고 예악을 익히는 자들이 점차 많아졌다.

가을, 흉노가 대 땅을 침입하여 도위都尉를 죽였다.

6년(기원전 123) 봄 2월, 대장군 위청이 6인의 장군과 10만여 기병을 이끌고 정양군定襄郡에서 출격하여 3000여 명을 참수하였다. 돌아와 정양, 운중, 안문에서 병사와 말을 쉬게 하였다. 천하에 사면령을 내렸다.

여름 4월, 위청은 다시 6인의 장군을 거느리고 사막을 건너 대승을 거두었다. 전장군前將軍 조신趙信의 군대는 패배하여 흉노에 항복하였다. 우장군右將軍 소건蘇建은 군대를 잃고 혼자 탈출해 돌아왔다. 속전贖錢을 바치고 평민이 되었다.

6월, 조서를 내렸다.

"오제五帝의 제도는 서로 중복되지 않았고, 하·상·주 삼대의 법은 같지 않았다. 이처럼 방법은 달랐지만 공덕과 위업은 같았다. 그러기에 공자는 정치에 대해 묻는 정공定公에게 멀리 있는 사람들이 덕치의 소문을 듣고 모여들게 만드는 것이라 대답했고, 애공哀公에게는 신하를 잘 고르는 일이라고 답했고, 경공景公에게는 절약에 달려 있다고 답했다.[15] 공자가 이들을 달리 대했던 것이 아니라 급선무가 달랐기 때문이다. 지금 중국은 통일되었으나 북방은 아직 안정되지 않았다. 짐은 이를 몹시 애석하게 생각한다. 종전에 대장군이 삭방을 순시하고 흉노를 정벌하면서 포로 1만 8000명을 참수하였다. 출사가 금지되었던 자들과 죄를 지었던 자들까지도 모두 후

---

15) 『한비자·난삼難三』에 있는 내용이다. 섭공葉公이 공자에게 정치를 묻자 공자는 "정치는 가까운 자들을 기쁘게 하고, 멀리 있는 자들이 오게 하는 것(政在悅近而來遠)"이라 했다. 애공이 정치를 묻자 공자는 "현인을 선발하는 데 달려 있다(政在選賢)"고 하였다. 제 경공이 정치를 묻자 공자는 "재물을 절약하는 데 달려 있다(政在節財)"고 하였다. 원문에는 섭공葉公으로 되어 있는데, 여기에서는 정공定公이라 했다.

한 상을 받았으며 죄를 면하거나 경감해주었다. 지금 대장군이 대승을 거두고 포로 1만 9000명을 참수하였는데 받은 포상과 관작을 되팔고 싶어하는 자들이 있으나 할 수 없다. 논의하여 관련 법령을 만들도록 하라."

무공이 있으면 관직을 상으로 내리는 제도를 두어 전사戰士를 우대할 것을 담당 관리가 주청하였다.

원수元狩 원년(기원전 122) 겨울 10월, 옹현에 행차하여 오제를 제사 지냈다. 흰 기린을 포획하였으므로 「백린白麟의 노래」를 지었다.

11월, 회남왕淮南王 유안劉安과 형산왕衡山王 유사劉賜가 모반하였다가 주살되었다. 수만 명이 그 일당으로 처형되었다.[16]

12월, 큰 눈이 내려 백성들이 동사하였다.

여름 4월, 천하에 사면령을 내렸다.

정묘일, 황태자를 세웠다. 중이천석의 관리에게 우서장右庶長의 작위를, 부친을 계승하여 후사가 된 백성에게 작위 한 등급을 하사하였다. 조서를 내렸다.

---

16) 이해와 이듬해에 회남왕, 형산왕, 강도왕의 종실 반란이 연이어 일어난다. 회남왕과 형산왕은 고조의 막내아들이었던 유장劉長의 아들로, 고조의 손자이다. 종실인 회남왕과 형산왕의 모반은 무제 시기 큰 사건 중 하나였다. 유장은 문제가 즉위한 이후, 황제의 동생이라는 신분을 믿고 포악하고 불손한 행동을 자행하였다. 결국 봉국을 몰수당하였고 유배지로 가던 중 죽었다. 유장이 죽은 후, 유안이 회남왕의 작위를 계승하였다. 유안은 학술을 좋아하여 문하에 수천의 방사와 빈객을 거느렸고 이들과 함께 학문을 교류한 결과를 『회남자淮南子』로 엮었다. 부친을 죽게 한 조정에 대한 원망이 있었던 회남왕은 결국 동생인 형산왕 유사와 반란을 모의하였으나 뜻을 이루지 못하고 주살되었다. 이듬해(기원전 121) 강도왕 유건도 반란을 일으켰다가 자살한다. 강도왕 유건의 부친 유비劉非는 경제의 아들로 무제의 이복형제이며, 유건은 행실이 무도하고 음란하기로 유명하였다. 일설에는 회남왕이 실제적으로 모반을 했다기보다는 그의 사상 때문에 누명을 쓴 것으로 보기도 한다. 당시 한창 유교를 중심으로 통일된 중앙 집권을 수립해가려던 조정의 입장과 달리 『회남자』는 도가와 무위 사상을 강조하는 내용이었다. 이러한 반反유가적 사상을 가진 회남왕이 지식인 집단을 거느리고 큰 규모의 회남국을 유지하고 있던 상황은 조정에 위협적이었을 것이다.

"구요咎繇는 우임금에게 정치는 사람을 아는 것이며 사람을 아는 것은 현명한 것으로 요임금도 어려워한 일이라고 하였다(知人, 知人則哲, 惟帝難之). 군주는 심장이요, 백성은 사지이다. 사지가 다치면 심장은 고통스럽다. 근자에 인접한 두 나라의 회남왕과 형산왕이 학문을 연구하고 물품을 유통시키면서 사악한 말에 현혹되어 역모를 일으켰다. 이는 짐의 부덕함에서 비롯된 것이다. 『시경』에 이런 구절이 있다. '근심스런 마음 참담하구나. 포악한 국정을 생각하니(憂心慘慘, 念國之爲虐).' 이미 천하에 사면을 시행하였으니 죄를 씻고 새롭게 시작하도록 하여라. 짐은 어른을 공경하고 농업에 힘쓸 것을 장려하며 노인, 고아, 과부, 홀아비와 의식이 부족한 자들을 몹시 안타깝게 여긴다. 알자謁者를 파견하여 천하를 두루 위문하고 물품을 하사하며 이렇게 말하도록 하라.

'황제께서 알자를 파견하여 현縣의 삼로三老와 효자에게 5필의 비단을, 향鄕의 삼로와 효경한 자, 농사에 힘쓰는 자에게 3필의 비단을 하사하도록 하셨다. 90세 이상과 홀아비, 과부, 고아에게 비단 2필과 솜 3근씩을, 80세 이상에게는 쌀 3석石씩 하사하셨다. 억울한 일로 생계를 잃은 자가 있으면 사자가 조정에 보고하도록 하라. 각 현과 향鄕 현지에서 바로 하사하고 소집하지 말라.'"

5월 을사일 그믐, 일식이 있었다.

흉노가 상곡을 침입하여 수백 명을 죽였다.

2년(기원전 121) 겨울 10월, 옹현에 행차하여 오제를 세사 지냈다.

봄 3월 무인일, 승상 공손홍이 서거하였다.

표기장군 곽거병을 농서隴西에서 출격하도록 하였다. 고란皐蘭에서 8000여 명을 참수하였다.

여름, 여오수余吾水에서 말이 나타났다. 남월南越에서 조련한 코

끼리와 앵무새를 바쳐왔다.

장군 곽거병과 공손오가 북지군北地郡에서 2000여 리를 가서 거연居延을 지나 3만여 명을 참수하였다.

흉노가 안문을 침입하여 수백 명을 죽이고 약탈하였다. 이에 위위衛尉 장건과 낭중령 이광을 파견하여 모두 우북평右北平에서 출격하게 했다. 이광이 흉노 3000여 명을 죽였으나 그 군대 4000명을 모두 잃고 혼자 탈출하여 돌아왔다. 공손오와 장건이 모두 기일에 늦게 도착하였기 때문에 참수형에 처해야 했으나 속죄하여 서인으로 강등하였다.

강도왕江都王 유건劉建이 죄를 짓고 자살하였다. 교동왕膠東王 유기劉寄가 서거하였다.

가을, 흉노의 혼야왕昆邪王이 휴도왕休屠王을 죽이고 4만여 명의 수하를 거느리고 귀순하였다. 다섯 속국을 두어 그들을 거주하게 하고 그들이 원래 거주하던 곳에는 무위군武威郡과 주천군酒泉郡을 설치하였다.

3년(기원전 120) 봄, 동쪽에 혜성이 나타났다.

여름 5월, 천하에 사면을 내렸다. 교동강왕膠東康王의 막내아들 유경劉慶을 육안왕六安王으로 책봉하였다. 예전 상국 소하蕭何의 증손인 소경蕭慶을 열후에 봉하였다.

가을, 흉노가 우북평군右北平郡, 정양군定襄郡을 침략하여 1000여 명을 죽이고 약탈하였다.

알자謁者를 파견하여 수재水災가 발생한 군현에서는 겨울 보리를 심을 것을 권장하도록 했다. 관리와 백성 중 빈민에게 대출을 해줄 수 있는 자들을 추천하여 이름을 보고하도록 했다.

농서隴西와 북지北地, 상군上郡 지역의 국경 수비병을 반으로 삭

감하였다.[17]

죄를 지어 유배된 관리를 징발하여 곤명지昆明池를 팠다.[18]

4년(기원전 119) 겨울, 담당 관원이 함곡관 동쪽 지역에서 농서, 북지, 서하, 상군, 회계로 이주한 빈민이 72만 5000명이라고 보고했다. 조정에서 이들에게 의식을 제공하고 생업을 지원하는 데 비용이 부족하니 은과 주석을 거두어 백금을 주조하고 흰 사슴의 가죽으로 화폐를 만들어 충당할 것을 청하였다.[19] 상업과 수공업에 세금을 징수하기 시작했다.

봄, 동북쪽에 혜성이 나타났다.

여름, 서북쪽에 길게 빛을 내는 혜성이 나타났다.

대장군 위청이 네 명의 장군을 이끌고 정양군에서 출격하였고, 장군 곽거병은 대군代郡에서 출격하였다. 각자 5만 명의 기병을 통솔하였고 뒤따르는 보병이 수십만 명이었다. 위청은 사막 북쪽에서 선우를 포위하고 1만 9000명을 참수하였으며, 전안산寘顔山까지 갔다가 돌아왔다. 곽거병은 좌현왕左賢王과 전투하여 7만여 명을 참수하고 낭거서산狼居胥山에서 하늘에 제사를 드리고 돌아왔다. 위

---

17) 지난해 가을, 혼야왕이 귀순하여 이 지역의 흉노 침입이 감소하였기 때문이다.

18) 곤명국과의 전쟁에 대비하여 수군을 훈련시키기 위해 판 것이다. 곤명의 전지滇池를 모방하여 만든 것으로 섬서성 서안의 서남쪽에 있었다.

19) 잦은 흉노 정벌과 재해로 인한 빈민 구제, 각지의 수리 사업과 공사에 막대한 비용이 들면서 이 시기 정부의 재정은 완전히 고갈되었다. 그리하여 흰 사슴의 가죽으로 만든 가죽 화폐 피폐皮幣를 제조하였는데, 그 가치는 40만 전에 상당하였다. 그리고 이듬해 유통되던 화폐가 가벼워 폐단이 많았으므로 오수전을 제조하여 유통시켰다. 사람들이 동전의 뒷면을 갈아 부스러기를 얻으려 하면서 돈이 점점 가볍고 얇아졌는데, 오수전은 뒷면을 긁어 부스러기를 만들 수 없도록 제작한 것이었다. 24수銖가 한 냥兩이므로 반 냥은 12수이지만, 한나라 시기 반량전은 실제 무게와 일치하지 않았고 점점 가벼워져 문제 시기에는 4수전, 무제 초기에는 3수전이 되기도 했다. 무게는 점점 가벼워졌지만 화폐의 표면에는 반 냥이라고 새겨져 있었기 때문에 반량전이라고 불렸다.

청과 곽거병의 두 군대에서 수만 명이 전사하였다. 전장군 이광과 후장군 조이기趙食其는 모두 기한보다 늦게 도착했다. 이광은 자살하였고, 조이기는 재물로 사형을 속죄받았다.

5년(기원전 118) 봄 3월 갑오일, 승상 이채李蔡가 죄를 짓고 자살하였다.

말이 부족하였다. 수컷 말 한 필의 가격을 20만 전으로 올려 사람들이 말을 기르게 하였다.

반량전半兩錢을 폐지하고 오수전五銖錢을 유통시켰다.

전국에서 나쁜 짓을 저지르고 법을 어긴 관리와 백성을 변방으로 이주시켰다.

6년(기원전 117) 겨울 10월, 승상 이하 이천석의 관리에게는 황금을, 천석 이하부터 수행원들에게는 무늬 없는 비단을, 오랑캐 부족의 수령들에게는 무늬 있는 비단을 차등적으로 하사하였다.

겨울인데도 빗물이 얼지 않았다.

여름 4월 을사일, 종묘에서 황자 유굉劉閎을 제왕齊王으로, 유단劉旦을 연왕燕王으로, 유서劉胥를 광릉왕廣陵王에 봉하였다. 처음으로 제후왕을 책립하는 칙문을 지었다.

6월, 조서를 내렸다.

"근자에 화폐가 가벼워 위조가 많아지니 농업은 피폐해지고 수공업과 상업에 종사하는 사람들이 증가하였으며 부호의 토지 겸병이 성행하였다. 담당 관리는 이를 금지하고자 화폐를 개혁하여 규제할 것을 건의하였다. 고대를 살펴보면 제도는 당장의 필요에 적합한 것이어야 한다. 그러나 예전 화폐를 폐지한 지 일 년하고도 한 달이 지났는데도 산간벽지의 백성들은 아직 알지 못하고 있다. 자애로운 정책이 시행되면 사람들은 선을 따르고, 도의가 바로 서면 풍속은 바뀌는 법이다. 법령을 시행하는 자가 백성을 분명하게 인도하지 못한 것인가? 아니면 백성은 예전의 관습이 익숙한데 관리들이 조정의 정책을 빌미 삼아 수탈을 자행하는 것인가? 어찌 이리도 분란이 많은가? 지금 박사 저대褚大 등 6명을 파견하니 각 지방을 두루 돌아다니면서 과부와 홀아비, 장애가 있는 자들을 위문하고 자력으로 생업을 갖지 못하는 자들은 대출하여 지원해주도록 하라. 삼로三老와 효성스런 자를 선발하여 백성의 스승으로 삼고 재능과 인품을 갖춘 자를 추천하여 짐이 있는 곳으로 데려오도록 하라. 짐은 현인을 가상히 여기며 그 사람을 알게 된 것을 기뻐할 것이다. 이 방법을 널리 알려 재능 있는 자들을 불러모으고 특별히 선발된 자들은 사자들이 변별하도록 하라. 은거하여 기용되지 못한 현자, 억울하게 생계를 잃은 자, 백성에게 피해를 주는 간사한 자, 농토를 개간하지 않거나 백성에게 가혹한 관리가 있는지 상세히 조사하여 모두 상주하라. 각 군국에서 만약 백성을 이롭게 하는 방법이 있다면 승상이나 어사대부에게 보고하여 아뢰도록 하라."

가을 9월, 대사마 표기장군 곽거병이 서거하였다.

원정元鼎 원년(기원전 116) 여름 5월, 천하에 사면을 베풀고 닷새 동안 모여 음주하는 것을 허락하였다.

분수汾水에서 정鼎을 얻었다.[20]

제동왕濟東王 유팽리劉彭離가 죄가 있어 폐위하고 상용上庸으로 이주시켰다.

2년(기원전 115) 겨울 11월, 어사대부 장탕張湯이 죄를 짓고 자살하였다.[21]

---

20) 세발 달린 솥인 '정鼎'을 얻었기 때문에 이해를 원정元鼎으로 개원하였다.

21) 장탕은 회남왕, 형산왕, 강도왕의 모반 사건을 처리하면서 능력을 인정받아 무제의

12월, 승상 장청적莊靑翟이 하옥되어 죽었다.

봄, 백량대柏梁臺를 지었다.

3월, 큰 눈이 내렸다.

여름, 홍수가 났고, 관동 지방에서 1000여 명이 굶어 죽었다.

가을 9월, 조서를 내렸다.

"멀고 가깝고를 달리하지 않고 두루 사랑하는 것을 어짊이라 하고, 어려움을 두려워하지 않는 것을 의로움이라 한다. 지금 수도는 비록 풍년은 아니지만 산림과 연못의 풍요로움을 백성과 함께하고 있다. 그러나 큰 비가 강남으로 옮겨가고 혹한이 다가오니 짐은 백성들이 배고픔과 추위에 살아나지 못할까 걱정이다. 강남 지역은 화경수누火耕水耨의 방식으로 농사를 짓는다.[22] 지금 파촉 지역의 곡식을 모아 강릉현으로 보내고 박사 중中 등을 파견하니 도착하는 곳마다 통보하여 백성들에게 이중의 고통이 없도록 하라. 굶주린 자를 구제하여 곤경을 면할 수 있게 해주는 관리와 백성이 있으면 모두 보고하도록 하라."

3년(기원전 114) 겨울, 함곡관函谷關을 신안현新安縣으로 옮기고 원래 함곡관을 홍농현弘農縣으로 하였다.

11월, 세금 미납을 고발하는 백성에게 몰수 재산의 반을 주도록

총애와 신임을 받게 되었다. 무제는 장탕과 정무를 논하면서 식사를 잊을 정도였으며, 장탕이 병이 났을 때는 친히 문병을 갈 정도로 우대하였다. 그러나 엄격한 원칙에 근거한 일처리와 황제의 신임은 한편으로는 사람들의 원한을 사는 일이었다. 결국 상인들과 짜고 부정이득을 취하였다는 죄로 문책을 당하게 되자 장탕은 바로 자살하였다. 장탕이 죽은 후 모든 것이 모함이었다는 것이 드러나 관련자들은 주살되었고, 당시 승상이었던 장청적莊靑翟은 자살하였다. 이후 무제는 장탕을 애석히 여겨 그의 아들 장안세張安世를 중용하였다.

22)  화경수누는 불을 지르고 태워 개간한 땅에 벼를 경작하는 것이다.

했다.[23)]

정월 무자일, 경제의 능원인 양릉원陽陵園에 불이 났다.

여름 4월, 우박이 내렸고, 관동의 10여 군국에 기근이 들어 사람들이 서로를 잡아먹었다.

상산왕常山王 유순劉舜이 세상을 떠났다. 아들 유발劉教을 후사로 세웠으나 죄가 있어 폐위하고 방릉房陵으로 이주시켰다.

4년(기원전 113) 겨울 10월, 옹 땅에 행차하여 천제에게 제사를 지냈다. 백성들의 집마다 가장에게 작위 한 등급을 내려주었고, 그 처에게는 100호마다 소와 술을 나누어주었다. 하양夏陽에서 출발하여 동쪽으로 분음汾陰에 이르렀다.

11월 갑자일, 분음의 언덕에 후토사后土祠를 세웠다.[24)] 의례를 마치고 형양滎陽으로 행차하였다. 낙양으로 돌아와 조서를 내렸다.

"짐이 기주冀州에서 토지신에게 제사 지내며 멀리 황하와 낙수를 바라보았다. 예주豫州를 순시하며 주 왕실의 후예를 수소문해 보았으나 아득히 먼 옛날이라 아무도 제사를 지내지 않았다. 노인들에게 물어 주 왕실의 지손支孫인 희가姬嘉를 찾았다. 희가를 주자남군周子南君으로 봉하여 주나라의 제사를 모시도록 하라."

봄 2월, 중산왕中山王 유승劉勝이 세상을 떠났다.

여름, 방사 난대欒大를 낙통후樂通侯로 책봉하니 상장군의 반열에 해당되었다.

---

23) 무제의 주요 정책 중 하나인 '고민령告緡令'을 시행한 것이다. 부호들이 재산을 은 닉하고 탈세를 할 경우 이를 신고한 자에게 재산의 반을 주고 나머지 반은 관에서 몰수하였다.

24) 천신天神에 상응하는 지신地神의 사당을 건립한 것이다. 종래에는 장안의 서쪽 옹현雍縣 오치五畤에서 3년에 한 차례씩 천신에게만 제사를 지냈으나, 이때부터는 땅의 신에게 제사를 올리는 장소로 산서성 분음현에 후토의 사당을 조성하였다.

6월, 후토사 옆에서 보정寶鼎을 얻었다.

가을, 악와수渥洼水에 말이 나타났다.「보정寶鼎」,「천마天馬」의 노래를 지었다.

상산헌왕常山憲王의 아들 유상劉商을 사수왕泗水王에 봉했다.

5년(기원전 112) 겨울 10월, 옹 땅에 행차하여 천제에게 제사를 지냈다. 농산隴山을 넘어 공동산空同山에 오른 뒤에 서쪽으로 조려하祖厲河까지 갔다가 돌아왔다.

11월 신사 초하루 동지, 감천궁에 태일신泰一神에게 제사를 드리는 장소인 태치泰畤를 지었다. 무제가 직접 교외에서 제사를 지내고 아침에는 태양에, 저녁에는 달에게 제사를 지냈다. 조서를 내렸다.

"짐은 보잘것없는 자로서 왕후의 위에 있건만 덕행은 백성을 편안하게 하기에 부족하다. 하여 추위와 배고픔에 시달리는 백성을 위해 순행하며 땅의 신에게 제사를 지내 풍년을 기원하였다. 기주冀州의 언덕에서 글자가 새겨진 정鼎이 발견되어 종묘로 가져와 제사 지냈다. 악와수渥洼水에서 신령스런 말이 나타났으니 짐은 이 말을 직접 부릴 것이다. 소임을 다하지 못할까 전전긍긍 두려워하고 천지의 뜻을 밝히는 일만을 생각하며 자신을 새롭게 할 것이다. 『시경』에 '네 필 말을 잘 훈련시켜 불복하는 자들을 정복한다(四牡翼翼, 以征不服)'고 하였다. 짐은 직접 변경 지역을 둘러보고 가는 곳마다 제사를 지냈으며 태일신과 일월에도 제사를 지냈다. 신묘일(11일) 저녁, 상서로운 빛이 12차례 빛났다.『주역』에 '갑일甲日의 3일 전 신일辛日, 갑일의 3일 후 정일丁日(先甲三日, 後甲三日)'이라 했다.25) 짐

---

25)『주역·고괘蠱卦』에 보인다. '갑'은 십간의 첫 번째로 일의 시작을 뜻한다. 왕은 일을 시작할 때 3일 전부터 재계하여 자신을 새롭게 하고, 시작 후 3일까지 신중히 검토한다는 뜻이다. 신묘일 밤에 상서로운 빛이 나타난 것이 갑일의 3일 전인 신일에 해당하고, 정유일에 제사를 지내는 것은 갑일의 3일 후에 해당한다. 제사를 지내는 날

은 올해 곡식이 모두 풍성한 결실을 맺지 못할까 염려하니 몸가짐을 삼가고 재계하여 정유일(17일)에 하늘에 감사하는 제사를 거행할 것이다."

여름 4월, 남월국南越國의 승상인 여가呂嘉가 모반하여 한나라의 사신과 남월의 왕, 왕태후를 죽였다. 천하에 사면령을 내렸다.

정축일 그믐, 일식이 있었다.

가을, 개구리와 두꺼비가 서로 싸우는 이상한 현상이 나타났다.

복파장군伏波將軍 노박덕路博德은 계양桂陽에서 출격하여 황수湟水를 따라, 누선장군樓船將軍 양복楊僕은 예장豫章에서 출발하여 정수湞水를 따라, 귀의월후歸義越侯 엄嚴을 극선장군戈船將軍에 임명하여 영릉零陵에서 출발하여 이수離水를 따라, 갑甲은 하뢰장군下瀨將軍에 임명하여 창오군蒼梧郡에서 출병하게 하였다. 이들은 모두 죄인을 이끌었으며 장강과 회수 이남의 수군 10만 명을 더하였다. 월인越人인 치의후馳義侯 유견遣은 따로 파촉巴蜀의 죄인을 이끌고 야랑국夜郎國의 군사를 징발하여 장가강牂柯江을 따라 내려가 모두 반우番禺에서 집결하였다.

9월, 종묘에 제사 지낼 황금을 바친 열후 중, 규정에 미치지 못하여 작위를 삭탈당한 자가 106명이었다. 승상 조주趙周는 열후가 바친 금의 함량이 미달인 것을 적발하지 않은 죄로 하옥되었다가 죽었다. 낙통후 난대가 황당한 말로 황제를 능멸한 죄로 허리가 잘리는 형벌을 받았다.

서강西羌 10만 명이 반란을 일으켰다. 이들은 흉노와 결탁하여 안고현安故縣을 공격하고 포한현枹罕縣을 포위하였다. 흉노가 오원

짜를 정일과 신일로 정하는데 갑일의 3일 전이 신일이고, 3일 후가 정일이기 때문이다.

군五原郡을 침략하고 태수를 죽였다.

6년(기원전 111) 겨울 10월, 농서隴西, 천수天水, 안정安定의 기마병과 중위中尉를 동원하고 하남과 하내의 병졸 10만 명을 장군 이식, 낭중령 서자위徐自爲가 통솔하여 서강을 토벌하게 하였다. 반란을 진압하였다.

동쪽을 순행하며 구씨현緱氏縣으로 가던 중 좌읍左邑 동향桐鄕에 도착했을 때 남월을 격파했다는 소식을 들었다. 기쁜 소식을 들었다는 의미에서 문희현聞喜縣이라 하였다.

봄, 급현汲縣 신중향新中鄕에 도착했을 때 반란을 일으켰던 남월의 승상 여가呂嘉의 머리를 얻었으므로 획가현獲嘉縣이라 하였다. 치의후馳義侯 유遺의 군대가 아직 출정하지 않았으므로 서남이西南夷를 평정하도록 명령하였다. 결국 월 지역을 평정하여 남해南海, 창오蒼梧, 울림鬱林, 합포合浦, 교지交阯, 구진九眞, 일남日南, 주애珠崖, 담이군儋耳郡을 두었다. 서남이를 평정하여 무군武都, 장가牂柯, 월수越嶲, 침려沈黎, 문산군文山郡을 두었다.

가을, 동월왕東越王 여선餘善이 모반하여 한나라 조정에서 파견한 장군과 관리를 공격하여 죽였다. 횡해장군橫海將軍 한열韓說, 중위中尉 왕온서王溫舒를 파견하여 회계會稽에서, 누선장군 양복楊僕은 예장豫章에서 출격하게 하였다. 또 부저장군浮沮將軍 공손하公孫賀는 구원九原에서, 흉하장군匈河將軍 조파노趙破奴는 영거令居에서 출발하였다. 모두 2000여 리를 행군하였으나 적을 보지도 못하고 회군하였다. 무위군과 주천군의 땅을 나누어 장액군張掖郡, 돈황군敦煌郡을 설치하고 백성을 이주시켜 채우도록 하였다.

원봉元封 원년(기원전 110) 겨울 10월, 조서를 내렸다.

"남월南越과 동구東甌는 모두 항복하였으나 서쪽과 북쪽의 오랑캐는 아직 화목하지 못하다. 짐은 변경을 순시하면서 군대를 정비하고 통솔권을 장악하여 12부대의 장군을 두고 직접 군대를 지휘할 것이다."

무제는 운양雲陽을 출발하여 북쪽으로 상군上郡, 서하西河, 오원五原을 거쳐 장성을 넘어 북으로 선우대單于臺에 올랐다가 삭방군朔方郡에 이르러 북하北河에 도착했다. 무제가 기병 18만 명을 통솔하니 깃발이 1000여 리 이어졌고, 그 기세등등함에 흉노는 전율하였다. 사자를 보내 선우에게 이렇게 말했다.

"남월왕의 머리가 이미 한나라 북궐에 걸려 있다. 선우가 싸우겠다면 천자는 직접 군대를 이끌고 변경에서 맞이할 것이고, 감히 싸우지 못하겠다면 어서 와서 신하의 예로써 복종하도록 하라. 어찌 춥고 힘든 북쪽 사막에 숨어 있기만 한단 말인가!"

흉노는 망연자실하였다. 무제는 군대를 이끌고 돌아와 교산橋山에서 황제黃帝에게 제사를 지내고 감천궁으로 돌아왔다.

동월東越 사람들이 왕인 여선餘善을 죽이고 항복하였다. 이에 조서를 내렸다.

"동월은 지형이 험하고 자주 반란을 일으켜 후세의 우환이 될 것이니 그 백성을 장강과 회하 일대로 이주시키도록 하라."

봄 정월, 구씨현에 행차하였다. 조서를 내렸다.

"짐이 화산華山에서 제사를 지내고 중악에 이르렀을 때, 얼룩무늬가 있는 큰 사슴을 잡았고 우임금의 아들인 계啓가 태어났다는 돌을 발견했다.[26] 다음날 직접 숭고산嵩高山에 올랐을 때 수레를 호

---

26) 우임금이 치수 사업을 할 때 환원산轘轅山을 통하게 하기 위해 곰으로 변해 있으면서 도산씨에게 "북소리가 들리면 오시오"라고 하였다. 우가 돌을 파다가 잘못해서 북을 맞추는 바람에 소리가 났고 도산씨는 결국 곰으로 변해 있는 우의 모습을 보게 되었다. 도산씨는 놀라 도망가다가 숭고산 아래에서 돌로 변했고 돌이 깨지면서 계

위하는 어사와 묘당 옆에 있던 관리, 병졸들은 모두 만세를 세 번 부르는 소리를 들었다. 신에게 예를 갖춰 제사를 드리니 응답받지 못한 것이 없었다. 이에 제사를 담당하는 관리에게 명하니 숭산의 제사를 더 자주 올리고 벌목을 금지하도록 하라. 산 아래 300호를 제사 비용을 충당하는 봉읍으로 삼고 숭고崇高라 이름하라. 봉읍 내의 백성들은 오직 제사만 봉양하도록 하고, 조세와 요역을 모두 면제하도록 하라."

결국 동쪽 해안까지 행차하였다.

여름 4월 계묘일, 무제는 돌아오는 길에 태산에서 봉선 의식을 거행하였다.[27] 내려와 명당에 앉아 조서를 내렸다.

"짐은 보잘것없는 몸으로 지존의 지위를 이어받았으나 덕이 부족하고 예악에 밝지 못함을 염려하여 팔방의 신에게 제사를 올렸다. 다행히 천지의 은혜를 받아 갖가지 상서로운 징조들이 나타났고 세 번의 나지막한 만세 소리도 듣게 되었다. 신괴한 현상들에 사람들이 놀라 두려워하였으나 그만두려고 해도 감히 그리할 수가 없었다. 결국 태산에 올라 하늘에 제사를 지내고, 양보산梁父山에서 땅에 제사를 지내고, 숙연산肅然山에서 사방의 신령들에게 제사를 올렸다. 스스로를 일신하고 사대부들도 다시 시작할 것을 독려하고자 10월을 원봉元封 원년으로 개원한다. 짐이 순행한 박현博縣, 봉고奉高, 사구蛇丘, 역성歷城, 양보梁父의 백성들은 토지세와 미납 세금,

啓가 나오게 되었다.

27) 천자가 태산에 올라 태평성세를 이루게 되었음을 하늘과 땅에 고하며 제사를 올리는 의식을 '봉선封禪'이라 한다. '봉'은 태산에 흙을 쌓아 제단을 만들고 천신에게 제사 지내는 것이고, '선'은 태산 아래의 양보산에서 지신地神에게 제사 지내는 것을 말한다. 한나라는 무제 때 처음으로 이 봉선 의식을 거행하였고, 이를 기념하여 원봉으로 개원하였다. 사마천의 부친인 사마담은 이 봉선 의식에 참가하지 못한 것에 대한 억울함으로 병을 얻어 결국 세상을 뜨게 된다.

대출을 이미 면해주었다. 가족이 없는 70세 이상의 노인에게는 비단 2필씩을 내려주었다. 네 현에서는 올해의 인두세를 면해주도록 하라. 모든 집의 가장에게 작위 1급을 하사하고, 여자에게는 100호마다 소와 술을 하사하도록 하라."

태산에서 다시 동쪽 해안가로 가서 갈석산碣石山에 이르렀다. 그 후 요서에서 북방 국경지역인 구원현九原縣을 지나 감천궁으로 돌아왔다.

가을, 정수井宿 별자리에 혜성이 나타났고 삼태성三台星에도 혜성이 나타났다.

제왕齊王 유굉劉閎이 세상을 떠났다.

2년(기원전 109) 겨울 10월, 옹현에 행차하여 오치五畤에서 천제에게 제사를 올렸다.

봄, 구씨현에 행차하였다가 동래산까지 갔다.

여름 4월, 돌아오다 태산에 제를 올렸다. 호자瓠子에 이르러 황하의 둑방이 터진 곳을 시찰하고 장군 이하의 수행원들에게 모두 땔나무를 지고 제방을 쌓아 막도록 했다. 「호자의 노래」를 지었다. 죄를 지어 도형을 받은 자들을 사면해주고, 혼자 사는 노인들에게 쌀을 4석씩 하사하였다. 돌아와 감천궁에 통천대通天臺를, 장안에 비렴관飛廉館을 지었다.[28]

조선 왕이 요동의 도위를 공격하여 죽였다. 전국에서 사형수를

---

28) 이 당시 무제가 등용하였던 방사는 공손경公孫卿이었다. 공손경은 무제에게 수도에 사당을 짓고 제물을 바치면 신선을 불러올 수 있다며, 신선들은 누대에 사는 것을 좋아한다고 했다. 이에 무제는 장안에 비렴관을 짓고, 감천궁에 통천대를 지은 후 제물을 차려놓고 신선이 오길 기다렸다. 통천대는 하늘에 닿을 수 있는 높은 누각이라는 의미로 높이가 30장丈이어서 멀리 장안성까지 보일 정도였다고 한다.

모집하여 조선을 공격하였다.[29]

6월, 조서를 내렸다.

"감천궁 안에서 영지가 자랐는데 버섯의 기둥이 아홉이고 갓 부분이 이어져 있다. 상제께서는 골고루 복을 내리시니, 어둡고 편벽된 궁전이라고 해서 가리지 않고 크고 아름다운 복을 짐에게 내리신 것이다. 천하에 사면을 내리고 운양현雲陽縣에 100호마다 고기와 술을 내리도록 하라."

영지가 나타난 일을 기려 「지방芝房의 노래」를 지었다.

가을, 태산 아래 명당明堂을 지었다.

누선장군 양복楊僕, 좌장군 순체荀彘를 파견하여 모집한 죄인을 이끌고 조선을 공격하게 했다. 또 장군 곽창郭昌, 중랑장 위광衛廣에게 파촉의 병사를 징발하여 서남이에서 아직 귀부하지 않은 부락을 평정하게 하고 익주군益州郡을 설치하였다.

3년(기원전 108) 봄, 각저희角抵戲를 거행했다.[30] 경성 주변 300리 내에 있는 사람들이 모두 와서 구경하였다.

여름, 조선 사람들이 왕인 우거右渠를 참수하고 항복해왔다. 그곳에 낙랑군樂浪郡, 임둔군臨屯郡, 현도군玄菟郡, 진번군眞番郡을 설치하였다.

누선장군 양복이 사병의 손실과 도망자가 많아 관직을 삭탈당하고 서민으로 강등되었다. 좌장군 순체는 공을 다툰 죄로 처형되었다.

---

29) 여기서의 조선은 고조선으로, 위만衛滿의 집권기에 해당한다. 위만의 손자이자 고조선의 마지막 왕인 우거왕 때에 이르러 고조선은 더욱 강성해졌다. 고조선의 세력 확장에 불만이었던 한나라는 기원전 109년 고조선을 공격하였다. 전쟁이 장기화하면서 고조선 지배층 내부는 분열되었다. 이듬해인 기원전 108년 우거왕은 살해되고 왕검성王儉城이 함락되면서 고조선은 멸망하게 된다. 한나라는 고조선에 낙랑·임둔·현도·진번 등 4군을 설치하였다.

30) 각저희란 힘겨루기, 솥 들기, 마술 등의 기예를 공연하는 것이다.

가을 7월, 교서왕膠西王 유단劉端이 세상을 떠났다.

무도군武都郡의 저족氐族이 반란을 일으켰다. 일부 저족을 주천군酒泉郡으로 이주시켰다.

4년(기원전 107) 겨울 10월, 옹 땅에 행차하여 오치에서 천제에게 제사를 올렸다. 회중도回中道를 지나 북쪽으로 소관蕭關을 나가 독록獨鹿, 명택鳴澤을 거쳐 대군代郡에서 돌아와 하동河東에 행차하였다.

봄 3월, 땅의 후토에 제사를 올렸다. 이어 조서를 내렸다.

"짐이 몸소 후토에 제사를 지내다가 상서로운 빛이 제단 위에 모여 있는 것을 보았는데 하룻밤새 세 번 빛났다. 중도궁中都宮에 갔을 때 궁전 위에서 빛을 보았다. 분음汾陰, 하양夏陽, 중도中都 세 현에서 사형 외의 죄를 사면하고 이곳과 양씨현楊氏縣은 모두 금년의 조세를 납부하지 말도록 하라."

여름, 큰 가뭄이 들었고 백성 중에 많은 사람들이 더위로 죽었다.

가을, 흉노의 세력이 점차 약해져 복속시킬 수 있는 정도가 되었으므로 사자를 파견하여 설득하게 했다. 선우가 사자를 파견하였는데 장안에서 죽었다. 흉노가 변경을 침략하자 발호장군 곽창郭昌을 파견하여 삭방에 주둔하게 했다.

5년(기원전 106) 겨울, 남쪽 지방을 순행하였다. 성당산盛唐山에 이르러 멀리 구의산九嶷山에 묻힌 순임금에게 제사를 올렸다. 첨현灊縣의 천주산天柱山에 올랐다가 심양현尋陽縣부터는 배를 타고 장강을 내려왔다. 장강에서 직접 활로 교룡交龍을 쏘아 포획하였다. 배의 행차가 천 리까지 이어졌다. 종양樅陽에서 정박하여 「성당종양盛唐樅陽의 노래」를 지었다. 북으로 낭야琅邪에 도착하여 해안선을 따라가며 가는 곳마다 명산대천에 제를 지냈다.

봄 3월, 돌아오다 태산에 들러 봉선을 거행하였다.[31]

갑자일, 명당에서 고조께 제사를 지내고 상제上帝와 함께 배향하였다. 제후왕과 열후를 불러 만나고 각 군국의 회계를 보고받았다.

여름 4월, 조서를 내렸다.

"짐이 형주와 양주를 순수巡狩하면서 장강과 회하 일대의 신령과 바다의 영기를 함께 모아 태산에서 제사를 드렸다. 하늘이 상서로운 징조를 보이니 다시 봉선을 거행하였다. 천하에 사면을 베푼다. 행차하였던 현에서는 올해 조세를 납부하지 말고, 홀아비와 과부, 고아에게는 비단을, 가난한 자에게는 곡식을 하사하라."

감천궁으로 돌아와 태치에서 천신에게 제사를 지냈다.

대사마 대장군 위청이 세상을 떠났다.

수도 근방인 7군을 제외한 지방을 13주로 나누고 자사부刺史部를 설치하기 시작했다. 이름난 대신들이 거의 다 세상을 떠나자 조서를 내렸다.

"특출난 공적은 반드시 특출난 사람이 이루어내는 것이다. 그러므로 날뛰고 발길질하는 말이 천 리를 달릴 수 있고, 세상으로부터 조롱받는 선비가 공명을 세우는 것이다. 수레를 뒤집는 말이나 규범에 구속받지 않는 선비는 제어하기에 달린 것이다. 각 주군州郡에 명하여 관리와 백성 중에서 장수나 재상, 타국의 사신으로 임명할 만한 비범한 재주를 가진 자들이 있는지 살피도록 하라."

6년(기원전 105) 겨울, 회중回中에 행차하였다.

봄, 수산궁首山宮을 지었다.

---

31) 한나라 시기 무제가 시행한 봉선은 5년에 한 번 거행하였는데, 원봉 원년(기원전 110)에 처음으로 거행하였고 이해가 5년째이다. 이후 5년마다 '봉선을 거행했다'는 표현이 반복적으로 등장한다.

3월, 하동군河東郡에 행차하여 후토신에 제를 드렸다. 조서를 내렸다.

"짐이 수산首山에 제를 올릴 때 산 아래의 밭에서 진귀한 보물이 나타났고 어떤 것은 황금으로 변하기도 했다. 후토신에게 제를 지낼 때는 신령한 빛이 세 차례 빛났다. 분음汾陰의 참수형 이하를 사면하도록 하고, 전국의 빈민에게 베와 비단을 한 필씩 하사하라."

익주益州의 곤명족昆明族이 반란을 일으켰다. 수도 장안에서 죄를 짓고 호적을 삭탈당하여 외지에서 도망다니는 자들을 사면하여 종군하게 하였다. 발호장군 곽창郭昌에게 그들을 거느리고 출격하도록 했다.

여름, 장안의 백성들이 상림원上林苑의 평락관平樂館에서 각저희를 구경하였다.

가을, 크게 가물었고 병충해가 있었다.

태초太初 원년(기원전 104) 겨울 10월, 태산에 행차하였다.

11월 갑자 초하루, 동지에 명당에서 상제上帝에게 제사 지냈다.

을유일, 백량대柏梁臺에 화재가 일어났다.

12월, 고리산高里山에서 후토에 제사를 드렸다. 동쪽으로 발해勃海에 가서 멀리 봉래산을 바라보며 제사를 올렸다.

봄에 돌아와 감천궁에서 각 군국의 회계보고를 받았다.

2월, 건장궁建章宮을 지었다.[32]

여름 5월, 역법을 개정하여 정월을 한 해의 처음으로 하였다. 황색을 숭상하고, 관리의 인장에 토덕土德을 상징하는 숫자인 다섯 글

---

32) 11월 백량대에 화재가 났다. 백량대 또한 무제가 신선들을 가까이 하고자 하는 열망을 담아 지은 누대였다. 그러자 무당은 불이 난 뒤에는 전보다 더 크게 집을 지어 재앙을 물리쳐야 한다고 간언하였고, 무제는 그 간언을 받아들여 장안 서쪽에 건장궁을 지었다.

자를 새기도록 하였으며, 관명을 제정하고, 음률을 정비하였다.

인우장군 공손오公孫敖를 파견하여 변경 밖에 수항성受降城을 축조하도록 했다.

가을 8월, 안정군安定郡에 행차하였다. 이사장군 이광리李廣利를 파견하여 죄를 짓고 유배된 전국의 평민들을 징발하여 서쪽의 대완국大宛國을 정벌하게 했다.

메뚜기 떼가 동쪽에서 날아와 돈황군까지 이르렀다.

2년(기원전 103) 봄 정월 무신일, 승상 석경石慶이 세상을 떠났다.

3월, 하동에 행차하여 후토에 제를 올렸다. 천하의 백성에게 닷새 동안 모여 음주하는 것을 허락하였다. 닷새 동안 누제腰祭를 지내고 문門의 신에게 올리는 제사를 납제蠟祭의 규정대로 거행하였다.

여름 4월, 조서를 내렸다.

"짐이 개산介山에서 제례를 올리고 후토에 제사를 지낼 때 모두 상서로운 빛의 응답이 있었다. 분음과 안읍安邑 두 현의 참수형 이하를 사면하도록 하라."

5월, 관리와 백성이 기르는 말을 등록하여 전차戰車와 기병騎兵의 말로 보충하도록 하였다.

가을, 병충해가 있었다. 준계장군浚稽將軍 조파노趙破奴에게 기병 2만 명을 이끌고 삭방군을 출발하여 흉노를 공격하게 했다. 전몰하여 돌아오지 못했다.

겨울 12월, 어사대부 아관兒寬이 세상을 떠났다.

3년(기원전 102) 봄 정월, 동쪽 해안 지방을 순수하였다.

여름 4월, 돌아오는 길에 태산에서 봉선을 지내고 석려산石閭山에서 지신地神에 제사를 지냈다.

광록훈光祿勳 서자위徐自爲를 파견하여 오원군 변경 밖에서 서북쪽으로 노구盧朐까지 성루를 축조하게 하였다. 유격장군 한열韓說에게 군대를 이끌고 그곳에 주둔하게 했다. 강노도위強弩都尉 노박덕路博德에게 거연성居延城을 축조하게 하였다.

가을, 흉노가 정양군과 운중군을 침입하여 수천 명을 살육하고 약탈하였고, 광록훈 서자위가 축조한 성루를 파괴하였다. 또 장액군과 주천군을 침략하여 도위를 죽였다.

4년(기원전 101) 봄, 이사장군 이광리가 대완大宛의 왕을 참수하고 서역의 명마인 한혈마를 잡아왔다. 「서극천마西極天馬의 노래」를 지었다.

가을, 명광궁明光宮을 지었다.

겨울 회중回中에 행차하였다.

홍농군弘農郡의 도위를 무관武關에 주둔시켜 출입하는 자들에게서 세금을 거둬들이고 그것으로 관문을 지키는 관병의 봉록을 충당하게 했다.

천한天漢 원년(기원전 100) 봄 정월, 감천궁에 행차하여 태치에서 천신에게 제사를 드렸다.

3월, 하동에 행차하여 후토에 제를 올렸다.

흉노가 억류했던 한나라의 사자를 돌려보냈다. 또 사자를 보내 조정에 공물을 바쳤다.

여름 5월, 천하에 사면령을 내렸다.

가을, 성문을 닫고 규정을 초월하여 사치한 사들을 색출하였다. 유배된 죄인을 징발하여 오원군에서 변경을 수비하게 했다.

2년(기원전 99) 봄, 동해에 행차하였다. 돌아올 때 회중에 행차하였다.

여름 5월, 이사장군이 3만 기병을 이끌고 주천군에서 출정하였다. 천산天山에서 흉노의 우현왕右賢王과 싸워 1만여 명을 참수하였다. 인우장군因杅將軍은 서하西河에서 출정하였고, 기도위騎都尉 이릉李陵은 보병 5000명을 이끌고 거연居延을 출발하여 북쪽으로 가서 선우와 교전하고 1만여 명을 참수하였다. 그러나 이릉의 군대는 패하여 흉노에게 항복하였다.

가을, 명을 내려 주술 행위와 백성들이 거리에서 귀신에게 제사 지내는 것을 금지하고 대대적으로 수사하였다.

거려국渠黎國 등 서역 6개 나라의 사신이 와서 공물을 바쳤다.

태산군, 낭야군의 도적 서발徐勃 등이 험한 산세를 요새로 삼고 성읍을 공격하여 길이 통하지 않게 되었다. 이에 직지사자直指使者 포승지暴勝之 등을 파견하여 수의繡衣를 입고 도끼를 휘둘러 반군을 소탕하도록 했다.[33] 자사와 태수 이하가 모두 처형되었다.

겨울 11월, 관문을 책임지고 있는 도위에게 조서를 내렸다.

"지금 각지의 호걸들 중 먼 동쪽의 도적들과 결탁하는 자들이 많다. 관문을 출입하는 자들을 잘 조사하도록 하라."

3년(기원전 98) 봄 2월, 어사대부 왕경王卿이 죄를 짓고 자살하였다.

처음으로 정부가 주류 전매를 실시하였다.

3월, 태산에 행차하여 봉선을 거행하고 명당에서 제를 올린 후 군국의 회계 보고를 받았다. 돌아오면서 북지군北地郡에 행차하여 상산常山에 제사를 지내고 검은 빛깔의 옥을 묻었다.

여름 4월, 천하에 사면령을 내렸다. 황제가 경유하는 지방에는 토지세를 내지 않도록 했다.

가을, 흉노가 안문을 침입하였다. 태수가 겁을 먹고 유약한 모습

---

33) 직지사자를 다른 말로 수의직지繡衣直指 혹은 수의직지사자繡衣直指使者라고 한다. 무제 말년, 군대를 동원하여 전쟁을 일삼자 백성의 고통이 커지면서 각지에서 반란이 일어났다. 무제는 자수가 놓인 비단옷을 입은(繡衣) 사자를 파견하여 반란을 진압하게 하였는데, 이들은 형벌과 처형을 상징하는 도끼(斧鉞)를 가지고 있었다.

을 보인 죄로 참수되었다.

4년(기원전 97) 봄 정월, 감천궁에서 제후왕을 접견하였다. 전국에서 일곱 가지 죄에 해당하는 자들과 용감한 선비를 징발하였다.[34] 이사장군 이광리가 기병 6만 명과 보병 7만 명을 이끌고 삭방군에서, 인우장군 공손오가 기병 1만 명과 보병 3만 명을 이끌고 안문군에서, 유격장군 한열韓說이 보병 3만 명을 이끌고 오원군에서 출격하였다. 강노도위 노박덕은 보병 1만여 명을 이끌고 이사장군과 만나도록 했다. 이광리는 여오수余吾水에서 연일 선우와 교전하였고, 공손오는 좌현왕左賢王과 전투하다가 불리해지자 모두 퇴각하여 돌아왔다.

여름 4월, 황자 유박劉髆을 창읍왕昌邑王에 봉하였다.

가을 9월, 사형수들에게 대속금 50만 전을 받고 사형에서 한 등급을 감면해주었다.

태시太始 원년(기원전 96) 봄 정월, 인우장군 공손오가 죄를 짓고 요참에 처해졌다.

군국의 관리와 백성 중 호족을 무릉茂陵과 운릉雲陵으로 이주시켰다.[35]

여름 6월, 천하에 사면령을 내렸다.

2년(기원전 95) 봄 정월, 회중回中에 행차하였다.

3월 조서를 내렸다.

---

34) 일곱 가지 죄에 해당하는 자들은 죄를 지은 관리, 도망갔던 범죄자, 데릴사위, 상인, 예전에 상인이었던 자, 부모가 상인이었던 자, 조부모가 상인이었던 자들이다.

35) 역대 주석가들은 운릉을 '운양雲陽'으로 보는 것이 옳다고 하였다. 운양은 감천궁이 있던 곳으로 소제昭帝의 모친인 구익부인鉤弋夫人이 죽은 후 이곳에 매장되었다. 소제가 즉위한 후 모친을 높이고 운릉을 지었으므로 무제 때는 아직 운릉이 아니었다. 무릉은 무제의 능묘이다. 무제는 즉위 후 2년 후인 건원 2년(기원전 139)부터 무릉을 축조하기 시작했고 여러 차례에 걸쳐 부호들을 이주시켰다.

"얼마 전 짐은 하늘에 제사를 지냈고 서쪽으로는 농수산隴首山에 올랐다. 흰 기린을 잡아 종묘에 바쳤으며, 악와수에서 천마가 나타났고, 태산에서 황금이 나타났다. 이에 담당 관원들이 화폐의 명칭을 바꿀 것을 제의하였다. 황금을 기린의 발과 말발굽 모양으로 바꾸어 상서로운 징험들에 부응하고자 한다."

이 모양으로 주조한 황금을 제후왕에게 하사하였다.

가을, 가뭄이 들었다.

9월, 사형수들에게 대속금 50만 전을 받고 사형에서 한 등급을 감해주었다.

어사대부 두주杜周가 세상을 떠났다.

3년(기원전 94) 봄 정월, 감천궁에 행차하여 외국의 빈객들을 초청하여 연회를 베풀었다.

2월, 백성들이 닷새 동안 모여 음주하는 것을 허락하였다. 동해군에 행차하였을 때 붉은 기러기를 잡았기에 「주안朱雁의 노래」를 지었다. 또 낭야현에 행차하여 성산成山에서 태양신에게 제사를 지냈다. 지부도之罘島에 오르고 바다를 건넜다. 만세 삼창을 부르는 소리가 들렸다.[36]

겨울, 행차가 지나는 곳의 집집마다 5000전을 하사하고, 과부와 홀아비, 고아에게 비단 1필씩을 하사하였다.

4년(기원전 93) 봄 3월, 태산에 행차하였다. 임오일, 명당에서 고조

---

36) 원문은 '山稱萬歲'이다. 글자 그대로는 '산이 만세를 외치다'란 의미인데, 원봉元封 원년 3월, 무제가 구씨현에 도착하여 숭산嵩山에 제사를 지낼 때 수행 관원들은 '만세'라고 외치는 소리를 들었다. 산 위아래에 있던 사람들에게 물어보았으나 아무도 소리를 외치지 않았다고 하였으므로 산의 신령이 보인 상서로운 징조로 여기게 되었다. 이후 '산호만세山呼萬歲', '숭호만세嵩呼萬歲'는 의식을 거행하면서 신하와 백성들이 임금에게 '만세'를 외치며 축수하는 의미로 사용되었다.

에게 제를 올리면서 상제와 배향하였다. 군국의 회계 보고를 받았다. 계미일, 명당에서 경제에게 제를 올렸다. 갑신일, 태산에 올라 봉선을 지냈다. 병술일, 석려산石閭山에서 지신에게 제사를 지냈다.

여름 4월, 불기현不其縣에 행차하여 교문궁交門宮에서 신선에게 제사를 드렸는데 마치 신선이 제단을 향해 답배를 하는 것 같았다. 「교문交門의 노래」를 지었다.

여름 5월, 돌아와 건장궁에 행차하여 크게 연회를 베풀고 천하에 사면을 내렸다.

가을 7월, 조나라에서 뱀이 성 밖에서 안으로 들어와 성안의 뱀과 효문묘孝文廟 아래에서 무리지어 싸웠다. 성안의 뱀이 죽었다.[37]

겨울 10월 갑인일 그믐, 일식이 있었다.

12월, 옹 땅에 행차하여 오치에서 천제에 제사를 지내고, 서쪽으로 안정군과 북지군에 이르렀다.

정화征和 원년(기원전 92) 봄 정월, 돌아와 건장궁에 행차하였다.

3월, 조왕趙王 유팽조劉彭祖가 세상을 떠났다.

겨울 11월, 삼보三輔 지역의 기병을 동원하여 상림원上林苑을 대대적으로 수색하였다. 장안 성문을 닫고 수색을 하였고 11일 후에야 계엄을 해제하였다.[38] 무고의 화가 시작되었다.[39]

---

37) 『한서·오행지』에서는 이것이 조왕趙王의 가신 출신인 강충江充이 위태자를 해칠 징조라고 보았다.

38) 당시 무제가 건장궁에 있었는데 한 남자가 칼을 차고 들어가는 것을 보았다. 체포를 명했으나 잡지 못했다. 기병을 동원하여 상림원을 뒤지고 장안의 성문을 봉쇄하여 11일간 대대적으로 수색하였으나 결국 잡지 못했다.

39) 승상 공손하의 부인은 위황후의 언니였다. 아들 공손경성은 황후의 조카이자 승상의 아들이라는 신분을 이용하여 비리를 자행하다가 체포되었다. 공손하는 당시 유명했던 대협大俠 주안세朱安世를 잡아들여 아들의 죄를 대속하고자 하였다. 체포된 주안세는 공손경성이 양석공주와 사통하였고 무고로 황제를 저주하였다고 고발했다. 이 사건으로 무고의 화가 시작되었다. 공손하 부자는 이듬해 처형되어 멸

2년(기원전 91) 봄 정월, 승상 공손하가 하옥되었다가 죽었다.

여름 4월, 큰 바람이 불어 가옥이 뒤집히고 수목이 부러졌다.

윤달, 제읍공주諸邑公主와 양석공주陽石公主가 무고에 연루되어 처형되었다.

여름, 감천궁에 행차하였다.

가을 7월, 안도후按道侯 한열韓說, 사자使者 강충江充 등이 태자궁에서 땅을 파내 무고의 증거를 발견하였다. 임오일, 태자가 황후와 모의하여 강충을 참수하고, 부절로 병력을 동원하여 승상 유굴리劉屈氂와 장안에서 교전하였다. 수만 명이 죽었다. 경인일, 태자는 도망치고 황후는 자살하였다. 성문에 병력을 주둔시키고 태자가 사용했던 붉은색 부절을 황색 깃털로 바꾸었다. 태자를 놓친 죄로 어사대부 포승지暴勝之는 자살하였고 사직司直 전인田仁은 요참에 처해졌다.

8월 신해일, 태자가 호현湖縣에서 자살하였다.

계해일, 지진이 일어났다.

9월, 조경숙왕趙敬肅王의 아들 유언劉偃을 평간왕平干王에 봉하였다.

흉노가 상곡군과 오원군을 침입하여 관리와 백성을 살육하고 약탈하였다.

3년(기원전 90) 봄 정월, 옹현에 행차하여 안정군과 북지군에 이르렀다. 흉노가 오원군과 주천군을 침입하여 두 군의 도위를 살해하였다.

3월, 이사장군 이광리를 보내 7만 명을 이끌고 오원군에서, 어사대부 상구성商丘成은 2만 명을 이끌고 서하西河에서, 중합후重合侯

족을 당했고 이듬해 제읍공주, 양석공주, 위청의 아들도 모두 무고에 연루되어 주살되었다.

마통馬通은 4만 기병을 이끌고 주천군에서 출정하게 하였다. 상구성은 준계산浚稽山에서 교전하여 많은 적군을 참수하였다. 마통이 천산天山에 이르자 적군은 퇴각하였고 차사국車師國을 정복할 수 있었다. 상구성과 마통은 군대를 이끌고 돌아왔으나 이광리의 군대는 패하여 흉노에 항복하였다.

여름 5월, 천하에 사면령을 내렸다.

6월, 승상 유굴리가 하옥되었다가 요참을 당했고 그의 아내는 효수되었다.

가을, 메뚜기 떼로 피해가 발생하였다.

9월, 반역자 공손용公孫勇과 호천胡倩의 죄상이 발각되어 모두 처형되었다.

4년(기원전 89) 봄 정월, 동래군에 행차하였다가 동해 바다까지 이르렀다.

2월 정유일, 옹현에 운석이 두 개 떨어졌는데, 그 소리가 400리 떨어진 곳까지 들렸다.

3월, 황제가 거정현鉅定縣에서 직접 밭을 가는 시범을 보였다. 돌아오면서 태산에 행차하여 봉선을 거행하였다. 경인일, 명당에서 제사를 올렸다. 계사일, 석려산에서 지신에게 제사를 지냈다.

여름 6월, 감천궁으로 돌아왔다.

가을 8월 신유일 그믐, 일식이 있었다.

후원後元 원년(기원전 88) 봄 정월, 감천궁에 행차하여 태지에서 전신에 제사를 지내고 안정군으로 행차하였다.

창읍왕 유박이 세상을 떠났다.

2월, 조서를 내렸다.

"짐이 교외에서 상제에게 제사를 지내고 북쪽 변경을 순시할 때

학이 무리지어 있는 것을 보았다. 그러나 만물이 소생하는 봄에는 그물을 쓰지 않는 법이라 포획하지 않았기에 제물로 바칠 것이 없었다. 태치에서 제사를 지낼 때 상서로운 빛과 길조가 동시에 나타났으니 천하에 사면을 베풀도록 하라."

여름 6월, 어사대부 상구성이 죄를 짓고 자살하였다. 시중복야 망하라莽何羅가 동생 중합후重合侯 망통莽通과 반역을 모의하였다.[40] 시중부마도위侍中駙馬都尉 김일제와 봉거도위 곽광, 기도위 상관걸이 그들을 토벌하였다.

가을 7월, 지진이 일어났고, 샘이 도처에서 솟아올랐다.

2년(기원전 87) 봄 정월, 감천궁에서 제후왕을 접견하였고 황족에게 하사품을 내렸다.

2월, 주질현盩厔縣의 오작궁五柞宮에 행차하였다. 을축일, 황자 유불릉劉弗陵을 황태자로 세웠다.[41] 정묘일, 무제가 오작궁에서 붕어하였다. 미앙궁 정전에 빈소를 마련하였다.

3월 갑신일, 무릉茂陵에 장례 지냈다.


논평한다.

한나라는 역대 제왕의 적폐를 이어받아 건국하였으나 고조는 어지러운 세상을 다스려 바름으로 돌아왔다. 문제와 경제는 민생의

---

40) 앞의 정화 3년에서는 '마통馬通'이라 하였으나 여기서는 '망통'이라 하였다. 망하라는 본래 '마馬' 씨인데, 후한 명제의 황후인 마馬황후가 모반을 했던 선조가 있는 것을 수치스럽게 여겨 '망莽'으로 성을 바꾸었다. 마하라는 강충과 교분이 있었다. 무제가 강충 일족과 그 여당을 처벌하자 마하라와 동생인 마통은 화가 미칠까 두려워하여 반역을 모의하였다.

41) 유불릉은 무제 만년의 총희였던 조첩여 소생으로 무제를 이어 즉위하는 소제昭帝이다. 당시 소제의 나이가 8세였으므로 무제는 곽광과 김일제에게 소제를 보좌하도록 유조를 남긴다. 그러나 소제는 20세로 요절하였고, 곽광은 여태자의 손자를 민간에서 수소문하여 선제宣帝로 옹립한다.

안정에 힘썼으나 고대의 예악과 제도를 고찰하는 것에는 다소 부족함이 있었다. 무제는 즉위하자마자 탁월한 식견으로 제자백가의 학설을 축출하고 육경을 제창했다. 결국 온 나라에 널리 묻고 구하여 뛰어난 인재를 등용하였고 이들과 함께 공을 세웠다. 태학을 일으키고, 제사를 정비하고, 정월을 한 해의 첫 달로 바꾸어 역법을 개정하였으며, 역수曆數를 정하고, 음률을 맞추어 시와 음악을 짓고, 봉선의 제도를 건립하였으며, 모든 신들에게 제사를 올리고, 주나라의 후사를 이었으니, 그 찬란한 법령과 제도는 길이 남길 만하다. 그리하여 그 후손 또한 대업을 받들어 삼대의 유풍이 있게 되었다. 만약 이러한 출중한 재능과 뛰어난 경륜을 갖추고서 경제와 문제의 공손과 검소함을 겸비하여 백성을 구제했었더라면 『시경』과 『상서』에서 칭송하는 자라도 어찌 더 뛰어날 수 있었겠는가!

表
豆

'표'는 오늘날 자료를 일목요연하게 정리하기 위해 사용하는 도표 형식으로 역사를 기록한 것이다. 본기와 열전은 한 인물에 초점을 맞추기 때문에 전체적인 흐름을 파악하기가 힘들다. 이러한 문제점을 보완하기 위해 사마천은 분산된 사건과 인물을 순차적으로 보여줄 수 있는 표를 만들었다. 반고는 이를 계승하여 8편의 표를 만들었다. 「이성제후왕표異姓諸侯王表」, 「제후왕표諸侯王表」, 「왕자후표王子侯表」, 「고혜고후문공신표高惠高后文功臣表」, 「경무소선원성공신표景武昭宣元成功臣表」, 「외척은택후표外戚恩澤侯表」, 「백관공경표百官公卿表」, 「고금인표古今人表」이다.

# 제후왕표

## 諸侯王表

'표表'는 역사의 일반적인 기술 형식이 아닌, 가로와 세로의 격자로 구성되어 있다. 본기와 열전은 한 인물을 중심으로 서술하기 때문에 사건과 인물의 시간적 선후를 파악하기가 쉽지 않다. 특히 춘추와 전국 시대에는 각 나라마다 다른 왕의 이름과 연도로 표기가 되어 있어 더욱 혼란스럽다. 이러한 단점을 보완하기 위해 사마천은 표를 만들었다. 표는 하나의 시간선 위에 인물과 사건을 배치한 것이다. 예를 들어 「육국연표六國年表」를 보면 기원전 424년은 주周 위열왕威烈王 2년, 진秦 영공靈公 원년, 위魏 문후文侯 원년이며 그해의 중요한 사건도 함께 기록되어 있다. 마치 지금의 한·중 역사 대조 연표와 같은 이 형식은 좌에서 우로 시간의 흐름에 따라 사건과 인물을 입체적으로 보여준다. 표는 사마천의 천재성이 집약된 획기적인 역사 기록방식이라고 할 수 있다.

반고는 『사기』의 표를 계승하였다. 『한서』에는 「이성제후왕표異

姓諸侯王表」, 「제후왕표諸侯王表」, 「왕자후표王子侯表」, 「고혜고후문
공신표高惠高后文功臣表」, 「경무소선원성공신표景武昭宣元成功臣表」,
「외척은택후표外戚恩澤侯表」, 「백관공경표百官公卿表」, 「고금인표古
今人表」의 8표가 있다.

각 표表의 앞부분에는 서문이 있는데, 이 책에서는 「제후왕표」의
서문을 번역하였다. 「제후왕표」는 전한 시대의 동성 제후왕, 즉 유
씨劉氏를 처음 책봉했을 때부터 세습, 폐지를 순차적으로 나열한 표
이다. 서문에서는 주나라부터 전한까지 제후를 분봉한 역사를 통시
적으로 서술하였으며, 분봉제分封制가 왕조 통치를 공고히 할 수 있
는 기반이라고 보았다. 한 고조는 진나라의 패망이 분봉제를 폐지
하고 군현제郡縣制를 채택했기 때문이라는 점을 교훈 삼아 유씨 일
족을 제후왕으로 책봉하여 통치를 굳건히 하고자 했다. 혈연으로
맺어진 친족들이 황실을 호위할 수 있는 가장 좋은 방패라 여긴 것
이다. 그러나 제후왕들은 넓은 토지와 인구를 기반으로 점차 세력
이 강해졌고 중앙 조정에 위협적인 존재가 되었다.

경제景帝는 영지 삭감을 통해 제후 세력을 통제하고자 하였으나
반발한 제후들이 반란을 일으켰다. 반란은 3개월 만에 평정되었으
나 제후왕의 세력 확대를 저지하기 위한 정책이 필요했다. 무제는
제후왕이 자제들에게 분봉을 하도록 하는 '추은령推恩令'을 시행하
여 영지의 규모와 세력이 분할되도록 하였고, 이런 제도를 통해 중
앙집권을 완성하였다. 그러나 조정이 안정되면서 상대적으로 제후
왕의 세력은 점차 축소되었고 "지방 부호와 별반 차이가 없을 정도
(勢與富室亡異)"가 되었다. 결국 왕망이 제위를 찬탈하고 한나라를
멸망시키는 상황에 이르기까지 제후국은 황실을 수호하는 병풍의
역할을 할 수 없었던 것이다.

『한서』가『사기』와 다른 구성 중 가장 두드러진 것은 제후로 봉해진 황족이나 공신 가문의 기록인 '세가世家'가 없다는 것이다.『사기』에서 세가에 수록되어 있던 인물들은『한서』에서 모두 열전에 수록되어 있다. 유방은 황제로 즉위한 후 자신을 도왔던 7인의 이성異姓 제후왕을 봉하였다. 이 중 죽거나 모반을 일으켜 토벌된 자들을 제외하고 초왕楚王 한신韓信, 양왕梁王 팽월彭越, 회남왕淮南王 영포英布는 막강한 세력으로 고조에게 위협적인 존재가 되었다. 결국 세 사람 역시 모반 혹은 억울한 누명을 쓰고 토벌되었고, 고조 재위 마지막 해에는 위협이 되지 않을 정도로 약소했던 오예吳芮만 남게 된다. 종실 제후에 대해서는 문제와 경제 시기 계속해서 견제 정책을 시행하면서 그 세력을 약화시켰다. 무제 시기에 이르러 봉건은 거의 청산되었고 군현, 즉 중앙집권으로 전반적인 교체가 이루어진다. 한나라 건국 이후 공신으로 작위를 받은 자는 100여 명이었으나 "무제 태초太初 연간까지 100년 동안 다섯 제후만 남았고 나머지는 모두 법을 어겨 목숨을 잃거나 나라가 망하게 되었다(『사기·고조공신후자연표高祖功臣侯者年表』)." 더 이상 대대로 세습되는 작위를 유지하는 '세가'가 존재하지 않는 시대가 되었으므로『한서』 또한 '세가'를 구성에 포함시키지 않은 것이다.

「제후왕표」에서 반고는 전한의 멸망이 더 이상 조정과 황실의 방패가 되어줄 제후왕이 없었던 상황에서 기인한 것이라 보았다. 이 글은 송대 사마광이 편찬한『자치통감』의 평론에도 전문이 그대로 인용되어 있다. 사마광 또한 전한의 멸망에 대한 반고의 분석이 타당하다고 보았던 것이다.

옛날 주나라는 하·상 두 왕조의 다스림을 거울 삼았다. 문왕, 무왕, 주공 세 성군이 법규를 제정하여 공公, 후侯, 백伯, 자子, 남男 5등급의 작위를 두고 800여 개의 제후국을 분봉하였는데 그중 동성同姓이 50여 개였다. 주공 희단姬旦은 노나라에, 강숙康叔은 위衛나라에 책봉되어 수백 리의 영지를 소유하였다. 이성異姓인 태공망 여상呂尙도 제나라를 책봉받아 제후왕만큼의 큰 토지를 소유하게 되었다. 『시경』에서는 분봉제도에 대해 이렇게 읊었다.

| | |
|---|---|
| 훌륭한 사람은 울타리가 | 介人惟藩, |
| 삼공은 담이 되어주었네. | 大師惟垣. |
| 제후국은 병풍이고 | 大邦惟屏, |
| 대종은 근간이네. | 大宗惟翰. |
| 덕정을 펼치니 나라는 편안하고 | 懷德惟寧, |
| 종실은 견고한 성이 되어주네. | 宗子惟城. |
| 제후의 성이 무너지지 않게 | 毋俾城壞, |
| 종실이 고립되어 두렵게 하지 말라. | 毋獨斯畏. |

그리하여 친족과 현자를 분봉하여 그 공덕을 포상하였다. 이는 주 왕조의 흥망성쇠와 직결되었으니 기초를 굳건히 하여 통치가 무너지지 않게 하는 것이었다. 주 왕실이 번성했을 때는 주공, 소공이 성왕의 정지를 보좌하여 형법을 쓸 필요가 없었다. 주 왕실이 쇠락하자 제 환공, 송 양공, 진晉 문공, 진秦 목공, 오왕 부차 등의 오패五覇가 천자를 보좌하여 함께 천하를 다스렸다. 유왕과 평왕 이후 주나라 왕실은 날로 쇠락하였다. 결국 도읍을 황하와 낙수 사이의 좁

고 위태로운 곳으로 옮기게 되었고 동주와 서주로 분열되었다.[1] 주 천자의 명령은 천하에 시행되지 않았고 권력도 빼앗기게 되었다. 그러나 천하 사람들은 여전히 공주共主로서 천자를 받들었고, 강한 제후도 감히 주 왕조를 멸망시키지 못했다. 그리하여 주 왕조는 800년을 유지하다가 주 난왕赧王의 시대가 되어서야 국운이 다하였다. 천자는 서민으로 강등되고 천명도 종말을 고하였다. 천자의 존호와 지위는 단절되었으나 일부 제후들은 여전히 천자를 지지하였고 아무도 빈자리를 차지하려 들지 않았다. 천하는 30여 년간 공주가 없는 상태가 지속되었다.

진秦나라는 필승의 지세를 가진 관중關中 지역을 근거로 하였다. 간교함과 속임수로 군대를 출병하여 관동의 여섯 나라를 멸망시키고 단숨에 승리를 거두었다. 그러나 자신의 관습과 지식을 자만하여 삼대를 비웃고 고대의 제후제도를 폐지하였다. 결국 자신은 시황제를 자칭하였으나 자제들은 평민과 다를 바가 없었으니 조정 안에서는 친혈육의 보좌가 없게 되었고, 밖에서는 토지를 분봉받은 제후의 보호가 없게 되었다. 진승陳勝과 오광吳廣이 몽둥이를 들고 봉기하자 유방과 항우가 뒤따라 일어나 진나라를 멸망시켰다. 주나라는 예언보다 오래 존속되었으나 진나라가 겨우 2대 만에 멸망한 것은 제도가 달랐기 때문이다.

한나라 건립 초기, 나라가 막 안정되었을 때는 유씨 종실의 사람이 적었다. 그러므로 분봉하지 않아 천자가 고립되고 패망에 이르렀던 진나라를 교훈 삼아 영토를 분할하여 제후왕과 열후의 두 작

---

1) 기원전 771년, 견융의 침입을 받은 주 왕실은 도읍을 낙읍으로 옮기게 된다. 도읍을 현재의 서안 부근인 호경鎬京에서 동쪽인 낙읍으로 옮기기 때문에 이 이후를 동주, 그 이전을 서주라 한다. 서주의 마지막 왕이 유왕幽王이며 동주의 1대 왕이 평왕平王이다.

위를 두었다. 열후로 책봉된 공신은 100여 명이었고, 고조의 자제들은 9개 나라의 제후왕으로 책봉되었다. 안문군雁門郡에서 동쪽으로 요수遼水 북쪽까지를 연燕나라와 대代나라로 하였다. 상산常山의 이남, 태항산太行山 동쪽, 황하와 제수濟水를 포함하여 동해까지의 지역을 제齊나라와 조趙나라로 하였다. 곡수穀水와 사수泗水 일대와 귀산龜山·몽산蒙山까지 포함시켜 양梁나라와 초楚나라로 하였다. 동쪽으로 장강長江·파양호鄱陽湖, 회계會稽와 인접한 지역을 처음에는 형荊나라로 했다가 나중에 오吳나라라 하였다. 북쪽의 회수 경계에서 남쪽으로 여산廬山과 형산衡山까지를 회남국淮南國으로 하고, 한수 북쪽을 따라서 남쪽 구의산九嶷山까지를 장사국長沙國으로 하였다. 제후국은 인접하여 북·동·남 3면을 에워싸고 오랑캐, 남월과 국경을 마주하였다. 천자는 중심 지역인 하동, 하남, 하내의 삼하三河·동군·영천군潁川郡·남양군, 강릉江陵에서 서쪽으로 파군과 촉군까지, 북쪽으로 운중에서 농서까지, 그리고 수도의 내사內史를 합쳐 15개의 군을 소유하였다. 그중에는 공주와 열후들의 식읍도 있었다. 그러나 세력이 큰 제후들은 주州를 넘어 군郡을 겸병하였다. 인접한 수십 개의 성을 차지하고 궁실과 백관을 수도 장안과 비슷하게 두었으니 이는 잘못을 고치려다 더 그르친 격이었다. 그러나 고조는 개국 후 창업의 기반을 다지느라 겨를이 없었고 혜제는 재위 기간이 짧았다. 여후가 섭정을 하는 동안은 방자하고 교활한 자들의 반역 없이 전하가 태평하였다. 결국 문제文帝가 여씨 일족의 반란을 제압하고 위업을 완성한 것도 제후들의 도움을 받은 것이었다.

제후는 세력이 본래 컸으므로 점차 범람하여 넘치는 지경이 되었다. 작게는 황음무도하여 법을 어겼고 크게는 강한 세력을 믿고서 멋대로 행동하다 결국엔 패가망신에 이르렀다. 문제는 "제후를 많이 책봉하여 세력을 약화시켜야 한다"는 가의賈誼의 건의를 받아들여 제나라와 조나라를 나누었다. 경제는 조조晁錯의 「삭번책削藩策」을 받아들여 오나라의 회계군과 초나라의 동해군을 삭감하였다. 무제는 주보언主父偃의 정책을 채택하여 적자가 아닌 제후의 자제에게도 봉지를 나누어주는 추은령推恩令을 시행하였다. 그리하여 폐위와 파면으로 강제하지 않고도 번국은 저절로 분할되었다. 이때부터 제나라는 7국, 조나라는 6국, 양나라는 5국, 회남국은 3국으로 나뉘었다. 이렇게 되자 처음 제후왕에 책봉된 황자는 큰 나라라 하더라도 10여 개 성의 규모에 불과했다. 장사長沙, 연燕, 대代 3국은 옛 명칭은 그대로였지만 이곳의 남쪽과 북쪽 변경에는 조정이 직접 관할하는 군郡을 두었으므로 경계는 예전 같지 않았다. 경제 때 오초칠국의 난이 평정된 후, 제후의 권력은 축소되었고 관료의 인원과 직급도 삭감되고 강등되었다. 무제 때 형산왕과 회남왕이 모반하였다. 무제는 제후국에 파견된 관리가 왕과 사사로이 군신관계를 맺는 것을 금지하는 좌관율左官律, 제후왕이 별도의 조세를 만들거나 임의로 세액을 올리는 것을 금지하는 부익법附益法을 제정하였다. 결국 제후는 봉록만 받고 정사에는 간여할 수 없게 되었다.

애제, 평제에 이르자 모두 제후왕의 후손이 작위를 세습받게 되었다. 이들은 천자와 소원하였고 어려서부터 집안에서만 자라다보니 사대부와 백성의 존중을 받지 못하여 그 세력이 부호와 다를 바가 없었다. 게다가 성제, 애제, 평제 세 황제는 모두 재위기간이 짧았고 후사도 없었다. 결국 왕망王莽은 한 왕조가 안팎으로 천운이 다하였으며 조정과 제후왕의 세력이 모두 약해졌음을 알고서 망설임 없이 찬탈이라는 간사한 마음을 품게 되었다. 왕망은 고모인 원후元后의 세력을 등에 업고 이윤伊尹과 주공을 사칭하며 조정에서 전횡을 휘두르고 가짜 황제의 신분으로 천하를 호령하였다. 간교한 음모가 성공하여 제위를 찬탈한 후 각 지방에 오위장수五威將帥라는 관원을 파견하였다. 이들은 각 지방을 돌아다니며 하늘이 신新 왕조에 내린 상서로운 징조인 부명을 반포하였다. 한나라의 제후들은 앞 다투어 머리를 조아리고 인장을 바쳤으며 심지어는 왕망의 덕을 칭송하고 아첨하였으니 어찌 슬프지 않은가! 그러므로 제후왕의 처음과 끝, 그 세력의 변화를 밝혀 교훈과 경계로 삼고자 한다.

志
지

'지'는 어떤 것에 관한 기록(誌)을 의미하는 것으로 경제, 관직, 예악, 형벌 등의 제도와 지리, 천문, 도서 등 전문적인 내용을 다룬 것이다. 『사기』에서 '서書'였던 것을 반고는 '지志'로 바꾸었고 이후 중국의 정사正史에는 대부분 '지'를 두었다. 『한서』에는 모두 10편의 지가 있는데 「율력지律曆志」, 「예악지禮樂志」, 「형법지刑法志」, 「식화지食貨志」, 「교사지郊祀志」, 「천문지天文志」, 「오행지五行志」, 「지리지地理志」, 「구혁지溝洫志」, 「예문지藝文志」이다.

# 예문지

## 藝文志

『한서』에는 10편의 '지志'가 있다. '지'는 어떤 것에 관한 기록(誌)을 의미한다. 『사기』의 '서書'를 『한서』에서 '지志'로 바꾸었고, 이후 정사正史에는 모두 '지'가 수록되어 있다. 『한서』에는 음률과 역법에 관한 「율력지律曆志」, 예악제도에 관한 「예악지禮樂志」, 법률에 관한 「형법지刑法志」, 경제에 관한 「식화지食貨志」, 천자의 제사 의식에 관한 「교사지郊祀志」, 별자리에 관한 「천문지天文志」, 재이災異 현상에 관한 「오행지五行志」, 전국 행정 구역의 변천과 물산에 관한 「지리지地理志」, 전국의 강과 하천에 관한 「구혁지溝洫志」, 그리고 마지막으로 「예문지」가 있다.

　「예문지」는 황실 도서관인 비부祕府에 소장된 모든 도서를 분야별로 나누어 목록을 작성한 것으로 『한서』에서 처음 시작되었으며, 이후 정사에는 모두 「예문지」가 포함되었다(일부 정사에서는 「경적지經籍志」라고 하기도 하였다). 한나라는 무제 시기부터 대규모로 전국에 있는 도서를 수집하여 정리하기 시작했고, 성제·애제 시기에는 교열 작업을 진행하였다. 유향劉向은 도서를 정리하여 『별록別錄』을 편찬하였고, 아들 유흠劉歆은 이를 바탕으로 『칠략七略』을 완성하였다. 중국 목록학의 시조라 할 수 있는 『별록』과 『칠략』은 실전失傳되었으나 『한서·예문지』가 그 내용을 대체로 계승하고 있다는 점에서 중요하다.

「예문지」는 총론에 해당하는 집략輯略과 육예략六藝略, 제자략諸子略, 시부략詩賦略, 병서략兵書略, 수술략數術略, 방기략方技略으로 나뉘어져 있다. 육예략은 『역易』, 『서書』, 『시詩』, 『예禮』, 『악樂』, 『춘추春秋』, 『논어論語』, 『효경孝經』, 소학小學으로 분류되어 있다. 제자략은 유가, 도가, 음양가, 법가, 명가, 묵가, 종횡가, 잡가, 농가, 소설가의 10가家로 나뉘어져 있다. 이 책에서는 「예문지」 중 가장 중요한 부분인 집략, 육예략과 제자략의 설명 부분을 번역하였다.

「예문지」는 후한 시기 모든 도서의 목록과 그것을 내용에 따라 분류하고 각 학문 영역의 원류와 변천을 논한 것이다. 고대부터 전한까지 모든 도서와 학문에 대한 총정리이므로 이를 통해 중국 학술의 원모를 알 수 있다는 점에서 중요하다. 중국은 전통 시기 서적을 경經, 사史, 자子, 집集의 4부류로 나누었다. 이러한 4부 분류법은 『수서隋書·경적지』에서 시작되어 청대의 『사고전서四庫全書』에 이르기까지 일관되게 유지되었다. 「예문지」는 바로 이 4부 분류법의 시초라 할 수 있다.

옛날 공자가 세상을 떠나자 심오하면서 은미한 말은 사라졌고, 70명의 제자가 죽고 난 후 경전의 대의는 서로 달라지게 되었다. 그리하여 『춘추春秋』는 『좌씨전左氏傳』, 『공양전公羊傳』, 『곡량전穀梁傳』, 『추씨전鄒氏傳』, 『협씨전夾氏傳』의 다섯으로, 『시경』은 『모시毛詩』, 『제시齊詩』, 『노시魯詩』, 『한시韓詩』의 넷으로, 『역경』도 몇 가지 학파로 나뉘어 전승되었다. 전국시대 합종연횡이 성행하고 진위에 대한 논쟁이 끊임없이 벌어지면서 제자의 학설은 뒤섞여 어지럽게 되었다. 진시황은 이를 걱정하여 서책을 태워 없애는 것으로 백성을 우매하게 만들었다.

한나라가 개국한 후 진나라의 폐단을 바로잡고자 대대적으로 문헌을 수집하고 서적을 헌상하는 길을 넓혔다. 그러나 무제 시기까지도 여전히 서적은 부족하였고 죽간은 훼손되어 예악과 제도가 심각하게 무너진 상황이었다. 황제는 탄식하였다.

"짐은 매우 안타깝도다!"

그리하여 도서를 관장하는 기구를 설립하고 서적을 필사하는 관직을 두어 제자백가와 민간의 전설까지 모두 수집하여 황궁의 도서관인 비부에 소장하도록 했다. 성제 시기 서적의 산실散失이 심각한 정도였기 때문에 알자謁者 진농陳農을 파견하여 민간에 흩어진 문헌을 수집하도록 했다. 그리고 광록대부 유향에게 조서를 내려 경전과 제자, 시부 등 각종 도서를 교감하도록 했다. 보병교위步兵校尉 임굉任宏은 병서를, 태사령太史令 윤함尹咸은 천문·역법·점복류 서적을, 시의侍醫 이주국李柱國은 의학·양생류 서적을 교감하도록 했다. 한 서적의 교감이 끝날 때마다 유향은 그 차례와 편명을 정리하고 내용의 제요를 작성하여 아뢰었다. 유향이 세상을 떠나자 애제는 유향의 아들인 시종 봉거도위 유흠에게 부친의 유업을 완성하게 했다. 유흠은 서적들을 총괄하여 『칠략七略』을 상주하였다. 이리하여 집략, 육예략, 제자략, 시부략, 병서략, 술수략術數略,[1] 방기략이 있게 되었다. 지금 중요한 것만을 간추려 도서목록을 갖춘다.


## 『역易』

『주역』에서 말했다.

"복희씨는 위로는 천문의 형상을 관찰하고, 아래로는 대지의 이치를 살피고, 새와 짐승의 발자국과, 각 지역에 적응하여 자라는 초목을 관찰하였다. 가까이는 몸에서, 멀리는 여러 사물에서 취하여 처음으로 8괘를 만들었다. 이것으로 음양이 변화하는 이치를 탐구하고 만물의 형상을 분류하였다(宓戲氏仰觀象於天, 俯觀法於地, 觀鳥獸之文, 與地之宜, 近取諸身, 遠取諸物, 於是始作八卦, 以通神明之德, 以類萬物之情)."

상나라 말기, 주나라 초기 주왕紂王은 재위 기간 동안 천리를 거스르고 만물을 파괴하였다. 주 문왕이 제후의 신분으로 천명에 순응하고 도의를 행하면서 하늘과 인간의 변화에 관한 규율을 분석하여 검증하였다. 그리고 『주역』의 육효를 조합하여 64괘를 만들고 상·하 두 편을 편찬하였다. 공자는 64괘에 「단彖」, 「상象」, 「계사繫辭」, 「문언文言」, 「서괘序卦」 등 10편을 지었다. 『주역』의 도리가 심오한 것은 복희, 문왕, 공자 세 성인과 삼대를 거쳤기 때문이다. 진시황의 분서갱유가 있었으나 『주역』은 점복에 관한 내용이었기 때문에 불타지 않았고 전수히는 지들도 끊이지 않았디. 한니라가 시작된 후 전하田何가 『주역』의 학문을 전수하였다. 선제·원제 시기 시수施讐, 맹희孟喜, 양구하梁丘賀, 경방京房의 역학이 학관에 설치

---

1)  술수란 '수술數術'이라고도 한다. 천문, 역법, 오행, 점술 등의 내용을 다룬 것이다.

되었다. 민간에서는 비직費直, 고상高相의 학설이 유행하였다. 유향劉向은 황궁에 소장되어 있던 『고문역경古文易經』으로 시수, 맹희, 양구하의 『역경』을 교감하였는데 간혹 '허물이 없다(無咎)', '후회가 없다(悔亡)'가 누락되어 있었다.[2] 비직의 경문만이 황궁에 소장된 고문경과 일치하였다.

## 『서書』

『주역』에서 말하였다.

"황하에서 그림이 나오고 낙수에서 글이 나오니 성인은 이 그림과 글을 모방하여 괘卦의 모양을 만들고 「홍범洪範」편을 지었다(河出圖, 雒出書, 聖人則之)."[3]

그러므로 『상서』의 기원은 아주 오래되었다. 공자는 이를 정리하여 요임금부터 진나라까지 모두 100편을 편찬하고 각 편마다 서문을 지어 편찬 의도를 설명하였다. 진나라에서 도서를 불태우고 학문을 금지하였을 때 제남濟南의 복생伏生이 『상서』를 벽에 감춰두었다. 한나라가 건국되었을 때 『상서』의 대부분은 실전되었으나 복생은 숨겨두었던 것 중 29편을 찾아내어 제齊나라와 노魯나라 일대에서 가르쳤다.[4] 선제 시기 구양생歐陽生, 하후승夏侯勝, 하후건夏侯

---

2) '허물이 없다(無咎)', '후회가 없다(悔亡)'는 『주역』에서 길흉을 풀이할 때 자주 사용하는 문구이다.

3) 이는 『주역·계사상繫辭上』의 내용으로 『주역』과 『상서』의 형성을 언급할 때 인용되는 구절이다. '하도'는 황하에서 용마龍馬가 나타났는데 등에 그림을 지고 있었다고 해서 이름한 것이다. 복희씨는 이 그림에 근거하여 팔괘를 만들었다고 한다. '낙서'는 낙수에서 신령스런 거북이 나타났는데 거북등의 균열 모양이 마치 문자 같았다. 우임금은 이를 바탕으로 『상서·홍범』을 지었다고 한다.

4) 복생은 원래 진秦나라의 박사였다. 분서갱유 시기 벽 속에 『상서』를 숨겨두었다가 혜제 때 협서율이 폐지된 후 다시 꺼냈는데 29편만 남아 있었다. 그는 이 29편을 가지고 고향인 제나라·노나라 지역에서 가르쳤다. 문제 때 『상서』에 능통한 사람을 수

建의 『상서』를 학관에 설치하였다.

『고문상서』는 공자의 집 벽에서 나온 것이다. 무제 말년, 노魯 공왕共王이 자신의 궁궐을 넓히려 공자의 집을 허물었다. 이곳에서 『고문상서』와 『예기』, 『논어』, 『효경』 수십 편이 나왔는데 모두 진나라 이전 시기의 옛 문자였다. 공왕이 공자의 집으로 들어가자 거문고와 편종 소리가 들려왔다. 공왕은 두려워하며 더 이상 허물지 않았다. 공자의 후손인 공안국은 이 책들을 모두 가져다가 본래의 29편과 대조하였는데 16편이 더 많았다. 공안국은 이를 바쳤다.[5] 그러나 마침 무고의 사건이 발생하였기에 학관에 세워지지 못했다. 성제 때 유향은 황궁에 소장된 고문 『상서』로 구양생, 하후승, 하후건 삼가三家의 금문 『상서』를 교감하였다. 「주고酒誥」편의 죽간 하나와 「소고召誥」편의 죽간 두 개가 누락되어 있었다. 대략 죽간 하나에 25자인 것은 25자가 누락된 것이고, 죽간 하나에 22자인 것은 22자가 누락된 것이다. 글자가 다른 것이 700여 군데, 글자가 빠진 곳이 수십 군데였다.

『상서』는 고대 제왕의 명령을 엮은 것이다. 사람들에게 명령을 전할 때 말이 명확하지 않으면 듣고서 시행하는 자가 알아들을 수 없었으므로 당시의 구어가 섞여 기록되었다. 그러므로 고문은 지금의 언어로 해석해야 그 의미를 알 수 있다.

소문하여 복생을 초빙하려 했으나 90세가 넘어 거동을 할 수 없었다. 문제는 조조晁錯를 파견하여 전수받도록 하였다. 조조가 이를 기록하여 조정으로 가져와 왕실의 서고에 소장하였다. 당시 통용되던 예서隷書로 기록하였기 때문에 이를 '금문상서'라 한다.

5) 반고는 '무제 말년'이라고 했지만 공왕은 무제 초기인 원광 4년(기원전 131)에 죽었다. 공왕이 공자가 살던 집을 헐다가 벽 속에서 서적들이 발견된 것은 일반적으로 경제 시기로 본다. 공자의 옛 집에서 발견된 문헌들은 선진先秦 시대의 옛 글자로 기록되어 있었으므로 당시 알아볼 수 있는 사람이 없었다. 공자의 11대 손인 공안국이 이를 금문으로 옮겨 조정에 바쳤다.

## 『시詩』

『상서』에서 "시는 뜻을 말하는 것이고, 노래는 말을 길게 읊조린 것(詩言志, 歌詠言)"이라고 하였다. 슬프고 즐거운 감정이 있으면 노래를 읊조려 드러내니, 말을 암송하면 시가 되고 소리를 길게 읊으면 노래가 된다. 그러므로 옛날에는 시를 수집하는 관직을 두었다. 왕은 이것으로 풍속을 살피고 정치의 득실을 알아 자신을 바로잡을 수 있었다. 공자는 주나라의 시를 정선하여 위로는 상나라부터 아래로는 노나라까지 305편을 엮었다. 진나라의 분서갱유에도 온전할 수 있었던 것은 시가 죽간과 백서에만 있는 것이 아니라 암송되는 것이었기 때문이다.

한나라가 개국한 후 노魯나라의 신공申公이 『시』를 해석하였고, 제齊나라의 원고생轅固生, 연燕나라의 한생韓生도 해설을 편찬하였다. 어떤 것은 『춘추』에서, 어떤 것은 잡설에서 취하였으므로 모두 본래의 의미가 아니었다. 만약 부득이하게 본래의 뜻을 구한다면 노나라의 신공이 비교적 본 뜻에 가깝다. 신공·원고생·한생의 삼가시三家詩는 모두 학관에 설립되었다. 그리고 모공毛公의 시가 있는데, 자신이 자하子夏에게서 전수받았다고 하였다. 하간헌왕河間獻王이 그것을 좋아하였으나 학관에는 설립되지 못했다.[6]

## 『예禮』

『주역·서괘序卦』에 "부부, 부자, 군신, 상하의 구별이 있어야 예의를 베풀 수 있다"고 하였다. 예禮의 질박함과 화려함은 시대마다 증감이 있었는데, 주나라에 이르러 상세히 갖추어 항목별로 제정하

---

6)  하간헌왕은 경제의 아들 유덕劉德이다. 모씨毛氏의 『시』와 좌씨左氏의 『춘추』 등 고문경이 정리되는 과정에서 중요한 역할을 한 인물이다.

였다. 그리하여 "예의 강령이 300조목, 구체적인 의례는 3000조목"이나 되었다. 주나라가 쇠락하자 제후들은 자신의 신분을 넘어선 것을 향유하려 했으나 예의와 법도가 이를 방해한다고 여겨 관련 문헌을 모두 없애버렸다. 그리하여 예는 공자 때부터 온전하지 않게 되었고 진나라 때 크게 훼손되었다.

한나라가 건국되자 노나라 고당생高堂生이 『사례士禮』17편을 전수하였다. 선제 때에는 후창后倉이 예에 가장 밝았다. 대덕戴德, 대성戴聖, 경보慶普는 모두 그의 제자로 삼가가 학관에 설립되었다. 『예고경禮古經』은 노魯나라의 엄중리淹中里와 공자의 집 벽에서 나온 것으로 금문 17편과 비슷하지만 39편이 더 많다. 『명당음양明堂陰陽』, 『왕사씨기王史氏記』는 천자·제후·경대부의 제도에 관한 내용이 많다. 완정하지는 않지만 후창 등이 『사례』에 근거하여 천자의 예의제도를 규명한 것보다는 낫다.


## 『악樂』

『주역·예괘豫卦』에서 "선왕은 음악을 만들고 덕을 숭상하여 성대하게 상제에게 바치고 조상을 제사 지낸다(先王作樂崇德, 殷薦之上帝, 以享祖考)"고 하였다. 그러므로 황제黃帝 이하 삼대까지 음악에 각자 다른 제목이 있었다.[7] 공자는 "나라를 안정되게 하고 백성을 다스리는 것은 예보다 좋은 것이 없고, 풍속을 바꾸는 데는 음악보다 좋은 것이 없다(安上治民, 莫善於禮; 移風易俗, 莫善於樂)"고 하였다. 예와 음악, 두 가지는 함께 병행되었다. 주나라가 쇠락하자 예악이

---

7) 황제黃帝는 「함지咸池」를, 소호少皥는 「대연大淵」을, 전욱顓頊은 「육경六莖」을, 제곡帝嚳은 「오영五英」을, 요임금은 「대장大章」을, 순임금은 「대소大韶」를, 우임금은 「대하大夏」를, 탕임금은 「대호大濩」라는 음악을 지었다고 한다.

붕괴되었다. 특히 음률로 박자를 삼는 정교한 이치는 문서화하기가 힘들고 게다가 정나라와 위나라의 음란한 음악에 물들면서 예전의 법도가 사라졌다.

한나라 건국 후 제씨制氏가 아악과 성률에 정통하여 대대로 악관에 재직하였다. 그러나 소리는 기록할 수 있었으나 그 속의 의미는 설명할 수 없었다. 전국시대 여섯 나라 군주 중에서는 위魏 문후文侯가 가장 옛것을 좋아하였다. 문제文帝 때, 위 문후의 악사였던 두공竇公을 등용하였다.[8] 두공은 위 문후의 악서를 바쳤는데 이것이 『주례·대종백大宗伯』의 「대사악大司樂」이다. 무제 때, 하간헌왕河間獻王이 유학을 좋아하였다. 모장毛萇 등과 함께『주례』 및 여러 학자들의 음악에 관한 논의를 수집하여 「악기樂記」를 편찬하였다. 그리고 팔일무八佾舞를 바쳤는데 제씨制氏가 기록한 것과 큰 차이가 없었다. 하간헌왕의 내사승內史丞 왕정王定이 그것을 상산常山 사람 왕우王禹에게 전수하였다. 왕우는 성제 시기 알자謁者를 지냈는데 여러 번 그 뜻을 강설하였고 24권의 「기記」를 바쳤다. 유향이 서적을 교감하면서 「악기」 23편을 얻었는데 왕우의 「기」와 달랐다. 왕우의 음악 이론은 점차 쇠퇴하였다.

### 『춘추春秋』

고대 왕은 대대로 사관을 두고 군주의 거동을 반드시 기록하였으니 언행을 신중히 하고 법도를 밝히기 위함이었다. 좌사左史는 말을 기록하고 우사右史는 사건을 기록하였는데, 일을 기록한 것이 『춘추春秋』이고 말을 기록한 것이 『상서尙書』이다. 이 제도를 지키지

---

8) 환담桓譚의 『신론新論』에 따르면, 문제 때 위 문후의 악사였던 두공을 찾았는데 나이가 180세였고 맹인이었다.

않은 제왕은 없었다. 주나라 왕실이 쇠락하고 기록이 훼손되자 공자는 성현의 업적을 보존할 것을 생각하며 이렇게 말했다.

"하나라의 예에 대해서는 내가 말할 수 있으나, 하나라의 후손인 기나라는 논거가 부족하다. 은나라의 예에 대해서는 말할 수 있지만, 은나라의 후손인 송나라는 논거가 부족하다. 문헌이 부족하기 때문이다. 문헌이 충분하다면 나는 증명할 수 있다."[9]

노나라는 주공이 건립한 나라였으므로 예의제도와 기물이 갖춰지고 사관의 법도가 있었다. 그러므로 공자는 좌구명과 함께 주나라 사관의 기록을 보고서 사실과 사람의 도리에 근거하여 성공한 일은 공로를 인정해주고 실패한 일은 단죄하였으며, 해와 달의 운행에 따라 역법을 제정하고, 제후가 천자를 알현하는 예법에 따라 예악제도를 바로잡았다. 글로 드러낼 수 없는 포폄褒貶이나 기휘忌諱는 말로 전하였는데, 제자들 사이에 서로 다른 해석이 생겨나게 되었다. 좌구명은 제자들이 각자 자신의 견해대로 전파하여 진실에 위배될까 걱정하였다. 그리하여 사실의 본말을 서술한 『좌씨전』을 지어 공자가 추상적인 말만으로 『춘추』 경문을 강설하지 않았음을 분명히 밝혔다. 『춘추』는 당시 권력을 장악하였던 군신 귀족을 폄하하였는데, 그 사실이 모두 『좌씨전』에 기록되어 있다. 이 때문에 그 책을 감추고 드러내지 않았으니 화를 피하기 위함이었다. 후세에 구설 강해가 유행하면서 『공양전』, 『곡량전』, 『추씨전』, 『협씨전』이 출현하였다. 네 학파 중 공양과 곡량은 학관에 세워졌으나 주씨는 전승할 스승이 없었고 협씨는 전해지는 책이 없다.

---

9) 『논어·팔일八佾』에 수록되어 있다.

## 『논어論語』

『논어』는 공자가 제자와 당시 사람들의 질문에 답한 것과 제자들끼리 담론하고 공자에게 가르침을 청한 내용이다. 당시 제자들은 각자 자신의 기록이 있었다. 공자가 세상을 떠난 후 제자들이 모으고 정리하여 이를 『논어』라 하였다.

한나라 건국 후 제나라의 『논어』와 노나라의 『논어』가 있었다. 제나라의 『논어』를 전수한 자는 창읍중위昌邑中尉 왕길王吉과 소부少府 송기宋畸, 어사대부 공우貢禹, 상서령 오록충종五鹿充宗, 교동膠東 용생庸生이 있었으나 왕길만이 유명하였다. 노나라의 『논어』를 전수한 자는 상산도위常山都尉 공분龔奮, 장신소부長信少府 하후승夏侯勝, 승상丞相 위현韋賢, 노로 부경扶卿, 전장군前將軍 소망지蕭望之, 안창후安昌侯 장우張禹가 있는데 모두 유명하다. 장우는 가장 늦게 출현했지만 그의 『장후론張侯論』은 세상에 널리 유행하였다.

## 『효경孝經』

『효경』은 공자가 증자曾子에게 효도를 강술한 책이다. 효는 하늘과 땅이 정한 도리이자 백성이 실천해야 하는 것이다. 중요한 문제를 말한 것이므로 『효경』이라 하였다. 한나라 건국 후 장손씨長孫氏, 박사 강옹江翁, 소부少府 후창后倉, 간대부諫大夫 익봉翼奉, 안창후安昌侯 장우張禹가 『효경』을 전수하였는데 모두 일가를 이루었다. 이들의 경문은 모두 동일한데 공자의 벽에서 나온 고문경만 다르다. "부모는 자식을 낳아 조상을 계승하고 자손을 이어가는 일이 가장 중요하다(父母生之, 續莫大焉)", "그러므로 부모에 대한 자식의 사랑은 어린 시절 자연스럽게 생겨난다(故親生之膝下)". 각 학파의 이 구문에 대한 해석은 타당하지 않다. 고문경은 금문의 글자와 구두상 모두 다른 곳이 있다.

### 소학小學

『주역』에서 이렇게 말하였다.

"옛날에는 새끼줄의 매듭으로 기록하여 세상을 다스렸고 후세에 성인이 이를 문자로 바꾸었다. 백관들은 문자로 직무를 잘 처리할 수 있게 되었고 백성들은 문자로 밝게 살필 수 있게 되었으니, 이는 모두 '쾌괘夬卦'의 도리를 본받은 것이다(上古結繩以治, 後世聖人易之以書契, 百官以治, 萬民以察, 蓋取諸夬)."

"쾌夬는 조정에서 두루 활용된다(夬, 揚於王庭)."

이는 조정에서 '쾌괘'를 선양하여 나라의 대사를 결정함을 말한 것이다. 고대에는 8세가 되면 소학에 입문하였다. 『주례』에 따르면 보씨保氏가 귀족 자제의 교육을 담당하여 육서六書를 가르쳤다. 육서란 상형, 지사, 회의, 형성, 전주, 가차로 글자가 만들어진 기본 원리이다.

한나라 건국 후 소하蕭何가 법률을 제정하면서 이 제도를 법률에 포함시켰다.

"태사太史가 학생들을 시험하여 9000자 이상을 외울 수 있으면 문서의 초안을 작성하는 관리가 될 수 있다. 또한 6종류의 글자체로 이들을 시험하여 성적이 가장 좋은 자는 상서尙書, 어사御史에서 문서를 담당하게 한다. 관리와 백성이 글을 올릴 때 틀린 글자가 있으면 적발하여 신고한다."

6종류의 글자체란 고문古文, 기자奇字, 전서篆書, 예서隸書, 무전繆篆, 충서蟲書이다. 이들은 모두 고금의 문자를 두루 알 수 있는 방법으로 도장이나 깃발에 사용하는 것이다. 고대의 제도에 따르면 반드시 통일된 문자로 기록하였으며 모르는 글자는 비워두고 노인들에게 물었다. 그러나 세상이 쇠퇴하면서 시비에 분명한 기준이 없게 되었고 사람들은 글자를 마음대로 사용하게 되었다. 그러므로 공자는 이렇게 말했다.

"내가 전에는 사관이 의문이 있는 경우 비워둔 것을 보았는데, 지금은 그러한 것이 없구나(吾猶及史之闕文也, 今亡矣夫)."[10]

이는 문자가 점차 바르지 않게 된 것을 탄식한 것이다.

『사주편史籀篇』은 주나라 시기 사관이 학생을 가르치던 책인데, 공자 집의 벽에서 나온 고문과 글자체가 다르다. 『창힐蒼頡』7장은 진나라 승상 이사李斯가 지은 것이고, 『원력爰歷』6장은 거부령車府令 조고趙高가 지은 것이며, 『박학博學』7장은 태사령太史令 호모경胡母敬이 지은 것이다. 수록된 글자는 대부분 『사주편』에서 취하였으나 전서의 글자체가 다른데, 진나라의 소전체이다.[11] 이 시기 예서隸書를 쓰기 시작했는데 옥사의 업무가 많아 간략하고 편하게 쓰려던 것으로 옥졸들이 사용하였다.

한나라가 건국되자 민간의 교사들이 『창힐』, 『원력』, 『박학』3편을 합쳐 『창힐편蒼頡篇』이라 하였다. 60자를 1장章으로 하여 모두 55장으로 구성되어 있다. 무제 때 사마상여司馬相如가 『범장편凡將篇』을 지었는데 중복되는 글자가 없었다. 원제 때 황문령黃門令 사유史游가 『급취편急就篇』을 지었고, 성제 때 장작대장將作大匠 이장李長이 『원상편元尙篇』을 지었는데 모두 『창힐편』의 정자正字를 수

---

10) 『논어·위령공衛靈公』에 수록되어 있다.

11) 전서篆書를 크게 대전大篆과 소전小篆으로 나누는데 『사주편』의 글자를 대전, 진시황이 통일을 하고 이사李斯에게 명하여 만든 글자를 소전이라 한다. 진나라 문자와 맞지 않는 것을 모두 없애고 이사는 『창힐』, 조고는 『원력』, 호모경은 『박학』을 지어 문자를 통일하였다.

록하였다. 그러나 『범장편』은 『창힐편』에 없는 글자를 첨가하였다.

평제 원시 연간, 천하에서 소학에 통달한 자 100여 명을 모아 미앙궁에서 글자를 설명하게 하였다. 양웅揚雄이 그중에서 쓸 만한 것을 모아 『훈찬편訓纂篇』을 지었는데 『창힐편』을 이어 중복된 글자를 바꾸고 모두 89장으로 만들었다. 그리고 내가 다시 양웅의 『훈찬편』을 이어 13장을 더 지어 모두 102장이 되었다. 이리하여 중복되는 글자 없이 육예와 여러 서적에 있는 글자들을 모두 수록하게 되었다.[12] 『창힐편』에는 쓰지 않는 옛 글자가 많아 보통의 스승들은 그 독음과 의미를 다 알지 못했다. 선제 시기 제나라에서 고자의 독음과 의미를 정확히 아는 사람을 불러왔다. 장창張敞이 그에게 전수받았고 다시 외손의 아들인 두림杜林에게 전수하였다. 두림이 『창힐훈찬蒼頡訓纂』과 『창힐고蒼頡故』를 편찬하였으므로 이 두 책을 함께 열거하였다.

『악』은 마음을 다스리게 하는 것이니 어짊의 표현이다. 『시』는 언어를 바르게 하는 것이니 정의의 효용이다. 『예』는 나라의 제도와 기준을 규정한 것으로, 사리에 통달한 사람은 이해할 수 있기 때문에 해석이 없다. 『서』는 견문을 넓히는 것이니 지혜를 얻는 방법이다. 『춘추』는 사건을 판단하고 처리하는 것이니 믿음의 상징이다. 이 5종의 서적은 인의예지신仁義禮智信과 상응하며 서로 보완하는

---

12) 한대의 문자 교학용 자서로 언급된 『급취편』을 제외하고 『창힐편』, 『범장편』, 『훈찬편』은 모두 실전되었다. 『창힐편』이 55장으로 구성되어 있었으므로 60자가 1장이면 3300글자가 수록된 것이다. 양웅의 『훈찬편』에는 동일하게 계산하면 2040글자가 추가되어 5340글자가 수록되었다. 반고가 다시 13장을 더하여 102장이 되었고, 『범장편』의 1장을 더하면 모두 7800자가 된다. 그러므로 서적에 있는 글자를 모두 수록하게 된 것이다.

것이다. 『역』은 오경五經의 근본이다. 그러므로 "『역』의 의미를 보지 못한다면 천지는 거의 소멸하게 될 것이다(易不可見, 則乾坤或幾乎息矣)"라고 한 것은 『역』이 천지의 시작이자 끝임을 말한 것이다.

『시』, 『서』, 『예』, 『악』, 『춘추』의 학문은 시대에 따라 변화되었으니 오행이 순환하는 것과 같은 이치이다. 옛날의 학자들은 농사를 지으면서 동시에 학문을 수양하여 3년이면 하나의 경전에 통달하였다. 중요한 의미를 중심으로 경문을 익혔기 때문에 시일이 짧아도 덕성을 충분히 함양할 수 있었고, 30세가 되면 오경을 완성할 수 있었다. 그러나 후세에는 경문과 이를 해석한 전傳이 괴리되었고 박학한 사람들도 공자가 말한 "많이 듣고 의심나는 부분은 비워두는 (多聞闕疑)" 뜻을 더 이상 중시하지 않게 되었다. 그리고 사소한 의미에 천착하고 의문을 피하는 데 치중하면서 교묘한 언사를 구사하고 문자의 형태를 해체하였다. 심지어는 다섯 글자의 문장을 설명하는 데 2~3만 글자를 쓰기까지 했다.[13] 후세에는 이러한 경향이 더 심해져 어린아이였을 때부터 한 경전만을 익혀도 흰머리가 되어서야 그 의미를 이해할 수 있는 정도였다. 익숙한 학설에 만족하고 생소한 학설을 비방하며 결국 막다른 길에 이르게 되고 말았다. 이는 학문을 하는 가장 큰 병폐이다.

육예六藝를 9종류의 학파로 나누어 서술한다.

유가儒家학파는 교육을 담당하는 사도司徒 관직에서 기원하였으며 군주가 음양에 순응하고 교화를 밝히도록 도왔다. 이들은 육경

---

13) 후한 초의 학자 환담의 『신론』에 따르면, 『상서』의 첫 번째 편명인 '요전堯典' 두 글자의 뜻을 풀이하는 데 10만여 자를 쓰기도 하고, 첫 번째 구절인 '曰若稽古'의 의미를 설명하는 데 3만 자를 쓴 사람도 있다. 새로운 해석을 제시하지 못하고 스승의 설에 중언부언하며 글자와 문구의 해석에만 천착하였기 때문이다.

을 공부하고 인의를 중시한다. 요순堯舜의 도리를 따르고 문왕과 무왕을 본받으며 공자를 스승으로 섬겨 그 학설을 추종하였으므로 도에 있어서 가장 뛰어나다. 공자는 "내가 누군가를 칭찬한다면 그를 시험해보았기 때문(如有所譽, 其有所試)"이라고 하였다. 요·순의 융성과 은나라·주나라의 번성, 공자의 업적은 이미 역사를 통해 효과가 검증된 것이다. 그러나 미혹된 자들은 유가의 정밀하고 오묘한 도리를 놓치고, 편벽된 자들은 시류를 쫓아 비난과 칭찬을 멋대로 하며 유가의 본의에서 벗어나 대중에 영합하여 호감을 얻는다. 후인들이 계속 이렇게 하면서 오경의 해석은 엇갈리게 되었고 유학은 점차 쇠퇴하였다. 이는 비루한 유가들이 만든 병폐이다.

도가道家학파는 사관史官에서 비롯되었다. 사관이 역대의 성패, 존망, 화복 등 고금의 도리를 기록한 후에 그 요점과 근원을 알게 되었으니 바로 청정무위로 자신을 지키고 부드러움과 겸손을 유지하는 것이었다. 이는 군주가 나라를 다스리는 방법으로, 요임금의 겸양과 『주역』에서 강조하는 겸허와도 부합한다. 겸허하면 하늘과 땅, 인간과 귀신이 이롭게 해주니 이것이 도가학파의 장점이다. 그러나 극단적으로 방탕한 자들이 도학을 배우고는 예의를 폐지하고 인의를 버리고 청정무위만으로도 나라를 다스릴 수 있다고 말한다.

음양가陰陽家는 천문과 역법을 관장하는 관직에서 비롯되었다. 하늘을 공경하고 일월성신의 운행을 관측하여 역법을 계산하고 신중하게 하늘의 때를 백성에게 알려주는 것이 음양가의 장점이다. 그러나 음양의 학설에 얽매인 자들은 금기와 술수에 매몰되어 사람의 일을 버리고 귀신에게 모든 것을 맡기게 되었다.

법가法家는 법관에게서 비롯되었다. 공이 있으면 상을 주고 죄가 있으면 벌을 주어 예의제도의 시행을 보좌하였다. 『주역』에서 "선왕은 형벌을 엄격히 시행함으로써 법의 기강을 정돈한다(先王以明罰飭法)"고 하였다. 이것이 법가의 장점이다. 그러나 가혹한 자가 법을 집행하면서 교화와 인애가 없어지고 오로지 형법으로만 나라를 다스리려 하였으니 가까운 사람을 해치고 온정이 사라지게 되었다.

명가名家는 예의를 담당하는 관직에서 비롯되었다. 고대는 신분과 지위에 따라 예의도 달랐다. 공자는 "반드시 명분을 바로할 것이다. 명분이 바르지 않으면 말이 순조롭지 못하고, 말이 순조롭지 못하면 일이 이루어지지 못한다(必也正名乎. 名不正則言不順, 言不順則事不成)"고 하였다. 이것이 명가의 장점이다. 그러나 까다로운 사람은 명분을 지리멸렬하게 만들 뿐이다.

묵가墨家학파는 종묘를 지키는 관직에서 비롯되었다. 종묘는 띠풀로 지붕을 덮고 채색하지 않은 나무로 서까래를 만들었으므로 이들은 검소함을 중시하였다. 천자가 노인을 공경하고 봉양하였으므로 이들도 겸애를 주장하였고, 천자가 현사를 선발할 때 대사大射의 의식을 거행하였으므로[14] 이들도 현자를 존중하였으며, 천자가 조상과 부모를 제사 지내므로 이들도 귀신을 존경하였다. 천자는 사시四時의 변화에 따라 일을 처리하므로 이들은 천명을 반대하였고, 천자는 효의 실천을 천하 사람들에게 보였으므로 이들도 아랫사람

---

14) 대사大射란 제사에 참여할 현사를 선발하기 위해 거행하는 활쏘기 대회(射禮)이다. 왕은 군신들과 활쏘기를 하여 제사에 참여할 사람을 선발한다. 적중을 많이 시킨 사람을 선발하는 것이다.

이 윗사람과 뜻을 함께할 것을 주장하였다. 이것이 묵가의 장점이다. 그러나 어리석은 사람은 묵가의 주장을 실행하면서 검소라는 장점으로 예의제도를 부정하고 겸애의 정신을 받들면서 친소親疏의 구별을 알지 못한다.

종횡가縱橫家는 사신의 관직에서 유래되었다. 공자는 "『시』300편을 외우고서 사방에 사신으로 나가 응대하지 못한다면 비록 많이 암송한다 하더라도 무슨 쓸모가 있겠는가?(誦詩三百, 使於四方, 不能專對, 雖多亦奚以爲?)"라고 하였다. 또 "참으로 사신답구나, 참으로 사신답구나(使乎, 使乎!)"라고 하였다. 사신은 마땅함을 헤아려 임기응변할 수 있어야 하며 사명을 받을 뿐이지 구체적인 언사에 대해서는 지침을 받지 않음을 말한 것이다. 이는 종횡가의 장점이다. 그러나 간사한 자는 속임수를 숭상하고 신의를 저버린다.

잡가雜家는 간관諫官에서 비롯되었으며, 유가·묵가를 겸하고 명가·법가를 융합하였다. 나라를 다스리려면 백가百家의 사상을 겸용해야 하며, 군주의 통치는 백가를 관통하는 것임을 아는 것이 잡가류의 장점이다. 그러나 학식이 얕은 자들은 방만하며 일정한 종지가 없다.

농가農家는 농업을 담낭하는 관식에서 비롯뇌었다. 온갖 곡식을 파종하고 잠농을 권장하여 의식을 충족한다. 그러므로 나라의 여덟 가지 정사 중 첫째는 먹는 것이고, 둘째는 재화이다.[15] 공자는 "중

---

15) 『상서·홍범洪範』에 따르면 정치를 베푸는 여덟 가지를 팔정八政이라고 한다. 첫째는 먹는 것(食), 둘째는 재물(貨), 셋째는 제사(祀), 넷째는 백성들의 거주지가 편안

요한 것은 백성이 먹는 일(所重民食)"이라고 하였으니 이것이 농가의 장점이다. 그러나 비루한 자들은 군주를 섬길 필요 없이 군신이 함께 농사지을 것을 주장하며 상하의 질서를 어지럽게 한다.

소설가小說家는 민간의 전설을 수집하는 하급 관리에서 비롯되었다. 거리와 골목에 떠도는 이야기는 길에서 듣고 말하는 자들이 지은 것이다. 공자는 "비록 작은 도이나 반드시 볼 만한 것이 있다. 그러나 원대한 일에 사용한다면 아마 방해가 될 것이다. 이 때문에 군자는 하지 않는 것이다(雖小道, 必有可觀者焉, 致遠恐泥, 是以君子弗爲也)"라고 하였다. 그러나 없앨 수는 없다. 마을의 견식이 얕은 자들이 보고 들은 일이지만 기록하여 잊지 말아야 한다. 쓸 만한 한마디가 있더라도 그 또한 풀과 나무를 베는 백성들의 의론일 뿐이다.

10가家의 제자 중 가치가 있는 것은 9가뿐이다.[16] 이들은 모두 왕도가 쇠락하고 제후들이 무력으로 정벌하던 시기에 일어난 것이다. 당시 군주와 귀족들의 호오가 모두 달랐기 때문에 9종류의 학술이 벌 떼처럼 일시에 일어났다. 이들은 각자의 학설을 주장하며 훌륭하다고 여기는 것을 추종하였고, 이것으로 도처에서 유세하며 제후에게 인정받으려 하였다. 이들의 말은 모두 달랐으나 마치 물과 불처럼 서로 충돌하기도 하면서 상생하기도 하였으니 어짊과 의로움, 공경과 조화가 상반되면서도 상호 보완적인 것과 마찬가지이

---

하도록 수리水利와 토목을 담당하는 사공司空, 다섯째는 교화를 담당하는 사도司徒, 여섯째는 형옥을 담당하는 사구司寇, 일곱째는 제후 및 먼 곳의 사람과 예로써 왕래하는 손님(賓), 여덟째는 군사(師)이다.

16) 10가 중 소설가류를 제외한 것이다.

다. 『주역』에서 "천하의 귀결점은 같지만 가는 길은 각자 다르다. 백 가지의 생각이라 하더라도 목표는 일치된다(天下同歸而殊塗, 一致而 百慮)"고 하였다. 지금 각 학파들은 자신들의 뛰어난 점을 내세우며 지혜와 사력을 다하여 주장을 설파한다. 비록 그들이 각자의 병폐 와 단점이 있지만 요점을 종합해보면 모두 육경의 갈래이고 유파이 다. 만약 이들이 영명한 군주를 만나 지나침과 모자람을 보완하고 절충하여 받아들여진다면 모두 군주를 보좌할 수 있는 좋은 재목이 될 것이다.

공자는 "예를 잃으면 민간에서 찾을 수 있다(禮失而求諸野)"고 하 였다. 성인의 시대는 지금으로부터 멀고 아득하다. 나라를 다스리 는 도리와 방법도 사라지고 폐기되어 다시 찾을 수 없다. 9가의 학 설이 민간보다는 낫지 않겠는가? 만약 육경의 학술을 익히고 9가의 학설을 고찰하여 단점을 버리고 장점을 취한다면 천하의 모든 도리 와 학술에 통할 수 있게 될 것이다.

傳전

황제를 제외한 나머지 인물은 모두 '전'에 수록되어 있다. 중국의 정사를 기전체紀傳體라고 하는 것은 본기와 열전이 중심이기 때문이다. 사마천은 본기와 열전 외에 제후의 역사를 기록한 '세가世家'를 따로 두었다. 그러나 『한서』에는 세가가 없다. 제후로 책봉되어 영지를 받은 황실의 자손, 소하와 장량과 같은 공신도 모두 열전에 수록되어 일반인과 동격으로 나열하였다.

# 이릉전

李陵傳

이릉(?~기원전 74)은 문제·경제·무제 시기 명장 이광李廣의 손자이
다. 이광은 뛰어난 무공으로 명성이 자자하였고 흉노들은 그를 '비
장군飛將軍'이라 부르며 감히 침입하지 못했다. 그러나 말년, 주변
의 만류를 뿌리치고 위청을 따라 흉노로 출격했다가 길을 잃고 제
날짜에 도착하지 못했다. 투옥의 상황에 처하자 자살하였다.

　손자 이릉은 용맹한 장수로 성장하였다. 자못 조부의 유풍이 있
었던 그는 공을 세워 조부의 울분을 풀고 명예를 회복하려는 생각
을 일찍부터 품고 있었다. 결국 천한天漢 2년(기원전 99) 보병 5000명
을 이끌고 흉노를 공격하러 나선다. 이릉의 작전은 고비사막을 종
단해 선우單于의 본거지를 공격하는 것이었는데, 이는 다소 무리한
계획이었다. 기존 한나라의 장수들은 가능한 한 사막을 피해 초원
이나 오아시스 지대를 이용하는 것이 일반적이었기 때문이다. 공적
에 대한 그의 조급함과 간절함이 그만큼 컸던 것이다. 장안을 출발

한 이릉의 군사는 10월경 준계산 기슭에 도착하여 진영을 설치했다. 그러나 얼마 후 흉노의 선우가 이끄는 3만의 정예부대에 포위되었다. 초반에는 이릉이 승기를 잡는 듯했으나 흉노는 8만의 기병을 이끌고 총공격을 해왔다. 이릉의 군대는 수일을 버텼으나 수적 열세와 지원군이 없는 상황에서 결국 투항하고 말았다.

부득이한 상황에서 투항을 했지만 이릉에게는 한나라에 대한 충정이 남아 있었다. 그러나 조정은 이릉을 배신자로 낙인찍고 그의 가족을 참형에 처하였다. 이 과정에서 이릉을 변호했던 사마천이 궁형을 받는다. 이렇게 되면서 이릉은 한나라에 대한 마음을 완전히 접는다. 그리고 결국 선우의 딸을 아내로 맞이하고 우교왕右校王의 칭호를 받아 흉노에 정착하였다.

소제 때, 소무蘇武가 한나라로 귀환된 후, 한나라 조정에서는 다시 이릉의 귀환을 추진하였다. 흉노로 파견된 한나라의 사신이 의중을 묻자 이릉은 "나는 이미 오랑캐의 옷을 입었다"며 거절한다. 이미 돌이킬 수 없는 상황에 대한 회한과 체념, 두 번의 치욕을 당하지는 않겠다는 결연함과 쓸쓸함이 담겨 있는 듯하다.

소무는 귀환 후 이릉과 서신을 주고받았다고 한다. 이릉은 편지에서 소무에게 19년을 지킨 그의 충절에 대한 한나라의 포상은 너무 박한 것이었다며 실망의 속내를 토로한다.

"오랑캐조차 당신의 절의를 칭송할 정도였는데 하물며 천하의 주인이신 폐하께서는 어떠하겠습니까. 저는 공이 봉토를 받고 제후가 되실 거라 생각했습니다. 그러나 들은 바에 따르면 겨우 200만 전과 전속국典屬國의 관직을 받았을 뿐 노고에 대한 보답인 봉토는 한 뼘도 없었습니다. …… 공과 같은 분이 이런 대우를 받았는데 하물며 저 따위가 무엇을 바랄 수 있겠습니까? 한나라는 제가 나라를 위해서 죽지 않은 것에 대해서는 가혹했고, 공이 충절을 지킨 것에 대한 포상은 너무 박했습니다. …… 저는 한나라를 배신했지만 한나라도 저에게 덕을 베풀지 않았습니다."[1]

결국 귀환을 선택하지 않은 이릉은 흉노의 땅에서 한 많은 생을 마감하였다.

「이릉전」과 뒤에 이어지는 「소무전」은 이광과 소건蘇建의 합전인 「이광소건전李廣蘇建傳」에 수록되어 있다. 반고는 흉노를 방어하고 공격하는 데 중요한 역할을 했던 이광과 소건을 같이 묶고 두 사람의 후손을 덧붙여 기록하였다.

---

1) 이 글은 남조 양나라의 소명태자가 엮은 『문선文選』에 수록되어 있는 「소무에게 답하는 글(答蘇武書)」이다. 그러나 학자들은 이 글을 위작이라고 본다. 이 서신은 대체로 내용과 문체상 사마천이 친구 임안에게 보낸 「보임안서報任安書」(이 책의 「사마천전」에 수록)와 상당히 비슷하기 때문이다. 그리고 『한서』에 이 서신이 수록되어 있지 않다는 점도 위작임에 무게를 실어준다. 만약 이릉이 실제 이 편지를 썼다면 반고가 「이릉전」에 수록했을 것이다.

이릉은 자가 소경少卿이고, 젊어서 시중侍中으로 건장감建章監을 지냈다. 말타기와 활쏘기에 뛰어났고 사람을 아꼈으며 스스로를 낮추어 현사를 대하고 겸양할 줄 아는 것으로 칭송이 자자했다. 무제는 그에게 이광 장군의 유풍이 있다고 보았기에 800명의 기병을 거느리고 흉노 땅 2000여 리까지 깊숙이 진격하여 거연居延을 넘어가 지형을 정탐하게 하였다. 그러나 오랑캐를 발견하지 못하고 돌아왔다. 기도위騎都尉에 임명된 그는 정예병 5000명을 이끌고 주천酒泉, 장액張掖에서 활쏘기를 가르치며 흉노족의 침입에 대비했다.

몇 년 후, 한나라는 이사장군 이광리李廣利를 보내 대완大宛을 정벌하게 하면서 이릉에게 다섯 명 교위校尉의 병력을 거느리고 그 뒤를 따르도록 하였다. 군대가 변경에 도착했을 때 마침 이사장군의 군대가 회군하였다. 무제는 이릉에게 서신을 내려 관병을 남겨두고 정예 기병 500명과 함께 돈황敦煌에서 출발하여 염수鹽水에 가서 회군하는 이사장군을 맞이한 후 다시 장액에서 주둔하도록 했다.

천한天漢 2년(기원전 99), 이사장군은 3만 기병을 거느리고 주천을 출발하여 천산天山에서 우현왕右賢王을 공격하였다.[2] 조정은 이릉을 불러 이사장군의 물자 운송을 책임지도록 하였다. 이릉은 미앙궁의 무대전武臺殿에서 무제를 알현하고는 머리를 조아리며 자청하였다.

"신이 거느리고 있는 변방의 주둔군은 모두 초나라 지역의 용사들로 뛰어난 재주를 가진 검객들입니다. 이들은 손으로 호랑이를

---

2) 흉노의 수장인 선우 아래에는 좌현왕과 우현왕의 두 현왕이 있고 그 아래 좌·우 녹리왕谷蠡王, 좌·우 대장大將, 좌·우 대도위大都尉, 좌·우 대당호大當戶, 좌·우 골도후骨都侯가 있었다. 이들은 각기 선우로부터 분봉을 받아 각자의 영지를 갖고 있었다. 선우의 본영인 선우정單于庭을 중심으로 동남부는 좌현왕, 동북부는 좌녹리왕, 서남부는 우현왕, 서북부는 우녹리왕의 영토였다.

제압할 수 있고 활쏘기는 백발백중입니다. 바라옵건대, 제가 따로 이 한 부대를 맡게 해주십시오. 난간산蘭干山 남쪽으로 진군하여 선우의 군대를 분산시켜 이사장군에게 향하는 흉노의 공격을 약화시키겠습니다."

무제가 말했다.

"다른 사람 아래 속하는 것이 싫은 것인가! 내가 출병시킨 군대가 많아 그대에게 줄 기병이 없다."

이릉이 답했다.

"기병이 필요한 것이 아니라 신은 적은 군대로 다수를 공격하려는 것입니다. 5000명의 보병으로 선우의 주력 부대를 공격할 것입니다."

무제는 이릉의 기개를 장하게 여겨 허락하였다. 그리하여 강노도위 노박덕路博德에게 병력을 이끌고 도중에서 이릉의 군대를 맞이하도록 명하였다. 노박덕은 전임 복파장군伏波將軍이었기 때문에 이릉을 위해 후방을 막는 것을 수치스럽게 여겨 이렇게 상주하였다.

"흉노의 말이 한창 살찐 가을이니 전쟁을 할 수 없습니다. 신이 이릉을 봄이 될 때까지 머물게 했다가 함께 주천, 장액의 기병을 각자 5000명씩 이끌고 동시에 동쪽과 서쪽의 준계산을 공격한다면 사로잡을 수 있습니다."

상소가 올라가자 무제는 화를 냈다. 무제는 이릉이 후회하여 출병하지 않으려고 노박덕에게 상주하도록 한 것이라 의심했다. 그리하여 노박덕에게 명하였다.

"내가 이릉에게 기병을 주려 했더니 그는 '적은 군대로 다수를 공격할 것'이라 하였다. 지금 오랑캐가 서하西河에 침입하였으니 그대는 곧장 군대를 이끌고 서하로 가서 구영鉤營의 길목을 막도록 하라."

그리고 이릉에게 조서를 내렸다.

"9월에 차로장遮虜鄣을 출발하라. 동준계산東浚稽山 남쪽의 용륵수龍勒水까지 진군하여 그 근처를 정찰하도록 하라. 만약 오랑캐가 없으면 착야후浞野侯 조파노가 갔던 길을 따라 수항성受降城까지 가서 병사를 쉬게 하고 역마를 통해 보고하도록 하라. 노박덕에게 무슨 말을 한 것이냐? 갖추어 서신으로 답하라."

이릉은 그리하여 보병 5000명을 이끌고 거연을 출발하여 북쪽으로 30일을 행군하였다. 준계산에 도착하여 진영을 마련하였다. 그런 후 지나온 곳의 산과 하천의 지형을 기록하고 그려 휘하의 기병인 진보락陳步樂에게 돌아가 보고하도록 하였다. 진보락은 무제를 알현하자 이릉이 병사들의 마음을 얻어 그들이 사력을 다한다고 아뢰었다. 무제는 매우 기뻐하였고 진보락을 낭관에 임명하였다.

이릉은 준계산에 도착하여 선우와 맞닥뜨렸다. 3만의 기병이 이릉의 군대를 포위하였다. 이릉의 군대는 동쪽과 서쪽 준계산의 사이에 주둔해 있었고 큰 수레로 둘러싸 진영을 만들었다. 이릉은 병사를 이끌고 진영 밖으로 나와 진을 펼쳤다. 앞 열의 군사들은 창과 방패를 들게 하고, 뒷 열의 군사들은 활과 쇠뇌로 무장하게 한 다음 이렇게 명령하였다.

"북소리를 들으면 쏘고, 징소리를 들으면 멈추도록 하라."

흉노는 한나라 군사의 숫자가 적은 것을 보고 바로 진영을 향해 진격해왔다. 이릉이 육박전으로 공격하고 1000개의 쇠뇌를 동시에 발사하자 활시위가 당겨질 때마다 적들이 쓰러졌다. 흉노가 달아나 산으로 올라가자 한나라 군대는 추격하여 수천 명을 죽였다. 선우는 크게 놀라 좌현왕과 우현왕이 거느리던 8만여 기병을 소집하여 이릉을 공격해왔다. 이릉은 한편으로는 싸우고 한편으로는 퇴각하면서 며칠 동안 남쪽으로 행군한 끝에 산골짜기에 도착하였다. 계속되는 전투로 병사들 중에는 화살에 맞아 부상당한 자들이 많았다. 세 군데 부상을 당한 자는 수레에 싣고, 두 군데 부상을 당한 자는 수레를 몰게 하고, 한 군데 부상을 당한 자는 무기를 잡고 전투를 하게 했다. 이릉이 말했다.

"우리 군사의 사기가 조금 떨어졌을 때 북을 쳐도 진작되지 않는 것은 무슨 까닭인가? 군중에 아녀자가 있단 말인가?"

처음 군대가 출발했을 때 변경으로 이주시킨 관동關東 도적 떼의 처자들이 군대를 따라와 병사들의 아내가 되어 수레에 숨어 있는 경우가 있었다. 이릉이 수색하여 그들을 모두 참형에 처하였다.

이튿날 다시 전투를 하면서 3000여 명의 목을 베었다. 군대를 동남쪽으로 이끌고 옛 용성龍城 길을 따라 4, 5일을 가니 갈대가 무성한 늪이 나타났다. 흉노가 바람의 방향을 따라 불을 놓았다. 이릉도 군중에 맞불을 지르고 주변의 초목을 태워 적이 만든 불길이 옮겨붙지 않게 하여 군대를 구하였다.

남행하여 산 아래에 도착하였다. 선우는 산 위에 있으면서 아들에게 기병을 이끌고 이릉을 공격하게 했다. 이릉의 군대는 나무 사이를 이동하며 전투를 벌여 수천 명을 더 죽였고, 몇 개의 쇠뇌를 동시에 발사할 수 있는 연노連弩를 선우에게 쏘았다. 선우는 산을 내려와 달아났다. 이날 사로잡은 흉노의 포로가 이렇게 말했다.

"선우께서 말씀하셨습니다. '이들은 한나라 정예병이니 공격해도 굴복시킬 수 없다. 밤낮으로 우리를 남쪽으로 유인하여 변방에 가까워졌으니 복병이 있는 것이 아니겠는가?' 여러 당호當戶와 수령들이 입을 모아 말했습니다. '선우께서 친히 수만 기병을 이끌고서 한나라 수천 명을 공격했는데도 무찌르지 못한다면 이후 다시는 변경을 수비하는 신하를 부릴 수 없게 될 것이고, 한나라 조정은 흉노를 더욱 경시하게 될 것입니다. 다시 힘을 내어 산골짜기에서 싸워봅시다. 40~50리를 더 가면 평지가 있으니 거기서도 격파하지 못한다면 돌아가도록 하시지요.'"

당시 이릉의 군대는 더욱 다급해졌고 흉노의 기병은 수가 많아졌다. 하루에 수십 차례를 교전하면서 2000여 명의 적을 더 살상하였다. 흉노는 상황이 불리해지자 후퇴하려 하였다. 그런데 마침 이릉 수하의 관감管敢이라는 군관이 교위에게 치욕을 당하자 달아나 흉노에게 투항하였다. 관감은 이렇게 말했다.

"이릉의 군대는 후방에 구원 부대가 없으며 활과 화살도 거의 다 떨어졌습니다. 오직 장군의 직속 부대와 성안후成安侯 부대만이 각각 800명을 선봉으로 하고 있으며, 황색 깃발과 흰색 깃발을 쓰고 있습니다. 정예 기병으로 그들을 쏘아 맞춘다면 격파할 수 있습니다."

성안후 한연년은 영천潁川 사람으로 부친 한천추韓千秋는 제남濟南의 전임 재상이었다. 한천추가 남월南越을 공격하다가 전사하자 무제는 한연년을 제후에 봉하고 교위로 임명하여 이릉을 따르게 하였다. 관감이 투항하자 선우는 크게 기뻐하였고, 기병에게 한나라 군대를 공격하면서 크게 소리치도록 했다.

"이릉과 한연년은 속히 투항하라!"

그리하여 길을 막고 이릉을 급습하였다. 이릉은 골짜기에 있있고 흉노는 산 위에 있었는데, 사방에서 화살이 비처럼 쏟아졌다. 한나라 군대는 남쪽으로 후퇴하였다. 제한산鞮汗山도 못 가서 하루에 50만 개의 화살을 모두 소진하여 결국 수레를 버리고 달아났다. 살아남은 3000여 명의 병사들은 수레의 바큇살을 잘라 무기로 삼고,

군관들도 단도만 쥐고서 제한산에 도착하여 협곡으로 들어섰다. 선우는 그 뒤를 막고 산모퉁이에서 돌을 떨어뜨렸다. 병사들은 대부분 죽고 달아날 수조차 없었다. 날이 어두워진 후 이릉은 갑옷을 벗고서 혼자 진영을 나서며 좌우에 따르는 자들을 제지하였다.

"나를 따르지 말라. 혼자서 선우를 잡을 것이다!"

한참 후 이릉은 돌아와 크게 탄식하였다.

"군대가 패하였으니 죽을 것이다!"

어떤 군관이 말했다.

"장군의 위엄이 흉노를 진동시켰으나 천운이 따르지 않았을 뿐입니다. 일단 항복하고 나중에 방법을 찾아 한나라로 돌아가시면 됩니다. 착야후 조파노가 흉노에게 잡혔다가 후에 달아나 귀환하자 천자께서는 너그럽게 대해주셨습니다. 하물며 장군에게는 어떻겠습니까!"

이릉이 답했다.

"그런 말 마시오! 내 죽지 않는다면 장사가 아니오."

그리하여 군기軍旗를 모두 베고 진귀한 보물은 땅에 묻었다. 이릉이 탄식하였다.

"화살 수십 개만 있어도 탈출하기에 충분할 텐데. 지금 더 이상 싸울 무기가 없으니 날이 밝으면 앉은 채로 사로잡히겠구나! 각자 새와 짐승처럼 흩어지도록 하라. 달아날 수 있는 자가 있다면 돌아가 천자에게 보고하도록 하라."

군사들에게 각자 말린 식량 두 되와 얼음 한 조각을 지니게 하고, 차로장遮虜鄣에 도착하면 서로 기다릴 것을 약속하였다. 밤이 깊었을 때 북을 두드려 병사를 일으켰으나 북소리가 나지 않았다. 이릉과 한연년이 함께 말에 오르자 10여 명의 장사가 뒤따랐다. 흉노의 기병 수천 명이 그들을 추격하였고 한연년은 전사하였다. 이릉이 말했다.

"폐하를 뵐 면목이 없구나!"

결국 투항하였다. 군대는 나뉘어 흩어졌고, 달아나 변경에 도착한 자들은 400여 명 남짓이었다.

이릉이 패한 곳은 변경에서 100여 리 떨어진 곳이었기에 변경의 소식이 조정으로 보고되었다. 무제는 내심 이릉이 전사하기를 바랐다. 그리하여 이릉의 모친과 아내를 불러 관상가에게 보게 하였는데 죽음의 기운이 없었다. 이후 이릉이 투항했다는 소식을 듣자 무제는 진노하여 진보락을 꾸짖었다. 진보락은 자살하였다. 신하들이 모두 이릉을 비난했다. 무제가 태사령 사마천에게 묻자 사마천은 힘을 다해 이릉을 변호하였다.

"이릉은 부모에게 효성스럽고 병사들에게 신의가 있었으며, 항상 나라의 위급함을 구하기 위해 목숨을 바칠 각오가 되어 있었습니다. 그의 평상시 행실은 국사國土의 풍모가 있었습니다. 그러나 지금 출정하여 한번 패전을 하자 제 한 몸과 처자식을 보전하려는 신하들이 달려들어 그의 단점을 비방하고 모함합니다. 실로 통탄할 일입니다. 이장군은 고작 5000명도 안 되는 보병을 이끌고 흉노의 땅 깊숙한 곳까지 가서 수만 명의 적을 제압하였습니다. 오랑캐는 죽어가는 자를 구하고 부상자를 부축할 겨를도 없을 정도였으며 활을 당길 수 있는 모든 사람을 동원하여 이릉을 포위하고 공격하였습니다. 천 리 길을 계속 싸우면서 화살은 다하고 길이 막힌 지경에서도 사병들은 살 없는 활시위를 당기고 시퍼런 칼날을 무릅쓰며 북쪽을 향해 적과 죽기로 싸웠습니다. 이장군이 군사들의 사력을 끌어낼 수 있었던 점은 고대의 명장이라고 해도 미치지 못할 것입니다. 비록 패하여 포로가 되었으나 그가 세운 전공은 천하에 널리 알릴 만한 것입니다. 그가 죽지 않은 것은 분명 적당한 기회를 잡아 한나라에 보답하고자 해서일 것입니다."

당초, 무제는 이사장군을 보내 대군을 출정하게 하고 이릉에게는 이사장군을 돕게 했다. 이릉이 선우와 맞닥뜨리면서 이사장군의 전공이 적어지게 되었다. 무제는 사마천이 자신을 기만하여 이사장군을 비방하려고 이릉을 변호하는 것이라 여겼다. 결국 사마천은 궁형에 처해졌다.

오랜 뒤에 무제는 구원병이 없어 이릉이 그렇게 된 것을 후회하여 말했다.

"이릉이 변경을 출발할 때 강노도위 노박덕에게 이릉의 군대를 맞이하게 했어야 했다. 출발 전에 미리 명령을 내리는 바람에 노장이 간사한 생각을 했던 것이다."[3]

그리하여 사신을 보내 이릉의 남은 군대 중 탈출한 자들을 위로하고 상을 내렸다.

이릉이 흉노 땅에서 한 해 남짓 지냈을 때 무제가 인우장군 공손오公孫敖를 보내 군대를 이끌고 흉노 땅으로 깊이 들어가 이릉을 구출해오도록 했다. 공손오의 군대는 아무런 공로 없이 돌아와 아뢰었다.

"오랑캐를 생포하였는데 그가 말하길 이릉이 선우에게 군대를 훈련시켜 한나라 군대에 대비하도록 했다고 합니다. 그래서 신은

---

3)  이릉이 변경을 출발할 때 노박덕에게 이릉의 군대를 맞이하여 후방을 막도록 명했어야 했는데, 출발 전 미리 조서를 내리는 바람에 후방에서 방어를 하게 된 것을 수치스러워한 노박덕이 간사한 꾀를 부려 상주를 하게 되었다는 것이다. 결국 무제는 노박덕에게 따로 서하西河로 출격하게 했고, 이릉의 군대가 구원병이 없는 상황을 초래하게 된 것이다.

아무런 소득이 없었습니다."

무제는 이를 듣자 이릉의 집안을 멸족시켰다. 모친과 아우, 처자식이 모두 주살되었고, 이릉의 출신지인 농서隴西 지역의 사람들은 이씨임을 수치스럽게 여겼다. 그 후 한나라에서 흉노에 사신을 파견하자 이릉이 사신에게 이렇게 말했다.

"나는 한나라를 위해 보병 5000명을 이끌고 흉노 땅을 종횡무진하였으나 구원병이 없어 패전하였다. 내가 한나라에 무슨 배신을 했다고 우리 집안을 주살했단 말인가?"

사신이 말했다.

"한나라 조정에서는 이소경李少卿께서 흉노에게 군대의 훈련을 가르친다고 들었기 때문입니다."

이릉이 말했다.

"그것은 이서李緒지 내가 아니오."

이서는 본래 한나라 새외도위塞外都尉로 해후성奚侯城에 있었는데 흉노가 공격해오자 항복하였다. 선우는 그를 빈객의 예로써 대우해주어 항상 이릉보다 상석에 앉도록 하였다. 이릉은 자신의 집안이 이서 때문에 주살당한 것이 분통하여 사람을 보내 그를 찔러 죽였다. 이 일로 선우의 모친인 대연지大閼氏가 이릉을 죽이려 하자 선우는 그를 북방에 숨겼다가 대연지가 죽은 후 돌아오도록 하였다.

선우는 이릉을 높이 사 자신의 딸을 아내로 짝 지워주고 우교왕右校王으로 임명하였다. 그리고 위율衛律을 정령왕丁靈王에 임명하여 두 사람 모두 권력을 장악하게 되었다. 위율은 부친이 본래 장수長水의 흉노였다. 한나라에서 태어나고 자랐으며 협율도위協律都尉 이연년李延年과 친분이 있었으므로 이연년이 위율을 추천하여 흉노에 사신으로 가게 된 것이었다. 사신으로 갔다가 돌아오는 길에 마침 이연년의 가문이 적몰되자[4] 위율은 함께 주살될까 두려워 흉노에게 투항하였다. 선우는 그를 아껴 항상 좌우에서 보필하게 했고, 이릉은 우교왕으로 외지에 거주하였으므로 큰일이 있으면 불러와 상의하였다.

소제昭帝가 즉위한 후 대장군 곽광과 좌장군 상관걸이 정치를 보좌하였다. 이들은 본래 이릉과 교분이 있었으므로 이릉의 예전 친구인 농서 사람 임립정任立政 등 3명을 파견하여 함께 흉노 땅으로 가서 이릉을 데려오도록 했다. 임립정 등이 도착하자 선우는 술자리를 마련하여 한나라 사신을 대접하였고 이릉과 위율도 모두 배석하였다. 임립정 등은 이릉을 만났으나 사적으로 이야기를 나눌 기회가 없었다. 그러자 이릉에게 눈짓을 보내고 여러 번 칼자루의 고리를 만지작거리며 발을 움켜쥐면서 한나라로 귀환할 수 있게 되었다는 뜻을 암시하였다.[5] 이후 이릉과 위율이 고기와 술을 가지고 한나라 사신을 위무하러 와서는 흥을 돋우는 놀이를 하면서 술을 마셨다. 두 사람은 모두 흉노의 옷을 입고 송곳처럼 묶은 흉노식의 상투머리를 하고 있었다. 임립정이 말했다.

"한나라에서 이미 대사면령을 내렸고 백성들도 편안한 생활을 하고 있습니다. 폐하께서 나이가 젊으셔서 곽광과 상관걸께서 정무를 담당하고 있습니다."

이 말로 이릉을 움직여볼 생각이었다. 그러나 이릉은 묵묵히 아무런 답을 하지 않더니 한참을 쳐다보다가 자신의 머리를 쓰다듬으

---

4)  이연년은 이사장군 이광리와 함께 모두 무제의 총희였던 이부인의 오라비이다. 이 부인 덕분에 협률도위에 임명되었으나 이후 이광리가 흉노에 투항하자 이씨 집안은 멸문을 당했다.

5)  고리인 '환環'은 '귀환(還)'을 의미한다.

며 말했다.

"나는 이미 오랑캐의 옷을 입었소."

잠시 후 위율이 화장실을 가느라 자리를 뜨자 임립정이 말했다.

"아, 소경께서 얼마나 고생이 많으셨소! 곽광과 상관걸께서 안부를 여쭈라 하셨습니다."

이릉이 답했다.

"곽광과 상관걸은 무탈하시오?"

임립정이 답했다.

"소경께 고향으로 돌아올 것을 부탁하셨습니다. 부귀는 걱정할 필요가 없습니다."

이릉은 임립정의 자字를 부르며 말했다.

"소공少公, 돌아가는 것은 쉽지요. 그러나 다시 치욕스런 일을 당할까 걱정이니 어찌하면 좋겠소!"

이릉의 말이 채 끝나기도 전에 위율이 돌아왔다. 들어오면서 나누던 이야기를 듣고는 말했다.

"이소경께서는 현명한 분이시니 한 나라만 고집하실 필요는 없지요. 범려范蠡는 천하를 두루 돌아다녔고, 유여由余는 서융西戎을 떠나 진秦나라로 갔었습니다.[6] 무슨 말씀을 나누시던 중이기에 이렇게 화기애애합니까!"

그러고는 자리를 끝내고 돌아갔다. 임립정이 그 말을 이어 이릉

---

6) 범려는 춘추 시기 초나라 사람이었으나 월나라 대부가 되어 월왕 구천이 오나라를 패망시키고 나라를 되찾을 수 있도록 도왔다. 오나라를 멸망시킨 후 월나라를 떠나 천하를 주유하였으며 마지막으로 지금의 도산陶山에 거주하며 부를 축적하여 거부가 되었다. 유여는 춘추 시기 진나라 사람이었으나 후에 서융으로 갔다. 서융에서는 그를 진나라에 사신으로 파견하였다. 진 목공은 그의 재능을 아껴 등용하였으며 이후 유여는 진나라를 위해 출정하여 서융을 정벌하였다.

에게 말했다.

"돌아갈 생각이 없으시오?"

이릉이 답했다.

"장부는 두 번의 치욕은 받지 않는 법이오."

이릉은 흉노에서 20여 년을 머물렀고 원평元平 원년(기원전 74)에
병사하였다.

# 소무전

蘇武傳

소무(기원전 140~기원전 60)는 무제 천한 원년(기원전 100) 흉노의 사신으로 파견되었다가 흉노의 내란에 휘말려 억류되었다. 선우는 온갖 협박과 회유를 동원하여 투항을 권유하였으나 소무가 계속 거절하자 결국 그를 북해(바이칼호 부근)에 유폐시켰다. 그러고는 양을 치게 하면서 숫양에게서 젖이 나오면 돌아갈 수 있게 해주겠다고 했다. 소무는 목이 마르면 눈덩이를 먹고, 배가 고프면 가죽옷과 풀뿌리를 씹으며 버텼고, 양을 치면서도 항상 한나라 사신의 부절을 지니고 있었다. 소제 시기, 한나라가 흉노와 화친을 맺으면서 소무는 19년 만에 귀환하게 되었고 그의 행적은 충절과 지조의 상징이 되었다.

『한서』는 『사기』에 비해 생생한 장면 묘사와 대화체가 적어 문학성이 풍부하지 못하다는 것이 일반적인 평가이다. 그러나 「소무전」만큼은 "사마천이 쓴다고 해도 더 잘 쓸 수 없었을 것"이라는 극찬을 받아왔다. 특히 옛 동료인 이릉이 소무를 찾아와 항복을 권유하는 장면은 이 편의 백미이다. 선우가 이릉을 보내 소무를 설득하게 하였으나 소무의 뜻은 흔들리지 않았고, 이릉은 부끄러워하며 돌아갔다. 19년 만에 소무가 한나라로 돌아가게 되자 이릉은 소무를 다시 찾아와 술자리를 마련하고 시를 읊는다. 한나라로 돌아가 영웅이 될 소무에 대한 부러움, 절개를 지키지 못하고 흉노인이 된 자신의 처지에 대한 회한, 나라를 위해 헌신할 생각이었으나 일족을 몰살하여 그 마음을 식게 만든 무제와 조정에 대한 원망과 허탈감 등 복잡한 심경이 느껴지는 장면이다.

소제 시기, 소무의 아들은 연왕燕王을 옹립하려는 모반에 가담하였다가 처형되었으나 소무는 지조를 지켰던 공적 때문에 연루되지 않았다. 이후 선제宣帝의 옹립에 가담하였고, 그 공으로 관내후關內侯가 되었다. 선제는 아들이 없는 소무를 위해 흉노의 땅에 남아 있던 아들을 데려와 낭관에 임명하였다.

반고는 논평인 찬贊에서 "뜻있는 선비와 어진 자는 자신을 희생하여 인仁을 이루며, 살고자 하여 인을 저버리지 않는다(志士仁人, 有殺身以成仁, 無求生以害仁)", "사방에 사신으로 나가 군주의 명을 욕되게 하지 않는다(使於四方, 不辱君命)"는 공자의 말을 인용하며 "소무는 이러한 행실을 갖추었다"고 칭송하였다. 최고의 찬사를 허한 것이다. 이러한 소무의 행적은 역대 문인과 화가들에 의해 시로, 그림으로 칭송되었다. 당나라 이백李白은 「소무」라는 시를 지었고 온정균溫庭筠도 「소무의 사당(蘇武廟)」이라는 시를 지었으며, '소무목양蘇武牧羊', '소무간양蘇武看羊' 등의 그림이 중국은 물론 한국에서도 다수 그려졌다.

소무의 자는 자경子卿이다. 젊었을 때 부친 소건蘇建의 공로로 형제들이 모두 낭관에 임명되었고, 이후 점차 승진하여 마구간을 관리하는 직책을 맡았다. 당시 한나라는 끊임없이 흉노를 토벌하였는데, 쌍방은 여러 차례 사신을 파견하여 상대방의 정황을 살폈다. 흉노는 전후로 10여 차례 곽길郭吉, 노충국路充國 등 한나라의 사신을 억류하였다. 한나라 조정도 흉노의 사신을 억류하는 것으로 맞대응하였다.

천한 원년(기원전 100), 저제후且鞮侯 선우單于가 즉위하였다. 그는 한나라의 공격을 걱정하여 "한나라 황제는 나의 어른 항렬"이라며 노충국 등 억류되어 있던 사신들을 모두 돌려보내 주었다. 무제는 그의 의로움을 칭찬하며 소무를 중랑장으로 임명하여 한나라의 부절을 가지고 억류되어 있던 흉노의 사신을 호송하도록 하였다. 그리고 선우에게 후한 예물을 보내어 그의 호의에 보답하였다. 소무는 부중랑장副中郎將인 장승張勝, 임시로 사신에 임명된 상혜常惠 등과 병사, 척후병 100여 명을 모집하여 출발하였다. 사신 일행이 흉노에 도착한 후 예물을 선우에게 증정하였다. 그러나 선우는 한나라 조정이 기대한 것과는 달리 더욱 교만해졌다.

선우가 사자를 보내 소무 등을 전송하려 할 때 마침 구왕緱王이 장수長水 사람 우상虞常 등과 흉노에서 모반을 일으켰다. 구왕은 혼야왕昆邪王 누이의 아들로 혼야왕과 함께 한나라에 투항한 후 한나라의 착야후 조파노를 따라 흉노를 토벌하다가 패하여 포로로 잡혀 있었다. 그들은 위율衛律을 따라 투항한 자들과 함께 선우의 모친인 연지閼氏를 납치하여 한나라로 돌아갈 계획을 몰래 꾸몄다. 마침 소무가 흉노로 파견되어 오자 우상은 한나라에 있을 때부터 부중랑장인 장승을 알고 지냈기에 은밀히 그를 찾아갔다.

"한나라 황제가 위율을 몹시 원망한다고 들었소. 나는 한나라를 위해 궁수를 매복해두었다가 그를 쏘아 죽일 수 있소. 나의 모친과 아우가 한나라에 있으니 그들에게 상을 내려주길 바라오."

장승은 동의하였고 가지고 왔던 재화를 우상에게 주었다. 한 달 후 선우가 사냥을 나가고 집에는 연지와 자제들만 남아 있었다. 우상 등 70여 명이 이 기회를 노리려 했으나 밤중에 한 사람이 달아나 밀고하였다. 선우의 자제들은 병력을 동원하여 우상과 전투를 벌였다. 구왕 등은 전사하였고 우상은 체포되었다.

선우는 위율에게 이 사건의 심문을 맡겼다. 장승은 이 소식을 듣고 예전에 우상과 밀모한 것이 새어나갈까 두려워 소무에게 그간의 사정을 말했다. 소무가 말했다.

"일이 이렇게 되었으니 분명 나까지 연루될 것이다. 치욕스런 일을 당한 후에 죽는다면 나라에 더욱 누가 될 것이다."

소무는 자살하려 했으나 장승과 상혜가 함께 막았다. 우상은 과연 장승과의 밀모를 자백하였다. 선우는 대로하였고 귀족을 소집하여 한나라 사신을 죽일 것을 논의하였다. 좌이질자左伊秩訾가 말했다.

"위율을 죽이려고 했다고 저들을 죽인다면, 만약 선우를 해칠 모의를 하였다면 어떻게 처벌할 것입니까? 저들을 모두 투항하게 하는 것이 낫습니다."

선우는 위율에게 소무를 불러 진술을 받도록 했다. 소무는 상혜 등에게 말했다.

"절개를 잃고 나라의 명을 욕되게 한다면 살더라도 무슨 낯으로 한나라에 돌아가겠는가!"

그러고는 차고 있던 칼을 뽑아 자신을 찔렀다. 위율은 크게 놀라 직접 소무를 끌어안고는 달려가 의원을 불렀다. 의원은 땅에 구덩

이를 파고 숯불을 넣은 후 소무를 그 위에 엎드려 눕히고는 등을 두드려 응혈이 나오게 했다. 소무는 숨이 끊어졌다가 반나절 만에 깨어났다. 상혜 등은 울면서 소무를 수레에 싣고 막사로 돌아왔다. 소무의 절개에 탄복한 선우는 아침저녁으로 사람을 보내 그의 안부를 묻는 한편, 장승을 구금하였다.

소무의 상태가 점차 호전되자 선우는 사신을 보내 소무에게 투항을 설득하도록 했다. 마침 우상의 죄를 판결한 참이라 이 기회에 소무의 항복을 받아내고자 한 것이다. 우상을 처형한 후 위율이 말했다.

"한나라의 사자인 장승이 선우의 측근 대신을 살해하려 했으니 사형에 처하는 것이 마땅하오. 그러나 선우께서는 투항한 자들만은 사면하실 것이오."

검을 들어 장승을 죽이려고 하자 장승은 투항을 청하였다. 위율이 소무에게 말했다.

"부사副使가 죄가 있으니 그대도 연루될 것이오."

소무가 말했다.

"나는 본래 음모에 가담하지 않았고 친척관계도 아니거늘, 어찌 연루된단 말인가?"

위율이 다시 검을 들어 곧 휘두를 것처럼 하였으나 소무는 꿈쩍도 하지 않았다. 위율이 말했다.

"소군蘇君, 나 위율은 한나라를 배반하고 흉노로 귀화하여 선우에게 큰 은혜를 입어 왕의 칭호를 하사받았소. 수만의 병력을 거느리고 있으며, 말과 가축이 산에 가득하니 이처럼 부귀를 누리고 있소. 소군께서도 오늘 항복한다면 내일 이렇게 될 수 있을 것이오. 부질없이 죽음을 당해 황량한 초야에 묻힌다고 누가 당신의 충정을 알아주겠소!"

소무가 아무런 반응이 없자 위율이 말했다.

"그대가 나로 인해 투항한다면 나는 그대와 형제가 되는 것이오. 오늘 나의 권고를 듣지 않는다면 이후 나를 다시 보고자 해도 그럴 수 있겠소?"

그러자 소무가 위율에게 욕설을 퍼부었다.

"너는 한나라의 신하였다. 그러나 은혜와 도의를 저버려 주군을 배반하고 가족을 등지고서 오랑캐에게 투항하였다. 내가 너를 왜 보려 하겠느냐! 게다가 선우가 너를 신임하여 한나라 사신의 생사를 맡겼거늘, 너는 공정하게 하지 않고 도리어 두 나라의 군주가 싸우게 하며 그 재앙과 패망을 좌시하고 있다. 남월南越은 한나라의 사신을 죽였다가 결국 도륙되어 한나라에서 9군九郡을 두었고, 대완大宛의 왕은 한나라 사신을 죽여 결국 머리가 북쪽 성문에 걸리게 되었다. 조선은 한나라 사신을 죽였다가 바로 멸망당했다. 흉노만이 아직 이러한 화를 당하지 않았다. 너는 내가 투항하지 않을 것을 분명히 알면서도 두 나라가 서로 공격하도록 하려는 것이다. 흉노의 재앙은 나를 죽이는 것에서부터 시작될 것이다."

위율은 소무를 협박할 수 없음을 알고서 이를 선우에게 보고하였다. 그러자 선우는 더욱 그를 투항시키고자 하여 소무를 지하창고에 유폐하고 음식을 주지 않았다. 큰 눈이 내리자 소무는 옷감의 털과 눈을 함께 씹어 삼키면서 버텼다. 며칠이 지나도 죽지 않자 흉노는 소무를 신이라 여기고는 그를 사람이 없는 북해로 옮기도록 했다. 그리고는 숫양을 방목하게 하면서 숫양에게서 젖이 나오면 돌아갈 수 있을 거라고 했다.[1] 그의 부하인 상혜 등은 소무와 따로 다른 곳에 안치하였다.

이윽고 북해에 도착한 소무는 아무도 양식을 보내오지 않자 들쥐가 모아놓은 풀씨를 파내 먹었다. 그가 방목을 하면서도 지팡이 삼아 항상 지니고 있던 한나라 사신의 부절은 달려 있던 털이 모두 빠져버렸다. 5~6년이 지난 후, 선우의 아우인 오간왕於軒王이 북해로 사냥을 왔다. 소무는 그물을 엮는 법과 화살을 만드는 법을 알았고, 활과 쇠뇌를 고칠 수 있었으므로 오간왕은 그를 좋아하여 의복과 먹을 것을 보내주었다. 3여 년 후 오간왕이 병이 들자 소무에게 말과 가축, 식기, 장막을 하사하였다. 오간왕이 죽은 후 그 무리들도 떠나갔다. 그해 겨울, 흉노의 속국인 정령丁令 부족이 소무의 소와 양을 훔쳐가 그는 다시 곤경에 처했다.

본래 소무는 이릉과 함께 시중侍中을 지냈다. 소무가 흉노에 사신으로 간 이듬해, 이릉이 흉노에 투항하였으나 감히 소무를 만나지 못했다. 오랜 시간이 흐른 후 선우가 이릉을 북해에 보냈다. 이릉은 주연과 가무를 마련한 자리에서 소무에게 말했다.

"선우께서 나와 그대가 평소 교분이 있었음을 아시고 나를 보내 그대를 설득하게 하였습니다. 이는 선우께서 진심으로 그대를 대하고자 하시는 것입니다. 결국 한나라로 돌아가지 못할 것인데, 아무도 없는 이 땅에서 부질없이 고초를 겪고 있으니 그대의 신의를 누가 알 수 있난 말입니까? 예선 봉서도위를 지냈던 그내의 형님께서 황제의 행차를 모시고 옹성雍城의 역양궁棫陽宮에 갔었을 때 섬돌을 내려가다 수레가 기둥에 부딪혀 끌채가 부러진 일이 있었지요.

---

1) 숫양에게서 젖이 나오는 것은 있을 수 없는 일이므로 한나라로 돌아가겠다는 생각을 단념토록 한 것이다.

결국 불경죄로 탄핵되어 검으로 자진하였고 황제는 200만 전을 하사하여 장례를 치르게 하였습니다. 그대의 아우인 소현蘇賢이 황제를 모시고 하동군의 토지신께 제사를 지내러 갔을 때, 말을 타고 수행하는 환관(宦騎)이 황문黃門 소속의 부마駙馬와 배를 두고 싸우다가 환관이 부마를 강에 빠뜨려 죽인 일이 있었지요.[2] 환관은 달아났고 소현에게 쫓도록 하였으나 체포하지 못했습니다. 소현은 너무나 두려운 나머지 약을 먹고 자살하였습니다.

제가 장안을 떠날 때 불행히도 그대의 모친께서 세상을 떠나셔서 제가 양릉陽陵까지 영구를 모셨습니다. 그대의 부인은 젊어 이미 개가하였다고 들었습니다. 두 여동생과 1남 2녀의 자제들은 이미 10여 년이나 지나서 생사를 알 수 없습니다. 아침 이슬처럼 짧은 인생인데 어찌 오랫동안 이런 고초를 겪는단 말입니까? 저는 처음 투항했을 때, 한나라를 배반한 괴로움에 거의 실성한 것 같았습니다. 게다가 연로하신 모친께서도 옥에 갇혀 계셨으니 그대가 투항하지 않으려는 마음이 어찌 저보다 더할 수 있겠습니까? 그러나 폐하께서는 연로하시고 법령은 수시로 바뀌니 죄가 없는데도 멸문의 화를 당한 대신이 수십 가문입니다. 안위를 예측할 수 없는데 그대는 아직도 누구를 위해 수절하려는 것입니까? 더 이상 다른 말씀 마시고 부디 내 말대로 하시길 바랍니다."

소무가 말했다.

"우리 부자는 아무런 공덕도 없는데 모두 폐하께서 발탁하여 장군으로 임명하시고 열후의 작위를 받았으며 형제들도 폐하의 측근이 되었소. 그러므로 나라를 위해 목숨을 아끼지 않고 충성을 다할

---

2)　부마는 천자를 수행하는 수레와 말을 관장하는 관직이다. 이들이 황문黃門 관서에 소속되어 있으므로 황문부마라 하였다.

수 있기를 항상 염원하였소. 이제 나를 희생하여 충정을 바칠 수 있게 되었으니 도끼로 머리가 잘리고 끓는 물에 삶아진대도 기꺼이 그리할 것입니다. 신하가 군주를 섬기는 것은 자식이 부모를 섬기는 것과 같소. 자식이 부모를 위해 죽는 것은 조금도 한이 될 것이 없소. 더 이상 말하지 마시오."

이릉은 소무와 며칠 동안 술을 마시고 나서 다시 말했다.

"자경께서는 제 말을 들으셔야 합니다."

소무가 말했다.

"스스로 죽은 지 이미 오래라고 생각하고 있소. 그대가 반드시 나를 투항시키고자 한다면 오늘의 이 연회가 끝난 후 그대 앞에서 죽음을 택하겠소."

이릉은 소무의 지극한 충심에 감탄하며 말했다.

"아, 의로운 분이오! 나와 위율의 죄는 하늘에 닿을 것이오."

눈물이 흘러 옷깃을 적셨다. 이릉은 소무와 이별을 고하고는 떠났다.

이릉은 직접 소무에게 물건을 보내주기 부끄러워 그의 아내를 시켜 소무에게 소와 양 수십 마리를 보내주도록 하였다. 이후 이릉이 다시 북해에 와서 소무에게 말했다.

"변경의 초소에서 운중雲中 사람을 생포하였는데 태수 이하의 관리와 백성들이 모두 흰 옷을 입고 황제가 붕어했다고 하였소."

소무는 그 소식을 듣고서 남쪽을 향해 피를 토하며 통곡하였다. 몇 개월 동안 매일 아침저녁으로 곡하였다.

소제昭帝가 즉위하고 몇 년 후 흉노는 한나라와 화친을 맺었다. 한나라 조정에서 소무 등을 요구하자 흉노는 소무가 죽었다고 거짓말을 하였다. 이후 한나라의 사자가 흉노에 오자 상혜는 자신을 지키는 자에게 함께 한나라 사신을 만나러 가줄 것을 부탁했다. 상혜는 그간의 사정을 자세히 말하고 한나라 사신이 선우에게 이렇게 말하도록 알려주었다.

"한나라 황제가 상림원에서 사냥을 하다가 기러기 한 마리를 잡았습니다. 발에 비단 편지가 묶여 있어 펼쳐보니 소무가 황량한 호숫가에서 거주하고 있다고 적혀 있었습니다."

한나라 사신은 기뻐하며 상혜의 말대로 선우를 다그쳤다. 선우는 놀라 좌우를 둘러보다가 사신에게 사죄하며 "소무가 사실 살아 있다"고 하였다.

그리하여 이릉은 주연을 마련하여 소무를 축하하였다.

"이제 그대는 귀환하여 흉노에서 미명을 떨치고 한나라 왕실에 공훈을 드날리게 되었습니다. 옛 역사서에 기록되고 그림으로 남겨진 자들 중에 누가 그대보다 뛰어나겠습니까. 저 이릉이 비록 무능하고 나약하지만 만약 한나라 조정에서 저의 죄를 용서하고 노모를 살려주었다면 항복의 치욕을 떨치고 춘추시대 조말曹沫처럼 기회를 찾아 공을 세워 속죄할 수 있었을 것입니다.[3] 이를 저는 항상 잊지 않고 있었습니다. 그러나 폐하께서는 저의 집안을 멸족하셨으니 큰 수모를 당한 제가 더 연연할 것이 뭐가 있었겠습니까? 됐습니다. 그저 자경에게 제 마음을 알려주고 싶었을 뿐입니다. 이역만리 떨어진 곳에 있는 사람들이니 한번 헤어지면 다시 볼 날이 없을 것입니다."

---

3) 조말은 춘추 시기 노나라 장수였으나 제나라와의 전투에서 세 번 패배하여, 노나라는 제나라에 땅을 주고 화친을 청하였다. 이후 제 환공이 가柯 땅에서 노나라와 맹약을 할 때 조말은 비수를 들고 제 환공을 위협하며 빼앗은 땅을 돌려줄 것을 협박하였다. 제 환공이 허락하자 조말은 물러나 신하의 자리로 돌아갔으나 안색의 변화 없이 태연자약하였다. 제 환공은 급박한 상황을 벗어나자 약속을 어기려 했다. 그러자 관중은 제후들의 신뢰를 잃게 될 것이라며 돌려줄 것을 권하였다. 결국 조말이 세 번 패전하여 빼앗겼던 땅은 노나라에 반환되었다.

이릉은 일어나 춤을 추며 노래했다.

만 리를 가로질러 사막을 건너
장군으로 흉노를 무찔렀네.
막다른 길에 화살과 칼 꺾이니
군사는 전멸하고 명예도 무너졌네.
노모 이미 돌아가셨으니
은혜를 갚으려 해도 어디로 돌아간단 말인가.

이릉은 눈물을 흘리며 소무와 헤어졌다. 선우는 소무의 부하를 불러모았다. 항복했거나 사망한 자들을 제외하고 아홉 명이 소무를 따라 귀환하였다.

소무는 시원始元 6년(기원전 81) 봄, 장안으로 돌아왔다. 황제는 조서를 내려 소무에게 무제의 묘에 소, 양, 돼지를 바치는 제사를 지내도록 하고, 전속국典屬國에 임명하였다.[4] 그리고 중이천석의 녹봉과 200만 전, 공전公田 2경頃, 저택 한 채를 하사했다. 상혜, 서성徐聖, 조종근趙終根은 모두 중랑에 임명하고 비단 200필을 하사하였다. 나머지 여섯 명은 연로하였으므로 집으로 돌려보내되 10만 전씩 하사하고 종신토록 세금과 요역을 면제해주었다. 상혜는 이후 우장군右將軍이 되어 열후에 책봉되었으므로 열전을 따로 두었다. 소무가 흉노에 억류된 기간은 19년이었다. 처음 사신으로 떠날 때는 건장한 젊은이였으나 귀환했을 때에는 수염과 머리가 모두 백발이었다.

---

4)  전속국은 '속국을 담당한다'는 의미로 주변 소수민족과의 외교 사무를 관장한다. 전속국의 녹봉은 이천석이었으나 소제는 소무를 가상히 여겨 특별히 중이천석의 녹봉을 내렸다.

소무가 귀환한 이듬해 상관걸의 아들 상관안上官安이 상홍양, 연왕燕王, 개장공주蓋長公主와 함께 모반을 일으켰다.[5] 소무의 아들 소원蘇元은 상관안과 이 모반에 가담한 죄로 연루되어 죽었다.

원래 상관걸과 상관안은 대장군 곽광과 권력을 다투어 수차례 곽광의 과실을 조목조목 기록하여 연왕에게 주었고, 연왕은 그것을 상소하여 곽광을 고발하였다. 또 소무는 흉노에 사신으로 갔다가 20년 동안 투항하지 않고 돌아와 전속국에 임명되었는데, 곽광의 수하에 있는 장사長史는 공로가 없는데도 수속도위搜粟都尉에 임명되었으니 곽광이 자기 뜻대로 전횡하는 것이라 했다. 연왕 등이 모반했다가 주살되자 그 일당을 철저히 조사하게 하였다. 소무는 평소 상관걸, 상홍양과 교분이 있었고 자주 연왕의 상소문에 언급되었으며 아들이 모반에 가담하였기에 정위廷尉가 소무를 체포할 것을 주청하였다. 그러나 곽광은 그 상소문을 바치지 않고 소무의 관직만 면직시켰다.

몇 년 후, 소제가 붕어하였다. 소무는 전임 이천석의 품계로 선제宣帝를 옹립하는 데 참여하여 관내후의 작위와 식읍 300호를 하사받았다. 오랜 시간 후 위장군衛將軍 장안세張安世가 소무를 추천하였다. 장안세는 소무가 고대의 법령과 규범에 대해 해박한 지식을 갖고 있으며 사신의 명을 욕되게 하지 않은 점을 돌아가신 선황제께서도 높이 사 말씀을 남기셨다고 했다. 선제는 곧바로 소무를 불

---

5) 관련 내용은 「곽광전」참조. 개장공주는 악읍장공주鄂邑長公主를 가리키며 '개주蓋主'라고 부르기도 한다. '장공주'는 황제의 자매를 가리키는 호칭으로 무제의 딸이자 소제의 누이이다. 식읍이 악읍이었고 무제의 외숙인 왕신王信의 손주 개후蓋侯 왕수王受에게 시집을 갔기 때문에 '개주'라고 칭하였다. 왕수가 일찍 죽자 개주는 정외인丁外人과 사통하였고 그에게 관직과 작위를 하사하고자 했다. 그러나 곽광이 반대하자 원한을 품고 반란을 모의한 것이다.

러 환자서宦者署에서 명을 기다리도록 하였다.[6] 소무는 선제를 수차례 알현하였고 다시 우조右曹의 전속국에 임명되었다. 소무가 지조로 유명한 노신老臣이므로 초하루와 보름날에 입조하게 하였고, 좨주祭酒의 존호를 내려 매우 우대하였다.[7]

소무는 상으로 하사받은 것들을 모두 형제와 친구들에게 나눠주었고 집에는 재물을 두지 않았다. 황후의 부친인 평은후平恩侯 허광한許廣漢, 황제의 외숙인 평창후平昌侯 왕무고王無故, 낙창후樂昌侯 왕무王武, 거기장군 한증韓增, 승상 위상魏相, 어사대부 병길丙吉이 모두 소무를 공경하고 존경하였다. 소무는 연로하였는데 아들이 예전에 모반에 연루되어 죽음을 당했기에 선제는 그를 불쌍히 여겨 좌우 신하들에게 물었다.

"소무는 흉노에서 오래 있었는데 왜 자식이 없겠는가?"

소무는 허광한을 통해 아뢰었다.

"흉노를 떠나올 때 흉노족 아내가 마침 통국通國이라는 아들을 낳았다고 소식을 전해왔습니다. 원컨대 사신을 통해 재물과 비단을 주어 아들을 데려오고 싶습니다."

선제는 허락하였다. 후에 아들 통국은 사신을 따라 한나라로 왔고, 선제는 그를 낭관에 임명하였다. 소무 아우의 자식들도 우조右曹에 임명되었다. 소무는 80여 세까지 살았고 신작神爵 2년(기원전 60)에 병으로 세상을 떠났다.

감로甘露 3년(기원전 51), 선우가 한나라에 입조하기 시작했다. 선

---

6)  환자령宦者令은 구경九卿의 하나인 소부少府의 속관으로 궁궐의 환관을 관장한다. 그 관서가 가까이 있었기 때문에 이곳에서 명령을 기다리도록 한 것이다.

7)  조정 대신은 닷새에 하루 입조하는데 소무는 연로하므로 특별히 1일과 15일에만 입조하도록 한 것이다.

제는 자신을 보필한 신하들의 미덕을 그리워하며 기린각麒麟閣에 그들의 화상을 그리게 하였다.[8] 용모를 비슷하게 그리고 관작과 성명을 써두었는데, 곽광만은 이름을 쓰지 않고 '대사마 대장군 박륙후博陸侯 곽씨'라고 하여 존경을 표하였다. 그다음으로는 위장군 부평후富平侯 장안세, 그다음은 거기장군 용액후龍額侯 한증, 그다음은 후장군後將軍 영평후營平侯 조충국趙充國, 그다음은 승상 고평후高平侯 위상, 그다음은 승상 박양후博陽侯 병길, 그다음은 어사대부 건평후建平侯 두연년杜延年, 다음은 종정宗正 양성후陽城侯 유덕劉德, 그다음은 소부少府 양구하梁丘賀, 다음은 태자태부 소망지, 다음은 전속국 소무였다.

이들은 모두 공덕이 있어 당시에 명성이 널리 알려졌기에 그림으로 그려 표창하였다. 한나라의 중흥을 보좌한 대신들이므로 주周나라 선왕宣王의 중흥을 보좌한 명신 방숙方叔, 소호召虎, 중산보仲山甫에 비할 만함을 보인 것이다. 이 11인은 모두 전기가 있다. 승상 황패黃霸, 정위廷尉 우정국于定國, 대사농大司農 주읍朱邑, 경조윤 장창張敞, 우부풍右扶風 윤옹귀尹翁歸와 유생 하후승夏侯勝 등도 화를 당하지 않고 천수를 누렸으며 선제 시기 명성이 있었으나 명신 화상에는 포함되지 못했다. 명신의 선택 기준이 엄격했음을 알 수 있다.

---

8) 기린각은 미앙궁에 있던 누각으로 무제가 기린을 잡은 일을 기념하여 지었으며, 기린의 그림이 있어 기린각이라 하였다. 기린은 오늘날 우리가 알고 있는 기린이 아닌 전설 속의 동물로 사슴과 비슷한 모습에 온몸에 비늘이 덮여 있고 꼬리는 소꼬리 모양이다. 기린의 출현은 상서로운 징조로 여겨졌다. 선제가 11명 공신의 화상을 기린각에 걸어두고 그들의 공적을 표창한 이후, 기린각에 화상이 걸리는 것은 탁월한 공훈과 최고의 명예를 의미하게 되었다.

# 사마천전

司馬遷傳

사마천(기원전 145~기원전 86?)은 『사기』의 저자이다. 부친 사마담司馬談은 자신이 완성하지 못한 역사의 완성을 유언으로 남겼고, 사마천은 부친을 이어 태사령太史令에 임명되면서 황실 장서를 열람하며 자료를 수집하였다. 그러나 천한 3년(기원전 98) 흉노에 투항한 이릉을 변호하다가 무제의 노여움을 샀고 궁형에 처해진다. 죽음보다 더한 치욕을 견디며 억울함과 분노, 필력을 모두 쏟아부어 130편의 『태사공서太史公書』를 완성하였다. 이것이 바로 『사기』이다. 『사기』의 마지막에는 사마씨 가문의 연원과 내력, 부친 사마담의 학문과 사서를 편찬하게 된 과정, 『사기』 각 편의 요지를 소개한 「태사공자서太史公自序」가 수록되어 있다.

『한서·사마천전』은 이 「태사공자서」와 「보임소경서報任少卿書」 두 부분을 그대로 수록하여 구성하였다. 따라서 『한서』의 「사마천전」은 엄밀히 말해 반고의 글이 아닌 사마천의 글이다. 「사마천전」

중 반고가 쓴 부분이 거의 없기 때문에 비판을 받기도 했지만, 반고의 입장에서는 이 두 편의 글만큼 사마천의 일생을 잘 보여줄 수 있는 것은 없다고 여겼을 것이다.

「태사공자서」는 사마천의 집안과 학문, 『사기』의 편찬 동기와 과정에 대한 객관적인 내용이다. 그에 반해 「보임소경서」에는 궁형을 받게 된 과정, 그 누구도 나서서 도와주지 않았던 고립무원의 처지, 세상의 조롱과 천대를 받으면서도 살아남을 수밖에 없었던 개인사와 심경, 비통함이 절절하게 드러나 있다. 사마천은 형벌을 당하면서 구차히 살아남느니 죽음을 택하는 것이 존엄과 지조를 지키는 일임을 알고 있었다. 그러나 그는 부친의 유업을 완성하고 역사에 이름을 남기는 길을 택했다. "사람은 반드시 죽지만 죽음에는 태산보다 무거운 죽음이 있고 새털보다 가벼운 죽음이 있다(人固有一死, 死有重於泰山, 或輕於鴻毛)." 죽음으로써 모든 것을 끝내는 것은 오히려 쉬운 길이었고, 궁형을 받고 살아남아 『사기』를 완성하는 일은 죽음보다 더한 고통이었다. 유리羑里에 유폐되어 『주역』을 지었던 문왕, 곤경에 처하고서도 『춘추』를 지었던 공자, 쫓겨난 후 「이소」를 지은 굴원, 실명失明한 후 『국어』를 편찬한 좌구명처럼 고통을 인내하며 지은 자신의 저술이 세상에 전해질 수 있기를 바란 것이다. 이 때문에 『사기』를 '발분저서發憤著書'라고 한다.

"이 책을 완성하여 명산에 감춰두었다가 큰 고을에서 이 책을 널리 퍼뜨릴 수 있는 사람에게 전할 수 있다면 저는 이전의 치욕을 보상받을 수 있을 것입니다. 비록 만 번 도륙된다 하더라도 어찌 후회가 있겠습니까!"

훗날 자신의 뜻을 알아줄 이가 있기를 바라며 사마천은 모든 것을 쏟아부었다. 인고의 세월을 견디며 『사기』를 완성했던 사마천의 심경과 당시 정황이 고스란히 담긴 글이 바로 「보임소경서」이다.

이 책에서는 『사기』와 중복되는 「태사공자서」를 제외한 「보임소경서」 부분을 수록하였다. 이 글은 임소경, 즉 임안任安에게 보내는 사마천의 답신이다. 임안은 당시 여태자戾太子의 무고巫蠱 사건에 연루되어 허리를 잘리는 요참형을 선고받은 상황이었다. 임안은 억울함에 사마천에게 도움을 요청하는 서신을 보냈다. 사마천은 억울하게 궁형을 받게 되었을 때 그 누구도 나서서 도와주지 않았던 예전의 상황, 그리고 이제 자신에게 도움을 청하는 친구를 보면서 씁쓸했을 것이다. 무제를 수행하느라 바빠서 제때에 답신을 하지 못했다고 하지만 망설였을 것이다. 임안의 억울함을 알고 있었을 테지만, 이릉을 위해 변호했다가 큰 화를 당했던 그로서는 또다시 그런 위험을 무릅쓸 수는 없었다. 결국 환관과 다름없는 신세가 된 자신은 아무것도 할 수 없다는 답신을 보낼 수밖에 없었고, 임안은 처형된다.

「사마천전」 중 반고가 쓴 부분은 마지막의 찬贊인 논평뿐이다. 사마천을 이어 역사를 편찬하는 반고의 입장에서는 『사기』의 장점을 본받고 단점을 개선하고자 했을 것이다. 따라서 반고의 논평은 『한서』의 집필 원칙과 방향을 이해하는 데 중요하다. 반고는 『사기』를 이렇게 비난하였다.

"옳고 그름은 성인과 다소 엇갈리고 큰 도의를 논함에 있어 황로의 학설을 앞세우고 육경을 뒤로하였다. 유협을 서술하여 벼슬하지 않고 은거하는 처사處士를 낮추고 간웅을 앞세웠으며, 상업으로 재산을 증식하는 화식을 서술하여 세력과 이익을 숭상하면서 가난을 수치스러워하였다."

이를 통해 『한서』는 시비의 변별에 있어 성인을 기준으로 하고,

도의를 논함에 육경을 우선하였으며, 유협과 화식을 배척하는 입장에서 기술되었음을 알 수 있다. 그러나 반고는 『사기』의 진실성과 탁월한 문장에 대해서는 인정과 찬사를 보냈다.

"사건을 조리 있게 서술하는 데 뛰어났다. 분명하면서도 화려하지 않고, 질박하면서도 속되지 않다. 문장은 진실되고 사실은 정확하다. 거짓으로 칭송하지 않았으며 잘못을 은폐하지 않았으니 실록이라 할 수 있다."

이 때문에 『한서』 중 무제 이전 시기까지는 상당 부분 『사기』의 기록을 그대로 채택하였을 것이다.

사마천은 궁형을 받은 후 중서령中書令이 되어 총애를 받았다. 옛 친구였던 익주益州 자사 임안任安이 사마천에게 편지를 보내 고대 현신賢臣들처럼 의로움을 행해줄 것을 부탁하였다. 사마천은 그에게 이렇게 답신하였다.

소경少卿께

　지난번 서신에서 사람들과의 교유를 신중히 하고 현명한 사람을 추천하는 데 힘쓰라는 가르침을 주셨습니다. 담긴 뜻이 간절하고 진실하니 마치 제가 그러한 가르침을 존중하여 따르지 않고 세상 사람들의 말에 휩쓸린다고 원망하시는 것 같았습니다. 저는 그렇지 않습니다. 비록 제가 노둔하지만 그래도 선인들의 가르침을 조금은 주워들은 것이 있습니다. 다만 제 자신이 성치 않은 몸에 비천한 처지이다 보니 걸핏하면 실수를 저지르는지라 잘하려던 것이 도리어 일을 그르치고 맙니다. 이 때문에 우울한 심정이지만 누구에게도 하소연을 할 수가 없습니다.

　세상에 이런 말이 있습니다. "누구를 위해 일할 것인가? 누구에게 들으라 할 것인가?" 그러므로 종자기鍾子期가 죽자 백아伯牙는 평생 다시는 금을 연주하지 않았습니다. 왜 그러하겠습니까? 선비는 자신을 알아주는 사람을 위해 목숨을 바치고, 여인은 자신을 기쁘게 하는 자를 위해 단장을 합니다. 저처럼 몸이 이미 불구가 된 사는 비록 수후隨侯의 구슬[1]이나 화씨和氏의 옥 같은 뛰어난 재주가 있다 하더라도, 허유許由와 백이伯夷 같은 고결한 행실이 있다 하더라도 끝내 영예를 누리지 못하고 비웃음거리가 되어 스스로를

---

1) '수隨'는 주나라 초기 작은 나라로, 전설에 따르면 수나라 제후가 상처 입은 뱀을 살려주었고 이후 이 뱀이 강에서 큰 진주를 물어다가 보답을 했다.

욕되게 할 뿐입니다.

보내주신 서신에 마땅히 답신을 해야 했지만 마침 황제를 모시고 동쪽 지방을 다녀왔고, 또 직무에 쫓기다보니 뵐 수 있는 기회가 거의 없었습니다. 정신없이 바쁘게 지내느라 제 마음을 전할 겨를이 잠시도 없었습니다. 지금 소경께서는 생사의 여부를 알 수 없는 죄를 받으셨고 한 달 후면 형을 집행할 겨울이 다가옵니다. 저는 또 곧 황제를 모시고 옹雍 땅으로 가야 하는데, 그대에게 갑자기 불미스런 일이 생길까 걱정입니다. 그렇게 되면 결국 제 속의 억울함과 답답함을 알려드릴 수 없게 될 것이고, 그대의 혼백 또한 계속 저를 원망할 것입니다. 그리하여 제 비루한 생각을 대략 말씀드리려 합니다. 오랫동안 답신을 보내지 못했던 것을 나무라지 마시기 바랍니다.

들건대, 자신을 수양하는 것은 지혜를 모으는 일이고, 베풀기 좋아하는 것은 인자함의 시작이라 합니다. 주고받음이 합당한 것은 의로움의 표현이고, 치욕을 아는 것은 용기 있는 결단이며, 명성을 드날리는 것은 최고의 행실이라고 합니다. 선비는 이 다섯 가지를 갖추어야 세상에서 발붙이고 군자의 대열에 설 수 있게 됩니다. 그러므로 가장 참혹한 재앙은 이익을 탐하는 것이고, 가장 고통스러운 슬픔은 마음을 다치는 것이며, 가장 추악한 행실은 선인을 욕되게 하는 것이고, 가장 큰 치욕은 궁형을 받는 것입니다.

궁형을 받은 자는 일반 사람들과 동급으로 취급받지 못했습니다. 지금만 그러한 것이 아니라 아주 오래전부터 그래왔습니다. 옛날 위衛나라 영공靈公이 환관인 옹거雍渠와 함께 수레를 타자 공자는 진陳나라로 떠났습니다.[2] 상앙商鞅이 환관인 경감景監의 소개로

---

[2] 위 영공이 대부와 함께 수레를 타면서 환관인 옹거를 옆에 앉게 하고 공자를 뒤의 수레에 타게 하였다. 공자는 이를 수치로 여기고 위나라를 떠나 진나라로 갔다.

진秦 효공孝公을 알현하고 재상에 임명되자 진나라의 현인이었던 조량趙良은 이를 한심하게 여겼습니다. 환관인 조담趙談이 문제文帝의 수레에 함께 타자 원앙爰盎은 정색을 하였습니다. 자고이래로 환관을 수치스러워했던 것입니다. 중간 정도의 재능을 가진 사람도 환관과 관련된 일이라면 낙담하지 않을 수 없는데, 하물며 강개한 뜻을 가진 선비는 어떻겠습니까! 지금 조정에 인재가 부족하다 하더라도 어찌 궁형을 받은 자에게 천하의 뛰어난 인재를 추천하도록 하겠습니까!

저는 선친 덕분에 20여 년간 수도인 장안에서 일해왔습니다. 스스로 돌이켜보면 위로는 충심과 신의를 바쳐 뛰어난 계책과 능력이 있다는 명예를 누리지도, 군주의 인정을 받지도 못했습니다. 다음으로는 나랏일의 부족함을 보완하고 능력 있는 자를 추천하여 초야의 숨은 현인이 널리 알려지도록 하지도 못했습니다. 대외적으로는 군대에 가담하여 성을 공격하고 싸워 적장을 참수하고 깃발을 빼앗은 전공도 없습니다. 아래로는 공적을 쌓아 높은 지위와 후한 봉록으로 가문과 벗들의 자랑이 되지도 못했습니다. 네 가지 중 하나도 이루지 못하였으니 구차하게 주군에게 영합하기만 했지 잘할 줄 아는 것이 아무것도 없음을 알 수 있습니다.

예전에는 저도 말단 관리의 대열에 끼어 조정에서 보잘것없는 논의를 한 적이 있었습니다. 그때에도 기강을 바로잡고 나라를 위해 생각을 나하지 못하였거늘 지금 이미 불구의 몸이 되어 말단 노예처럼 비천한 처지인 제가 당당히 머리를 치켜들고 시비를 하나하나 논한다면 조정을 경시하고 세상의 선비들을 욕되게 하는 것 아니겠습니까! 아! 아! 저와 같은 사람이 무슨 말을 할 수 있겠습니까! 무슨 말을 할 수 있겠습니까!

게다가 일의 본말은 쉽게 알 수 있는 것이 아닙니다. 저는 소싯적 무한한 재능을 갖고 있음을 자부하였으나 장성한 후 고을에서조차 칭송을 받지 못했습니다. 다행히 선친 덕분에 황제께서는 얄팍한 재능을 인정하여 궁궐을 드나들 수 있게 해주셨습니다. 저는 머리에 대야를 얹는 것과 하늘을 올려다보는 일은 동시에 할 수 없다고 생각했습니다. 그리하여 사람들과의 교유를 끊고, 집안의 일도 잊고, 밤낮으로 불초한 재능과 힘을 다해 한마음으로 직무를 다하여 주상의 총애를 받고자 힘썼습니다. 그러나 상황은 전혀 그렇지 않았습니다.

저는 이릉과 함께 폐하를 가까이에서 모시는 직책에 있었지만 평소 서로 친한 사이는 아니었습니다. 좋아하는 것과 싫어하는 것이 각자 달라 함께 술을 마시고 깊은 마음을 나눠본 적도 없습니다. 그러나 제가 그의 사람됨을 살펴보니 뛰어난 선비였습니다. 효심을 다하여 부모를 모시고 선비와 교유함에 신의가 있는 자였습니다. 재물에 청렴하고, 주고받음에 의로우며, 분별에 겸양을 알고 있었습니다. 공손하고 검약하며 자신을 낮추었고, 항상 목숨을 돌보지 않고 분발하여 나라의 위기를 구하는 일만을 생각하는 자였습니다. 평소 품고 있는 뜻이 이러하였으므로 저는 그가 국사國士의 풍모가 있다고 여겼습니다. 무릇 신하된 자가 자신의 목숨을 돌보지 않는 계책으로 나라의 위급함을 구하고자 달려들었다면 이는 이미 훌륭한 것입니다. 그러나 지금 이릉이 한 가지 잘못을 하자 자신 한 몸과 처자식을 보전하는 데 급급한 자들이 함부로 그의 죄를 부풀리고 모함하니 저는 실로 비통하게 생각하였습니다.

또 이릉은 5000명이 채 되지 않는 보병을 이끌고 오랑캐 땅 선우의 근거지까지 깊숙이 진격하였습니다. 이는 호랑이 입에 먹이를 갖다 댄 것만큼 위험한 일이었습니다. 막강한 오랑캐에게 용맹하게 맞서 엄청난 수의 군사를 상대하였으니, 선우와 10여 일 동안 싸움을 계속하는 동안 죽인 적은 그의 병력으로 상대할 수 있는 수를 훨씬 뛰어넘는 것이었습니다. 적들은 사상자와 부상자를 구할 겨를조차 없었습니다. 흉노의 수장은 모두 두려움에 떨며 좌현왕左賢王과 우현왕右賢王의 각 부족을 다 소집하였고 활을 쏠 수 있는 사람을 총동원하였습니다. 온 나라 전체가 이릉의 군대를 포위하고 공격한 것입니다. 이릉의 군대는 천 리를 이동하며 싸웠습니다. 화살은 다하고 길은 막다른 곳에 이르렀으나 구원병은 오지 않았고 사상자는 쌓여만 갔습니다. 그러나 이릉이 한번 소리쳐 병사를 위로하면 떨치고 일어나 절하면서 울지 않는 자가 없었습니다. 병사들은 얼굴이 피로 범벅이 되어 눈물을 삼키면서도 빈 활을 당기고 칼날을 무릅쓰며 북쪽을 향하여 죽을힘을 다해 적과 싸웠습니다.

이릉이 패하기 전, 사자가 와서 승전보를 알렸고, 조정의 공경과 왕후들은 모두 술잔을 들고 폐하께 경하를 드렸습니다. 며칠 후 이릉이 패하였다는 소식이 전해지자 폐하께서는 이 때문에 먹어도 맛을 모를 만큼 근심하셨고 조회에서도 언짢은 기색이 역력하셨습니다. 대신들은 걱정하고 두려워하여 어찌할 바를 몰랐습니다. 저는 자신의 비천함을 헤아리지 못하고 폐하께서 비통해하시는 것을 보고는 제 어리석은 충정을 다하고자 하였습니다. 이릉이 평소 군사들과 좋은 것을 함께 나누었으므로 병사들은 죽음을 마다하지 않고 온 힘을 다해 싸웠던 것입니다. 비록 고대의 명장이라 하더라도 더 뛰어날 수 없을 것입니다. 몸은 비록 패하였으나 그의 뜻을 보건대 적당한 기회를 기다려 한나라에 보답하고자 하였을 것입니다. 이미 패배한 상황은 어찌할 수 없지만 그가 적을 무찌른 공적은 천하에 드러내기에 충분한 것이었습니다. 저는 이러한 생각을 품고서 말씀드리려 하였으나 아뢸 길이 없었습니다. 마침 폐하를 뵈었을 때 하문을 하시기에 곧바로 이러한 뜻으로 이릉의 공적을 말하여 폐하의 고민을 도와드리고 신하들의 원망하는 말을 막고자 하였습니다. 그러나 제 생각을 모두 분명히 설명드릴 수 없었고, 폐하께서도 깊이 이해하지 못하시고 제가 이사장군을 비방하고자 이릉을 변호하는 것이라 여기셨습니다. 결국 저는 하옥되었고 진심어린 충정은 밝힐 수 없게 되었습니다. 그리고 황제를 기만했다는 관리의 판결에 따라 죄를 받게 되었습니다.

　저는 집이 가난하여 속죄를 할 수 있는 재물이 없었습니다. 교유하던 자들 중 아무도 저를 구하러 나서지 않았습니다. 가까운 주변의 사람들도 저를 위해 한마디도 하지 않았습니다. 목석이 아닌 제가 홀로 옥리와 짝이 되어 깊은 감옥에 갇혀 있었으니 누구에게 하소연할 수 있었겠습니까! 이는 바로 소경께서도 직접 보셨던 것입니다. 제 처지가 그러하지 않았습니까? 이릉이 항복하자 그 가문의 명예는 추락하였고, 저는 또 궁형을 받고 잠실蠶室에 갇힌 신세가 되어 세상의 웃음거리가 되었습니다. 슬프고, 슬픕니다!

　사정을 하나하나 세상 사람들에게 설명하기는 쉽지 않습니다. 제 선조는 작위와 관직을 하사받을 만한 공적을 세우지 못하셨습니다. 문서, 천문, 역법을 관장하셨으며 점복과 제사를 담당하는 자들과 비슷했습니다. 본래 천자의 유희를 위해 양성되던 광대 같은 신분이었기에 세상의 경시를 받았습니다. 만약 제가 사형을 받아 죽는다 해도 아홉 마리 소 중에 털 한 오라기 없어지는 것과 마찬가지일 뿐입니다. 땅강아지나 개미 같은 미물과 무엇이 다르겠습니까? 세상에서도 저를 절개를 지키다 죽었다 하지 않고 다만 지혜가 바닥나고 극악한 죄를 지어 죽음을 면치 못하고 처형당했다 여길 것입니다. 왜 그렇겠습니까? 평소 자신의 행실이 그렇게 만드는 것입니다.

　사람은 반드시 죽습니다. 그러나 어떤 죽음은 태산보다 무겁고 어떤 죽음은 새털보다 가벼운 것은 그 의미가 다르기 때문입니다. 가장 훌륭한 죽음은 선조를 욕되게 하지 않는 것입니다. 그다음은 자신을 욕되지 않게, 그다음은 체면을 욕되지 않게, 그다음은 모욕적 언사를 당하지 않는 것입니다. 그다음은 손발이 형틀에 묶이는 욕, 그다음은 죄수복을 입는 욕, 그다음은 형틀에 묶여 매질을 당하는 욕, 그다음은 머리를 깎이고 쇠고랑을 차는 욕, 그다음은 신체가 훼손되고 사지가 잘리는 욕, 그리고 가장 나쁜 것이 궁형인 부형腐刑이니 이는 가장 심한 모욕입니다.

　『예기』에 "형벌은 대부에게까지 미치지 않는다(刑不上大夫)"는 말이 있습니다.[3] 이는 선비가 지조를 지키기 위해 힘써야 함을 말한 것입니다. 사나운 호랑이가 깊은 산속에 있으면 모든 짐승들은 두려움에 떱니다. 그러나 함정이나 우리에 갇힌 호랑이는 꼬리를 흔들며 먹을 것을 구하니, 이는 사람들에게 제압을 당해 점점 그렇게 된 것입니다. 그러므로 선비는 땅에 선을 그어 만든 감옥이라 해도 절대 들어가지 않고, 나무를 깎아 만든 옥리라 하더라도 심문에 응하게 할 수 없습니다. 차라리 죽을 결심을 하기 때문입니다. 그러나 손발이 형틀에 묶이고 살을 드러낸 채로 매질을 당하며 감옥에 갇혀 있는 상황에서는, 옥리를 보면 머리를 땅에 조아리게 되고 옥졸만 보아도 심장이 오그라들고 숨이 멎을 지경입니다. 왜 그렇겠습

---

3) 『예기』의 이 구절은 선비는 예로써 행동을 규제하고 일반 백성은 형벌로써 규제한다는 의미이다. 원문은 "예는 아래로 서민에게까지 내려가지 않고, 형벌은 위로 대부에게까지 미치지 않는다(禮不下庶人, 刑不上大夫)"이다.

니까? 위세에 눌렸기 때문입니다. 이미 이런 상황에 이르렀는데도 치욕이 아니라고 한다면 뻔뻔스러운 것입니다. 어찌 훌륭하다고 할 수 있겠습니까!

서백西伯이었던 문왕文王은 제후의 우두머리였으나 유리羑里에 유폐되었습니다.[4] 이사李斯는 재상이었으나 다섯 가지 형벌을 당하였습니다. 회음후淮陰侯 한신韓信은 제후왕에 책봉되었으나 진陳에서 형틀에 묶이는 신세가 되었고, 팽월彭越과 장오張敖는 남면南面하여 제후왕이 되었으나 감옥에 갇히고 죄를 선고받았습니다. 강후絳侯 주발周勃은 여씨 일족을 주살하여 권세가 춘추 오패를 능가할 정도였으나 결국 감옥에 갇히게 되었으며, 위기후魏其侯 두영竇嬰은 대장군이었으나 죄수복을 입고 형틀에 묶이고 말았습니다. 계포季布는 머리를 깎고 목에 쇠고랑을 차고서 주가朱家의 노예가 되었으며,[5] 관부灌夫도 감옥에 갇히는 수모를 당하였습니다. 이들은 모두 왕후장상의 지위에 이르렀고 명성이 이웃 나라까지 알려진 자들이었으나 체포되어 욕을 당하는 상황이 되어서도 자결하지 못했습니다. 사람이 세상에서 살아가는 것은 예나 지금이나 마찬가지입니다. 어찌 치욕을 당하지 않을 수 있겠습니까! 이로 보건대 용기와 나약함, 강함과 약함은 상황에 의해 결정되는 것입니다. 이를 이해한다면 무엇이 이상하겠습니까! 판결을 받기 전에 먼저 자결하지

---

4)  당시 주周는 서북쪽에 위치한 은나라의 속국이었기에 문왕을 서백西伯이라고 하였다. 폭정과 음란, 사치를 일삼던 은나라의 주왕紂王과 달리 문왕이 선정을 베풀자 주변의 소국들이 주周로 귀순해왔다. 이러한 상황을 주왕은 위협적으로 느껴 문왕을 잡아 유리에 감금하였다.

5)  계포는 항우를 보좌하였다. 항우가 죽고 난 후 한 고조는 계포에게 현상금을 걸어 수배하였다. 계포는 피신을 위해 머리를 깎고 칼을 차고 허름한 옷을 입고는 노나라의 유명한 협객인 주가朱家에게 종으로 팔려갔다. 이후 여음후汝陰侯 등공滕公의 추천으로 한나라에서 다시 기용되었다.

못하고, 모욕을 받고 매질을 당하는 상황이 되어서야 절개를 위해 자살하려 한다면 이는 너무 늦은 것 아니겠습니까! 옛 사람들이 대부에게 신중하게 형벌을 적용했던 것은 아마 이 때문일 것입니다.

사람의 마음은 모두 살기를 바라고 죽기를 싫어하며, 부모를 생각하고 처자식을 보살피고자 합니다. 그러나 도의에 격발되어 그리하지 않는 것은 부득이함이 있기 때문입니다. 저는 불행히도 일찍 부모님을 여의었고 가까운 형제도 없으며 홀로 외롭게 살아왔습니다. 소경께서 보시기에 제가 처자식에게 어떠했습니까? 용감한 자라고 해서 반드시 절개를 위해 죽는 것도 아닙니다. 나약한 자라도 의리를 흠모한다면 어찌 분발하지 않겠습니까! 제가 비록 비겁하고 나약하며 구차한 삶에 연연하기는 하지만 그래도 무엇을 선택해야 하는지는 잘 알고 있습니다. 어찌 깊은 감옥에 갇히는 수모를 당할 수 있겠습니까! 또한 천한 노비조차 자결할 수 있거늘 하물며 제가 그럴 수 없었겠습니까! 그러나 치욕을 참고 구차히 살아남아 감옥에 갇히는 것을 마다하지 않은 이유는 제 마음에 다하지 못한 여한이 있었기 때문입니다. 불후의 업적을 후세에 남기지 못하고서 죽는 것을 수치스럽게 여겼기 때문입니다.

자고로 부귀하였으나 이름이 묻힌 자들은 셀 수 없을 정도입니다. 오직 비범하고 탁월한 자들만이 칭송됩니다. 문왕은 갇힌 몸이 되어 『주역』을 풀이하였고, 공자는 곤경에 처하여 『춘추』를 지었습니다. 굴원은 쫓겨난 신세가 되어 「이소離騷」를 지었고, 좌구명은 실명하자 『국어』를 편찬하였습니다. 손빈孫臏은 발이 잘리자 병법을 편찬하였으며, 여불위呂不韋가 촉蜀 땅에 유배되자 『여씨춘추』가 세상에 전해지게 되었습니다. 한비자는 진秦나라에 잡히고 나서야 「세난說難」·「고분孤憤」 같은 글을 지었고, 『시경』 300여 편의 시는 모두 성현들이 발분하여 지은 것입니다. 이들은 모두 마음속에 뜻을 이루지 못한 응어리가 있었기에 지난 일을 기술하여 후세 사람들이 이해해주기를 바란 것입니다. 좌구명과 같이 눈이 멀고 손빈처럼 발이 잘린 사람은 끝내 중용되지 못했으므로 물러나 학설을 논하는 것으로 내면의 울분을 풀어내었고 글을 남겨 자신을 드러내고자 하였습니다.

저는 자신의 능력을 헤아리지 못하고 근자에 보잘것없는 글재주에 기탁하여 세상의 사라진 옛 이야기들을 모으고 사적을 고찰하여 성패와 흥망의 이치를 살펴보았습니다. 모두 130편으로 하늘과 인간의 관계를 탐구하고 고금의 변화를 두루 통하여 일가의 학설을 이루고자 하였습니다. 초고를 다 쓰지도 못했는데 그때 화를 당했던 것입니다. 일을 완성하지 못한 것이 안타까웠기에 극형을 받으면서도 분노의 기색이 없었던 것입니다. 만약 이 책을 완성하여 명산에 감춰두었다가 큰 고을에서 이 책을 널리 퍼뜨릴 수 있는 사람에게 전할 수 있다면 저는 이전의 치욕을 보상받을 수 있을 것입니다. 비록 만 번 도륙된다 하더라도 어찌 후회가 있겠습니까! 그러나 이는 지혜로운 자에게는 말할 수 있으나 속인에게는 말하기 어려운 것입니다.

오욕을 짊어지고 사는 것은 쉽지 않으며 비천한 자에게는 비방이 많습니다. 저는 말을 삼가지 않아 이러한 화를 당한 것입니다. 고을의 비웃음거리가 되었고 선친을 욕되게 하였으니 무슨 면목으로 부모님의 묘소에 다시 오를 수 있겠습니까? 비록 수많은 세월이 지난다 하더라도 이 수치는 더욱 심해질 뿐입니다. 이 때문에 장이 하루에도 아홉 번이나 뒤틀립니다. 집에 있을 때는 멍하니 무언가를 잃어버린 듯하고 집을 나서도 어디로 가야 할지 알지 못합니다. 매번

이 치욕을 생각할 때면 등에서 식은땀이 흘러 옷을 적시지 않은 적이 없습니다. 그러나 환관에 불과한 제가 어찌 스스로 물러나 심산의 은자가 될 수 있겠습니까! 그러므로 세상과 부침을 함께하고 시대를 쫓아 처신하면서 제정신이 아닌 채로 살아갈 수밖에 없습니다.

지금 소경께서 어질고 능력 있는 선비를 추천하도록 가르침을 주셨으나 이는 제 뜻과 어긋나는 것이 아니겠습니까. 이제 와서 비록 자신을 꾸미고자 하여 미사여구로 해명을 한다 해도 무익할 것입니다. 세상에서 믿어주지도 않을 것이며 다만 치욕을 더할 뿐입니다. 결국 죽은 후에나 시비는 결론이 나게 될 것입니다. 글로는 제 뜻을 다할 수 없으므로 고루한 생각을 간략하게 말씀드립니다.

사마천이 죽은 후 그 책은 점차 세상에 나오게 되었다. 선제 때, 사마천의 외손인 평통후平通侯 양운楊惲이 그 책을 추종하여 알리면서 결국 유포되었다. 왕망 때 사마천의 후예를 수소문하여 사통자史通子로 봉하였다.[6]

논평한다.

예부터 문자가 생긴 이래 사관의 직책이 있었으므로 사관이 기록한 문헌은 매우 많다. 공씨孔氏가 자료를 정리하였으니 위로는 요임금부터 아래로는 진 목공까지였다. 요순시대 이전은 비록 전해지는 문자가 있기는 하지만 경전에 기록된 것들이 아니므로 믿을 수 없다. 그러므로 황제黃帝와 전욱顓頊의 사적은 분명히 알 수 없는 것

---

6) 사마씨 집안이 역대 사관의 관직을 지내 고금의 역사를 훤히 꿰고 있다는 의미에서 '사통'이라는 '자작子爵'의 작위를 내린 것이다. 당나라의 유지기劉知幾는 역사학 이론 저서인 『사통史通』을 편찬하였는데 「서문」에서 자신의 서명이 사마천의 후예를 '사통자史通子'에 책봉했던 것과 같은 의미라고 했다.

이다. 공자는 노나라 사관의 기록에 근거하여 『춘추』를 편찬하였다. 좌구명은 그 본래의 사건을 차례대로 엮어 『춘추』의 해설서인 『좌전』을 편찬하였고, 또 다른 기록들을 모아 『국어』를 편찬하였다. 또 『세본世本』이 있는데 황제 이후 춘추시대까지의 제왕, 공후, 경대부의 계보를 기록한 것이다. 춘추시대 이후 일곱 나라가 서로 전쟁하고 진나라가 제후국을 병합한 과정에 대한 기록으로 『전국책戰國策』이 있다. 한나라가 일어나 진나라를 정벌하고 천하를 평정한 과정에 대해서는 『초한춘추楚漢春秋』가 있다. 그러므로 사마천은 『좌전』·『국어』에 근거하고, 『세본』·『전국책』을 채택하고, 『초한춘추』를 상세히 풀어 그 이후의 일을 한나라까지 이어서 기술하였다.

『사기』는 진나라와 한나라의 일을 상세히 기록하였다. 경전經傳의 내용을 채택하고 여러 학파의 일을 나누어 기록한 것은 소략함이 많고 서로 모순이 있기도 하다. 그렇지만 광범위한 내용을 다루었으며 경전을 관통하고 상하 수천 년의 고금을 아울렀으니 대단한 노작이라 할 수 있다. 그러나 옳고 그름은 성인과 다소 엇갈리고 큰 도의를 논함에 있어 황로의 학설을 앞세우고 육경을 뒤로하였다. 유협을 서술하여 벼슬하지 않고 은거하는 처사處士를 낮추고 간웅을 앞세웠으며, 상업으로 재산을 증식하는 화식을 서술하여 세력과 이익을 숭상하면서 가난을 수치스러워하였으니 이는 『사기』의 단점이다. 그러나 유향劉向, 양웅揚雄처럼 문헌에 해박한 자들은 모두 사마천이 훌륭한 사관의 자질을 갖추었다고 칭송하였다. 그는 사건을 조리 있게 서술하는 데 뛰어났다. 분명하면서도 화려하지 않고, 질박하면서도 속되지 않다. 문장은 진실되고 사실은 정확하다. 거짓으로 칭송하지 않았으며 잘못을 은폐하지 않았으니 실록이라 할 수 있다.

아! 사마천은 박학다식하였으나 그 식견으로 자신을 온전히 할 수 없었다. 극형을 당하고서 옥중에 갇혀 울분으로 써내려갔으니 임안에게 보내는 서신에는 진심이 담겨 있다. 그가 스스로 비통해한 까닭을 살펴보건대 『시경·소아小雅』의 항백巷伯과 비슷하다.[7] 오직 『시경·대아』에서 "밝고도 밝은 자만이 그 몸을 온전히 할 수 있다(旣明且哲, 能保其身)"고 하였으니 어렵구나!

---

7) '항백'은 환관을 가리킨다. 『시경·소아』의 편명 또한 「항백」이다. 이 편은 참소를 당해 억울하게 거세를 당한 환관의 분노를 읊은 것이다. 마지막 구절은 이러하다. "남을 비방하는 저 나쁜 놈, 누구와 더불어 은밀히 일을 꾸미는가. 저 모함하는 놈을 잡아다가 승냥이와 호랑이에게 던져주리라. 승냥이도 호랑이도 먹지 않으면 북방의 불모지에 던져버리리라. 북방도 받아주지 않으면 하늘에게 던져주리라." 반고는 항백의 분하고 억울한 심정이 사마천과 비슷할 것이라 본 것이다.

# 여태자전

戾太子傳

유거劉據(기원전 128~기원전 91)는 무제와 위자부衛子夫 사이에서 태어나 태자가 되었다. 태자와 관계가 좋지 않았던 강충江充은 장차 태자가 즉위할 경우 자신에게 불리할 것을 걱정하였다. 결국 무제에게 궁궐에서 무고巫蠱의 주술이 행해지고 있다고 하였고, 그 증거를 태자의 거처에서 찾아냈다. 모함을 당한 태자가 강충을 죽이고 나자 상황은 태자가 반란을 일으킨 것으로 몰려가고 있었다. 무제는 군대를 동원하여 진압을 명하였고 도망 다니던 태자는 결국 자살하였다. 향년 38세였다. 무제는 태자의 생모인 위자부를 폐위한 후 자결하도록 하였고, 태자의 처가도 모두 연루되어 처형되었다.

태자의 손자 유병이劉病已는 무고의 화가 있었을 때 부모가 모두 죽어 민간에서 양육되었는데, 이후 소제昭帝를 이어 선제宣帝로 즉위한다. 선제는 즉위한 후 조정에서 조부의 시호를 논의하게 하였고 '여戾'로 정하였다. '여戾'는 '거역하다, 반항하다'는 의미이다.

『일주서逸周書・시법해諡法解』에 따르면, "잘못을 후회하지 않는 것을 '여'라 하고, 순종하지 않는 것을 '여'라 하며, 잘못을 알고서도 고치지 않는 것을 '여'라 한다"고 하였다. 비록 이후에 무제가 태자의 죽음을 후회하고 사태를 초래한 강충 집안을 멸족하기까지 하였지만 선제宣帝의 입장에서는 부정적 의미의 시호를 붙일 수밖에 없었다.

「여태자전」은 소제 유불릉劉弗陵을 제외한 무제의 다섯 아들에 대한 「무오자전武五子傳」에 수록되어 있다. 「무오자전」에는 여태자 유거, 제왕齊王 유굉劉閎, 연왕燕王 유단劉旦, 광릉왕廣陵王 유서劉胥, 창읍왕昌邑王 유박劉髆과 그 아들 유하劉賀가 수록되어 있다. 유단은 행실이 좋지 못해 일찍부터 무제의 눈 밖에 난 상황이었기 때문에 무제는 유단의 아우인 유불릉이 제위를 계승하도록 했다. 유단은 자신이 제위를 이어받지 못한 것에 대한 불만으로 중산애왕中山哀王, 제왕齊王과 반란을 모의하였으나 시작도 전에 발각되었고 제왕 유굉은 처형되었다. 그러자 유단은 다시 개장공주蓋長公主, 상관걸 부자, 상홍양 등과 반란을 도모하였다가 발각되어 자살하게 된다. 광릉왕 유서도 역시 제위를 노려 무녀에게 소제와 창읍왕, 선제를 저주하는 주술을 행하게 하였고, 이 때문에 죄를 얻어 처형되었다. 창읍왕 유박은 요절하였고, 소제가 죽은 후 곽광은 그 아들 유하를 옹립하였으나 황음무도하여 27일 만에 폐위되었다. 한나라의 휘황찬란한 번영기를 이룩한 무제였으나 그 아들 중 누구도 천수를 누리지 못했다.

사마광은 『자치통감』에서 여태자의 죽음에 대해 이렇게 평가하였다.

"태자가 <u>스스로</u> 빈객들과 왕래하게 하고 그가 좋아하는 것을 쫓도록 하였습니다. 무릇 정직한 사람은 가까이 하기 어렵고 아부하는 사람은 투합하기 쉬운 것이 인지상정입니다. 태자가 좋은 끝을 보지 못하게 된 것도 당연한 것입니다."

무제는 여태자를 몹시 총애하였고 성인이 되자 박망원博望苑을 지어주어 마음껏 빈객과 왕래할 수 있게 해주었다. 그리하여 "많은 이단의 학설을 가진 자들이 드나들게 되었다". 반고도 본전에서 이를 암시하고 있으며 사마광 또한 이를 지적한 것이다.

「여태자전」에는 무고 사건을 중심으로 한 강충의 농간, 태자의 초조함과 절박함, 무제의 의심과 후회가 여실히 기록되어 있다. 호관壺關 삼로三老의 상소문을 상세히 수록한 것은 무고 사건에 대한 반고의 평가와 의도가 반영된 부분이라 볼 수 있다.

무제는 아들이 여섯이었다. 위황후가 여태자를 낳았고, 조趙첩여가 소제昭帝를, 왕王부인이 제회왕齊懷王 굉閎을, 이희李姬가 연자왕燕刺王 단旦과 광릉여왕廣陵厲王 서胥를, 이李부인이 창읍애왕昌邑哀王 박髆을 낳았다.

여태자 거據는 원수元狩 원년(기원전 122) 7세의 나이로 황태자에 책봉되었다. 애초 무제는 29세가 되어서야 태자를 얻은 것이라 매우 기뻐하였다. 이 때문에 아들을 점지해주는 신을 위한 사당을 세우고 동방삭東方朔과 매고枚皐에게 기도문을 짓도록 하였다. 태자가 좀 더 자라자 조서를 내려 춘추 공양학을 배우도록 하였고 하구 강공瑕丘江公에게 곡량학을 배우도록 했다. 관례를 거행하자 동궁에 거주하게 하였으며 박망원을 지어 마음껏 빈객과 왕래할 수 있게 해주었다. 그리하여 많은 이단의 학설을 가진 자들이 드나들게 되었다. 원정元鼎 4년(기원전 113), 사량제史良娣를 첩으로 들여 아들 진進을 낳자 그를 사황손史皇孫으로 불렀다.[1]

무제 말년, 위황후에 대한 총애가 점점 줄어들고 강충이 중용되었다. 강충은 태자, 위황후와 사이가 좋지 않았기에 무제가 세상을 뜨고 나면 태자에게 주살될까 두려워하였다. 마침 무고巫蠱 사건이 발생하자 강충은 이 일로 간계를 꾸몄다. 당시 연로한 무제는 의심이 많아져 자신의 측근들이 무고로 저주를 행한다고 여겨 그 일을 철저히 조사하도록 하였다. 승상 공손하 부자와 양석陽石·제읍공수諸邑公主, 그리고 황후 동생의 아들인 장평후 위항衛伉이 모두 연루되어 주살되었다. 관련 사건은 「공손하전」, 「강충전」에 기록되어 있다.

---

1)　태자의 정실인 비妃 아래 품계가 '양제良娣'이다. 사량제는 선제宣帝의 조모이다.

강충은 무고 사건을 담당하면서 무제의 뜻을 이미 알고 있었기에 궁에 무고의 기운이 서려 있다고 하였다. 그리하여 궁의 입구부터 황제의 처소까지 어좌를 부수고 땅을 파헤쳤다. 무제는 안도후按道侯 한열韓說과 어사 장공章贛, 황문黃門 소문蘇文 등에게 강충을 돕도록 했다. 강충은 결국 태자궁까지 파헤쳐 오동나무로 만든 인형을 찾아냈다. 당시 무제는 병중이어서 감천궁으로 피서해 있었고 궁에는 황후와 태자뿐이었다. 태자는 소부少傅 석덕石德을 불러 어찌해야 할지 물었다. 석덕은 자신이 태자의 스승이기 때문에 같이 주살될 것을 두려워하여 태자에게 이렇게 말했다.

"전임 승상 부자와 두 공주, 위항이 모두 이 일에 연루되어 죽임을 당했습니다. 지금 무당과 이 일을 조사하는 관료들이 땅을 파헤쳐 증거를 찾았는데 무당이 가짜로 넣어둔 것인지 진짜인지 알 수 없습니다. 저희 스스로 무고함을 증명할 수 있는 방법이 없는 것입니다. 그러니 가짜 조서를 만들어 부절을 갖고 강충 등을 체포하여 감옥에 가둔 후 저들이 음모를 꾸민 것인지 철저하게 조사해야 합니다. 폐하는 감천궁에서 요양하고 계시면서 황후와 태자의 관리들이 문안을 여쭈어도 답이 없으십니다. 폐하의 생사를 알 수가 없는 지금 간신이 이처럼 대담한 일을 벌인 것입니다. 진시황에게 제위를 물려받고도 이사李斯와 조고趙高의 농간으로 자결하고 말았던 부소扶蘇의 일을 태자께서는 잊으셨습니까?"[2]

---

2) 부소는 진시황의 장자로 어질고 총명하여 진시황과 대신들의 신망을 얻었다. 그러나 분서갱유의 부당함을 간언하다가 진시황의 노여움을 사 결국 흉노를 막기 위해 장성에 주둔하던 몽염蒙恬의 대군을 감독하도록 북방으로 보내진다. 기원전 210년 순행을 하던 진시황이 갑자기 세상을 떠나게 되는데, 죽기 전 부소에게 제위를 계승하도록 할 것을 이사와 조고에게 전했다. 그러나 이사와 조고는 막내아들인 호해胡亥가 제위를 계승하도록 유서를 날조하였다. 그리고 진시황의 죽음을 비밀로 하고 북방에 있는 부소에게 자결을 명하였다. 부소는 결국 자결하였다.

급박했던 태자는 석덕의 말대로 했다.

정화征和 2년(기원전 91) 7월 임오일, 태자의 문객들이 사자처럼 차려입고 강충 등을 체포했다. 안도후 한열이 거짓 사자임을 의심하여 조서를 받지 않으려 하자 문객들은 한열을 때려죽였다. 어사 장공은 상처를 입고 감천궁으로 달아났다. 태자는 사인舍人 무저無且에게 부절을 갖고 밤에 미앙궁의 장추문長秋門으로 들어가 궁녀의 수장인 의화倚華를 통해 황후에게 상황을 아뢰도록 했다. 그리고 황후의 거마를 보관하는 중구中廐에서 수레를 꺼내 궁수를 싣고 무기고의 병기를 꺼냈다. 그리고 장락궁의 호위를 출동시킨 후 문무백관들에게 강충이 모반했다고 알리도록 했다. 이후 강충을 참수하여 사람들에게 보이고 오랑캐 출신 무당을 상림上林에서 태워 죽였으며, 태자부의 빈객을 장수로 임명하여 승상 유굴리劉屈氂 등과 교전하였다. 장안은 혼란에 휩싸였고 태자가 모반했다는 소문이 돌자 사람들은 태자 편에 서려고 하지 않았다. 태자의 군대는 패전하여 달아났으나 체포하지 못했다.

무제는 진노하였고 신하들은 두려워하여 아무 말도 하지 못했다. 호관현壺關縣의 삼로인 무茂가 글을 올렸다.

"아비는 하늘이며 어미는 땅이고 자식은 만물이라고 들었습니다. 하늘이 평평하고 땅이 편안하며 음양이 조화를 이루면 만물은 무성해지는 것입니다. 부모가 자애로우면 집안에서 자식은 효성스러워집니다. 음양이 조화롭지 못하면 만물은 죽게 되고, 부자가 화해롭지 못하면 집안은 망하게 됩니다. 그러므로 아비가 아비답지 못하고 자식이 자식답지 못하며, 임금이 임금답지 못하고 신하가 신하답지 못하다면 비록 양식이 있다 하더라도 어찌 먹을 수 있겠습니까.[3] 옛날 순임금은 최고의 효자였지만 그 부친인 고수瞽叟의 뜻에는 맞지 않았습니다. 효기孝己는 효성으로 유명했으나 비방을 당하였고, 백기伯奇는 계모를 극진히 공경했으나 계모의 참언으로 부친이 도리어 그를 죽이려 하자 결국 달아나야 했습니다.[4] 이들은 육친임에도 부자가 서로 의심하였으니 왜 그랬겠습니까? 비방이 쌓여서 생긴 일입니다. 이것으로 효성스럽지 않은 자식은 없으나 아비는 간혹 살피지 못하는 경우가 있음을 알 수 있습니다.

지금 황태자는 황실의 적손으로 만세의 공업을 계승하였으며 선조 대대로의 중임을 맡고 있는 폐하의 장자입니다. 강충은 평민 출신의 말단 관리에 불과한 자였는데 폐하께서 발탁하여 중용하셨습니다. 그러자 폐하의 명을 받들어 황태자를 위협하고 간사한 일을 조작하여 사악한 일당들이 시비를 전도하니 이 때문에 친부자 사이가 소통할 수 없게 되었습니다. 태자는 들어가서 폐하를 뵐 수 없었고, 물러나와서도 난신들에 의해 궁지에 몰린 상황이었습니다. 억울하지만 하소연할 곳이 없었고 비분한 심정을 참을 수 없게 되자 군사를 일으켜 강충을 죽이고 두려움에 달아난 것입니다. 자식이 부친의 병력을 훔친 것은 어려움에서 벗어나고자 했을 뿐이지 사심은 없

---

3) 『논어·안연』편에 보이는 구절이다. "제나라 경공이 공자에게 정치를 물었다. 공자가 답했다. '임금은 임금답고 신하는 신하답고 아버지는 아버지답고 아들은 아들다운 것입니다.' 경공이 말했다. '좋습니다. 진실로 임금이 임금답지 않고 신하가 신하답지 않고 아버지가 아버지답지 않고 아들이 아들답지 않다면, 비록 곡식이 있다고 한들 내가 그것을 먹을 수가 있겠습니까?'"

4) 효기는 은나라 왕 무정武丁의 장자였는데 생모가 일찍 세상을 떠났다. 계모는 효기를 싫어하여 무정에게 효기에 관한 나쁜 말을 많이 하였고 결국 국외로 추방되어 죽었다. 백기는 주나라 재상 윤길보尹吉甫의 아들로 계모를 극진히 섬겼으나 계모는 백기를 죽이려 했다. 계모가 벌을 자신의 치마에 매달아두고 백기에게 벌을 잡게 하였다. 백기가 다가가자 계모는 백기가 자신의 옷을 벗기려 한다고 하였고 윤길보는 아들을 의심하여 추방하였다.

었다고 신은 생각합니다. 『시경』에서도 이렇게 노래하였습니다.

앵앵거리는 쉬파리, 울타리에 앉았네.　　營營靑蠅, 止于藩.

의젓한 군자여, 참언을 믿지 마시오.　　愷悌君子, 無信讒言.

참언은 끝이 없으니 천하를 어지럽히네.　　讒言罔極, 交亂四國.

　예전에 강충이 참언으로 조태자趙太子를 죽였던 일을 온 세상이 다 알고 있습니다.[5] 강충의 죄는 본래 죽어 마땅한 것이었습니다. 그러나 폐하께서는 상황을 살피지 않고 진노하시어 태자를 탓하였습니다. 대규모 병력을 출동시켜 태자를 체포하게 하고 삼공을 파견하여 병력을 이끌게 하셨습니다. 총명한 자도, 언변이 뛰어난 자도 감히 말을 드리지 못하는 상황이었으니 신은 이를 남몰래 가슴 아파하였습니다. 오자서는 충심을 다하다가 존호를 잃었고, 비간比干은 인의를 다하다가 희생되었습니다. 충신이 칼과 도끼를 두려워하지 않고 진심을 다하여 자신의 생각을 말하는 것은 군주의 잘못을 바로잡고 사직을 편안히 하려는 뜻입니다. 『시경』에서 이렇게 노래하였습니다.

저 참언하는 자를 잡아다가　　取彼讒人,

승냥이와 호랑이에게 던져버리세.　　投畀豺虎.

---

5)　강충의 본명은 강제江齊였다. 그의 여동생은 금을 잘 연주하고 춤에 뛰어나 조태자 유단劉丹에게 시집을 갔고 강제도 조왕의 빈객이 되었다. 조태자는 강제가 자신의 사생활을 조왕에게 고자질했다고 의심하여 그를 죽이려 했다. 강제는 장안으로 달아나 강충으로 개명하고 조태자 유단이 그의 누이들, 부왕의 비빈들과 음란한 관계라고 조정에 고발하였다. 분노한 무제는 조태자를 체포하고 사형을 내렸다.

폐하께서 너그러운 마음으로 부자지간의 정을 조금만 살펴주십시오. 태자가 모반했다는 걱정은 마시고 빨리 병력을 철수하여 태자가 오랫동안 밖에서 유랑하지 않도록 하십시오. 충심으로 말씀을 드렸으니 신은 명이 나오는 날 건장궁 궁궐 아래에서 대죄하고 있겠습니다."

상소를 아뢰자 무제는 비로소 깨달았다.

태자는 도망 다니다가 동쪽 호현湖縣에 이르러 천구리泉鳩里의 어느 집에 숨어 있었다. 집주인은 가난하여 항상 신발을 팔아 태자를 봉양했다. 태자의 옛 친구가 호현에 있었다. 태자는 그가 부유하다는 것을 듣고서 부르려 사람을 보냈다가 발각되었다. 관리가 포위하고 체포하려 하자 태자는 달아날 수 없음을 알고서 곧장 집으로 들어가 문을 막고는 목을 매 자살하였다. 산양현山陽縣의 장부창張富昌이라는 병졸이 발로 차 문을 열었고, 신안현新安縣의 관리인 이수李壽는 달려가 태자를 안고 끈을 풀었다. 집주인은 결국 몸싸움을 하다가 죽었고 두 황손도 함께 죽음을 당했다. 무제는 태자의 일을 가슴 아파하면서 조서를 내렸다.

"약속했던 상을 하사하는 것은 신의를 밝히는 것이다. 이수를 한후邗侯로 책봉하고, 장부창을 제후題侯로 봉하노라."

오랜 시간이 흐른 뒤 무고의 사건을 대부분 믿지 않게 되었고, 무제도 태자가 겁이 났던 것이지 다른 뜻이 없었음을 알게 되었다. 또 차천추車千秋가 태자의 억울함을 호소하자 무제는 차천추를 승상으로 발탁하였다. 그리고 강충의 집안을 멸족하고 소문蘇文을 횡교橫橋에서 불태워 죽였다. 천구리에서 무기로 태자를 공격했던 자는 처음에 북지北地의 태수로 임명하였으나 후에 멸족되었다.

무제는 태자의 무고함을 가슴 아파하며 사자궁思子宮을 만들고 호현에 귀래망사지대歸來望思之臺를 만들었다. 천하 사람들이 이를 듣고 슬퍼하였다.

애초에 태자에게는 아들 셋과 딸 하나가 있었다. 딸은 평여후平輿侯의 작위를 계승받은 자에게 시집을 갔으나 태자가 몰락하자 함께 해를 당했다. 위황후와 사량제는 장안성 남쪽, 사황손과 황손비인 왕부인, 황손녀는 광명원廣明苑에 묻혔다. 두 명의 황손은 태자를 따라갔으므로 태자와 함께 호현에 묻혔다.

태자에게는 손자가 한 명 있었는데 사황손과 왕부인의 아들로 18세에 황위를 계승하였으니 이가 선제宣帝이다. 선제는 즉위 후 이러한 내용의 조서를 내렸다.

"전 황태자가 호현에 묻혀 있는데 아직 시호와 때에 맞춰 지내는 제사가 없다. 시호를 논의하여 정하고 능원과 이를 관리하는 읍현을 두도록 하라."

담당 관리가 주청하였다.

"『예禮』에 '남의 후사를 계승한 자는 그 사람의 아들이 된다(爲人後者, 爲之子也)'고 하였습니다. 그러므로 친부모의 지위를 낮추어 제사를 올리지 않는 것은 시조를 존중하는 뜻입니다. 폐하께서는 소제의 후사로서 역대 선조의 제사를 계승해야 하므로 예의 규정을 벗어나서는 안 됩니다. 조심스럽게 살펴보니 소제께서 호현에 전황태자의 무덤을 두시고 사량제의 무덤은 박망원 북쪽에, 부친이신 사황손의 무덤은 광명원의 울타리 북쪽에 두셨습니다. 시법에 '시호는 생전의 행적으로 정한다'고 하였습니다. 제 생각에 친부의 시호는 도황悼皇으로, 모친은 도후悼后로 하고, 제후왕의 능원에 준하도록 하여 300호의 봉읍을 두면 될 것 같사옵니다. 전 황태자의 시호는 여戾로 하여 200호의 봉읍을 두고, 사량제는 여부인戾夫人으로 하여 30호의 무덤 관리를 두면 됩니다. 능원을 관리하는 장관과 부관을 두어 제도에 맞게 공양하고 지키도록 하십시오."

그리하여 호현 문향閺鄕의 사리취邪里聚에 여태자의 능원인 여원戻園을 짓고 장안 백정白亭의 동쪽을 여후의 능원, 광명원의 성향成鄕을 도원悼園으로 하여 모두 개장하였다.

8년 후 담당 관리가 다시 상주하였다.

"『예』에 이르길, '부친이 사士이고 아들이 천자가 되면 천자의 예로써 제사 지낸다(父爲士, 子爲天子, 祭以天子)'고 하였습니다. 도원에 황고皇考의 존호를 부여하여 사당을 세우고, 능원에는 침전을 만들어 때에 맞춰 제사를 올리는 것이 마땅합니다. 능원을 관리하는 백성을 1600호로 늘리고 봉명현奉明縣으로 하십시오. 여부인을 여후戾后로 승격하고 봉읍을 두어 여원戾園과 함께 각각 300호의 봉읍을 두십시오."


논평한다.

무고巫蠱의 화는 어찌 비극이 아니겠는가! 이 사건은 단지 강충한 사람만의 죄가 아니었으니, 하늘의 때가 된 것이지 사람의 힘으로 할 수 있는 일이 아니었다. 건원建元 6년(기원전 135), 치우기蚩尤旗 혜성이 하늘 끝까지 길게 나타났다.[6] 이후 무제는 장군에게 출정을 명령하였고 하남河南 지역을 점령하여 삭방군朔方郡을 설치하였다. 이해 봄에 여태자가 태어났다. 이후 30년 동안 출정이 계속되었으니 병사들이 도륙하고 몰살한 사람은 셀 수 없을 정도였다. 무고

---

6)　치우기 혜성은 꼬리가 굽어 깃발처럼 나부끼는 모습을 하고 있다. 치우기 별의 출현은 불길함을 상징하며 전쟁의 징조로 해석된다. 치우에 대해서는 학설이 분분한데, 그중 대표적인 것은 전설 속 고대 구려족九黎族의 수장이었다고 한다. 황제黃帝와의 탁록涿鹿 전투에서 패하여 죽었다.

사건이 발생하자 수도 장안은 피로 물들었다. 시체가 수만이었으며 태자와 아들이 모두 죽임을 당했다. 여태자는 전란의 시대에 태어나 성장하여 처음과 끝을 같이한 것이다. 어찌 총애받던 한 신하가 만든 일이겠는가! 진시황은 37년 동안 재위하면서 안으로는 여섯 나라를 평정하고 밖으로는 사방의 오랑캐를 물리쳤다. 장성 아래에는 시체가 어지럽게 널려 있었고 길에는 해골이 뒹굴었으며 하루도 전쟁이 그치는 날이 없었다. 그리하여 진승과 오광이 산동山東에서 봉기하자 사방 도처에서 봇물이 터진 듯 진나라에 맞서 봉기하였다. 조정 밖에서는 장수과 관리들이 이반하였고 안에서는 난신적자가 일어났으니, 재앙은 내부에서부터 야기된 것이다. 진나라는 결국 이세二世에서 종말을 고하게 되었다.

그러므로 "무력은 불과 같아서 멈추지 않으면 필히 자신이 불에 타게 된다(兵猶火也, 弗戢必自焚)"는 것은 실로 그러하다.[7] 이 때문에 창힐倉頡이 문자를 만들면서 '멈추다(止)'와 '창(戈)'을 합쳐 '무武'자를 만든 것이다. 성인은 무력으로 반란을 평정하고 전쟁을 멈추게 하는 것이지 남용하여 잔혹한 짓을 하지 않는다. 『주역』에서 이렇게 말했다.

"하늘은 정도를 따르는 자를 돕고, 사람은 미더운 자를 돕는다. 군자가 믿음을 실천하고 정도를 따른다면 자연히 하늘이 도울 것이니 길하며 불리함이 없을 것이다."

그러므로 차천추는 무고 사건을 분명히 밝히고 여태자의 억울함

---

7) 『좌전·은공隱公 4년』에 위나라에서 주우州吁가 반란을 일으키자 은공이 대부 중중衆仲에게 주우가 성공할 것인지를 물었다. 중중은 이렇게 답했다. "무력은 불과 같아서 멈추지 않으면 필히 자신이 불에 타게 됩니다. 주우는 그 군주를 시해하고 백성을 학대하였습니다. 덕을 닦는 일에 힘쓰지 않고 난동으로써 성취하려 하니 반드시 화를 면치 못할 것입니다."

을 변호하였다. 차천추의 재능과 지혜는 남보다 뛰어나다고는 할
수 없지만 악운을 없애고 혼란의 근원을 억제하여 최악의 재앙을
막고 좋은 기운을 이끌 수 있었다. 그러므로 하늘과 사람의 도움을
얻을 수 있었던 것이다.

# 차천추전

車千秋傳

차천추(?~기원전 77)는 본래 전씨田氏였는데, 소제 때 수레(車)를 타고 궁 안으로 들어올 수 있는 특전을 받았기 때문에 차천추라 불리었다. 차천추는 재상을 지냈던 공손하, 유굴리, 왕흔王訢, 양창楊敞, 채의蔡義, 어사대부를 지냈던 진만년陳萬年, 정홍鄭弘과 함께 수록되어 있다. 중국의 근대 역사학자인 이경성李景星은 『한서평의漢書評議』에서 본 편을 이렇게 평가했다.

"승상은 천자를 보좌하여 모든 정무를 다스린다. 어사대부는 승상을 보좌한다. 그 책임이 막중하니 전심전력하여 천하의 기대를 저버려서는 안 될 것이다. 평범한 재주를 가진 자가 이 자리를 차지하는 것이 가하겠는가? 여기에 수록된 8인은 모두 '용재庸才'라는 점에서 연관성을 갖는다."

「공손유전왕양채진정전公孫劉田王楊蔡陳鄭傳」은 큰 업적이나 능력이 없는 평범한 자들로 구성된 합전合傳이다. 차천추는 재능이나 학문이 아닌 여태자의 억울함을 호소한 것으로 일약 발탁되어 승상으로 승진하였고 부민후富民侯로 책봉되었다. 반고도 이렇게 기록하였다.

"차천추는 다른 재능과 학술이 없었으며 경력과 공적이 있는 것도 아니었다. 단지 한마디 말로 무제에게 태자의 죽음이 억울했다는 것을 깨닫게 하여 일시에 재상에 임명되고 제후로 봉해졌으니 이는 전례가 없는 것이었다."

차천추는 무제가 임종할 때 대장군 곽광 등과 함께 소제를 보좌하도록 유조를 받았으나 정사에 관한 모든 것을 곽광에게 일임하고 조신한 태도로 일관하면서 "끝내 아무 말도 하지 않았다". 그러나 차천추에 대한 이러한 전례없는 발탁과 승진은 한편으로 무제가 여태자의 죽음에 대해 그렇게라도 만회하고 싶어했던 후회와 애절함이 담겨 있다고도 볼 수 있다.

이 책에서는 8인의 합전 말미에 있는 반고의 논평을 함께 수록하였다. 이 논평은 다소 독특한데, 환관桓寬의 『염철론鹽鐵論』을 그대로 인용한 것이다. 염철 논쟁은 소제 6년(기원전 81)에 있었다. 무제 시기, 소금, 철, 술의 생산과 판매를 국가가 장악함으로써 조정의 수입을 확충하였으나 장기간 흉노와의 전쟁이 지속되면서 재정은 궁핍해졌다. 무제의 사후에 염철 논쟁이 벌어진 것은 소금, 철, 술을 국가가 전매하면서 확보한 재정으로 흉노를 정벌한 것이 성공적인 결과로 이어지지 못했기 때문이다. 그리하여 각지에서 천거한 현량賢良과 문학文學 60여 명이 조정에 모여 어사대부였던 상홍양과 염철 전매제도의 타당성에 대해 논의하였다. 차천추 또한 개상으로서 참여했다. 당시 현량과 문학들은 소금과 철, 술 등의 전매를 관리하는 관청을 철폐할 것을 주장하였다. 그러나 상홍양은 이것이 조정의 주요 수입원이며 오랑캐를 제압하고 변방을 안정시키는 데 필요한 재정의 공급원이기 때문에 폐지해서는 안 된다고 하였다.

『염철론』의 마지막에 수록된 「잡론雜論」편은 『염철론』의 서문에 해당하는 것으로, 환관이 책을 편찬한 경위와 토론에 대한 총평이다. 반고는 이 문장을 거의 그대로 인용하여 찬贊을 대신하였다. 이 글에서 환관은 승상, 어사대부 두 부서의 관원을 "동류를 이루어 같이 행동하며 아첨과 영합으로 윗사람의 환심을 샀다. 그릇이 작고 용렬한 자들이니 족히 따질 것이 뭐 있겠는가"라고 평가하였다. 반고는 환관의 말을 빌려 이 8인을 논평한 것이다.

차천추는 본래 전씨田氏였다. 그의 선조는 제나라의 전씨인데 장릉長陵으로 이주하였다.[1] 천추가 고조의 능침을 지키는 관직으로 있을 때 마침 위태자가 강충의 참소로 패망하였다. 오랜 시간이 흐른 후, 천추는 중차대한 안건이라며 태자의 억울함을 호소하는 상소를 올렸다.

"아들이 부친의 군사를 가지고 놀았다면 죄는 태형입니다. 천자의 아들이 잘못으로 사람을 죽였다면 무슨 죄에 해당합니까! 꿈에서 만난 백발노인이 신에게 말해준 것입니다."

이때 무제는 태자가 두려웠던 것이지 다른 뜻이 없었음을 알게 되었기에 크게 깨닫고 천추를 불러들였다. 무제 앞에 이른 천추는 8척이 넘는 키에 신체와 용모가 매우 준수했다. 무제는 흡족해하며 말했다.

"부자 사이는 남이 말하기 어려운 것인데 그대만이 그렇지 않다는 것을 말해주었다. 이는 고묘高廟의 신령이 그대를 보내 내게 가르쳐준 것이다. 그대는 신령의 뜻에 따라 짐을 보좌하는 것이 마땅하다."

그 즉시 차천추를 대홍려大鴻臚로 임명하였다. 몇 개월 후 유굴리를 대신하여 승상이 되었고 부민후富民侯로 책봉되었다. 차천추는 다른 재능과 학술이 없었으며 경력과 공적이 있는 것도 아니었다. 단지 한마디 말로 무제에게 태자의 죽음이 억울했다는 것을 깨닫게 하여 일시에 재상에 임명되고 제후로 봉해졌으니 이는 전례가 없는

---

1)  제齊나라는 지금의 산동성 동부 지역에 해당하는 춘추전국시대의 제후국이다. 주나라 개국 공신인 태공망太公望 강상姜尙이 이 지역을 분봉받았으므로 제나라는 원래 '강姜'씨 성이었다. 그러나 전국시대에 이르러 진陳나라에서 제나라로 망명한 전씨가 점차 제나라의 실권을 잡고 결국 주 왕실로부터 정식 제후로 인정을 받게 된다. 서주 시기, 춘추시대의 제나라와 구분하여 전제田齊라 한다.

것이었다. 후에 한나라 사자가 흉노에 이르렀을 때 선우가 이렇게 물었다.

"듣자 하니 한나라에 새로 임용된 재상이 있다던데 그는 어떻게 임용된 것인가?"

사자가 답했다.

"글을 올려 태자 사건에 대해 말했기 때문입니다."

선우가 말했다.

"이와 같다면 한나라의 재상은 현명한 자를 임용하는 것이 아니라 아무 남자나 상소를 올리면 재상이 될 수 있다는 것인가?"

사자가 돌아와 선우의 말을 보고했다. 무제는 사명使命을 욕되게 했다며 그 사신을 관리에게 넘겨 조사하도록 했다. 한참이 지나서야 그를 석방하였다.

차천추는 인정이 많고 지혜로웠기에 직무를 잘 수행하여 전후로 재상을 역임했던 자들보다 뛰어났다. 차천추가 처음 재상의 정무를 시작하게 되었을 때는 무제가 다년간 태자의 안건을 처리하면서 처형과 처벌을 받은 자들이 몹시 많았으므로 신하들이 두려워하는 상황이었다. 차천추는 무제의 마음을 풀어주고 사람들을 위로하고 싶었다. 그리하여 어사·중이천석과 함께 무제의 장수를 빌고 미덕을 칭송하면서 권하길, 은혜를 베풀어 형벌을 경감하고 음악을 즐기며 심신을 편안히 하여 천하의 백성을 위해 기쁨을 찾으시라 하였다. 무제가 답했다.

"짐이 부덕하여 좌승상 유굴리와 이사장군 이광리가 역모를 꾸민 것에서부터 시작하여[2] 무고의 화가 사대부들에게까지 미치게

---

[2]  유굴리는 무제의 조카였고, 이광리는 무제의 애첩인 이부인李夫人의 오라비로 이광리의 딸이 유굴리의 며느리였으므로 두 사람은 사돈지간이었다. 이광리는 출정하기

되었다. 짐은 수개월째 하루에 한 끼만 먹으며 지내는데 무슨 음악을 듣겠는가? 항상 희생된 사대부들을 애통하게 생각하나 이미 지나간 일이니 더 이상 탓할 수 없다. 그렇지만 무고 사건이 막 시작되었을 때 승상과 어사에게 이천석 관원들을 동원하여 수색, 체포하게 하고 정위에게 조사하도록 명을 내렸는데 구경九卿과 정위廷尉로부터 뭔가 알아냈다는 것을 듣지 못했다. 전에 강충은 먼저 감천궁 사람을 심문하고 그다음에는 미앙궁과 황후의 처소인 초방전椒房殿까지 끌어들였다. 그리고 공손경성公孫敬聲, 이우李禹의 무리들이 흉노와 내통하였을 때도 담당 관리는 아무것도 적발하지 못했다.[3] 지금 승상이 직접 난대蘭臺를 뒤져 무고를 증명하였으니 명백한 것이다. 지금까지도 무고의 잔당들은 달아나 활동을 계속하면서 음험하고 사악한 기운으로 사람을 해치고 멀리서나 가까이에서 주술을 행하고 있다. 짐은 심히 부끄럽거늘 무슨 축수를 한단 말이냐? 경들의 호의는 고마우나 짐은 축수의 잔을 들지 않을 것이다. 고하노니, 승상과 이천석은 각자 관사로 돌아가도록 하라. 『상서』에 '치

전 승상이었던 유굴리에게 누이동생인 이부인의 소생인 창읍왕昌邑王이 태자가 될 수 있도록 도와줄 것을 부탁하였고 유굴리도 허락하였다. 당시 무고 사건에 대한 조사가 진행 중이었는데 승상의 부인이 무고를 행하여 황제를 저주하였으며 이사장군도 함께 창읍왕이 황제가 될 것을 기도한다는 고발이 들어왔다. 유굴리는 허리가 잘리는 형벌을 받았고 아내와 자식도 처형을 당했다. 출정했던 이광리는 처자식이 모두 체포되었다는 소식을 듣고 흉노에 투항하였다.

3) 공손경성은 무제의 황후였던 위자부의 언니와 승상 공손하의 아들이었다. 공손경성이 위황후의 딸인 양석공주, 제읍공주와 사통하고 황제를 저주했다는 고발이 있자 무제는 대노하여 관련자들을 모두 체포하고 처형하였다. 결국 공손하 부부, 공손경성, 양석공주와 제읍공주 모두 죽음을 당했다. 이 사건으로 위황후 소생의 태자는 지위가 불안해졌고 무제는 무고에 더욱 민감해졌다. 이러한 무제의 심리를 이용하여 강충은 다시 무고를 이용해 태자를 제거하려 했다. 이우는 이광의 손자로 흉노에 투항한 이릉과는 사촌지간이었다. 무고의 화로 여태자 일족이 몰살당하자 신임을 받던 이우도 연루되었다. 강충은 공손경성의 부하와 이우가 결탁하여 흉노에 있는 이릉에게 투항을 모의한다고 고발하였고 이우는 죽음을 당했다.

우치지 않고 편들지 않으니 왕의 도는 공평무사하네(毋偏毋黨, 王道蕩蕩)'라고 하였다. 다시는 이에 대해 말하지 말라."

일 년여 후, 무제가 병이 났다. 구익부인이 낳은 아들을 태자로 책봉하고 대장군 곽광, 거기장군 김일제, 어사대부 상홍양과 승상 차천추에게 유조를 받들어 어린 황제를 보좌하도록 하였다. 무제가 붕어한 후, 소제는 어린 나이에 막 즉위하였기에 집정을 할 수 없었으므로 정사는 모두 대장군 곽광이 처리하였다. 차천추는 승상의 직위에 있으면서 진중하고 덕이 있었다. 매번 공경들이 조회를 할 때마다 곽광은 차천추에게 말했다.

"당초 그대와 함께 선제에게 유조를 받아 지금 내가 안을 다스리고 그대는 밖을 다스리고 있소. 천하 사람들의 바람을 저버리지 않도록 많이 가르치고 도와주시오."

차천추는 이렇게 답했다.

"장군께서 마음 써주시는 것이 천하 사람들에게 다행인 일입니다."

결국 아무 말도 하지 않았기에 곽광은 그를 중시하였고 매번 상서로운 징조가 있을 때마다 수차례 승상에게 포상을 내렸다. 소제가 세상을 떠날 때가 되어서는 나라에 일이 없고 백성은 점차 충실한 생활을 할 수 있게 되었다. 시원始元 6년(기원전 81), 군국에 조서를 내려 현량과 문학을 천거하게 하고 그들에게 백성의 질고를 물었다. 이리하여 염철鹽鐵에 관한 논의가 있게 되었다.

자전추는 12년간 재상을 지내고 세상을 떠났다. 시호는 정후定侯로 하였다. 애초, 천추가 늙자 천자는 염려하여 조정에서 접견할 때 작은 수레를 타고 궁전에 들어올 수 있게 해주었기에 '차승상車丞相'이라고 불렀다. 아들 순順이 제후의 작위를 이어받아 관직이 운중雲中 태수까지 이르렀다. 선제 때 호아장군虎牙將軍의 직책으로 흉노를 격퇴하였으나 포로의 숫자를 부풀린 죄로 자살하였고 봉국도 삭탈당하였다.

상홍양桑弘羊은 8년간 어사대부를 지냈다. 자신이 조정에서 소금과 철의 전매를 주관하도록 하여 나라에 이로움이 되었다고 여겼기에 공로를 자랑하였다. 또 자제들에게 관직을 주고자 했으나 뜻대로 되지 않자 곽광을 원망하여 상관걸과 모반을 일으켰고 결국 주살되어 멸족당하였다.

논평한다.

이른바 염철 논의라는 것은 시원始元 연간에 시작되었다. 문학과 현량의 선비들을 불러 치란治亂의 원인을 물었는데, 모두 군국郡國의 염철·술 전매와 균수均輸 제도를 철폐해야 한다고 답했다. 그리하여 농업을 발전시키고 상공업을 억제하여 천하 백성들과 이익을 다투지 말아야 교화를 일으킬 수 있을 것이라고 하였다. 어사대부 상홍양은 이것이 변경을 안정시키고 사방의 오랑캐를 제압하는 나라의 큰 사업이므로 폐지할 수 없다고 했다. 당시 서로의 논쟁을 기록한 문헌이 있다. 선제 시기, 여남汝南의 환관桓寬은 『공양춘추』를 연구하여 낭관으로 추천되었다. 여강廬江 태수의 승丞을 지냈으며 박학다식하고 문장에 뛰어났다. 그는 염철 논쟁의 내용을 풀이하여 설명하고 조목을 보충하였으며 당시 쌍방이 서로 논쟁하였던 정황을 상세하게 논술하였다. 수만 자를 저술하였으니 또한 치란의 이치를 궁구하여 일가一家의 법을 이루고자 한 것이다. 그중 이러한 내용이 있다.[4]

---

4) 이하의 내용부터가 『염철론』의 마지막 편인 「잡론雜論」 전문을 거의 그대로 수록한 것이다. 환관은 토론에 참가한 주요 인물에 대해 논평했는데, 현량과 문학의 주장에

"공경公卿들과 현량, 문학의 논의를 보니 '내가 들은 것과 다르다 (異乎吾所聞)'.[5] 여남군汝南郡의 주생朱生이 말하는 것을 들으니, 그 당시에 걸출한 인재들이 모두 천거되었다고 한다. 현량으로는 무릉茂陵의 당생唐生, 문학으로는 노魯나라의 만생萬生 등 60여 명이 모두 궁정에 모여 육경의 가르침을 펼치고 태평성세를 다스리는 근본을 논의하였다. 지혜로운 자는 자신의 생각을 말하고, 어진 자는 방법을 논하였으며, 용기 있는 자는 과감함을 보였고, 달변인 자는 말재주를 발휘하였다. 격렬하게 논쟁하며 서로의 주장을 굽히지 않았다. 비록 상세하고 완전하지는 않지만 대체로 볼 만한 것이었다.

중산국中山國 출신의 유자옹劉子雍은 왕도를 말하며 폐단을 바로잡고 정도를 회복해야 한다고 주장했는데, 외양과 실질을 고루 갖춘 박학다식한 군자였다. 구강군九江郡 출신의 축생祝生은 사어史魚[6]와 같은 절개를 떨치고 쌓였던 불만을 드러냈다. 공경公卿을 비판하면서 꼿꼿한 태도를 굽히지 않았으니 권세를 두려워하지 않는 자라 할 수 있다. 상홍양은 당시의 실정에 근거하고 시세의 변화에 부합하여 이해득실을 따지는 방법을 우선하였다. 비록 정도에 부합하지는 않지만 대유大儒와 학식이 뛰어난 자들도 그에게 반박할 수 없었다는 점에서 박학하고 통달한 선비라 할 만하다. 그러나 공경의 권한을 쥐고서도 옛것을 본받지 아니하고 수공업과 상업 같은 말단의 이익을 쫓았다. 맞지 않는 자리에 있으면서 옳지 않은 방

동조하고 정부 측 인사들에 대해서는 비판적이다.
5) 『논어·자장子張』편에서 자하의 문인이 '사귐(交)'에 대해 말하자 자장은 그렇게 생각하지 않는다면서 한 말로, 환관이 이를 인용한 것이다.
6) 사어는 춘추시대 위衛나라의 대부이다. 공자는 『논어·위령공衛靈公』에서 사어의 강직함을 칭찬하였다. "강직하도다, 사어! 나라에 도가 있어도 화살처럼 곧고 나라에 도가 없어도 화살처럼 곧으니(直哉史魚! 邦有道, 如矢; 邦無道, 如矢)."

법을 시행하여 결국 목숨을 잃었을 뿐만 아니라 가문까지 말려들게 되었다.[7] 차승상은 이윤伊尹과 여상呂尙의 반열에 올라 중추적 지위에 있으면서도 입을 꾹 다물고 아무 말도 하지 않은 채 보신에만 급급했다. '그 사람이야! 그 사람이야!(彼哉! 彼哉!)'[8] 승상부와 어사부 두 관청의 선비들은 올바른 논의로 재상을 보좌하지 못하고 동류를 이루어 같이 행동하며 아첨과 영합으로 윗사람의 환심을 샀다. 그릇이 작고 용렬한 자들이니 족히 따질 것이 뭐 있겠는가!"[9]

---

7) 염철 논쟁이 있었던 이듬해, 즉 소제 원봉元鳳 원년(기원전 80), 상홍양이 연왕 단의 모반 사건에 연루되어 처형된 것을 가리킨다.

8) 『논어·헌문憲問』에서 어떤 사람이 공자에게 초나라의 공자인 자서子西가 어떠한지 물었다. 공자는 "그 사람이야! 그 사람이야!"라고 답하였는데 말할 것이 없다는 의미이다. 차천추는 염철 논쟁 중 단 두 번만, 그것도 아주 짧은 질문만 던졌을 뿐이다.

9) 원문은 '斗筲之徒, 何足選也'로 『논어·자로子路』에 보이는 말이다. 자공이 물었다. "지금 정치하는 사람들은 어떻습니까?" 공자가 말했다. "아! 한 말짜리, 또는 한 말 두 되짜리 그릇에나 해당되는 사람들을 뭐 따질 것이 있겠느냐?" '두斗'는 한 말, '소筲'는 한 말 두 되의 용기이다. 두 가지 모두 용량이 적은 그릇으로 소인을 비유한 말이다. 『한서』에는 '선選'으로 되어 있으나 『논어』는 '산算'으로 되어 있다. 두 글자는 통한다.

# 양운전

楊惲傳

양운(?~기원전 54)은 승상을 지낸 양창楊敞의 아들이다. 양창은 사마천의 사위였으므로 양운은 사마천의 외손자이다. 양창은 평상시 조심스럽고 일에 휘말리는 것을 싫어하는 성격이었다. 상관걸의 모반을 미리 알고서도 보고하지 않고는 병을 핑계로 조정에 나오지 않았으며, 곽광이 창읍왕을 폐위할 때도 양창은 두려워하며 식은땀으로 등이 흠뻑 젖을 정도였다. 결국 아내의 간언으로 모의에 참여하였다는 「양창전」의 기록은 무능하며 겁 많은 그의 일면을 보여준다. 「양운전」은 「양창전」 뒤에 수록되어 있다.

부진과 달리 양운은 넉넉한 집안과 남다른 학식으로 젊어서부터 두각을 나타냈고 요직을 차지하며 승승장구하였다. 그러나 자신의 재능을 자부하며 득의양양했고 남의 잘못을 들춰내기 좋아하여 원한을 사는 일이 많았다. 결국 동료와의 불화로 파면되어 서민으로 강등되었다. 그러나 그는 근신하지 않고 재산을 불리는 것을 낙으

로 삼았다. 그러자 친구인 손회종孫會宗은 서신을 보내 행실을 조심
할 것을 충고하였고, 그에 대한 양운의 답신이 본 편에 수록되어 있
다. 이 서신에서 양운은 손회종의 권고를 반박하며 자신의 행동을
변호하고 조정과 황제에 대한 원망을 토로하였다. 선제宣帝는 이를
보고 언짢아하였으며 결국 양운은 이 일로 참소를 당해 대역무도죄
를 받고 허리를 잘리는 형에 처해진다. 이 「보손회종서報孫會宗書」
는 「사마천전」에 수록된 「보임소경서」와 비교되곤 한다. 세간의 평
가와 시선에 구애받지 않고 자신의 길을 가려는 소신과 고집스러움
이 닮아 있다.

양운은 자가 자유子幼이다. 형인 양충楊忠 덕분에 낭관에 임명되었다가 상시기常侍騎가 되었다.[1] 양운의 모친이 사마천의 딸이었기에 양운은 가장 먼저 외조부의 『태사공기太史公記』, 즉 『사기』를 읽었다. 『춘추』에도 밝았으며 사람들로부터 재능이 있다는 칭송을 받았다. 그는 재능이 출중한 유생들과 교류하는 것을 좋아하였고 조정에서도 명성이 있었기에 좌조左曹로 발탁되었다. 곽씨가 모반하였을 때 양운은 이에 대해 먼저 들은 것이 있어 시중이었던 김안상金安上을 통해 조정에 알렸고, 황제를 만나 직접 상황을 보고하였다. 곽씨 일가는 주살되었고 양운 등 5인은 모두 제후에 봉해졌다. 양운은 평통후平通侯로 봉해졌고 중랑장이 되었다.

관례에 따르면, 궁중에서 숙직을 맡은 낭관은 자신의 돈으로 물건을 구입해야 했고 문서 발급 비용을 지불해야 밖으로 나가 휴가를 보낼 수 있었기에 '산랑山郎'이라고 했다. 하루의 병가를 쓰면 닷새에 한 번 있는 휴목일로 보충해야 했기 때문에 어떤 자는 한 해가 되도록 휴가를 얻지 못하는 경우도 있었다. 권세 있는 부잣집 출신의 낭관은 날마다 나가 놀았고 어떤 자는 금전을 써서 좋은 부서를 차지했다. 사람들이 다투어 따라하면서 뇌물의 풍조가 유행하게 되었다. 그러나 양운은 중랑장으로 부임하자 산랑의 관례를 없애고 1년의 재정 계획과 문서 관리를 모두 대사농大司農으로 옮겨 관부의 비용으로 충당하게 했다. 낭관의 병가, 부모님을 찾아뵙기 위한 휴가, 휴목을 위한 휴가를 모두 규정대로 처리하게 했다. 죄를 지은 낭관과 알자謁者가 있으면 파면을 상주하였고, 뛰어난 성품과 능력을 겸비한 낭관은 추천하니 그중에는 군수와 구경九卿의 지위까지

---

1)  황제의 지척에서 항상 모시는 관직을 '상시常侍'라 하는데 말을 타고서(騎) 수행을 하는 경우 '상시기'라 한다.

오른 자도 있었다. 낭관들은 감화되어 스스로를 독려하였기에 청탁을 위해 뇌물을 보내는 폐단이 사라졌고, 명령과 금지가 엄하게 집행되자 궐내의 낭관들은 합심하였다. 그리하여 양운은 제리광록훈諸吏光祿勳으로 발탁되어 황제의 측근에서 정사를 처리하게 되었다.

애초에 양운은 부친의 재산 500만 전을 유산으로 받았는데, 제후에 봉해지자 모두 일가친척에게 나누어주었다. 자식이 없었던 계모들의 재산 또한 수백만이었는데 죽은 후 모두 양운에게 주었다. 양운은 그 재물도 계모의 형제들에게 모두 나누어주었다. 후에 또 1000만여 전을 받았는데 모두 나누어주었다. 그는 이처럼 재물을 가볍게 여기고 의리를 좋아하였다.

양운은 궁에서 관직에 있으면서 청렴결백하고 사사로움이 없었으므로 낭관들이 그의 공평함을 칭송하였다. 그러나 자신의 행동과 재능을 자부하였고 성격이 각박하여 남을 용납하지 않았으며 다른 사람의 비밀을 들추어내길 좋아하였다. 동료 중 자신의 심기를 건드린 자가 있으면 반드시 앙갚음을 하였으며, 이것으로 자신의 능력이 남보다 뛰어남을 보이려 했다. 이 때문에 조정에서 그를 원망하는 사람이 많아졌다. 태복太僕인 대장락戴長樂과 불화가 있었고 결국 이 일 때문에 패가망신했다.

대장락은 선제宣帝가 민간에서 지내던 시기에 알게 된 자였다. 선제는 즉위하자 그를 발탁하여 측근에 두었다. 한번은 대장락이 천자를 대신하여 종묘의 제례의식을 연습하였는데, 돌아와 부하 관리에게 이렇게 말했다.

"나는 폐하로부터 직접 조서를 받아 폐하를 대신하여 제사의례를 연습했네. 김일제의 아들인 김상金賞이 나를 위해 수레를 몰았지."

어떤 사람이 상서를 올려 대장락이 해서는 안 될 말을 했다고 고발하였다. 사건을 정위에게 처리하도록 했다. 대장락은 양운이 사람을 시켜 그를 고발했다고 의심하여 양운의 죄를 고발하는 글을 올렸다.

고창후高昌侯 동충董忠이 수레를 질주하여 북쪽 액문掖門으로 들어갔을 때 양운이 부평후富平侯 장연수張延壽에게 이렇게 말했습니다.

"전에 질주하던 수레가 궁궐의 문에 부딪혀 빗장이 부러지고 말이 죽었는데 그러고는 소제昭帝가 붕어하셨소. 지금 또 이런 일이 일어났으니 이는 천명이오. 사람의 힘으로 할 수 있는 것이 아니오."

좌풍익左馮翊 한연수韓延壽가 죄를 짓고 하옥되자 양운은 한연수를 변호하는 글을 올렸습니다. 낭중 구상丘常이 양운에게 물었습니다.

"그대가 한연수를 변호했다고 들었는데, 그가 목숨을 보전할 수 있겠습니까?"

양운은 이렇게 답했습니다.

"일이 어찌 그리 쉽겠는가! 강직한 자는 목숨을 부지하기가 쉽지 않다네. 나는 내 자신도 온전히 보전할 수 없다오. 쥐가 구멍에 들어가지 못하는 것은 입에 큰 똬리를 물고 있기 때문이라는 말과 마찬가지 신세라네."

또 한번은 중서알자령中書謁者令 선宣이 선우의 사신이 한 말을 기록하여 여러 장군과 이천석 이상 관리들에게 보여주었는데 양운은 이렇게 말했습니다.

"묵돌선우冒頓單于가 우리 한나라의 맛있는 음식과 좋은 물건을 보고도 냄새가 고약하고 좋지 않다고 하였으니, 선우가 내조하지 않을 것이 분명합니다."

양운은 궁궐의 서각西閣에 걸린 인물화를 구경하다가 걸왕桀王과 주왕紂王의 그림을 가리키며 낙창후樂昌侯 왕무王武에게 이렇게 말했습니다.

"천자께서 이곳을 지나가실 때 이들의 잘못을 하나하나 물어보면 교훈을 얻으실 것입니다."

그림의 인물 중에는 요堯, 순舜, 우禹, 탕湯이 있었는데 양운은 이들은 언급하지 않고 도리어 걸, 주를 언급하였습니다. 또 양운은 투항해온 흉노족에게서 선우가 피살당했다는 것을 듣고는 이렇게 말했습니다.

"불초한 군주는 대신이 좋은 계책을 내주어도 쓰지 못하고 스스로 멸망을 자초한다. 진나라가 간사한 소인만 임용하고 충신을 죽여 결국 멸망에 이른 것과 마찬가지다. 만약 측근에 재능과 덕을 겸비한 신하를 임용하였다면 진나라는 오늘날까지 이를 수 있었을 것이다. 예나 지금이나 모두 마찬가지이니 거기서 거기다."[2]

양운은 망국을 끌어다가 지금의 세상을 비방하였으니 신하의 예가 없는 것입니다. 또 제게 이렇게 말했습니다.

"정월 이래로 날씨가 흐린데도 비가 오지 않고 있소(天陰不雨). 이는『춘추』에 기록된 것이며, 하후승이 창읍왕에게 권고하면서 했던 말이오.[3] 황제께서 다시는 하동河東의 후토사后土祠에 제사 지내러 가지 못하실 것이오."

---

2)  원문은 '一丘之貉(일구지학)'으로 '한 언덕에 사는 오소리'라는 뜻이다. 차이가 없는 동류를 뜻하며 주로 부정적인 의미로 사용된다.

3)  『한서·하후승전』에는 다음과 같은 내용이 있다. 창읍왕이 나가서 노닐려는데, 광록대부인 하후승이 수레를 가로막으며 말했다. "하늘이 오랫동안 흐리나 비를 내리지 않으니 신하로서 윗자리를 모의하는 자가 있는 것인데, 폐하는 어디를 가시려 합니까?" 창읍왕은 노하여, 하후승이 요망한 말을 한다 하고 옥리에게 포박시켰다. 당시 곽광과 장안세는 창읍왕을 폐할 모의를 하고 있었기에 하후승을 불러 물었다. 하후승은 이렇게 답했다. "『홍범오행전洪範五行傳』에 있는 말로 '군주가 법도를 지키지 않으면 그 벌로 늘 음기가 성하고 아랫사람이 윗사람을 정벌한다'고 하였습니다." 곽광과 장안세는 놀라 이후 경학자를 더욱 중시하게 되었다.

주상으로 농담을 하였으니 더욱 패역무도한 짓입니다.

양운의 안건을 정위에게 심리하도록 하였다. 정위 우정국于定國이 심문하였는데 증거가 명백하였다. 우정국이 아뢰었다.

양운은 죄를 인정하지 않고 도리어 궁문을 호위하는 존尊을 불러 부평후 장연수에게 이렇게 전하도록 했습니다.

"태복 대장락은 죄가 몇 가지 있으니 조만간 죽을 사람이오. 나는 다행히도 부평후와 혼인으로 맺어진 관계요. 단독으로 세 사람이 대질을 하게 되면 부평후께서는 '그때 양운이 그런 말을 하는 것을 듣지 못했다'고 말해주시오. 그러면 자연히 태복이 주장하는 것과 맞지 않을 것이오."

그러나 존尊이 "불가하다"고 하자 양운은 화를 내며 큰 칼을 들고 말했습니다.

"부평후가 태복의 말을 증명한다면 나는 멸족을 당할 것이오. 내 말을 누설하지 마시오. 태복이 알게 되면 내 죄가 더 늘어날 것이오."

양운은 요행히 구경九卿의 반열에 올라 제리광록훈이 되어 황제의 측근을 지키며 신임을 얻었고 정사에 참여하였습니다. 그러나 그는 충심을 바쳐 신하의 도의를 다하지 않고 도리어 마음속의 원망을 발설하여 요망하고 나쁜 말을 퍼뜨렸으니 대역무도합니다. 체포하여 죄를 처벌할 것을 청합니다.

황제는 차마 그를 처형하지 못해 조서를 내려 양운과 대장락을 모두 파면하고 서인으로 강등하였다.

양운은 작위를 잃은 후 집안에 칩거하며 집을 넓히고 재산을 불리는 것을 낙으로 삼았다. 그의 벗인 안정군安定郡 태수 서하西河 사람 손회종孫會宗은 지혜와 모략이 있는 사람이었다. 1년 남짓 후, 손회종이 양운에게 권고하는 서신을 보냈다. 대신은 관직에서 물러난 후에 문을 닫고 황공해하여 연민을 느끼게 해야지, 생업에 힘쓰며 빈객과 교류하는 것으로 명성이 있어서는 안 된다는 내용이었다. 양운은 재상의 아들로 젊어서부터 조정에서 두각을 나타냈지만 하루아침에 떳떳하지 못한 말로 파면되었기에 속으로는 인정할 수 없었다. 그리하여 손회종에게 이렇게 답하였다.

저는 재주가 부족하고 행실이 비루하며 학문도 수양도 갖추지 못했습니다. 요행히도 선친께서 남겨놓으신 공덕으로 궁정의 숙위宿衛가 될 수 있었고, 우연히 곽씨 가문의 모반을 보고한 공을 세워 작위를 얻을 수 있었습니다. 그러나 결국 임무를 다하지 못하고 끝내 화를 당하고 말았습니다. 그대가 저의 어리석음을 안타깝게 여겨 서신을 보내 모자람을 가르치고 이끌어주시니 깊은 애정이겠지요.

그러나 그대가 일의 자초지종을 깊이 생각하지 않고 세상 사람들의 비방을 마음대로 믿으시니 유감스럽습니다. 제 비루한 생각을 말씀드리면 그대의 뜻을 저버리고 제 잘못을 감추는 것이 되겠지요. 허나 침묵하고 아무 말 하지 않는다면 공자께서 말씀하신 "각자 자신의 뜻을 이야기해보라(各言爾志)"는 뜻에 어긋날까 걱정됩니다.[4] 그리하여 감히 제 어리석은 생각을 말씀드리오니 그대가 살펴주십시오!

제 집안이 한창 번창하였을 때는 붉은 칠을 한 수레를 탄 분이 열 명이었고, 저 또한 구경九卿의 반열에 올라 통후通侯의 작위로 궁궐

---

4) 『논어·공야장公冶長』에 나오는 대목이다. 공자가 안연顔淵과 계로季路에게 말했다. "너희 각자의 뜻을 말해보거라."

수비를 총괄하고 정사에 참여하였습니다.[5] 그러나 저는 이때 나라를 위한 정책을 제안하여 황제의 교화를 널리 퍼뜨리지 못하였습니다. 또한 동료들과 합심하여 조정을 보좌하고 부족함을 채우지 못했으니 자리를 차지하고서 부질없이 녹봉만 축낸다는 책망을 들은 지가 오래입니다. 그럼에도 녹봉과 권력을 탐하여 스스로 물러나지 못하다가 변고와 비방을 당하였습니다. 몸은 북쪽 궁궐에 구금되고 처자식은 모두 옥에 갇히는 신세가 되었지요. 당시 저는 멸족을 당한다 해도 제 죄를 채울 수 없을 것이라 여겼는데 어찌 목숨을 부지하여 조상의 제사를 받들 생각을 할 수 있었겠습니까? 엎드려 생각해보면 폐하께서는 헤아릴 수 없는 은혜를 베풀어주셨습니다.

군자는 도의를 실천하는 즐거움으로 근심을 잊고, 소인은 목숨을 부지할 수 있으면 즐거워 죄를 잊습니다. 삼가 스스로 돌이켜보니 제 죄가 크고 수양이 부족한 탓에 농부가 되어 여생을 보내려 하였습니다. 그리하여 직접 처자식을 이끌고 힘을 합쳐 밭을 갈고 누에를 치고, 밭에 물을 대며 가산을 늘려 조정에 세금을 납부하려 했습니다. 그러나 생각지도 못하게 또다시 이 때문에 비난을 사게 되었습니다.

인정상 막을 수 없는 것은 성인도 금하지 않는다고 하였습니다. 그러므로 군주는 가장 존귀한 사람이고 아버지는 가장 가까운 사람이지만 그들을 위해 상복을 입는 것도 기한이 되면 그만두게 됩니다. 신이 죄를 지은 지 이미 3년이 되었습니다. 농가에서는 힘든 노동을 하면서 해마다 복날과 납일臘日이 되면 양을 삶고 새끼 염소를 구워 술잔을 기울이며 자신을 위로합니다. 제 집안이 본래 진秦 땅이라 진나라의 노래를 할 줄 압니다. 아내는 조趙나라 여인이라 금을 잘 타지요. 노비

---

5)  통후는 본래 철후徹侯인데 한무제 유철劉徹의 이름을 피휘避諱한 것이다. 20등급의 군공 중 가장 높은 등급이다.

들 중 노래를 할 줄 아는 몇 명이 술을 마시고 취기가 돌면 하늘을 올려다보며 질그릇을 두들기고 '우우' 소리를 내면서 노래를 부릅니다. 그 가사는 이러합니다.

저 남산에서 농사를 짓는데
김을 매지 않아 잡초가 무성하네.
한 이랑에 콩을 심었는데
콩꼬투리 떨어지고 콩대만 남았네.
인생은 살아 있을 때 즐겨야지
언제 부귀해지길 기다리겠는가.

이날에는 옷을 풀어헤치고 즐기며, 소매를 위아래로 휘두르고, 발을 구르며 춤을 춥니다. 절제하지 않고 마음껏 즐기는데, 저는 그것이 왜 안 되는 것인지 모르겠습니다. 요행히도 남은 봉록이 있어 곡식의 가격이 떨어지면 사들이고 비싸지면 내다 팔아 10분의 1의 이윤을 취합니다. 장사치가 하는 일이고 부끄러운 일이지만 저는 직접 이를 하였습니다. 하류下流에 있는 사람에게는 모든 비방이 몰리는 법이니 날씨가 춥지 않은데도 몸이 떨립니다.[6] 비록 평상시 저를 잘 아는 분이라도 소문에 휩쓸리니 저를 칭찬하는 사람이 있을 수 있겠습니까! 동중서가 말하지 않았습니까? "부지런히 인의를 구하며 백성을 교화시키지 못할까 항상 걱정하는 것은 경대부의 일이다. 재물과 이익을 부지런히 구하며 항상 궁핍할까를 걱정하는 것은 서민의 일이다." 그

---

6) 『논어·자장子張』의 구절이다. "자공이 말했다. '주왕이 선하지 않은 것이 이토록 심하지는 않았다. 그러므로 군자는 하류에 처하기를 싫어하니 천하의 악이 모두 그에게 귀속되기 때문이다(子貢曰: 紂之不善, 不如是之甚也. 是以君子惡居下流, 天下之惡皆歸焉).'"

러므로 "길이 다르면 서로 함께 일을 도모하지 않는다"[7]고 하였습니다. 그대는 어찌 아직도 경대부의 잣대로 저를 책망하십니까!

서하西河는 전국시대 위魏나라의 땅으로 문후文侯가 나라를 부강하게 만들었던 터전입니다. 그곳에는 위 문후가 중용했던 단간목段干木, 전자방田子方의 유풍이 남아 있습니다. 이들은 모두 고상한 지조가 있어 언제 떠나고 나아가야 할지를 분별할 수 있었습니다. 근자에 그대는 고향인 서하를 떠나 안정군에 부임하셨지요. 안정군은 산골에 있으며 서북 지역 오랑캐의 옛 땅입니다. 그곳 사람들의 비루하고 탐욕스러운 습속이 그대의 성품에 물든 것입니까? 이제서야 그대의 뜻을 분명히 알았습니다. 지금은 한나라가 융성한 시기이니 그대는 열심히 공업을 쌓기 위해 노력하십시오. 그러나 제게는 더 이상 말하실 필요가 없습니다.

양운의 형의 아들인 안평후 양담楊譚은 전속국의 관직을 지내고 있었는데, 양운에게 이렇게 말했다.

"서하 태수인 건평후建平侯 두연년杜延年이 예전에 죄를 지어 파면되었는데 지금 조정에서 다시 불러들여 어사대부로 임명했습니다. 숙부의 죄가 가볍고 공적이 있으니 다시 중용되실 겁니다."

양운이 말했다.

"공적이 있은들 무엇하겠느냐? 황제는 내 힘을 바치기에 부족하다."

양운은 평소 갑관요蓋寬饒, 한연수韓延壽와 교분이 있었기에 이 말을 들은 양담이 맞장구를 쳤다.

---

7) 『논어·위령공』에 나오는 구절이다.

"황제가 사실 그러합니다. 갑관요와 한연수는 조정을 위해 진력한 관리들이었으나 함께 사건에 연루되어 처형되었습니다."

당시 일식이 출현하는 변고가 있었다. 말을 관리하는 하급 관리인 성成이 글을 올려 양운을 고발하였다.

"교만하고 사치스러우며 잘못을 회개하지 않았으니 일식의 재앙은 그 때문에 일어난 것입니다."

황제는 그 상소문을 정위에게 내려보내 조사하게 하였고, 그 과정에서 손회종에게 보낸 편지를 얻었다. 선제는 그것을 보고 양운을 미워하게 되었다. 정위는 양운이 대역무도한 죄를 지었다며 허리를 자르는 형벌로 판결하였다. 처자식은 주천군酒泉郡으로 이주시켰다. 양담은 양운에게 올바르게 간언하지 못하고 맞장구를 치면서 원망하는 말을 했기 때문에 파면되어 서인庶人으로 강등되었다. 그리고 양운을 고발하였던 성成은 낭관에 임명되었다. 양운과 교분이 있었던 미앙궁의 위위衛尉 위현성韋玄成, 경조윤 장창張敞과 손회종 등도 모두 파면되었다.

# 주운전

朱雲傳

주운은 『양주호매운전楊朱胡梅云傳』에 양왕손楊王孫, 호건胡建, 매복梅福, 운창云敞과 함께 수록되어 있다. 이들은 남다른 언행이 있었던 자들이다. 반고는 논평인 찬贊에서 "중도를 행하는 선비와 함께할 수 없다면 나는 차라리 광견狂狷한 자와 함께할 것(不得中行, 則思狂狷)"이라는 공자의 말을 인용하였다. '광狂'은 진취적인, '견狷'은 소극적이고 조심하는 것을 의미한다. '광견'의 면모가 있었던 5인을 합전으로 구성한 것이다. 양왕손은 부유했음에도 후장厚葬을 반대하여 나체로 묻어달라는 유언을 남겼다. 호건은 말단 관리였음에도 법을 위반한 상관을 과감히 참수하였다. 매복은 당시 최고의 세력자였던 왕봉이 정치를 농단하자 간언하는 상서를 올렸다. 운창은 스승이 왕망에게 반대하였다가 주살되자 직접 나서 자신이 제자임을 밝히고 시신을 수습하여 장례를 치렀다.

주운은 성제 시기 승상이자 황제의 스승이었던 장우張禹가 제 역할을 제대로 수행하지 못한다며 처형할 것을 간언하였다. 격노한 성제가 주운을 끌어내 처형하도록 명하자 주운은 끌려가지 않으려 어전의 난간을 붙잡고 소리쳤다. 그 바람에 난간이 부러졌다. 여기에서 간곡하게 충간한다는 의미의 '절함折檻(난간을 부러뜨리다)'이라는 성어가 생겨났다. 죽음을 무릅쓰고 난간이 부러지도록 간언했던 주운은 이후 직간直諫의 상징적인 인물이 되었다.

그러나 여기서 잊지 말아야 할 인물이 있다. 당시 진노한 성제가 주운을 처형하려 할 때 바닥에 머리를 짓찧으며 성제를 만류하였던 신경기辛慶忌이다. 죽음을 무릅쓰고 간언한 신경기 덕분에 주운은 위기를 모면할 수 있었다. 신경기가 나서지 않았다면 주운의 직간도, '절함'이라는 고사도 역사에 남지 못했을 것이다. 이후 성제는 직간하는 신하를 표창하기 위해 부러진 난간을 교체하지 말고 수리하도록 하였다.

주운의 자는 유游로 노나라 사람인데 평릉平陵으로 이주하였다. 젊어서 협객과 교유하였고 그들의 복수를 돕기도 했다. 키가 8척 남짓이었고 매우 건장하며 용맹과 힘으로 유명하였다. 40세가 되었을 때 뜻을 바꾸어 박사 백자우白子友를 따라 『주역』을 배웠다. 또 전장군前將軍 소망지를 스승으로 섬겨 『논어』를 배워 그들의 학문을 모두 전수받을 수 있었다. 그는 호방함과 고상한 지조로 사람들의 존경을 받았다.

원제 때, 낭야 사람 공우貢禹가 어사대부가 되었다. 화음현華陰縣에서 현승縣丞의 대리직을 맡고 있던 가嘉가 밀봉 상소를 올렸다.

"나라를 다스리는 길은 현명한 인재를 얻는 데에 달려 있습니다. 어사의 관직은 재상을 보좌하는 역할로 구경九卿의 위에 있으니 신중히 임명하지 않을 수 없습니다. 평릉 사람 주운은 문무를 겸비하였고 사람됨이 충직하며 지략을 갖춘 자입니다. 그에게 600석의 봉록을 주고 임시로 어사대부에 임용하여 재능을 발휘할 수 있도록 시험해보십시오."

황제는 이 일을 공경들에게 내려보내 자문을 구하였다. 태자소부 광형匡衡이 이렇게 답했다.

"대신은 나라의 기둥이며 만백성의 존중을 받는 자리이니 영명한 군주가 신중히 선택해야 합니다. 경전에서 이르길, 만약 아랫사람이 윗사람의 작위를 경시하고 지위가 낮은 사람이 권력을 가진 자리를 도모한다면 나라는 동요되고 백성은 편안할 수 없다고 하였습니다. 지금 가嘉는 현승의 대리직 신분이면서 대신의 지위를 도모하였습니다. 게다가 일반 백성을 구경보다 높은 윗자리에 올리려 하였으니, 이는 나라와 사직을 중시하는 행위가 아닙니다. 요임금이 순임금을 기용할 때와 문왕이 태공을 등용할 때도 오히려 시험을 해본 연후에 작위를 하사하였습니다. 하물며 주운 같은 자는 어떻겠습니까?

주운은 평소 용맹함을 과시하기 좋아하여 여러 번 법을 어기고 도망쳤던 자입니다. 『주역』에 있어서는 자못 스승의 도를 전수받았으나 그의 행위와 도덕은 보통 사람들과 다를 바가 없습니다. 지금 어사대부에 임명된 공우貢禹는 청렴하고 정직하며 경학에 정통합니다. 또한 백이伯夷와 사어史魚처럼 직간을 서슴지 않는 절개가 있음을 온 나라 안에서 모르는 자가 없습니다. 그러나 가嘉는 함부로 주운을 칭송하고 어사대부로 임명할 것을 천거하였으니 그에게 간사한 마음이 있는 것이 아닐지 의심스럽습니다. 기만의 풍조가 점차 자라나게 해서는 안 되니 담당 관리에게 안건을 조사하게 하여 선악을 분명히 밝히시옵소서."

가嘉는 결국 죄를 받았다.

당시 소부少府인 오록충종五鹿充宗이 황제의 총애를 받고 있었는데 그는 양구하梁丘賀의 『역易』을 익혔다. 선제가 양구씨의 학설을 좋아하면서부터 원제도 『양구역』을 선호하였다. 그리하여 학설들 간의 차이를 규명하고자 오록충종에게 여러 『역』 학자들과 토론하게 하였다. 오록충종은 신분이 존귀했고 구변이 좋아 여러 학자들 중 상대를 할 수 있는 자가 없었으며 모두 병을 구실 삼아 감히 참여하려 하지 않았다. 어떤 사람이 주운을 추천하였고 원제는 그를 불러들였다. 주운이 옷의 아랫단을 잡고서 당에 올라 머리를 높이 들고 변론을 청하자 그의 음성이 좌우 사람들을 압도했다. 쟁점이 되는 문제에서 주운은 조목조목 오록충종에게 논박하였다. 그리하여 유생들은 이 변론에 대해 이렇게 평론하였다.

| 오록의 머리 위 긴 뿔이 | 五鹿嶽嶽, |
|---|---|
| 주운에게 잘렸다네. | 朱雲折其角. |

주운은 이 일로 박사가 되었다.

이후 두릉杜陵의 현령으로 승진하였으나 도망자를 일부러 풀어
준 죄를 짓게 되었다. 마침 사면령이 내려졌고 방정方正으로 추천되
어 괴리槐里의 현령으로 임명되었다. 당시 중서령 석현石顯은 정권
을 농단하면서 오록충종과 결탁하였기에 백관들은 그들을 두려워
하였다. 오직 어사중승 진함陳咸만이 젊은 나이로 지조를 지키며 석
현 등에게 영합하지 않고서 주운과 교분을 맺었다. 주운은 여러 차
례 상소를 올려 승상 위현성韋玄成이 구차하게 자신과 자리만 보전
하며 아무 일도 하지 못함을 말하였고, 진함도 수차례 석현을 질책
하였다. 오랜 후, 담당 관리가 주운을 조사하였는데 그가 몰래 수하
에게 지시하여 사람을 죽였다고 의심하였다. 신하들이 조회에 참석
했을 때 원제가 승상에게 주운의 업적을 물었다. 승상 위현성은 주
운이 포학하며 선행이 없다고 하였다. 당시 어전 앞에 있었던 진함
은 이를 듣고서 주운에게 말해주었다. 주운은 스스로 변호하는 글
을 올렸다. 진함이 주운을 위해 초고를 작성해주었고 안건을 어사
중승에게 심리하도록 해줄 것을 청하였다. 그러나 원제는 이 안건
을 승상에게 처리하도록 했고, 승상의 속관은 조사 후 주운이 사람
을 죽인 죄가 있음을 인정하였다. 주운은 장안으로 달아나 진함과
상의하였다. 승상은 이 사건을 철저히 조사한 후 이렇게 아뢰었다.

"진함은 황궁의 수비를 담당하고 법을 집행하는 관리인데, 요행
히 폐하를 뵌 자리에서 들은 것을 사사로이 주운에게 이야기하였습
니다. 또 그를 대신해 상주문의 초고를 수정하고 이 안건을 자신이

심리하도록 하려 했습니다. 이후 주운이 도망한 죄인임을 알면서도 그와 내통하였습니다. 관리들은 이 때문에 주운을 체포할 수 없었습니다."

원제는 결국 진함과 주운을 하옥하였고 사형에서 감형하여 성을 축조하는 노역에 동원되는 성단형城旦刑을 내렸다. 진함과 주운은 파면되어 원제가 세상을 떠날 때까지 다시는 기용되지 못하였다.

성제 시기, 전임 승상 안창후安昌侯 장우張禹가 황제의 스승으로 특진特進의 지위에 있으면서 매우 존중받았다. 주운은 글을 올려 성제를 뵐 것을 청하였다. 공경 대신들이 모두 어전에 있을 때 주운이 말했다.

"지금 조정 대신들은 위로는 군주를 바로잡지 못하고 아래로는 백성에게 이익이 되지 못하니 모두 자리만 지키면서 녹봉을 축내는 자들입니다. 공자는 '비루한 자와는 함께 군주를 섬길 수 없다'고 하셨고 '총애와 봉록을 잃을까만 염려하는 자는 무슨 일이든 할 것이다'[1]라고 하셨습니다. 제게 상방尙方에서 만든 참마검斬馬劍을 하사해주신다면 아첨하는 신하 한 명을 참하여 그 나머지를 경계시키고자 합니다."[2]

성제가 물었다.

"그자가 누구냐?"

주운이 답했다.

---

1)  『논어·양화陽貨』에 보이는 구절이다. "비루한 사람과 함께 임금을 섬길 수 있겠는가? 얻지 못하였을 때는 얻을 것을 걱정하고 얻고 나서는 잃을까 걱정한다. 진실로 잃어버릴까봐 걱정하면 못하는 짓이 없게 될 것이다(鄙夫可與事君也與哉? 其未得之也, 患得之; 旣得之, 患失之, 苟患失之, 無所不至矣)."

2)  상방은 황궁의 기물을 제작하는 부서로 상방에서 만든 검은 천자가 사용하는 검이라는 뜻이다. 참마검은 말을 단칼에 벨 수 있을 정도로 날카로운 검이다.

"안창후 장우입니다."

성제는 대노하였다.

"낮은 지위에 있는 신하가 윗사람을 비방하고 조정에서 황제의 스승을 욕보였으니 사형에 처하여 용서하지 않을 것이다!"

어사가 주운을 끌어내리자 주운은 어전의 난간을 붙잡았다. 난간이 부러지자 주운이 소리쳤다.

"구천에서 충간을 했다가 죽임을 당한 관용봉關龍逢과 비간比干을 따라 노닐 수 있다면 신은 족합니다!<sup>3)</sup> 그러나 조정이 직언하는 신하를 죽인 오명을 어찌할지 모르겠습니다."

어사는 결국 주운을 끌고 갔다. 이때 좌장군 신경기가 관을 벗고 인끈을 풀어놓고는 전 아래에서 머리를 찧으면서 말했다.

"이 신하는 평소 거리낌 없는 솔직함으로 이름이 난 자입니다. 만약 그가 말한 것이 옳다면 죽여서는 안 되고, 그 말이 그르다 하더라도 관용을 베풀어야 할 것입니다. 신 감히 죽음을 무릅쓰고 말씀드립니다."

신경기가 머리를 찧자 피가 흘렀다. 성제는 노기가 누그러들자 이 일을 취소하였다. 후에 어전의 난간을 수리하려 하자 성제가 말했다.

"새것으로 바꾸지 말라! 부러진 곳을 붙여 직간하는 신하를 표창하도록 하라."

주운은 이 사건 이후로 호현鄠縣에 거주하며 다시 출사하지 않았다. 때로 소가 끄는 수레를 타고 외출할 때면 제자들이 수행하였고 지나는 곳마다 모두 그를 공경하며 받들었다. 설선薛宣이 승상이 되

---

3) 관용봉은 하나라 걸왕桀王의 신하로 직간을 했다가 주살당했다. 비간은 상나라 주왕紂王의 숙부로 역시 충간을 했다가 주살되었다.

자 주운은 그를 방문하였다. 설선은 빈객과 주인의 예를 갖추어 접대하였고 주운에게 머물도록 만류하면서 권유하였다.

"시골에서는 별일이 없을 테니 잠시 제 동각東閣에 머무르며 사방의 뛰어난 선비들을 만나보시지요."

주운이 말했다.

"그대는 저를 수하 관리로 삼으시려는 겁니까?"

설선은 감히 더 말하지 못했다.

주운은 학생을 가르치면서 먼저 여러 유생들 중에서 선발한 후에 제자로 삼았다. 구강군九江郡의 엄망嚴望과 그의 조카인 엄원嚴元은 주운의 학문을 전수받아 모두 박사가 되었다. 엄망은 태산군 태수의 관직까지 지냈다.

주운은 70여 세가 되었을 때 집에서 임종을 맞이했다. 병이 들어서도 의사를 부르거나 약을 먹지 않았다. 유언을 남겼는데, 자신이 몸에 걸치고 있는 옷으로 염을 하고 관은 몸에 맞도록 만들며 무덤은 관을 넣을 수 있을 정도로만 파서 1장 5척의 봉분을 만들고 평릉현平陵縣의 동쪽 성곽 밖에 안장하도록 했다.

# 곽광전

霍光傳

곽광(?~기원전 68)은 소제·선제 시기 20년 동안 집정執政의 자리에 있었던 대신으로 전한 중기를 이해하는 데 중요한 인물이다. 그는 흉노 정벌에 공로를 세워 무제의 총애를 받았던 곽거병霍去病의 이복동생이다. 곽거병을 신임했던 무제는 곽광을 중용하였다. 이후 임종하면서 곽광을 비롯한 김일제, 상관걸, 상홍양을 보정대신으로 임명하고 당시 여덟 살이었던 소제를 보좌하도록 하였다. 그러나 상관걸과 상홍양이 반란을 일으켰다가 처형당하면서 곽광이 정치를 장악하게 되었다.

소제가 21세에 후사 없이 세상을 떠나자 곽광은 대신들과 모의하여 창읍왕 유하劉賀를 옹립하였다. 그러나 창읍왕은 황음무도하였고 이를 보다 못한 곽광은 그를 폐위시킨 후 당시 민간에서 지내던 무제의 증손자, 즉 여태자의 손자를 찾아 옹립하였는데, 이가 한나라의 중흥을 이끌었다고 평가되는 선제宣帝이다. 창읍왕의 폐위부터 선제의 옹립까지 모든 과정을 곽광이 주도하였으므로, 선제가 즉위한 후 곽광은 최고의 실권자가 되었다. 선제는 심지어 자신에게 보고를 올리기 전에 먼저 곽광에게 상의하라고 할 정도였다. 당시 선제는, 표면적으로는 모든 실권을 곽광에게 일임하였으나 내심 곽씨 일족이 정치를 장악한 상황을 불만스러워하였다. 곽광이 죽자 선제는 친히 문상하였으며, 모든 장례 절차를 한나라 개국공신인 소하蕭何와 동일하게 하는 영예를 하사하였다. 그러나 곽광이 죽은 2년 후, 곽씨 일족은 반역죄로 모두 처형당하게 된다. 무제의 임종부터 소제, 창읍왕의 옹립과 폐위, 선제의 옹립과 곽씨 집안의 패망까지, 전한 시기의 중요한 역사적 사건과 장면들이 「곽광전」에 수록되어 있다.

「곽광전」의 후반부에는 두 개의 일화가 있다. 하나는 굴뚝을 구부리고 땔감을 집에서 멀리 두어 화재를 미연에 방지해야 한다는 '곡돌사신曲突徙薪'의 일화이다. 반고가 이 대목을 상세히 기록한 것은 만약 선제가 적절한 선에서 곽씨 일가를 저지하였다면 모반이라는 극단적 상황까지 치닫지는 않았을 것이라는, 즉 군주로서 신하와의 관계를 잘 처리하지 못했음을 우회적으로 표현한 것이다. 두 번째는 선제가 곽광과 함께 수레에 탔을 때 눈치를 보며 불편해했던 일화이다. 이를 두고 민간에서는 "위세가 주군을 떨게 하는 자는 용납될 수 없다. 곽씨의 화는 수레에 탔을 때부터 시작된 것"이라는 말이 돌았다. 곽광 또한 신하로서 처신을 잘하지 못했음을 지적한 것이다.

사마광은 『자치통감』에서 곽광을 이렇게 평가하였다.

"곽광은 한 왕실을 보필함에 충성스러웠다고 할 수 있습니다. 그러나 그 가문을 지키지 못한 것은 무엇 때문이겠습니까? 무릇 권력은 임금만이 누리는 것입니다. 신하가 오랫동안 돌려주지 않고서 화가 미치지 않은 경우는 드뭅니다. …… 선제는 여전히 곽씨들에게 정치를 맡기고 병력을 주었으며, 상황이 심각해지고 나서야 견제하였습니다. 그들은 두려워하고 원망하며 반역의 음모를 꾸미게 된 것입니다. 어찌 단지 곽씨 일족 스스로가 초래한 재앙이라 하겠습니까? 이는 선제가 그렇게 만든 것입니다."

사마광은 선제의 실책을 더 무겁게 평가하였다. 이는 『자치통감』이 역사의 득실을 통해 통치자에게 경계를 삼게 하려는 목적으로 편찬되었기 때문일 것이다.

곽광의 자는 자맹子孟으로 표기장군 곽거병의 아우이다. 부친 곽중유霍中孺는 하동 평양현 사람이었다. 그는 현에서 평양후平陽侯의 집안으로 파견된 관리였는데, 시녀인 위소아衛少兒와 사통하여 곽거병을 낳았다. 이후 파견 업무를 마치고 집으로 돌아가 부인을 얻어 곽광을 낳았으며, 위소아 모자와는 연락을 끊고 지냈다. 오랜 시간이 흐른 후 위소아의 동생인 위자부衛子夫가 무제에게 총애를 얻어 황후가 되자, 곽거병은 황후의 조카로 무제의 신임을 얻게 되었다. 곽거병은 성인이 된 후 자신의 부친이 곽중유라는 것을 알았으나 찾아가지는 않았다. 그러다가 표기장군이 되어 흉노를 토벌하러 가던 중 하동을 지나가게 되었다. 하동 태수는 교외로 나와 곽거병을 맞이하였고 직접 쇠뇌와 화살을 짊어지고 앞장서 길을 안내하였다. 평양현 역참의 숙소에 도착하자 곽거병은 관리를 보내 곽중유를 모셔오도록 했다. 곽중유가 빠른 걸음으로 들어와 절을 하자, 곽거병도 맞절을 하고는 무릎을 꿇고 말했다.

"제가 대인의 자식인 것을 일찍 알지 못했습니다."

곽중유는 엎드려 머리를 땅에 부딪치며 말했다.

"노신이 장군께 목숨을 의지할 수 있다니 이는 하늘의 힘입니다."

곽거병은 곽중유를 위해 전답, 저택, 노비를 후하게 마련해주고는 떠났다. 흉노를 정벌하고 돌아오는 길에 다시 곽중유를 방문한 곽거병은 그의 배다른 동생 곽광을 데리고 서쪽으로 장안에 도착하였다. 당시 곽광은 열 살 남짓이었다. 곽거병은 그를 낭관으로 추천하였고 이후 제조시중諸曹侍中이 되었다. 곽거병이 죽은 후 곽광은 봉거도위 겸 광록대부가 되었다. 무제가 행차할 때면 수행하였고 궁에 돌아오면 좌우에서 호위하며 20여 년간 궁궐을 출입하였다. 항상 신중하여 잘못을 저지른 적이 없었으므로 무제는 그를 매우 가까이

하고 신임하였다.

정화 2년(기원전 91), 위태자는 강충에게 모함을 당해 죽었고, 연왕 유단과 광릉왕 유서는 모두 과실이 많았다. 당시 무제는 이미 연로한 상황이었는데 구익부인 조첩여와의 사이에서 아들을 낳았다. 무제는 이 아들을 후사로 세우고 대신들에게 보좌하도록 명할 생각이었다. 신하들을 살펴보니 이러한 중임을 감당할 수 있고 사직을 맡길 수 있는 것은 곽광뿐이었다. 그리하여 무제는 황실의 화공에게 주공周公이 성왕成王을 업고서 제후를 조견하는 그림을 그리게 하고 이를 곽광에게 하사하였다.[1] 후원 2년(기원전 87) 봄, 무제가 오작궁五柞宮에 행차하였다가 병이 심해졌다. 곽광은 울면서 물었다.

"만약 폐하께 무슨 일이 생긴다면 누구를 후사로 정하시겠습니까?"

무제가 답했다.

"그대는 예전에 하사한 그림의 의미를 알아듣지 못했는가? 이런 아들을 후사로 정했으니 그대가 주공의 일을 하도록 하라."

곽광은 머리를 조아리며 사양했다.

"신은 김일제만 못합니다."

김일제도 말했다.

"신은 외국인이니 곽광이 낫습니다."

그리하여 무제는 곽광을 대사마대장군, 김일제를 거기장군車騎將軍, 태복太僕 상관걸을 좌장군, 수속도위搜粟都尉 상홍양을 어사대부로 임명하였다. 이들은 모두 침상 앞에서 관직을 임명받았고 어린 군주를 보필하라는 유조를 받았다. 이튿날, 무제가 붕어하였고

---

1)  주공은 주나라를 세운 문왕의 아들이자 무왕의 동생이다. 무왕이 죽은 후 당시 13세였던 어린 성왕이 제위에 오르자 주공은 섭정하며 성왕을 보필하였다. 주공은 7년간 집정하면서 반란 세력들을 진압하여 조정을 안정시켰고 예악과 제도를 정비하여 주나라의 기틀을 다졌다. 그런 후 성왕이 20세가 되자 모든 정권을 넘겨주었다.

태자가 황제의 존호를 이어받았으니 이가 소제이다. 당시 소제는 8세였으므로 정사는 모두 곽광이 처리하였다.

이에 앞서 후원 연간, 시중복야 망하라莽何羅와 그의 아우 중합후 重合侯 망통莽通이 반역을 모의하였다. 당시 곽광과 김일제, 상관걸 등은 함께 이들을 주멸하여 큰 공을 세웠으나 미처 상을 하사하지 못했다. 무제는 병이 들자 조서를 작성하여 옥새로 밀봉하고는 이렇게 말했다.

"짐이 죽고 나면 조서를 열어 그대로 행하도록 하라."

유조에는 김일제를 투후秺侯로, 상관걸을 안양후安陽侯로, 곽광을 박륙후博陸侯에 봉하도록 되어 있었는데, 모두 이전에 반당을 토벌한 공적 때문이었다. 당시 위위衛尉 왕망王莽의 아들 왕홀王忽은 시중이었는데 이런 말을 떠벌렸다.[2]

"선황제께서 편찮으셨을 때 내가 항상 그 곁에서 시중을 들었는데 어찌 이 세 명을 책봉하는 유조가 있을 수 있겠는가? 저들이 서로 부귀해지고자 하는 것일 뿐이다."

곽광은 이를 듣고 왕망을 찾아가 심하게 꾸짖었다. 왕망은 짐독으로 아들 왕홀을 죽였다.

곽광은 성격이 점잖고 신중했다. 7척 3촌[3]의 키에 피부가 희고 눈썹과 눈이 수려하며 수염이 아름다웠다. 매번 궁전을 드나들 때는 멈추고 나아가는 데 모두 정해진 자리가 있었다. 낭관의 수장인 낭복야郎僕射가 몰래 그의 행동을 기록하고 관찰했는데 한 치의 어긋남도 없었다. 성격이 반듯하기가 이와 같았다. 처음 어린 황제를 보필할 때 모든 정사를 그가 결정하였기 때문에 천하 사람들은 모

---

2)  이 왕망은 전한 말 제위를 찬탈하고 신新나라를 세운 왕망과 동명이인이다.
3)  한나라 때 도량형은 1척이 약 0.231미터이므로, 7척 3촌이면 약 1.68미터 정도 된다.

두 그의 풍채를 보고 싶어했다.

궁에서 괴이한 일이 발생한 적이 있는데, 한밤중에 신하들은 겁에 질려 당황하였다. 곽광은 옥새를 관장하는 관리를 불러 옥새를 넘기도록 했으나 담당 관리는 내놓으려 하지 않았다. 곽광이 강제로 빼앗으려 하자 관리는 검을 빼어들고 말했다.

"신의 머리를 가져갈 수 있을지언정 옥새는 가져가지 못할 것입니다!"

곽광은 그가 매우 의롭다고 여겼다. 이튿날, 그자에게 두 직급을 올려주도록 조서를 내렸고, 이를 들은 백성들은 모두 곽광을 칭송하였다.

곽광은 좌장군 상관걸과 사돈지간으로, 곽광의 장녀가 상관걸의 아들인 상관안의 아내였다. 이들에게는 딸이 하나 있었는데 나이가 소제와 비슷했다. 상관걸은 소제의 누이인 악읍鄂邑 장공주를 통해 상관안의 딸을 후궁으로 들여 첩여倢伃가 되게 하였고, 몇 달 후 황후의 자리에 올랐다. 부친인 상관안은 표기장군에 임명되고 상락후桑樂侯에 봉해졌다. 곽광이 휴가를 받아 궁을 비울 때면 그때마다 상관걸이 곽광을 대신하여 정사를 결정하였다. 상관걸 부자는 존귀해지자 장공주의 은덕이라고 여겼다. 그런데 공주는 행실이 좋지 않아 하간河間 사람 정외인丁外人을 가까이 두고 총애하였다. 상관걸 부자는 정외인을 위해 작위를 요청하였다. 열후의 신분이어야 공주와 결혼할 수 있다는 나라의 선례를 적용받으려 한 것이다. 그러나 곽광이 허락하지 않았다. 상관걸 부자가 정외인을 광록대부로 임명하여 황제를 만날 수 있도록 해줄 것을 청하였으나 곽광은 또 허락하지 않았다. 결국 장공주는 곽광을 원망하게 되었다. 상관걸 부자는 수차례 정외인을 위해 관직과 작위를 구하였으나 뜻대로 되지 않자 체면이 서지 않았다. 무제 때, 상관걸은 이미 구경의 자리에 있었으므로 직위가 곽광보다 높았다. 게다가 부자가 모두 장군이고, 황후라는 배경도 있었다. 황후는 상관안의 친딸이며 곽광은 외조부일 뿐인데도 조정의 일을 장악하고 있었으므로 상관안 부자는 곽광과 권력을 다투게 되었다.

연왕燕王 유단劉旦은 소제의 형으로 자신이 황제가 되지 못한 것에 대해 항상 원망을 품고 있었다. 어사대부 상홍양은 관부에서 술과 소금, 철을 독점할 것을 건의하여 조정의 재정에 큰 공헌을 하였다.[4] 상홍양은 자신의 공을 자랑스러워하여 자제들에게 관직을 주고자 했으나 거절당했기에 역시 곽광을 원망하였다. 그리하여 장공주, 상관걸 부자, 상홍양 모두 연왕 단과 반역을 모의하였다. 이들은 어떤 자에게 연왕의 이름을 사칭하여 글을 올리도록 했다.

"곽광이 장안의 교외에서 금위군인 우림군羽林軍을 훈련시키면서 참람되게도 천자의 행차처럼 길에서 사람들의 통행을 금지하였으며, 폐하의 식사를 담당하는 관리를 먼저 보내 음식을 차려두게 하였습니다."

또 이렇게 말했다.

"소무는 흉노에 사신으로 갔다가 20여 년을 억류되어 있으면서도 투항하지 않았는데, 돌아와 겨우 전속국에 임명되었습니다. 그러나 대장군의 장사長史인 양창楊敞은 공로도 없이 수속도위에 임명되었습니다. 또 대장군은 마음대로 대장군 막부의 교위를 선발하

---

4) 상홍양은 상인 집안에서 태어나 경제관리 능력이 탁월하였다. 무제는 상홍양에게 경제정책을 담당하도록 기용하였고, 상홍양은 소금·철·술을 국가에서 전매하는 정책을 추진하였다. 당시 소금과 철은 지방 토호와 대상인들이 장악하고 있었으므로 조정은 이익을 얻을 수 없었다. 상홍양의 정책으로 중앙의 재정수입은 크게 증가할 수 있었고 중앙집권적 통치도 강화되었다.

고 증원하였습니다. 자신의 뜻대로 권력을 독점하였으니 불충한 마음을 품은 것이 아닐까 의심스럽습니다. 신은 봉국의 부절과 옥새를 내어놓고 숙위宿衛로 입궁하여 간신의 반란과 음모를 감시하고자 합니다."

이들은 곽광이 휴가를 받아 출궁하기를 기다렸다가 이 상주문을 올렸다. 상관걸은 자신이 궁에서 정무를 책임지고 있을 때 이 일을 대신들에게 넘겨 논의할 수 있도록 서둘렀고, 상홍양은 대신들과 함께 곽광이 사직하도록 압박하는 일을 맡았다. 그러나 상소가 올려졌는데도 소제는 사건을 대신들에게 넘겨 처분을 논의하도록 하지 않았다.

다음날 곽광은 이 사건을 듣고 고대 제왕들의 화상을 보관해둔 화실畵室에 머무르며 소제를 접견하러 들어가지 않았다. 소제가 물었다.

"대장군은 어디 있는가?"

좌장군 상관걸이 답하였다.

"연왕이 그의 죄를 고한 일 때문에 감히 들어오지 못하고 있습니다."

소제는 대장군을 불러오도록 명하였다. 곽광은 들어와 관을 벗고 머리를 조아리며 사죄하였다. 소제가 말했다.

"장군은 관을 쓰도록 하시오. 짐은 이 상소가 거짓임을 알고 있소. 장군은 죄가 없소."

곽광이 물었다.

"폐하께서는 어찌 아신 것입니까?"

소제가 말했다.

"장군이 광명정廣明亭에 가서 낭관을 훈련시킨 것은 최근이오. 교위를 선발한 것은 열흘도 안 된 일인데 연왕이 어찌 이를 알 수 있겠소? 게다가 장군이 모반을 한다 해도 교위를 증원시킬 필요는 없을 것이오."

당시 소제의 나이 14세였다. 상서와 주변에 있던 자들이 모두 놀랐다. 연왕의 이름을 사칭하여 상소를 올린 자는 달아났고, 소제는 그의 체포를 독촉하였다. 상관걸 등의 일당은 전말이 폭로될까 두려워 이 일은 작은 일이니 추궁할 필요가 없다고 아뢰었으나 소제는 듣지 않았다.

후에 상관걸 일당이 또 곽광을 참소하자 소제는 진노하여 말했다. "대장군은 충신이며 선황제께서 짐을 보좌하는 소임을 맡기신 자요. 감히 그를 비방하는 자가 있다면 죄를 내릴 것이오."

이리하여 상관걸 등은 감히 곽광을 비방하지 못하게 되었다. 이들은 장공주에게 주연을 마련하고 병력을 매복했다가 곽광을 초대하여 때려죽이고, 소제를 폐위한 후 연왕을 옹립할 것을 모의하였다. 그러나 일이 발각되었고 곽광은 상관걸 부자, 상홍양, 정외인의 일족을 모두 처형하였다. 연왕과 장공주는 자살하였다. 그 일이 있고 나서 곽광의 위세가 천하를 흔들었다. 소제는 성인이 되어서도 여전히 곽광에게 조정의 일을 위임하였다. 곽광이 보정하는 13년간 백성은 풍족하였고 사방의 오랑캐는 조공을 바치며 복종하였다.

원평 원년(기원전 74), 소제가 붕어하였으나 후사가 없었다. 무제의 여섯 아들 중 광릉왕廣陵王 유서劉胥만 살아 있었다. 신하들은 누가 즉위해야 할지를 논의하면서 모두 광릉왕을 지지했다. 그러나 광릉왕은 본래 행실이 좋지 않아 무제가 그를 후사로 택하지 않았다는 점 때문에 곽광은 내심 불안했다. 이때 한 낭관이 글을 올렸다.

"주나라 태왕太王은 장자인 태백太伯을 폐하고 그 아우인 왕계王季를 세웠으며, 문왕은 장자인 백읍고伯邑考가 아닌 무왕을 세웠습니다. 적합하다면 장자를 폐하고 아우를 세울 수 있습니다. 광릉왕은 제위를 계승할 수 없는 사람입니다."

이는 곽광의 생각과 딱 맞는 것이었다. 곽광은 이 글을 승상인 양창 등에게 보여주고 이 낭관을 구강군九江郡 태수로 발탁하였다. 그리고 그날로 황태후의 조서를 받아 대홍려大鴻臚의 직책을 겸직하던 소부少府 사락성史樂成과 종정宗正 유덕劉德, 광록대부 병길丙吉, 중랑장 이한利漢 등을 파견하여 창읍왕 유하를 맞아들였다.

유하는 무제의 손자로 창읍애왕昌邑哀王의 아들이었다. 장안에 도착하여 즉위하였으나 행실이 황음무도하였다. 곽광은 근심하며 친하게 지내던 예전 부하인 대사농 전연년田延年에게 이 일에 대해 물었다. 전연년이 말했다.

"장군께서는 나라의 기둥이십니다. 이자가 황제가 될 수 없다고 보신다면 태후께 아뢰어 다시 현자를 골라 세우면 되지 않습니까?"

곽광이 말했다.

"내 그리하고 싶지만 고대에 이러한 선례가 있는가?"

전연년이 답했다.

"이윤伊尹이 은나라 재상일 때 나라를 안정시키기 위해 태갑太甲을 폐위시키자 후세는 그의 충성스러움을 칭송하였습니다.[5] 장군께서 만약 이렇게 하실 수 있다면 한나라의 이윤이 되시는 것입니다."

곽광은 전연년을 급사중給事中으로 임명하고, 은밀히 거기장군 장안세와 계획하였다. 그리고 승상, 어사, 장군, 열후, 중이천석, 대

---

5) 이윤은 은나라 초기 재상이 되어 탕왕을 보좌하였으며 탕왕이 죽은 후 보정대신이 되었다. 탕왕에게는 세 명의 아들이 있었으나 모두 일찍 죽었고 이윤은 결국 탕왕의 손자인 태갑을 옹립하였다. 그러나 태갑이 정사를 돌보지 않고 향락을 일삼자 이윤은 태갑을 탕왕의 묘가 있는 동궁桐宮으로 쫓아냈고, 3년 후 태갑이 잘못을 뉘우치자 다시 모셔와 복위시켰다.

부, 박사를 불러 미앙궁에서 창읍왕의 폐위를 논의하였다. 곽광이 말했다.

"창읍왕의 행실이 문란하여 사직을 위태롭게 하니 어찌해야 하겠소?"

신하들은 모두 아연실색하여 아무도 감히 발언을 하지 못하고 "예, 예"라고만 할 뿐이었다. 그러자 전연년이 자리에서 앞으로 나와 검을 잡고는 말했다.

"선황제께서 장군에게 어린 황제를 부탁하시며 천하를 맡긴 것은 장군께서 충심과 현명함으로 유씨劉氏 황실을 안정시킬 수 있기 때문입니다. 지금 천하의 백성과 신하들이 동요하고, 사직이 위태로운 지경입니다. 한나라 황제의 시호에 항상 '효孝'자를 쓰는 것은 자손들이 영원히 천하를 보존하여 종묘의 제사가 끊이지 않게 하라는 뜻입니다. 만약 한나라 황실의 제사가 끊기게 된다면 장군은 저승에서 무슨 낯으로 선황제를 뵐 것입니까? 오늘의 논의는 지체할 수 없습니다. 망설이는 자가 있다면 신이 검으로 그를 베도록 하겠습니다."

곽광이 사죄하며 말했다.

"대사농께서 나를 책망하는 것은 틀린 말이 아니오. 천하가 흉흉하고 불안하니 내가 비난받아 마땅하오."

그러자 논의에 참여한 자들이 모두 머리를 땅에 부딪치며 말했다.

"만백성의 목숨이 장군께 달려 있습니다. 오직 대장군의 명에 따르겠습니다."

곽광은 곧바로 신하들과 함께 태후를 뵙고 창읍왕이 종묘사직을 이어받을 수 없는 정황을 갖추어 아뢰었다. 황태후는 미앙궁의 승명전承明殿에 행차하여 궁궐의 문마다 조서를 내려 창읍왕이 창읍에서 데려온 신하들을 들이지 못하도록 했다. 창읍왕이 태후를 알현하고 돌아가던 중 온실전溫室殿에 도착했을 때, 환관이 양쪽 문을 잡고 있다가 왕이 들어오자 문을 닫았다. 창읍왕의 신하들은 들어올 수 없었다. 왕이 말했다.

"무슨 일이냐?"

대장군이 무릎을 꿇고 말했다.

"창읍왕의 신하들은 들이지 말라는 황태후의 조서가 있었습니다."

왕이 말했다.

"천천히 하시오. 왜 사람을 이처럼 놀래키는 것이오!"

곽광은 창읍왕의 신하들을 모두 금마문金馬門 밖으로 내보냈다. 거기장군 장안세가 우림군의 기마병을 거느리고 200여 명을 포박하여 모두 감옥으로 압송하고 정위에게 맡겼다. 곽광은 예전에 소제를 모시던 시중과 환관들에게 창읍왕을 지키도록 했다. 곽광은 좌우의 사람들에게 당부했다.

"잘 지키도록 하라. 만일 갑자기 죽거나 자결한다면 내가 천하를 저버리고 주군을 죽였다는 죄명을 얻게 된다."

창읍왕은 자신이 폐위되리라는 것을 알지 못하고서 주변의 사람들에게 말했다.

"나의 옛 신하들과 시종들이 무슨 죄가 있다고 대장군이 그들을 모두 체포했단 말인가?"

잠시 후 태후는 창읍왕을 불러들이라는 명을 내렸다. 창읍왕은 부름을 듣자 두려워 말하였다.

"무슨 죄가 있다고 나를 부르는가!"

태후는 구슬을 꿰어 장식한 짧은 상의를 입고 무장한 호위병이 있는 휘장 안에 엄숙하게 앉아 있었다. 수백 명의 시종들이 모두 무기를 갖고 있었고, 다른 호위군도 창을 들고서 궁궐 아래 섬돌 계단 양쪽으로 나란히 서 있었다. 신하들은 관직의 순서대로 대전大殿으로 들어왔고 창읍왕은 태후 앞에 엎드려 듣도록 했다.

곽광은 신하들과 연명하여 창읍왕에 대한 상주를 올렸다. 상서령이 상주문을 읽었다.

승상 신臣 양창, 대사마 대장군 신 곽광, 거기장군 신 장안세, 도료장군度遼將軍 신 범명우范明友, 전장군 신 한증韓增, 후장군 신 조충국趙充國, 어사대부 신 채의蔡誼, 의춘후宜春侯 신 왕담王譚, 당도후當塗侯 신 위성魏聖, 수도후隨桃侯 신 조창락趙昌樂, 두후杜侯 신 도기당屠耆堂, 태복太僕 신 두연년杜延年, 태상太常 신 소창蘇昌, 대사농 신 전연년, 종정宗正 신 유덕劉德, 소부少府 신 사락성史樂成, 정위 신 이광李光, 집금오執金吾 신 이연수李延壽, 대홍려大鴻臚 신 위현韋賢, 좌풍익 신 전광명田廣明, 우부풍 신 주덕周德, 장신소부長信少府 신 가嘉, 전속국 신 소무, 경보도위京輔都尉 신 조광한趙廣漢, 사예교위司隸校尉 신 벽병辟兵, 제리문학諸吏文學 광록대부 신 왕천王遷, 신 송기宋畸, 신 병길, 신 사사賜, 신 관管, 신 승勝, 신 양梁, 신 장행長幸, 신 하후승, 태중대부 신 덕德, 신 조앙趙卬은 죽음을 무릅쓰고 황태후 폐하께 아룁니다.

신 양창 등은 죽을죄를 청하며 머리를 조아립니다. 천자께서 종묘사직을 영원히 보존하고 천하의 백성을 하나로 아우를 수 있는 것은 효성과 공경, 예법과 도의, 상과 벌을 근본으로 하기 때문입니다. 선황제께서 후사가 없이 일찍 세상을 떠나셨으니 신 양창 등은 논의하였습니다. 예법에 "후사가 되면 그 사람의 아들이 되는 것(爲人後者爲之子也)"이라고 하였습니다. 창읍왕은 후사가 되기에 적합했기에 종정,

대홍려, 광록대부를 보내 부절을 받들고 장안으로 모셔와 장례를 주관하도록 하였습니다. 그러나 창읍왕은 상복을 입고서도 비통해하는 마음이 없었고 예법과 도의를 지키지 않았으며 장안으로 오는 중에도 소식素食을 하지 않았습니다.[6] 또 수행하는 관원에게 여자를 약탈하여 수레에 싣고 와 자신의 숙소로 들이게 하였습니다.

처음 장안에 도착하여 황태후를 뵙고 황태자로 책봉된 후 항상 몰래 닭과 돼지를 사서 먹었습니다. 선황제의 영구 앞에서 황제신새皇帝信璽와 황제행새皇帝行璽를 받고 처소로 돌아와 풀어본 후 봉해놓지도 않았습니다.[7] 수하 관원을 파견하여 부절을 가지고 가서 창읍의 시종, 가신, 관노 200여 명을 데리고 들어오게 하였고, 그들을 황궁에 기거하게 하며 유희를 하였습니다. 직접 부절과 옥새를 보관하는 관서에 가서 16개의 부절을 가지고 매일 아침저녁으로 선황제의 영구 앞에서 곡을 해야 하거늘, 시종들이 교대로 부절을 들고 따르게 하였습니다. 또 이러한 조서를 썼습니다.

"황제는 창읍의 시중侍中인 군경君卿의 안부를 묻는다. 황궁의 의복과 보물을 관장하는 중어부령中御府令 고창高昌은 황금 1000근을 가지고 가서 군경이 아내 10명을 얻도록 하사하라."

선황제의 영구가 아직 정전에 모셔져 있건만, 악부樂府의 악기를 꺼내고 창읍의 악인들을 불러들여 북을 두드리고 악곡을 연주하고 춤을 추며 잡스런 유희를 하였습니다. 장례를 마치고 돌아와서는 상중

---

6)  소식은 고기가 없는 채식을 말한다. 고기를 먹었다는 것은 상중의 예법이 아니다.

7)  한나라 황제는 6개의 옥새를 갖고 있었다. 황제행새, 황제지새皇帝之璽, 황제신새, 천자행새天子行璽, 천자지새天子之璽, 천자신새天子信璽이다. 이 중 천자지새는 직접 차고 있고, 나머지는 모두 부절대符節臺에 보관하였다. 제왕의 국새는 국가의 가장 중요한 기물로 항상 봉해놓아야 하는 것이다. 그러나 창읍왕은 그것을 받아 처소로 돌아온 후 풀어보았으며 다시 밀봉해두지 않았다. 이는 국가의 보물을 함부로 다룬 것이다.

의 자리에 있지 않고 정전에 거처하였으며, 종과 경쇠를 연주하였습니다. 태일신과 종묘에 제사 지내는 악공을 불러 수레 길을 따라 상림원의 모수지牟首池까지 북을 두드리며 나팔을 불고 춤추고 노래하며 갖가지 악곡을 연주하게 하였습니다. 또 황제의 음식을 담당하는 장안주長安廚에서 태뢰 제사에 사용하는 소, 양, 돼지 세 가지 희생을 가져다가 각실閣室에서 제사를 지냈습니다. 제를 마친 후에는 시종들과 먹고 마셨습니다. 천자가 천지와 사직에 제사를 지낼 때 사용하는 수레에 호랑이 가죽을 휘장으로 두르고 난새를 수놓은 깃발을 달고서 북궁北宮과 계궁桂宮을 질주하며 돼지를 쫓고 호랑이와 싸우는 놀이를 하였습니다. 황태후께서 사용하는 작은 수레를 가져다가 관노가 타게 하고, 후궁들이 거주하는 액정掖庭에서 유희를 하였습니다. 선황제의 궁녀인 몽蒙 등과 음란한 짓을 하고는 액정을 관장하는 자에게 감히 발설하면 허리를 잘라 죽이겠다고 협박하였습니다.

태후가 말했다.
"그만하여라. 신하이자 아들로서 이처럼 패역무도하다니."
창읍왕이 자리에서 일어나 바닥에 엎드렸다. 상서령은 다시 읽어 내려갔다.

창읍왕은 또한 제후왕과 열후, 이천석 관리의 인끈과 흑색 인끈, 황색 인끈을 가져다가 창읍의 낭관과 면천된 노비에게 주어 차도록 하였습니다. 또 부절의 황색 깃발을 마음대로 붉은색으로 바꾸었습니다. 황실 창고의 금전과 칼, 검, 옥기, 채색 비단을 함께 놀이한 자들에게 상으로 내렸으며, 시종 및 관노들과 밤새 술독에 빠져 있었습니다. 황제의 수라를 관장하는 태관太官에게 평상시와 마찬가지로 식사를 올리도록 명하였습니다. 음식을 감독하는 식감食監이 상복을 벗기 전에는 일상적인 식사를 해서는 안 된다고 상주하자, 다시 태관에게 음식의 준비를 재촉하면서 식감에게 알리지 말도록 하였습니다. 태관이 감히 준비하지 못하자 시종관에게 궁을 나가 닭과 돼지를 사오게 하였으며, 궁문의 호위들에게 통과를 허가하고 이를 정례화할 것을 명령하였습니다.

어느 날 밤에는 천자가 9등급의 빈객을 맞이하는 구빈九賓의 예를 온실전溫室殿에 차려놓고 자형인 창읍 관내후를 불러 만났습니다. 선황제를 안장한 36일 후, 종묘에 제사를 거행함으로써 정식으로 즉위를 하게 됩니다. 그러나 창읍왕은 아직 종묘의 제사를 받들지도 않았는데 옥새를 찍은 조서를 내렸습니다. 사신을 파견하여 부절을 가지고 가서 세 가지 태뢰의 희생으로 사사로이 친부인 창읍애왕의 능원에 제사를 지니게 히였고 지신을 사자황제嗣了皇帝라 하였습니다.[8]

옥새를 받은 이후 27일간 빈번히 사자를 파견하여 부절과 조서로써 각 관서에 물품을 징발한 것이 1127건입니다. 문학광록대부 하후승 등과 시중 부가傅嘉가 수차례 잘못을 간언하였습니다. 그러자 사람을 보내 하후승의 문서 장부를 질책하였고 부가를 체포하여 옥에 가두었습니다. 창읍왕은 황음무도하여 제왕으로서의 예의와 법도를 잃었으며, 한나라의 제도를 어지럽혔습니다. 신 양창 등이 수차례 간언하였으나 잘못을 고치지 않고 날이 갈수록 더욱 심해지니 사직을 위태롭게 하고 천하가 태평치 못할 것입니다.

신 양창 등은 삼가 박사 신 공패孔覇, 신 준사雋舍, 신 덕德, 신 우사

---

8) 창읍왕은 소제의 아들로서 제위를 계승하였으므로 부친인 창읍애왕과는 이미 부자 관계가 아니다. 소제 윗대의 조상들에게 제를 올리지도 않았는데 먼저 창읍애왕에게 제사를 지냈을 뿐만 아니라, '사자'라는 말로 자신이 창읍애왕의 적자임을 드러낸 것은 모두 예법에 맞지 않는다.

虞舍, 신 사射, 신 후창后倉 등과 논의를 하였습니다. 모두들 이렇게 말했습니다.

"고조께서 공업功業을 세워 태조太祖가 되시고, 효문제께서는 자애로움과 검소함으로 태종太宗이 되셨습니다. 지금의 폐하는 효소황제를 계승하였으나 행실이 음란하고 문란합니다. 『시경』에 '아직 알지 못한다 하지만 이미 아들을 안고 있네(藉曰未知, 亦旣抱子)'라고 하였습니다. 왕이 아직 어려 아는 것이 없다고 하지만 이미 장성하여 아들을 안고 있으니 실은 어리지 않음을 읊은 것입니다. 다섯 가지 형벌 중 불효보다 큰 것이 없습니다. 주周 양왕襄王이 모친을 제대로 섬기지 못하였기 때문에 『춘추』는 '천자가 주나라에서 나와 정나라에 머물렀다(天王出居于鄭)'고 기록하였습니다. 양왕은 모친에게 불효하여 정나라로 갔고 천하 사람들에게 버림받은 것입니다.[9] 종묘는 군주보다도 중요합니다. 폐하께서는 아직 고조의 묘를 뵙고 천명을 받지 않았으니, 제위를 계승하여 사직을 받들고 만백성을 다스릴 수 없습니다. 폐출해야 합니다."

신 등은 청컨대 담당 관리인 어사대부 신 채의, 종정 신 유덕, 태상 신 소창이 태축太祝과 한 가지 태뢰의 희생을 갖추어 고조의 묘에 제사를 올려 고하게 해주십시오. 신 양창 등은 죽음을 무릅쓰고 아룁니다.

황태후는 "그리하라"고 명하였다.

곽광은 창읍왕에게 일어나 절하고 명을 받도록 했다. 창읍왕이

---

9) 주 양왕의 생모는 일찍 죽었고 후모後母인 혜후惠后는 숙대叔帶를 낳았다. 혜후는 숙대를 태자로 세우려 했으나 뜻대로 되지 않았다. 양왕의 즉위 후 숙대는 반란을 일으켰다가 실패하여 제나라로 달아났다. 양왕 16년, 숙대가 적인狄人과 결탁하여 주나라를 침입하자 양왕은 정나라로 달아났다. 주나라에서 숙대가 즉위하였고, 양왕은 이후 진晉 문공文公이 숙대를 죽인 후에야 돌아와 복위할 수 있었다.

말했다.

"천자에게 간쟁하는 신하 7인이 있으면 비록 무도한 군주라도 천하를 잃지 않게 된다고 들었습니다."[10]

곽광이 말했다.

"황태후께서 이미 폐출의 명을 내리셨는데 어찌 천자라 하십니까!"

그러고는 다가가 창읍왕의 손을 잡고 옥새와 인끈을 풀어 태후에게 올린 후 왕을 부축하여 전전殿을 내려가 금마문金馬門으로 나갔다. 신하들이 따라 전송하였다. 창읍왕은 서쪽을 향하여 절을 하고는 말했다.

"제가 어리석어 한나라의 중임을 맡지 못했습니다."

그러고는 일어나 수행원의 수레에 올랐다. 곽광은 창읍왕 관저까지 전송하고는 사죄하며 말했다.

"왕께서 스스로 천하를 저버린 것입니다. 신 등은 능력이 부족하고 유약하여 왕의 은덕에 죽음으로 갚을 수 없습니다. 신은 왕을 저버릴지언정 감히 사직을 저버릴 수는 없습니다. 원컨대 왕께서는 스스로를 아끼십시오. 신은 앞으로 다시는 곁에서 뫼시지 못할 것입니다."

곽광은 울면서 떠났다. 신하들이 뒤이어 아뢰었다.

"옛날 폐출된 사람은 먼 곳으로 유배를 보내 정치에 관여하지 못하도록 했습니다. 청컨대 창읍왕 유하를 한중漢中의 방릉현房陵縣으로 보내십시오."

태후는 조서를 내려 유하를 창읍 봉국으로 돌아가게 하고 탕목읍 2000호를 하사하였다.[11] 창읍의 신하들은 왕을 의로운 길로 보

---

10) 『효경孝經·간쟁諫爭』에 나오는 구절이다.

11) '탕목'이란 목욕의 의미로 탕목읍은 목욕을 위한 비용으로 쓸 수 있도록 제공되는

좌하지 못하고 사악함에 빠지게 하였으므로 곽광은 그 죄를 물어 200여 명을 모두 주살하였다. 이들은 옥을 나와 형장으로 가면서 거리에서 소리쳤다.

"잘라야 할 것을 자르지 않았더니 도리어 화를 당하는구나!"

곽광은 조정에 앉아 승상 이하의 관원을 소집하여 새로운 황제의 옹립을 논의하였다. 광릉왕은 이미 배제되었고, 연자왕燕剌王은 모반했다가 주살되었으므로 그 아들은 논의에 포함되지 않았다. 가까운 친척으로는 위태자의 손자로 황증손이라 불리는 이가 민간에 있었는데, 모두 칭송한다고 했다. 곽광은 결국 다시 승상 양창 등과 함께 상주하였다.

"『예』에 말하길, '부모를 사랑하므로 조상을 존중할 수 있고, 조상을 존중하므로 집안의 대종大宗을 받드는 것이다(人道親親故尊祖, 尊祖故敬宗)'라고 하였습니다. 대종이 후사가 없으면 방계 자손 중 어진 자를 골라 후사로 삼습니다. 효무황제의 증손인 유병이劉病已는 무제께서 생존하셨을 때 조서를 내려 액정掖庭에서 돌보도록 하였습니다. 지금 18세로 스승으로부터『시』,『논어』,『효경』을 배웠습니다. 몸소 검소함을 행하며 자애로우니 효소황제의 후사가 되어 종묘사직을 계승하고 만백성을 다스릴 수 있습니다. 신은 죽음을 무릅쓰고 말씀을 드립니다."

황태후는 "그리하도록 하라"고 명하였다.

곽광은 종정 유덕을 상관리尙冠里에 있는 무제의 증손 집으로 파견하여 목욕재계하게 한 다음 황실의 의복을 입히도록 했다. 태복

마을이다. 주나라 때 천자를 조견하러 오는 제후들이 숙박과 목욕재계 비용으로 쓸 수 있도록 봉지를 제공하던 것에서 비롯되었다. 황제, 황후, 공주 등 황실 일족과 제후들이 사적으로 소유했던 봉토로, 이곳에서 걷은 세금은 조정에 납부하지 않고 자신이 사용하였다.

은 작은 수레로 증손을 맞이하였다. 증손은 종정부宗正府에서 재계한 후 미앙궁으로 들어가 황태후를 알현하였고 양무후陽武侯에 봉해졌다. 그런 후 곽광이 황제의 옥새와 인끈을 받들어 올리고 함께 고조 묘를 배알하였다. 이분이 효선황제이다. 이듬해, 조서를 내렸다.

"덕이 있는 자와 큰 공이 있는 자를 포상하는 것은 고금의 상통하는 도리이다. 대사마대장군 곽광은 충정으로 황실을 지키고, 군주의 은덕을 선양하고, 절개와 도의를 지켜 종묘사직을 안정시켰다. 그러므로 곽광에게 하북과 동무양東武陽 두 현의 1만 7000호를 더하여 봉하노라."

곽광이 원래 가지고 있던 봉읍과 합쳐 2만 호가 되었다. 전후로 황금 7000근과 6000만 전, 갖가지 색의 비단 3만 필, 노비 170명, 말 2000필, 대저택 한 채를 하사받았다.

소제 때부터 곽광의 아들 곽우霍禹와 형의 손자인 곽운霍雲은 모두 중랑장을 지냈고, 곽운의 아우 곽산霍山은 봉거도위 시중을 지내면서 귀순한 흉노족과 남방의 월족越族으로 구성된 군대를 통솔하였다. 곽광의 두 사위는 각각 장락궁과 미앙궁의 위尉였고, 곽광 형제의 사위들과 외손자들도 모두 조정의 초청으로 조회에 참석할 수 있는 우대를 받았으며 각 부서의 대부大夫, 기도위騎都尉, 급사중으로 임명되었다. 곽광의 친족들은 긴밀한 관계를 유지하며 조정에 기반을 마련하였다.

곽광은 후원後元 연간부터 조정의 주요 업무를 도맡아 처리하였는데, 선제가 즉위하자 정권을 돌려주었다. 그러나 선제는 사양하며 받지 않고서 여러 가지 업무를 모두 먼저 곽광에게 보고한 후 천자에게 상주하도록 했다. 곽광이 매번 조정에 와서 알현할 때면 선제는 공경하며 엄숙한 태도를 갖추어 예우하였다.

곽광은 전후로 20여 년간 정무를 장악하였다. 지절 2년(기원전 68) 봄, 병이 들자 황제는 수레를 몰아 직접 곽광을 병문안하였고 그를 위해 눈물을 흘렸다. 곽광은 글을 올려 성은에 감사하며 이렇게 말했다.

"저의 봉읍 3000호를 형님의 손자인 봉거도위 곽산에게 나누어 주어 열후로 책봉하고, 형님이신 표기장군 곽거병의 제사를 받들도록 해주십시오."

선제는 이 일을 승상과 어사에게 내려보내 처리하게 하고, 그날로 곽광의 아들인 곽우를 우장군에 임명하였다.

곽광이 서거하자 황제와 황태후는 직접 문상을 하였다. 태중대부 임선任宣과 5명의 시어사侍御史가 부절을 가지고 장례를 주관하였다. 중이천석의 관리들은 묘지에 장례의 진행을 위한 막부를 설치하였다. 선제는 금전과 비단, 수를 놓은 이불 100채, 의복 50상자, 금실로 엮은 옥의玉衣를 하사하였다. 그리고 황제가 사용하는 목재의 관, 생전의 거처처럼 만들어 관을 놓아두는 편방便房, 측백나무를 쌓아 묘실을 만드는 방식인 황장제주黃腸題湊 각 1구具, 전나무로 만든 외관外棺 15구를 하사하였다. 동원東園에서 제작하는 장례용품을 모두 황제의 제도와 같이하였다. 곽광의 영구를 온량거輼輬車에 싣고 제왕의 전용인 황색 비단 덮개를 덮었으며, 수레의 왼쪽에는 꼬리털로 장식한 큰 깃발을 꽂았다. 보병, 전차병, 북군北軍의 5개 군영의 병사를 징발하여 무제의 능원인 무릉茂陵까지 대열을 지어 영구를 호송하도록 했다. 시호는 선성후宣成侯로 하였다. 하동, 하남, 하내 삼군의 병사를 징발하여 땅을 파고 흙을 쌓아 분묘를 만들게 하였다. 그리고 묘지를 관리하는 300호의 마을을 두고 장관과 부장관을 임명하여 전례대로 제사를 받들고 무덤을 지키도록 하였다.

장례를 마친 후 곽산을 낙평후樂平侯에 봉하고 봉거도위의 신분으로 상서尙書의 일을 관장하게 했다. 선제는 곽광의 공덕을 생각하며 이러한 조서를 내렸다.

　　"세상을 떠난 대사마 대장군 박륙후는 30여 년간 효무황제를 모셨고 10여 년간 효소황제를 보좌하였다. 나라가 큰 위태로움에 처했을 때 몸소 도의를 지키며 삼공과 구경대부를 이끌었고 만세萬世를 위한 방책을 정하여 사직을 안정시켰다. 그리하여 천하의 만백성이 모두 편안할 수 있었다. 짐은 그의 성대한 공덕을 매우 가상히 여긴다. 그 후세의 부역을 면제해주고 작위와 식읍의 세습을 대대로 변함없이 유지하여, 그 공훈을 소하蕭何와 같이 대우하도록 하라."

　　이듬해 여름, 태자의 외조부인 허광한許廣漢을 평은후平恩侯에 봉하였다. 다시 조서를 내렸다.

　　"선성후 곽광은 충정으로 황제를 모셨고 나라를 위해 수고하였다. 공신의 후손은 마땅히 포상하여야 하니 곽광 형의 손자인 중랑장 곽운을 관양후冠陽侯에 봉하도록 하라."

　　곽우가 박륙후의 작위를 계승한 후 그 모친인 현顯은 곽광이 살아생전 직접 만든 묘지를 더 크고 사치스럽게 바꾸었다. 3개 출구양쪽으로 석궐石闕을 만들고 신도神道를 만들어 북쪽으로는 소령관昭靈館, 남쪽으로는 승은관承恩館과 통하게 했다. 그리고 사당을 대대적으로 수리하여 수레 전용도로가 무덤 안의 통로까지 곧바로 이어지게 하고, 평민의 첩과 여종을 가둬놓고 그곳을 지키게 하였다. 또 저택을 확장하고 수리하였다. 후비后妃가 타는 수레를 모방하여 만들어 깔개, 등받이, 손잡이에는 자수를 놓아 장식하였고 황금을 칠하였다. 그리고 바퀴를 가죽과 솜으로 감싸고 여종들이 오색의 비단 실로 수레를 끌게 하면서 저택에서 놀이하였다.

당초 곽광은 집안을 관리하던 풍자도馮子都를 총애하여 항상 함께 일을 상의하였다. 현은 과부가 되자 풍자도와 사통하였다. 곽우와 곽산도 저택을 대대적으로 수리하고 상림원의 평락관平樂館에서 말 경주를 하였다. 곽운은 황제와 태후를 접견해야 할 때도 수차례 병을 핑계 삼아 나가지 않았다. 그러면서 사사로이 많은 빈객을 거느리고 황산궁黃山宮의 원림에서 사냥을 하면서 노비를 대신 보내 조회에 나가 알현하게 했다. 그러나 감히 아무도 질책하지 못했다. 현과 여러 딸들은 밤낮으로 상관태후의 처소인 장신궁長信宮에 출입하면서 아무런 제재를 받지 않았다.

선제는 민간에서 지낼 때부터 곽씨 집안이 오랫동안 귀한 신분과 세력을 누려왔음을 익히 들어 알고 있었으므로 내심 언짢아하였다. 곽광이 서거하고 선제가 비로소 직접 조정의 정사를 주관하게 되자 어사대부 위상魏相에게 급사중給事中의 직함을 더하였다. 현은 곽우, 곽운, 곽산에게 이렇게 말했다.

"너희들은 대장군께서 쌓으신 사업을 굳건히 하는 일에 힘쓰지 않는구나. 지금 어사대부가 급사중이 되었으니 만약 다른 사람들이 폐하와 우리 사이를 조금이라도 이간질한다면 너희들이 자신을 구할 수 있겠느냐?"[12]

이후 곽씨 집안과 위상 집안의 노복들이 길을 두고 싸움을 하였다. 곽씨 집안의 노비가 어사부에 침입하여 대부가 출입하는 문을 발로 차 부수려 하였고 대부의 속관이 머리를 조아리며 사죄하자 그제야 물러갔다. 사람들이 이를 곽씨 집안에 알리자 현 등은 걱정

---

12) 급사중은 삼공三公, 장군, 열후列侯에게 더해지는 '가관加官'으로 황제를 가까이에서 모시면서 질문에 응대하거나 조언을 하는 직책이다. 위상에게 급사중의 직함을 더하자, 곽씨 집안은 선제가 정무의 처리에 있어 위상의 견해를 따를까봐 걱정한 것이다.

하기 시작하였다. 마침 위상이 승상이 되었고, 선제는 한가할 때면 자주 위상을 만나 국사를 논의하였다. 평은후 허광한과 시중 김안상金安上 등도 궁중에 직접 출입하였다. 당시 곽산이 여전히 상서의 업무를 관할하고 있었으나, 선제는 관리와 백성들이 밀봉 상주를 올릴 수 있도록 하면서 상서를 거치지 않도록 하였다. 또한 신하들이 황제를 접견하는 것도 독자적으로 왕래하였다. 이에 대해 곽씨 집안은 몹시 두려워하였다.

선제는 즉위하자 평민 시절의 아내 허비許妃를 황후로 책봉하였다. 현은 막내딸인 성군成君을 아껴 존귀하게 해주고 싶은 마음에 은밀히 부인과 의원인 순우연淳于衍에게 허황후를 독살하게 하였다. 그리고 곽광에게 성군을 입궁시켜 황후로 세우도록 설득했다. 관련 기록은 「외척전外戚傳」에 수록되어 있다.

애초 허황후가 갑자기 서거하자 관리들은 관련 의원들을 체포했는데 순우연이 치료할 때 무례하고 무도했다는 고발이 있어 하옥시켰다. 관리의 심문이 긴박해지자 현은 일이 탄로날까 두려워 곽광에게 사실을 실토하였다. 곽광은 크게 놀라 직접 고발하려 했으나 차마 그리하지 못하고 망설였다. 마침 이 안건을 처리한 상주문이 올라오자 곽광은 순우연을 더 이상 추궁하지 말도록 지시하였다.

곽광이 죽은 후, 점차 말이 새어나왔고 선제는 이에 대한 소문을 듣기는 했지만 조사를 하지는 않았다. 그러고는 곽광의 사위인 도료장군度遼將軍 미앙궁 위위衛尉 평릉후 범명우范明友를 광록훈에, 둘째 사위인 제리諸吏 중랑장 우림감 임승任勝을 안정 태수에 임명했다. 몇 달 후, 곽광 누이의 사위인 급사중 광록대부 장삭張朔을 촉군 태수로, 손녀사위인 중랑장 왕한王漢을 무위武威 태수에 임명하였다. 얼마 후, 또 곽광의 맏사위 장락궁 위위 등광한鄧廣漢을 소부

少府로 임명하였다. 그리고 곽우를 대사마로 임명하였으나 작은 관을 쓰게 하고 인끈도 없었으며 우장군으로서 관할하던 병력과 속관도 폐지하였다.[13] 곽우는 직함만 곽광과 같은 대사마일 뿐이었다. 또 범명우의 도료장군 인끈도 회수하고 광록훈의 직함만 남겨두었다. 곽광의 셋째 사위 조평趙平은 산기散騎 기도위騎都尉 광록대부로 군대를 통솔하였는데 그의 기도위 인끈도 회수하였다. 이리하여 귀순 오랑캐로 구성된 기병, 우림군, 미앙궁과 장락궁 두 궁의 수비와 병사의 통솔권이 모두 선제가 신임하는 허씨·사씨 집안의 자제들로 대체되었다.[14]

곽우는 대사마에 임명된 후 병을 핑계대고는 업무를 돌보지 않았다. 예전 장사長史였던 임선任宣이 병문안을 오자 곽우가 말했다.

"내가 무슨 병이 있겠는가? 폐하는 우리 집안의 대장군이 아니었다면 지금의 자리에 오르지 못했을 것이네. 장군의 무덤이 아직 마르지도 않았는데 우리 집안을 모두 몰아내고 도리어 허씨와 사씨를 신임하시어 나의 인끈을 빼앗으시니, 그 이유를 죽어도 모르겠네."

임선은 곽우의 원망이 깊음을 보고서 이렇게 말했다.

"대장군께서 살아계셨을 때의 성세가 어찌 다시 올 수 있겠습니까! 나라의 권세와 살생의 권한을 모두 손 안에 쥐고 계셨지요. 정위 이충李种과 왕평王平, 좌풍익 가승호賈勝胡, 차천추 승상의 사위인 소부少府 서인徐仁은 모두 장군의 뜻을 거스른 죄로 결국 하옥되어 죽음을 당했습니다. 그러나 사락성史樂成은 빈천한 집안 출신임

---

13) 한나라 제도에 따르면 대장군이 쓰는 관모는 무변대관武弁大冠인데 작은 관을 쓰도록 한 것은 그 지위를 낮춘 것이다. 인끈이 없다는 것은 실권이 없음을 의미한다.

14) 선제의 황후인 허씨, 조모인 사량제史良娣의 친척을 말한다. 선제는 관직의 이동을 통해 곽씨 집안의 세력을 분산시키고 그들이 장악했던 병권을 삭탈한 것이다.

에도 장군에게 총애를 얻어 구경九卿의 지위에 오르고 제후에 봉해졌습니다. 백관 이하가 장군의 노비인 풍자도馮子都, 왕자방王子方 등만 섬기고 승상은 안중에도 없었습니다. 사람마다 각자의 때가 있는 것입니다. 지금 허씨와 사씨는 천자의 친족이므로 존귀하게 된 것은 너무나 당연합니다. 대사마께서 이 때문에 원망하시는 것은 제가 보기에 잘못된 것입니다."

곽우는 아무 말이 없었다. 며칠 후 일어나 업무를 보았다.

현과 곽우, 곽산, 곽운은 날로 자신들의 세력이 침범당하고 줄어들자, 자주 만나 눈물을 흘리면서 원망하였다. 곽산이 말했다.

"지금 승상이 정무를 맡고 있는데 황제께서는 그를 신임하십니다. 대장군께서 제정했던 법령을 모두 바꾸고 공전公田을 빈민에게 나누어주며 대장군의 실책을 널리 알리십니다. 또 여러 유생들은 대부분 가난한 집 자제들이라 먼 곳에서 수도로 와 타향살이를 하다보니 배고픔과 추위에 시달리며 망언을 떠벌리는 데 거리낌이 없습니다. 대장군께서는 항상 그들을 적대적으로 대하였는데, 지금 폐하께서는 유생들과 말씀 나누는 것을 좋아하십니다. 이들에게 직접 밀봉한 상주문을 올릴 수 있도록 하셨는데, 그중에는 우리 집안에 대한 의론이 분분합니다. 한번은 이러한 내용의 상소문을 보았습니다. '대장군이 있을 때 군주는 약하고 신하가 강하여 자신의 뜻대로 정권을 좌지우지하였습니다. 지금도 그 자손들이 정사를 장악하고 있으며 그 형제들은 더욱 교만하고 방자하니 종묘사직을 위태롭게 할까 걱정스럽습니다. 재앙과 이변이 자주 일어나는 것은 모두 이 때문입니다.' 저는 그 언사가 신랄하여 물리치고 아뢰지 않았습니다. 후에 글을 올리는 자들은 더욱 교활해져 모두 밀봉하여 상서를 올리니 폐하께서는 중서령에게 그것들을 가져오게 하시고 상서尙書를 거치지 않으십니다. 황제께서는 점차 저를 신뢰하지 않으십니다."

현이 말했다.

"승상이 우리 집안을 여러 번 언급했다는데 설마 그는 죄가 없겠는가?"

곽산이 말했다.

"승상이 청렴하고 바르니 무슨 죄가 있겠습니까? 우리 집안의 형제들과 사위들은 근신하지 않는 자가 많습니다. 또 민간에 곽씨가 허황후를 독살했다는 소문이 돈다는데 설마 정말 이런 일이 있었습니까?"

현은 두렵고 다급해져 곧바로 사실을 곽산과 곽운, 곽우에게 말해주었다. 그들은 깜짝 놀라며 말했다.

"이런 일을 왜 일찍 저희에게 말해주지 않으셨습니까? 황제께서 사위들을 쫓아내고 분산시킨 데는 이유가 있었군요. 이는 큰일이니 처벌이 가볍지 않을 것입니다. 어찌합니까?"

그리하여 사악한 모의를 꾸미기 시작했다.

예전에 곽광의 셋째 사위인 조평의 문객 중 천문학에 밝은 석하石夏라는 자가 있었다. 그가 조평에게 이렇게 말했다.

"화성이 어성御星 옆에 머물러 있습니다. 어성은 태복과 봉거도위에 해당되니 이들이 내쫓기거나 죽임을 당할 것입니다."[15]

조평은 내심 곽산 등을 염려했다. 곽운의 장인 이경李竟과 친분이 있던 장사張赦는 곽씨 집안의 위태로운 상황을 보고는 이경에게 이

---

15) 화성은 형혹성熒惑星이라고도 한다. 화성은 전쟁, 기근, 역병 등이 나타날 징조를 상징하는 불길한 별로 해석되었다. 어성은 천자의 수레를 모는(御) 자를 상징하므로 화성이 어성 옆에 나타났다는 것은 태복 혹은 봉거도위가 축출되거나 죽는다는 것을 암시한다. 곽산이 당시 봉거도위였기 때문에 조평이 이를 걱정한 것이다.

렇게 말했다.

"지금 승상과 평은후가 정사를 주도하고 있으니 태부인께서 태후에게 말하여 이 두 사람을 먼저 죽이십시오. 폐하의 자리를 동요시킬 수 있는 힘은 태후에게 있습니다."[16]

장안 사람 장장張章이 이를 고발하였고 사건을 정위에게 심리하게 하였다. 집금오執金吾가 장사, 석하 등을 체포하였으나 후에 다시 취소하여 체포하지 말라는 조서가 내려왔다. 곽산 등은 더욱 두려워하며 서로 이렇게 말했다.

"이는 폐하께서 태후의 체면을 생각하여 더 이상 추궁하지 않으시는 것입니다. 하지만 단초가 이미 드러났고 허황후를 시해한 일도 있으니 폐하께서 비록 관대하고 인자하다 하더라도 주변의 사람들이 듣지 않을 것입니다. 시간이 흐르면 발각될 것이고, 일단 발각되면 멸족입니다. 먼저 손을 쓰는 것이 낫습니다."

결국 여러 딸들에게 각자 집으로 돌아가 남편에게 알리도록 하였는데 모두 이렇게 말했다.

"더 이상 어디로 피하겠습니까?"

마침 이경이 제후왕들과 내통한 죄를 지었는데 자백하면서 곽씨를 언급하였다. 곽운과 곽산은 궁의 호위를 책임지는 데 적합하지 않으니 해임하고 집으로 돌아가라는 조서가 내려왔다. 곽광의 딸들은 태후를 무례하게 대했고, 풍자도는 수차례 법을 위반하였다. 선제가 이러한 일을 한꺼번에 질책하자 곽산과 곽우 등은 몹시 두려워하였다. 현은 집 안에 있는 우물이 마당으로 넘쳐흐르고, 부뚜막의 솥이 나무 위에 걸려 있는 꿈을 꾸었다. 그리고 꿈에 곽광이 나

---

16) 태후는 소제의 황후인 상관태후로 상관걸의 손녀이자 곽광의 외손녀이다.

타나 현에게 이렇게 말했다.

"우리 아들이 체포될 것을 아시오? 곧 아들을 잡으러 올 것이오."

그리고 집 안에 갑자기 쥐가 들끓어 사람과 마주치는가 하면 꼬리로 땅을 휘젓고 다녔다. 올빼미가 여러 번 집 앞의 나무 위에서 울었고, 집의 대문이 저절로 무너졌다. 곽운의 상관리尚冠里 저택 대문도 무너졌다. 골목에 사는 사람들은 누군가가 곽운의 집 지붕 위에서 기와를 들어 땅에 던지는 것을 보았는데 다가가니 사라져버렸다. 사람들은 몹시 기이하게 생각했다. 곽우는 수레와 기병이 떠들썩하게 소리를 내면서 자신을 잡으러 오는 꿈을 꾸었다. 온 집안 사람들이 근심하였다. 곽산이 말했다.

"승상이 종묘에서 제사 지내는 희생인 새끼 양, 토끼, 자라의 수를 멋대로 줄였으니 이것으로 죄를 물을 수 있을 것입니다."

그리하여 태후로 하여금 주연을 마련하여 선제의 외조모인 박평군博平君을 초청하게 하고 승상과 평은후 이하 대신들을 부르게 했다. 그리고 범명우와 등광한에게 태후의 명을 사칭하여 그들을 끌어내어 참형에 처한 후 천자를 폐하고, 곽우를 옹립시킬 것을 모의하였다. 거사를 상의한 후 미처 실행하기 전에 곽운은 현도군玄菟郡의 태수로, 태중대부 임선任宣은 대군代郡 태수로 임명되었으며, 곽산은 기밀문서를 누설한 죄를 받게 되었다. 그러자 현은 글을 올려 장안성 서쪽의 자택과 말 1000필을 헌납하여 곽산의 죄를 사면해 줄 것을 청하였다. 그러나 비준을 받지 못했다. 바로 이때 곽씨 집안의 모의가 발각되었다. 곽운, 곽산, 범명우는 자살하였고, 현과 곽우, 등광한 등은 체포되었다. 곽우는 허리를 잘리는 형에 처해졌고, 현과 딸들, 형제는 처형되어 그 시체가 저잣거리에 버려졌다. 곽황후는 폐위되어 소대궁昭臺宮에 유폐되었다. 곽씨와 연루되어 처형을 당한 집안이 수천이었다.

선제는 조서를 내렸다.

"근래에 동직실령사東織室令史 장사張赦가 위군魏郡의 부호 이경李竟에게 관양후 곽운과 반역을 모의하도록 사주하였다. 짐은 대장군 때문에 일을 묻어두고 그가 개과천선하길 바랐다. 그러나 지금 대사마 박륙후 곽우와 그 어미인 선성후 부인 현, 사촌형제인 관양후 곽운, 낙평후 곽산과 여러 자매, 사위들이 대역죄를 모의하고 다른 사람들까지 죄를 짓도록 끌어들이려 하였다. 다행히 종묘 신령의 보살핌으로 사전에 발각되어 체포할 수 있었고 관련자들은 모두 처형되었다. 짐은 이 사건을 매우 가슴 아프게 생각한다. 곽씨에게 속아 죄를 지은 자들 중 병신일 이전의 일이거나 관리에게 조사를 받고 있으나 죄가 밝혀지지 않은 자들은 모두 사면하도록 하라. 평민인 장장張章은 곽씨 집안의 음모를 먼저 발각하여 이를 기문期門인 동충董忠에게 말했고, 동충은 좌조左曹 양운楊惲에게, 양운은 시중 김안상에게 알렸다. 양운은 대면하여 상황을 진술하였고 장장도 글을 올려 보고하였다. 시중 사고史高와 김안상은 음모를 고발하고자 곽씨를 궁궐에 들이지 말 것을 건의하였고, 결국 그들의 모반이 성공하지 못하게 되었으니 이들은 모두 같은 공을 세운 것이다. 장장을 박성후博成侯로, 동충을 고창후高昌侯로, 양운을 평통후平通侯로, 김안상을 도성후都成侯로, 사고를 낙릉후樂陵侯로 봉하도록 하라."

예전에 곽씨가 사치스러운 생활을 할 때 무릉茂陵의 서복徐福이 말하였다.

"곽씨는 반드시 망할 것이다. 무릇 사치하면 공손하지 못하게 되고, 공손하지 못하면 반드시 윗사람을 업신여기게 된다. 윗사람을 업신여기는 것은 반역이다. 남의 윗자리에 있게 되면 사람들은 필히 그를 해치려 한다. 곽씨가 정권을 장악한 지 오래되었으니 그를 해치려는 자들도 많을 것이다. 천하가 그를 해치려 하는데 행실은 도리에 어긋나니 망하는 것 외에 무엇을 기다리겠는가!"

그리고 상소를 올려 "곽씨의 세력이 번성하니 폐하께서 그들을 아껴 후대한다 하시더라도 때때로 제압하여 멸망의 길로 가지 않도록 하십시오"라고 아뢰었다. 세 번을 상소하였으나 알았다는 답만 돌아왔다. 그 후 곽씨는 주살되었고 곽씨를 고발했던 자들은 모두 후侯에 봉해졌다. 어떤 사람이 서복을 위해 글을 올렸다.

"어떤 사람이 남의 집을 방문했다가 굴뚝이 곧게 뚫려 있고 옆에 땔감이 쌓여 있는 것을 보았습니다. 손님은 집주인에게 굴뚝을 구부리고 땔나무를 멀리 옮겨놓아야 한다며 그렇지 않으면 화재가 있을 것이라 말했습니다. 주인은 묵묵히 답이 없었습니다. 과연 갑자기 집에 불이 났고 이웃들의 도움으로 다행히 불을 끌 수 있었습니다. 그리하여 주인은 소를 잡고 술자리를 마련하여 그 이웃사람들에게 감사 인사를 했습니다. 화상을 입은 자는 상석에 앉고 나머지는 각각 공로의 순서대로 자리에 앉았는데, 굴뚝을 구부려야 한다고 말했던 자는 부르지 않았습니다. 사람들이 주인에게 이렇게 말했습니다.

'만약 손님의 말을 들었더라면 소와 술을 낭비할 필요도 없었고 화재도 나지 않았을 것입니다. 지금 공을 논하고 손님을 초청하였으나 굴뚝을 구부리고 땔감을 옮겨야 한다고 말했던 자는 아무런 은택을 받지 못하고, 머리와 이마가 그을리고 데인 자들은 도리어 상객으로 두십니까?'

주인은 그제야 깨닫고 그를 초청하였습니다. 지금 무릉 사람 서복은 수차례 곽씨 집안이 장차 반란을 일으킬 것이니 미리 예비하여 막아야 한다고 글을 올려 말하였습니다. 만약 서복의 간언이 받아들여졌다면 조정은 땅을 나누어 작위를 내어주는 비용을 쓸 필요가 없었을 것이고, 신하는 반역을 일으켜 주멸되는 화도 없었을 것입니다. 이는 이미 지나간 일이지만 서복만은 그 공로를 인정받지 못했습니다. 폐하께서 이를 살펴주시길 바랍니다. 굴뚝을 구부리고 땔감을 옮겨야 한다는 방책을 귀하게 여기시어 머리를 태우고 화상을 입은 자들보다 위에 있도록 해주십시오."

선제는 서복에게 비단 10필을 하사하고 후에 낭관에 임명하였다.

선제가 막 즉위하여 고조묘를 알현할 때였다. 대장군 곽광이 함께 수레를 타고 갔는데, 선제는 속으로 두려워 등에 마치 가시가 박혀 있는 것 같았다. 이후 거기장군 장안세가 곽광을 대신하여 수레에 함께 탔는데, 선제는 자유롭게 몸을 펴며 매우 편안해했다. 곽광이 죽고 그 가문이 결국 주실되자 민간에는 이러한 얘기가 떠돌았다.

"위세가 주군을 떨게 하는 자는 용납될 수 없다. 곽씨의 화는 수레에 탔을 때부터 시작된 것이다."

성제 때에 이르러 100호를 두어 곽광의 무덤을 지키고 관리와 병사들이 제사를 받들게 하였다. 평제 원시 2년(2), 곽광의 사촌형제의 증손인 곽양霍陽을 박륙후에 책봉하고 1000호의 식읍을 주었다.[17]

---

17) 곽광과 김일제는 무제의 유조를 받아 충심으로 소제를 보필했다는 공통점이 있으면서도 집안과 자식을 다스리는 문제에서는 상반된 면을 보여주었다. 이러한 두 사람의 일생을 대조적으로 보여주기 위해 반고는 두 사람을 합전으로 구성하였다. 따라서 곽광에 대한 평가는 「김일제전」 끝부분에 함께 수록되어 있다. 이 책에서도 『한서』의 원모를 그대로 유지하여 곽광에 대한 논평을 「김일제전」 마지막에 함께 번역하였다.

# 김일제전

金日磾傳

김일제(기원전 134~기원전 86)는 흉노 사람으로 휴도왕의 태자였다. 부친인 휴도왕이 금인金人을 제작하여 하늘에 제사 지냈기 때문에 무제가 그에게 김씨金氏 성을 하사하였다. 곽거병이 흉노 정벌에서 휴도왕의 왕비와 왕자를 포로로 잡아 장안으로 끌고 왔고 김일제는 마구간 노예가 되었다.

어느 날 무제가 후궁들과 함께 연회에서 말을 구경하던 중 김일제의 출중한 외모와 위엄 있는 태도가 눈에 띄었다. 그는 다른 사람들처럼 궁녀에게 곁눈질을 하지 않았고, 그가 관리한 말은 매우 튼실했다. 무제는 김일제를 말 사육 전체를 총괄하는 마감馬監으로 발탁하였다. 이후, 시중·부마도위·광록대부를 역임하였으며 무제의 임종 시기에 소제를 보필하라는 유조를 받기까지 한다. 흉노의 태자였으나 포로로 잡혀와 노예로 전락했다가, 말을 잘 기른 일로 발탁되어 고명대신이 되기까지 상당히 극적인 인생을 산 인물이다.

김일제는 곽광과 함께 「곽광김일제전」에 수록되어 있다. 두 사람 모두 무제로부터 어린 소제를 보좌하라는 유조를 받고 충성을 다해 군주를 섬겼다는 공통점이 있다. 그러나 곽광이 집안을 엄히 다스리지 못했음에 반해 김일제는 자식 교육에 무척이나 엄격했다. 이 때문에 곽광은 그의 사후 3년 만에 집안이 멸족을 당하였고, 김일제의 자손은 조신하게 본분을 지켰기에 지위와 명예를 보존할 수 있었던 것이다. 반고가 두 인물을 합전으로 구성한 것은 신하가 어떻게 본분을 지키고 처신해야 하는지를 대조적으로 보여주려는 의도도 있었을 것이다.

김일제의 자는 옹숙翁叔으로, 본래 흉노 휴도왕休屠王의 태자였다. 무제 원수 연간, 표기장군 곽거병이 군대를 끌고 흉노의 서쪽 지역을 공격하여 많은 적군을 참수하였고, 휴도왕의 금으로 주조한 제천금인祭天金人 동상을 빼앗았다. 그해 여름 표기장군이 서쪽으로 거연居延을 지나면서 기련산祁連山을 공격하여 큰 승리를 거두었다. 선우는 서쪽 지역에 거주하는 혼야昆邪와 휴도 부족이 여러 차례 한나라에게 공격당한 것을 원망하여 두 왕을 불러 주살하려 했다. 혼야와 휴도는 두려워하여 한나라에 투항할 것을 모의하였다. 그러나 휴도왕이 후회하자 혼야왕은 그를 죽인 후 무리들을 이끌고 한나라에 투항하였다. 한나라 조정은 혼야왕을 열후에 책봉하였다. 김일제는 부친이 투항하지 않아 죽임을 당하였기 때문에 모친인 연지閼氏, 동생인 윤倫과 함께 관부로 적몰되어 황문黃門에서 말을 기르는 일을 맡았다. 당시 14세였다.

　오랜 시간이 흘러 무제가 연회에서 준마를 감상하고 있을 때, 후궁들이 옆에 가득 모여 있었다. 그때 김일제 등 수십 명이 말을 끌고 전각 아래를 지나가며 준마를 선보였는데, 궁녀를 훔쳐보지 않는 자가 없었지만 그는 감히 한눈을 팔지 않았다. 김일제는 8척 2촌[1]의 키에 용모가 점잖았으며 살찌고 기름진 말을 끌고 있었다. 무제는 그가 남다르게 느껴져 질문을 하였고, 김일제는 상세하게 자신의 출신에 대해 답하였다. 무제는 기이하게 여겨 그날로 목욕을 재계하고 의관을 하사받도록 하였으며 말을 감독하는 일을 맡겼다. 후에 시중부마도위 광록대부에 임명되었다. 김일제는 측근의 대신이 되어서도 과오가 없었기에 무제는 그를 매우 신임하고 아껴 천금에

---

달하는 상을 내렸다. 무제가 외출할 때 김일제는 수레에 동승하였고 입궁하면 좌우에서 모셨다. 황실의 친척들은 대부분 뒤에서 몰래 원망하며 이렇게 말했다.

"폐하께서 아무렇게나 얻은 오랑캐 아이를 귀중히 여기시다니!"

무제는 그 말을 듣고서 김일제를 더욱 후하게 대하였다.

김일제의 모친이 두 아들의 교육에 매우 법도가 있음을 듣고 무제는 이를 가상하게 여겼다. 그리하여 김일제의 모친이 병으로 세상을 뜨자 조서를 내려 감천궁에 화상을 그려두고 '휴도왕 연지'라 써두도록 했다. 김일제는 매번 그림을 볼 때마다 항상 절하였고 바라보며 한참을 울고는 돌아갔다. 김일제의 두 아들은 모두 무제의 곁에서 재롱을 부리는 농아弄兒가 되어 총애를 받았다. 농아가 가끔 뒤에서 무제의 목을 끌어안았는데 김일제가 앞에 있다가 그 장면을 보고는 노려보았다. 농아는 딜려가 울며 말했다.

"늙은이가 화를 냅니다."

무제는 김일제에게 "어찌 내 아들에게 화를 내는가?"라고 하였다.

농아는 장성한 후에도 행동을 삼갈 줄 몰랐다. 농아가 궁전 아래에서 궁인들과 장난을 치고 있었는데 김일제가 마침 그것을 보고는 그의 방종함을 싫어하여 결국 농아를 죽였다. 농아는 김일제의 장자였다. 무제가 이를 듣고 대노하자 김일제는 머리를 숙여 사죄하며 농아를 죽인 정황과 이유를 말하였다. 무제는 매우 슬퍼하며 눈물을 흘렸으나 그 후 마음속으로 김일제를 경모하게 되었다.

원래 망하라莽何羅와 강충江充은 친한 사이로, 강충은 여태자를 모함하였고 망하라의 동생 망통莽通은 여태자의 토벌에 공을 세워 열후에 봉해졌다. 이후 무제는 여태자의 억울함을 알고서 강충의 가족과 일당을 모두 주살하였다. 망하라 형제는 연루될까 두려워 결국 반역을 모의하였다. 김일제는 그들이 심상치 않은 뜻을 품고 있음을 눈치채고는 의심하며 몰래 동정을 정탐하면서 그들과 함께 조회에 참여하고 퇴근하였다. 망하라 또한 김일제의 의도를 알아채고서 오랫동안 아무 행동도 하지 않았다. 이때 무제가 임광궁林光宮에 행차하게 되었는데 김일제는 마침 몸이 아파 당직 숙소에 누워 있었다. 망하라와 망통, 이들의 동생인 망안성莽安成은 황제의 명령을 사칭하여 밤에 빠져나가 함께 사신을 살해하고 병력을 이동시켰다. 이튿날, 무제가 기침 전일 때 망하라가 아무런 이유 없이 들어왔다. 김일제는 뒷간을 가려던 참에 갑자기 이상한 기미를 느끼고는 곧바로 황제의 거처로 들어가 문가에 앉아 있었다. 잠시 후 망하라가 소매에 날카로운 칼을 감추고서 동쪽 측실에서 오다가 김일제를 보자 낯빛이 변하였다. 그러더니 무제의 침실로 뛰어들어갔는데 거문고를 건드리는 바람에 소리가 나자 얼어붙었다. 김일제는 망하라를 붙잡고는 소리쳤다.

"망하라가 모반하였다!"

무제가 놀라 깨어났고 좌우의 시위들이 칼을 뽑아 그를 쳐 죽이려고 하였다. 무제는 김일제가 다칠까봐 염려하여 때리지 못하도록 저지하였다. 김일제가 망하라의 목을 틀어쥐고는 바닥에 내려치자 시위들이 달려들어 포박하였다. 진상을 철저히 조사하여 일당을 모두 처형하였다. 이때부터 김일제는 충절로 유명해지게 되었다.

김일제는 황제의 좌우에서 호위를 맡은 수십 년간 한 번도 한 눈을 팔지 않았다. 무제가 궁궐에서 내보내는 궁녀를 하사하였으나 김일제는 감히 가까이 하지 않았다. 무제가 김일제의 딸을 후궁으로 들이려 하였으나 그는 그리하지 않았다. 충직함과 신중함이 이러하였으므로 무제는 더욱 그를 특별하게 여겼다. 황제는 병이 들자 곽광에게 어린 군주의 보좌를 맡겼는데, 곽광은 사양하며 김일제를 추천하였다. 김일제가 말했다.

"신은 외국인이니 흉노가 한나라를 경시하게 될 것입니다."

결국 곽광이 보좌하도록 했다. 곽광은 자신의 딸을 김일제의 아들인 김상金賞에게 시집보냈다. 당초, 무제는 유조를 남겨 김일제가 망하라의 반란을 토벌한 공이 있으므로 그를 투후秺侯에 봉하도록 하였으나 김일제는 소제가 어리다는 이유로 작위를 받지 않으려 했다. 김일제가 정무를 보좌한 지 1년 남짓 되었을 때 병이 들었다. 대장군 곽광은 김일제에게 작위를 내릴 것을 아뢰었다. 김일제는 병중에 누워서 인끈을 받았고 이튿날 세상을 떠났다. 조정에서 장례 물품과 묘지를 하사하였고, 전차戰車와 무사를 파견하여 영구를 호송하게 하였다. 군대의 행렬이 무릉茂陵까지 이어졌으며 시호를 경후敬侯로 히였다.

김일제는 김상과 김건金建 두 아들이 있었다. 모두 황제의 주변에서 시중을 들었는데 소제와 대략 같은 연배였기에 함께 자며 생활하였다. 김상은 봉거도위, 김건은 부마도위가 되었다. 김상이 부친의 봉토와 작위를 계승하여 두 개의 인끈을 차게 되자 황제가 곽광에게 말했다.

"김씨 형제 두 사람이 모두 두 개의 인끈을 차게 해줄 수 없는가?"

곽광이 답했다.

"김상은 부친의 작위를 계승하여 열후가 된 것입니다."

황제가 웃으며 말했다.

"열후에 봉하는 것은 짐과 장군이 결정하는 것 아닌가?"

곽광이 말했다.

"선제先帝의 규정에 따르면 공적이 있어야 열후에 봉할 수 있습니다."

당시 이들 모두 여덟, 아홉 살의 나이였다. 선제宣帝가 즉위한 후 김상은 태복에 임명되었고 곽씨 집안의 모반이 막 시작될 무렵 아내와 이혼할 것을 상소하였다. 황제 또한 그를 가엾게 여겼기에 김상만 곽씨의 모반에 연루되지 않을 수 있었다. 원제 시기 김상은 광록훈에 임명되었으나 죽은 후 아들이 없어 봉국은 폐지되었다. 평제 원시 연간, 조정에서 단절된 공신의 후손을 계승하여 김건의 손자인 김당金當을 투후秺侯로 책봉하고 김일제의 후사를 계승하도록 했다.

논평한다.[2]

곽광은 어렸을 때부터 황제를 모셨고 궁궐을 드나들며 두각을 나타냈으니 굳건하게 뜻을 견지하였고 의로움으로 주군에게 인정받았다. 소제를 보필하라는 유조를 받아 한나라 황실의 중임을 맡았다. 조정을 주도하여 어린 주군을 옹립하였으며 연왕燕王을 제거하고 상관上官 부자를 물리쳤으니 권력으로 적을 제압하여 충정을 완수하였다. 창읍왕을 폐위하고 선제를 옹립하는 중차대한 일에 임하여서도 그의 뜻은 흔들림이 없었으니[3] 결국 나라를 바로잡고 사직을 안정시킬 수 있었다. 소제를 옹립하고 선제를 즉위시키는 과정에서 곽광은 황제를 보필하는 스승이 되었으니 비록 주공과 이윤

---

2)   곽광과 김일제는 합전으로 구성되어 있기 때문에 두 사람의 논평은 함께 「김일제전」 뒤에 수록되어 있다. 『한서』 원래의 면모를 그대로 유지하기 위해 '찬贊'을 「김일제전」 뒤에 두었다.

3)   원문은 '임대절이불가탈臨大節而不可奪'이다. 이는 『논어·태백泰伯』에 나오는 말이다. 증자가 말했다. "육 척尺 어린 왕을 보필하도록 맡길 만하고, 사방 백 리 제후국 운명을 부탁할 만하고, 큰일에 임하여 절개를 빼앗을 수 없다면(臨大節而不可奪) 군자다운 사람인가, 군자다운 사람이다."

이라 하더라도 어찌 이보다 뛰어날 수 있겠는가! 그러나 곽광은 배우지 못했고 무지하여 큰 이치에 어두웠다. 아내는 진상을 감추고 사악한 음모를 꾸미며 딸을 황후로 세웠으며 넘쳐흐르는 욕망에 빠져 멸망의 화를 재촉하였다. 곽광이 죽은 지 3년 만에 온 가족이 주살되었으니 슬픈 일이다! 옛날 곽숙霍叔이 진晉에 봉해졌는데 진은 하동河東이다. 곽광이 그의 후예인가?[4]

오랑캐 출신인 김일제는 나라가 망한 후 포로가 되어 한나라의 노예가 되었다. 그러나 성실함과 공경으로 군주를 깨닫게 하고 충심과 신의로 자신을 드러내어 거기장군에 임명되는 공훈을 세웠으며 봉국은 후세까지 전해졌다. 대대로 모두 충효로 유명했으며 7대가 계속 황궁에서 황제를 모셨으니 얼마나 성대한가! 본래 휴도왕이 금인金人 동상을 만들어 하늘신에게 제사 지냈기 때문에 그에게 김씨 성을 하사하였다고 한다.

---

4) 곽숙은 문왕의 아들이자 무왕의 동생으로 곽 땅(현 산서성山西省 곽주霍州)에 봉해졌기 때문에 곽숙이라 하였다. 곽 땅은 춘추시대 진晉나라에게 멸망당했다. 곽숙은 무왕이 죽은 뒤 동생인 주공이 섭정을 하자 다른 형제들인 채숙, 관숙과 모의하여 반란을 일으켰다.

# 경방전

京房傳

「경방전」은 「휴량하후경익이전眭雨夏侯京翼李傳」에 수록되어 있다. 여기에 수록된 휴홍眭弘, 하후시창夏侯始昌, 하후승夏侯勝, 경방, 익봉翼奉, 이심李尋은 모두 음양과 재이설災異說을 주장한 자들이다.

전한 시기 동중서董仲舒가 천인감응天人感應을 주장한 후 음양陰陽과 재이를 논하는 자가 많았다. 이들은 일식, 월식, 별자리, 지진, 수해, 가뭄 등의 자연현상을 시국과 연계시켜 자신의 정치적 견해를 주장하였다. 원제元帝는 유학을 중시하여 경학자를 대거 등용하였는데, 경방(기원전 77~기원전 37)은 『역易』에 정통하였을 뿐만 아니라 재이와 천문 현상에 대한 예언이 대부분 적중하면서 원제에게 중용되었다. 그는 음양오행과 재이현상에 대한 학설을 총정리하여 '경방 역학'을 창시하였다. 또한 관료의 부패가 만연했던 상황에서 처음으로 청렴과 능력을 평가할 수 있는 '고과제도'의 실시를 건의하였고 원제도 이를 긍정적으로 생각했다. 그러나 당시의 실권자였던 석현石顯의 모함으로 경방은 죽음을 당하였고, 이 제도는 시행되지 못했다. 이후 후한의 왕부王符는 『잠부론潛夫論』에서 경방이 건의한 관리의 고과제도, 즉 '고공과리법考功課吏法'을 '태평성세의 기반(太平之基)'이 되는 제도라며 높이 평가하기도 했다. 경방은 음률에 관한 전문가이기도 했다. 본래 '이李'씨였으나 음률에 근거하여 '경京'씨로 바꾸었으며, 64괘에 맞춰 60률을 창설하기도 하였다.

경방이 원제와 '주나라가 멸망한 이유'에 대해 토론하는 장면은 본 편의 백미이다. 기록으로 남아 있는 한나라 군신간의 대화 중 이렇게 상세하고 곡진한 기록은 없다고 한다. 경방은 자신이 말하고자 하는 핵심으로 황제를 이끌기 위해 거듭 질문을 던져 답변을 유도한다. 나라를 다스리는 데 있어서 가장 중요한 것은 인재의 등용, 즉 '용인用人'인데 지금 황제가 중용하고 있는 사람은 잘못된 인선이라는 것이다. 그러나 경방은 결국 황제와 단둘이 나눈 이 대화를 누설한 죄로 사형에 처해진다. 반고는 경방을 이렇게 평가하였다.

"말단 낭관의 관직으로 안위를 헤아리지 못하고 시정에 대해 직언과 풍자를 서슴지 않았다. 결국 권력을 장악하고 있던 대신의 미움을 사 죽음을 당하게 되었으니 언행을 신중히 하지 못하여 화를 당한 것이다. 슬프구나!"

그러나 사마광은 『자치통감』에서 이 대목에 대해 이렇게 평론하였다.

"군주의 덕이 밝지 못하면 신하가 충성을 다 바치고자 해도 어디서부터 해야 합니까? 경방이 원제에게 알려준 내용은 분명하고도 정확한 것이었습니다. 그러나 끝내 깨닫지 못했으니 슬픕니다."

원제는 간신들의 농간에 휘둘렸고 이들의 잘못을 알면서도 쫓아내지 못했다. 경방은 석현이 간신임을 간언하였으나, 원제는 듣지도 깨닫지도 못했음을 말한 것이다. 반고는 경방이 언행을 조심하지 못하여 화를 당한 것으로 평가하였으나, 한편으로 경방과 원제의 대화를 곡진하게 기록한 것은 그토록 간곡한 간언에도 불구하고 각성하지 못한 원제의 과오를 드러내고자 했던 의도도 있었을 것이다.

경방의 자는 군명君明으로 동군東郡 돈구현頓丘縣 사람이다. 양梁나라 사람 초연수焦延壽를 따라 『주역』을 연구하였다. 초연수의 자는 공공贛이다. 초연수는 가난하였으나 학문을 좋아하였다. 양왕은 그를 우대하여 물자를 제공하고 학문에 전념하도록 해주었다. 학문을 이루고 나자 초연수는 군郡 장관의 속관이 되었고 추천을 받아 소황현小黃縣의 현령으로 임명되었다. 초연수는 예측을 잘하여 사전에 미리 간사한 음모를 눈치챌 수 있었기에 현 내에서는 도적 사건이 발생하지 않았다. 또한 애정을 갖고 관리와 백성을 부양하였으므로 소황현의 기풍이 좋아졌다. 그는 업적 평가에서 가장 뛰어나 승진을 해야 했지만, 고을의 삼로三老와 속관들이 글을 올려 초연수를 남게 해달라고 청하였다. 그리하여 황제는 조서를 내려 그의 관직과 녹봉을 올리고 고을에 남도록 허락하였다. 초연수는 소황현에서 세상을 떠났다. 초연수는 항상 이렇게 말했다.

"나의 도를 배웠으나 이 때문에 망할 자는 분명 경방일 것이다."

초연수의 학설은 재이에 뛰어났다. 그는 64괘를 나누어 각각의 괘를 자신이 당직인 날의 업무와 연계시켰고, 바람·비·추위·따뜻함 등의 기후 변화를 조짐으로 삼아 점을 쳤다. 경방은 특히 이것에 뛰어났으며 음률을 좋아하여 소리의 이치를 잘 알았다. 초원 4년(기원전 45), 경방은 효렴孝廉으로 선발되어 낭관에 임명되었다.

원제 영광·건소 연간, 서강西羌이 반란을 일으켰고 일식이 일어났다. 또 오랫동안 하늘은 빛이 없이 어두컴컴하고 짙은 안개가 자욱하여 해를 보지 못하는 날이 계속되었다. 경방은 수차례 상소를 올려 어떤 일이 발생할 것이라고 예언하였는데, 가까이는 수개월, 길어도 일 년이면 그가 말한 것이 모두 적중하였다. 원제는 기뻐하며 여러 번 그를 불러 질문을 하였다. 경방이 대답했다.

"고대의 제왕은 모두 공적에 따라 능력 있는 자를 선발하여 임명하였으므로 교화가 이루어지고 상서로운 징조가 나타났습니다. 그러나 말세의 제왕은 비방과 칭송에 근거하여 사람을 취하였으므로 공적은 무너지고 재이가 일어났던 것입니다. 백관에게 모두 업무 성과에 관한 평가를 받게 한다면 재이는 멈추게 될 것입니다."

원제는 조서를 내려 경방에게 그 일을 하게 하였고, 경방은 구체적으로 관리의 업적을 평가하는 방법을 상주하였다. 원제는 공경대신들에게 경방과 함께 온실전溫室殿에서 이 문제를 논의하게 하였다. 공경대신들은 모두 경방의 방법이 번거로우며 상급과 하급의 관리가 서로 감시하게 하는 것은 불가하다고 하였다. 그러나 원제는 경방의 의견에 동조하였다. 당시 각 지방의 자사刺史들이 상경하여 보고를 하였는데, 원제는 자사들을 불러놓고 경방에게 관리의 업적 평가에 관한 일을 설명하도록 했다.[1] 자사들도 시행할 수 없다고 여겼다. 어사대부 정홍鄭弘, 광록대부 주감周堪만이 처음에는 불가하다고 하였으나 후에 좋은 방법이라고 하였다.

당시 중서령 석현石顯이 정권을 농단하였다. 석현의 친구 오록충종五鹿充宗은 상서령이었는데, 경방과 같이 『주역』을 공부했지만 견해가 서로 달랐다. 석현과 오록충종 두 사람이 조정을 장악하고 있었다. 한번은 원제가 한가할 때 경방이 접견하여 물었다.

"주나라의 유왕幽王과 여왕厲王 같은 군주는 왜 멸망한 것입니까? 임용한 사람은 어떤 사람이었습니까?"

원제가 말했다.

"임금이 밝지 못했으니 임용한 사람도 교묘한 말로 아첨하는 자

---

1) 무제 시기 전국을 13주로 나누고, 각 주에 자사를 두었다.

들이었다."

경방이 말했다.

"그들이 교묘한 말로 아첨하는 자라는 것을 알고서 임용한 것입니까, 아니면 현명하다고 여긴 것입니까?"

원제가 답했다.

"그들이 현명하다고 여겨 임명했을 것이다."

경방이 물었다.

"그렇다면 지금은 어찌 그들이 현명한 것이 아니었음을 알 수 있습니까?"

원제가 답했다.

"그들이 정권을 장악했던 때에 정치는 어지러웠고 군주는 위태로웠으니 알 수 있는 것이다."

경방이 밀했다.

"이와 같으니, 현명한 자를 임용하면 반드시 잘 다스려지고 불초한 자를 등용하면 반드시 망한다는 것은 필연적인 도리입니다. 유왕과 여왕은 왜 각성하여 현명한 자를 구하지 않고, 끝까지 불초한 자를 임용하여 나라를 망하게 한 것입니까?"

원제가 말했다.

"난세의 군주들은 그들의 신하가 현명하다고 여겼을 것이다. 만약 모두 깨달을 수 있다면 천하에 어찌 망국의 군주가 있겠는가?"

경방이 말했다.

"제 환공과 진秦 이세二世 호해胡亥도 유왕과 여왕의 이야기를 듣고서 비웃은 적이 있을 것입니다. 그런데도 수조豎刁나 조고趙高를 임용하여 정치는 혼란해지고 도적이 넘쳐나게 되었으니, 그들은 왜 유왕과 여왕을 경계로 삼아 깨닫지 못한 것입니까?"

원제가 말했다.

"오직 도가 있는 군주만이 과거의 실패를 교훈으로 삼을 수 있다."

경방은 관을 벗고서 머리를 조아리며 말했다.

"『춘추』는 242년간의 재이를 기록하여 만세의 임금들에게 보여주고 있습니다. 그러나 폐하가 즉위한 이래로 해와 달은 전처럼 밝지 않고, 별자리는 역행하며, 산은 무너지고, 샘이 용솟으며, 지진이 일어나고, 운석이 떨어지고, 여름에 서리가 내리고 겨울에 우레가 치고, 봄에 시들고 가을에 꽃이 핍니다. 서리가 내려도 초목이 마르지 않으며, 홍수와 가뭄·병충해가 발생하여 백성은 굶주리고 역병에 시달리며, 도적이 들끓고 죄수들이 거리에 가득합니다. 『춘추』에 기록된 모든 재이들이 다 일어나고 있는 것입니다. 폐하께서 보시기에 지금 세상이 잘 다스려지고 있습니까, 혼란스럽습니까?"

"매우 혼란스러운 것 같다. 말할 것이 뭐 있겠는가!"

경방이 말했다.

"지금 등용된 사람은 누구입니까?"

원제가 말했다.

"그러나 지금의 상황은 다행히도 『춘추』의 난세보다는 낫다. 임용된 사람 때문이라고는 생각지 않는다."

경방이 말했다.

"예전의 군주도 역시 그렇게 여겼을 것입니다. 신은 후세가 지금의 저희 시대를 보는 것이, 지금 저희가 예전을 보는 것과 같을까 두렵습니다."

원제는 한참을 있다가 다시 물었다.

"지금 정치를 어지럽히는 자가 누군가?"

경방이 말했다.

"폐하께서는 영명하시니 당연히 아실 것입니다."

원제가 말했다.

"모르겠구나, 만약 안다면 어찌 그들을 등용했겠는가?"

경방이 말했다.

"폐하께서 가장 신임하시는, 밀실에서 함께 정사를 모의하며 천하 선비들의 임용과 파면을 결정하는 그 사람입니다."

경방은 석현을 가리키는 것이었고, 원제도 그것을 알고는 경방에게 말했다.

"알겠노라."

경방은 대화를 마치고 나왔다.

후에 원제는 경방에게 관리 업적 평가를 잘 알고 있는 사람을 추천하도록 하여 그들을 시험 삼아 임용해보려 했다. 경방은 중랑中郞 임량任良, 요평姚平을 추천하며 이렇게 말했다.

"이들을 자사로 임용하여 관리의 업적 평가를 한번 해보십시오. 신이 궁궐에 들어와 그들 대신 아뢰어 아래의 일이 위로 상달되지 못하는 일이 없도록 하겠습니다."

석현과 오록충종은 모두 경방을 싫어하여 그를 먼 곳으로 보내려 했다. 그리하여 경방을 군수로 임명하여 시험해볼 것을 건의하였다. 원제는 경방을 위군魏郡 태수로 임명하고 녹봉을 800석으로 하며 고과 평가 방식으로 그곳을 다스리도록 했다.[2] 경방은 자신과 속관들이 자사刺史에게 감찰받지 않을 것, 다른 지역의 사람을 임용할 수 있게 해줄 것, 천석 이하의 관리를 자신이 직접 평가하도록 해줄 것, 연말에 역참의 수레를 타고 조정에 와서 보고할 수 있도록

---

2) 태수의 녹봉은 2000석인데 당시 경방이 낭관의 신분이면서 태수로 부임하는 것이었기 때문에 800석으로 한 것이다.

해줄 것을 요청하였다. 원제는 허락하였다.

경방은 자신이 수차례 정치를 논의한 것 때문에 대신들의 비난을 받고 있으며 조정에서 석현, 오록충종과 관계가 악화되었다는 것을 알고 있었다. 그러므로 황제를 떠나 멀리 가지 않으려 했는데 태수로 가게 되자 걱정하며 두려워하였다. 경방은 건소 2년(기원전 37) 2월 초하루에 정식으로 임명되자 원제에게 밀봉 상소를 올렸다.

"신유일 이후, 어두운 기운이 사그라지고 태양이 밝게 빛나니 신은 속으로 기뻐하며 폐하께서 관리의 고과 평가와 간신을 축출하는 일에 대해 결정하신 바가 있다고 여기게 되었습니다. 그러나 괘상을 보면 신하의 힘이 아직 강하여 군주를 누르고 있습니다. 신은 폐하께서 비록 이 일을 추진하고자 하시지만 뜻대로 할 수 없을까 두려웠습니다. 그리하여 양평후 왕봉王鳳에게 부탁하여 폐하를 뵐 수 있기를 바랐으나 성사되지 못하였고, 기묘일에 신은 태수로 임명되었습니다. 이는 폐하께서 성명하지만 신하가 여전히 폐하의 성명함을 가리고 있는 증험입니다. 신은 조정을 떠난 후 정권을 장악한 자들에게 가로막혀 폐하와 단절되고 아무런 공적도 이루지 못한 채 죽게 될까 두려웠습니다. 그리하여 연말에 역참의 수레를 타고 폐하께 아뢸 수 있기를 청하였고 폐하의 윤허를 받았습니다. 그러나 신사일이 되자 어두운 기운이 괘를 침범하였고 태양이 빛을 잃었습니다. 이는 조정의 고관이 군주를 가리고 있으며 군주의 뜻에 동요가 있음을 의미합니다. 기묘, 경진일 사이에 분명 신이 역참의 수레를 타고 전하에게 보고를 할 수 없도록 막는 자가 있을 것입니다."

경방이 부임지로 아직 출발하지 않았을 때 원제는 양평후 왕봉에게 경방이 역참의 수레를 타고 조정으로 와 보고를 하지 말도록 하는 내용의 명령을 전달하게 했다. 경방은 더욱 두려워하였고 신풍현新豐縣에 이르렀을 때 다시 밀봉 상소를 올렸다.

"신이 6월에 「둔괘遯卦」를 말씀드린 적이 있는데 당시는 효험이 없었습니다. 점을 치는 방법에 '도술이 있는 자가 떠나면 날씨가 추워지고 물이 솟을 것이다(道人始去, 寒, 涌水爲災)'라고 하였는데 7월이 되자 물이 솟아났습니다. 신의 제자인 요평이 이렇게 말했습니다.

'스승님은 도술을 아는 것이지 도술을 믿는다고는 할 수 없습니다. 스승께서 재이를 말한 것 중 적중하지 않은 것이 없었는데 지금 물이 솟아났으니 도술이 있는 자가 쫓겨나 죽게 될 징조입니다. 무슨 말씀을 더하려 하십니까!'

신은 말했습니다.

'폐하께서 인자하시고 나를 후대하시니 비록 직언을 하다가 죽는다 하더라도 말해야 하네.'

요평이 말했습니다.

'스승님은 작은 충심이라 할 수는 있지만 큰 충심이라 할 수는 없습니다. 진나라 시기 환관 조고가 정권을 농단했을 때 정선正先이라는 자가 조고를 비난했다가 죽음을 당했습니다. 조고의 위세는 이때부터 생긴 것이니, 진나라의 어지러움은 정선이 재촉한 것이라 할 수 있습니다.'

이제 신은 조정을 떠나 태수로 임명되었으니 책임을 다할 것이라 자부하지만 공을 이루지도 못하고 죽게 될까 두렵습니다. 바라옵건대 물이 솟아나는 재이가 적중하여 신이 정선처럼 죽고 요평에게 비웃음 당하는 처지가 되지 않게 해주십시오."

섬현陝縣에 이르렀을 때 경방은 다시 밀봉 서신을 올렸다.

"병술일에 약간의 비가 내리고 정해일에 어두운 기운이 사라졌으나 소음少陰이 힘을 합쳐 태양을 가렸습니다. 무자일에는 더욱 심해졌고 이날 오후 세 시 즈음 어두운 기운이 다시 일어났습니다. 이는 폐하께서 군권을 바로잡고자 하시나 신하의 무리들이 힘을 합쳐 싸우니 주군의 기운이 이길 수 없음을 나타냅니다. 강약과 안위의 징조는 자세히 살펴야 합니다. 기축일 밤, 폭풍이 있어났고 신묘일에 그치긴 했으나 태양은 다시 어두워져 빛을 잃었습니다. 계사일 해와 달이 서로 가까워졌습니다. 이는 사악하고 어두운 기운이 힘을 합치니 태양이 그 때문에 미혹된 징조입니다. 신은 예전에 9년 안에 정치를 쇄신하지 않으면 반드시 별이 사라지는 이변이 생길 것이라고 아뢴 적이 있습니다. 임량任良을 보내 관리의 업적을 평가하게 하고 신이 조정에 남는 것으로 별이 사라지는 재이를 피할 수 있기를 바랐습니다. 그러나 저들은 이렇게 하는 것이 자신들에게 불리하며 신이 폐하를 뵙는 것을 막을 수 없게 되자 제자를 임용하는 것보다 스승을 파견하는 것이 낫다고 하였습니다. 제가 자사가 되어서도 조정으로 돌아와 보고를 할 것이므로 저들은 또 제가 자사가 되면 태수와 합심하지 못할까 걱정이라며 태수로 임용하는 것이 낫다고 한 것입니다. 저들은 이렇게 해서 제가 폐하를 뵙는 것을 막으려는 것입니다. 그러나 폐하께서 저들의 참언을 막지 않고 따르셨기 때문에 어두운 기운이 사라지지 않고 태양이 빛을 잃게 된 것입니다. 신이 조정에서 멀어질수록 태양이 점점 빛을 잃을 것입니다. 폐하께서 신을 조정으로 돌아오게 하는 것을 어려워하여 경솔히 하늘의 뜻을 거스르지 않으시길 바랍니다. 사악한 언설을 편안히 여겨 깨닫지 못하신다면 하늘의 기운은 반드시 변고를 보일 것입니다. 사람은 속일 수 있어도 하늘은 속일 수 없습니다. 살펴주시옵소서.”

경방은 떠난 지 한 달 남짓 되어 결국 하옥되었다.

애초 회양헌왕淮陽憲王의 외숙 장박張博은 경방에게 배웠기에 딸을 경방에게 시집보냈다. 경방은 장박과 관계가 좋았기에 매번 원제를 알현하고 나면 장박에게 천자와 나눈 이야기를 해주었다. 원제가 경방의 건의를 채택할 것이라는 생각에서였으나, 군신들은 자신들에게 해가 되는 그를 미워하여 배척하였다. 장박이 말했다.

"회양왕은 폐하의 친동생입니다. 기민하고 사리에 밝으며 정치에 참여하는 것을 좋아하여 나라를 위해 충성을 다하고 싶어합니다. 회양왕이 입조를 청하는 상소를 올리게 하면 어떨까요. 그대에게 도움이 될 수 있을 겁니다."

경방은 말했다.

"불가하지 않겠습니까."

장박이 답했다.

"예전에 초왕도 입조하여 선비를 천거하였습니다. 어찌 안 되겠습니까?"

경방이 말했다.

"중서령 석현, 상서령 오록충종이 서로 결탁하여 교묘한 말로 아첨을 하며 10여 년 동안 폐하를 모셔왔습니다. 또 승상인 위현성韋玄成까지 아울러 모두 오랫동안 백성에게 보탬이 되지 못했고 아무런 공적도 없습니다. 그렇기에 이들은 더더욱 관리의 업적 평가가 시행되지 않기를 바랄 것입니다. 회양왕이 폐하를 알현하고 관리 업적 평가 제도가 시행될 수 있도록 건의할 수만 있다면 좋을 것입니다. 만약 그게 안 된다면 승상과 중서령이 오랫동안 재임하면서 제대로 다스리지 못하였으니, 승상을 파면하여 어사대부 정홍鄭弘을 대신 임명하고, 중서령 석현을 다른 직책으로 발령하여 구순령鉤盾슈 서립徐立이 대신하도록만이라도 건의한다면 좋을 것입니다. 그리된다면 저의 관리 업적 평가 제도는 시행될 수 있을 것입니다."

장박은 경방이 말한 여러 가지 재이에 관한 일들을 기록하고, 회양왕이 입조하여 원제를 알현할 것을 청하는 상소문의 초안을 경방이 대신 작성하게 하였다. 그리고 이것을 모두 회양왕에게 주었다. 석현은 몰래 정탐을 하고 있었기에 이 상황을 모두 알았으나 경방이 원제와 가까운 점을 생각하여 감히 말하지 않았다. 경방이 태수로 임명되어 조정을 떠나게 되자 석현은 경방과 장박이 모의하여 정치를 비방하고 원제를 탓하였으며 제후왕까지 연루시켰다고 고발했다. 관련 내용은 「회남헌왕전淮南憲王傳」에 기록되어 있다. 당초 경방은 원제와 유왕, 여왕에 관한 대화를 나누고는 밖으로 나와 어사대부 정홍에게 이야기했다. 경방과 장박은 모두 처형되어 시체가 저자에 내걸리게 되었고, 정홍도 파면되어 서인으로 강등되었다. 경방은 본래 이씨李氏 성이었는데 피리의 음률을 추산하여 경씨로 바꾸었다. 향년 41세였다.

# 조광한전

趙廣漢傳

조광한은 윤옹귀尹翁歸, 한연수韓延壽, 장창張敞, 왕존王尊, 왕장王章
과 함께 수록되어 있다. 이들은 모두 서울과 수도권, 즉 장안과 경기
지역을 다스리면서 치적이 있었던 자들로 좌풍익左馮翊, 우부풍右扶
風, 경조윤京兆尹을 역임하였다. 중국의 근대 사학자인 이경성李景星
은 『한서평의漢書評議』에서 이렇게 말했다.

"자고로 경사京師와 그 부근의 경기지역이 가장 다스리기 어렵
다. 이곳은 수도이므로 귀인들과 세족들이 모여 있고 눈과 귀가 집
중된 곳이라 감추기도 어렵기 때문이다. 급히 하면 변고가 생길 것
이고, 느슨히 하면 다스리기 힘들다. 은혜롭게 대하면 제멋대로 거
리낌이 없을 것이요, 법대로 하려면 방해가 많기 때문이다."

이 책에서는 한연수와 장창, 왕존도 함께 수록하였다. 이들은 귀
족과 호족을 원칙대로 처벌하고 제압하였으며, 수하 관원들이 능력
을 발휘할 수 있게 해주고 민심을 잘 살폈다. 그러나 조광한과 한연

수는 사실이 아닌 일로 상관을 고발하였다가 화를 당하여 처형되었다. 조광한이 사형 판결을 받자 그를 대신해 죽겠다고 울부짖는 백성이 있었고, 한연수가 형장으로 끌려갈 때는 수천 명의 백성들이 따라와 술을 따르며 그를 전송하였다. 이러한 기록은 비록 그들이 고위 관료를 허위 고발한 죄를 지었지만 백성들의 입장에서는 좋은 관리였음을 의미한다.

사마광은 『자치통감』에서 이들의 죽음에 대해 이렇게 논평하였다.

"선제宣帝는 영명하여 당시 위상魏相·병길丙吉을 승상으로, 우정국于定國을 정위로 두고 있었습니다. 그러나 조광한, 갑관요蓋寬饒, 한연수, 양운의 죽음은 많은 사람이 납득할 수 없는 것이었으니 선제의 선정에 큰 오점이 되었습니다. 『주관周官』에 이르길 사구司寇는 형벌을 결정할 때 그 사람이 현명한지, 능력이 있는지를 살펴야 한다고 했습니다. 조광한과 한연수는 백성들을 잘 다스렸으니 능력이 있다고 하지 않을 수 있겠습니까. 갑관요와 양운은 강직하였으니 현명하다고 하지 않을 수 있겠습니까. 그렇다면 비록 죽을죄라 하더라도 오히려 용서해주어야 할 텐데 하물며 죄가 죽을 정도가 아니라면 어떻겠습니까. 양웅揚雄은 한연수가 소망지를 비방한 것은 스스로 화를 자초한 것이라고 하였습니다. 그러나 한연수가 상관을 비방한 것은 소망지가 몰아세웠기 때문입니다. 선제가 제대로 살피지 않고 한연수 혼자 그 죄를 받게 하였으니 너무하지 않습니까!"

조광한의 자는 자도子都로, 탁군涿郡 여오현蠡吾縣 사람이다. 예전에 이곳은 하간군河間郡에 속했던 지역이다. 젊은 시절 태수와 자사의 속관을 지냈는데, 청렴결백하고 지혜로우며 선비를 잘 예우하는 것으로 명성이 높았다. 수재秀才로 추천되어 물가를 관리하는 대사농大司農 소속의 평준령平準令에 임명되었다. 이후 청렴함으로 천거되어 양적陽翟의 현령이 되었다. 치적이 탁월하여 경보도위京輔都尉로 승진하였고 경조윤의 업무도 대행하였다.

소제가 붕어하자 경조윤의 속관인 신풍新豐 사람 두건杜建이 소제의 능을 축조하는 일을 책임지게 되었다. 두건은 평소 협객 기질이 있었기에 그의 빈객들이 기회를 틈타 불법으로 이익을 도모하려 했다. 조광한은 이를 알고서 먼저 완곡하게 충고하였으나 두건은 잘못을 고치지 않았다. 그리하여 조광한은 두건을 체포하여 심문하고 법대로 처리하려 했다. 조정의 권세 있는 관리들과 명망 있는 호족들이 모두 두건을 위해 청탁을 했으나 조광한은 끝내 듣지 않았다. 두건 집안의 친족들과 빈객들은 두건을 빼내기 위해 모의를 하였다. 조광한은 그들의 계획과 모의, 주동자의 정황을 모두 파악하고는 관리에게 이렇게 알리게 했다.

"만약 이러한 계획을 세웠다면 멸족을 당하게 될 것이다."

관리들에게 명령하여 저잣거리에서 두건을 처형하게 하였으나 아무도 감히 접근하는 자가 없었다. 장안 사람들은 그를 칭송하였다.

당시 창읍왕을 데려와 즉위시켰는데 황음무도하였다. 대장군 곽광은 신하들과 합심하여 창읍왕을 폐위시키고 선제를 옹립하였다. 조광한은 논의와 결정에 참여하였기에 관내후關內侯에 봉해졌다.

얼마 후 영천군潁川郡의 태수로 전근되었다. 영천군에는 원씨原氏, 저씨褚氏 일족이 세력을 장악하고 있었는데, 두 집안의 빈객들이 도적질을 해도 이전 태수들은 아무도 체포하지 못했다. 그러나 조광한이 부임하고 수개월이 지난 후 원씨와 저씨 집안에서 가장 악한 자들을 처형하자 영천군 사람들은 두려워하였다.

예전에 영천의 세력 있는 집안들은 서로 혼인을 맺으면서 파벌을 이루었고 관리들까지도 가담되어 있었다. 조광한은 이를 근심하여 그중 쓸 만한 자들을 골라 고발장의 내용을 미리 알려주었다. 그리고 안건을 조사하고 죄를 판결한 후 집행할 때 일부러 고발당한 사람에게 고발자의 말을 누설하여 그들이 서로를 원망하고 헐뜯게 만들었다. 또 관리에게 사람들이 고발을 할 수 있는 투서함인 '항통缿筩'을 설치하게 하였다. 투서가 들어오면 신고한 자의 이름을 지우고 호족이나 권세 있는 집안 자제의 명의를 사칭하였다. 이후 권문세가 집안들은 모두 서로 원수가 되었고 간사한 파벌들은 사분오열되어 고을의 풍속이 바뀌었다. 관리와 백성은 서로 고발하였고 조광한은 이를 자신의 눈과 귀로 삼았다. 이리하여 도적들은 감히 범죄를 저지르지 않았고 생기더라도 바로 체포되었다. 고을의 모든 것은 잘 다스려졌고 조광한의 위엄과 명성은 널리 알려지게 되었다. 한나라 조정에 투항한 흉노들도 모두 조광한에 대해 들어본 적이 있다고 말할 정도였다.

본시本始 2년(기원전 72), 한나라 조정은 다섯 명의 장군을 출격시켜 흉노를 공격하였는데, 조광한을 불러 태수의 신분으로 군대를 거느리고 포류蒲類장군 조충국趙充國 휘하에 속하게 하였다.[1] 전쟁이 끝난 후 조광한은 돌아와 다시 경조윤의 대리로 임명되었다가 만 1년 후 정식으로 임명을 받았다.

---

1) 한나라에서는 출정할 때 장수에게 각종 칭호를 덧붙여 주었는데, '포류'는 서역의 나라 이름으로 현재 신장 위구르 자치구 동쪽의 바르쿨호수 근처이다.

조광한은 이천석의 관리가 된 후 온화한 얼굴로 선비를 대하였으며, 관리를 위문하고 예우하면서 진심을 다하였다. 그는 항상 공적을 아랫사람에게 돌리면서 이렇게 말했다.

　　"이 일은 아무개 관리가 한 것이지 내가 할 수 있는 일이 아니다."

　　그의 이러한 행동은 진심에서 나온 것이었다. 속관들은 모두 그에게 조금의 숨김도 없이 자신의 속내를 털어놓았고 죽음도 불사하며 기꺼이 충성을 다하고자 하였다. 조광한은 현명하였기에 부하에게 어떤 일을 맡기는 것이 적절한지, 그가 최선을 다하는지 아닌지를 모두 알고 있었다. 최선을 다하지 않는 부하가 있으면 그는 항상 먼저 상황을 파악하고 넌지시 깨우쳐주었고, 여전히 개선이 되지 않으면 그제야 체포하였다. 아무도 도망치는 자가 없었으며 심문을 하여 죄를 판결하면 당사자도 바로 인정했다.

　　조광한은 의지가 강했고 천성적으로 관리의 업무에 뛰어났다. 관리와 백성을 만나서는 간혹 아침까지 밤을 새기도 하였다. 특히 이리저리 따져 물어 실제 정황을 알아내는 '구거鉤距'의 기술에 뛰어났다. '구거'라는 것은 만약 말의 가격을 알고자 한다면 먼저 개의 가격과 양의 가격을 묻고, 다시 소의 가격을 물은 후에 말의 가격을 묻는 것이다. 이렇게 다양한 가축의 가격을 참조하여 비교해보면 말 가격의 비싸고 싼 정도를 실제에 맞게 알 수 있었다. 조광한만 이를 아주 정교하게 할 수 있었고 다른 사람은 흉내를 낸다 해도 그에 미치지 못했다. 고을의 도적과 불법을 자행하는 무리들의 본거지, 그리고 관리들의 아주 작은 횡령이나 뇌물 수수까지도 그는 모두 훤히 꿰고 있었다. 한번은 장안의 몇 명 젊은이들이 외진 곳의 빈 집에 모여 강도짓을 모의하였다. 그러나 상의를 끝내지도 않았을 때 조광한은 관리를 파견하여 체포하였고 이들도 죄를 인정하였다. 갑부 소회蘇回는 낭관이었는데 어떤 두 사람이 그를 인질로 잡고 가족에게 금전을 요구하며 협박했다. 잠시 후 조광한이 관리를 거느리고 도착하였다. 그러고는 마당에 서서 장안 현승縣丞인 공사龔奢에게 문을 두드리고 도적에게 이렇게 알리도록 했다.

"경조윤 조광한이 두 사람에게 알리니 인질을 죽여서는 안 되오. 이 사람은 황궁을 호위하는 시종관이오. 인질을 풀어주고 저항하지 않는다면 잘 대해줄 것이며, 다행히 사면령이 시행된다면 면죄되어 석방될 수도 있을 것이오."

두 사람은 깜짝 놀랐다. 또 평소 조광한의 명성을 들은지라 곧바로 문을 열고 마당으로 내려와 머리를 조아렸다. 조광한은 무릎을 꿇고 사례하며 말했다.

"다행히 낭관을 온전히 살려주었으니 잘 대해줄 것이오."

두 사람을 감옥으로 보낸 후, 관리에게 이들을 잘 대우하고 술과 고기를 주도록 했다. 겨울이 되자 두 사람은 사형 판결을 받았다. 조광한은 미리 관과 장례용품을 준비하고 이들에게 정황을 알려주었다. 두 사람은 모두 "죽어도 여한이 없습니다!"라고 말했다.

조광한이 공문을 보내 호현湖縣의 도정장都亭長을 경조부로 부른 적이 있다. 도정장이 서쪽으로 계상界上에 도착했을 때 계상의 정장이 농으로 말했다.

"경조부에 도착하거든 내 대신 조군趙君에게 안부를 전해주시오."

도정장은 도착해서 조광한과 말을 나누었는데 공적인 업무에 관한 대화를 끝낸 후 조광한이 물었다.

"계상의 정장이 안부를 전해 달라 하지 않았소? 왜 묻지 않는 것이오?"

도정장이 머리를 조아리며 실제 그러한 일이 있었다고 답하자 조광한은 이렇게 말했다.

"돌아가는 길에 나를 대신해 계상의 정장에게 전해주시오. 직무에 충실하고 실적을 쌓으면 경조윤은 그대의 후의를 잊지 않을 것이라고 말입니다."

간사함을 적발하고 속사정을 살피는 것이 이렇게 귀신처럼 정확했다.

조광한은 장안을 순찰하는 관리와 감옥을 관장하는 옥리들의 녹봉을 100석으로 올려달라고 주청하였다. 그 후 100석의 녹봉을 받는 관리들은 모두 자중하였고 감히 법을 어겨 함부로 사람을 구금하는 일을 하지 않게 되었다. 경조京兆 지역의 정치가 깨끗해지자 관리와 백성들의 칭송이 끊이지 않았다. 노인들은 한나라 건국 이래 경조를 다스린 자들 중 조광한을 따를 자가 없다고들 했다. 장안의 서쪽을 관장하는 좌풍익, 동쪽을 관장하는 우부풍도 모두 장안성에 포함되었는데, 범죄자들이 종종 경조 지역으로 넘어왔다. 조광한은 이렇게 탄식했다.

"나의 다스림을 어지럽히는 것은 항상 좌풍익과 우부풍이다! 만약 내가 이 두 곳까지 다스린다면 비교적 쉬울 것이다."

예전에 대장군 곽광이 정권을 장악했을 때 조광한은 곽광을 섬겼다. 곽광이 세상을 떠난 후 조광한은 선제가 곽씨 집안에 원망이 있음을 알고서 장안의 관리를 직접 거느리고 곽광의 아들인 곽우霍禹의 집으로 갔다. 곧장 문을 차고 들어가 불법으로 도축하거나 술을 파는 자가 있는지를 수색하였으며 술독을 깨고 도끼로 빗장을 부순 후 나왔다. 당시 황후였던 곽광의 딸은 이를 듣고 선제에게 눈물을 흘리며 하소연했다. 황제는 속으로 잘한 일이라 여겼기에 조광한을 불러 이 일에 관해 묻기만 하고 처벌하지 않았다. 조광한은 이때부터 황실 친척과 귀족 대신들의 비위를 거스르는 행동을 하기 시작했다. 조광한은 평상시 대대로 관리를 지낸 집안의 자손들 중 막 벼슬길에 오른 젊은이를 등용하는 것을 선호했다. 이들은 독단적이고 능력을 뽐내기를 좋아했으며 일처리가 단호하고 거침없이 신속하였다. 또한 자주 과감한 방안을 제시하였으므로 아무도 그들과 맞서려 하지 않았다. 그러나 조광한은 결국 이 때문에 망하고 말았다.

애초, 조광한의 문객이 몰래 장안 저잣거리에서 술을 팔다가 승상의 속관에게 쫓겨났다. 그 문객은 소현蘇賢이라는 사람이 고발한 것이라 의심하여 이를 조광한에게 말했다. 조광한은 장안현의 현승을 파견하여 소현을 심문하게 하였다. 그리고 위사尉史인 우禹에게 소현이 패상霸上에 주둔해야 하는 기병인데 군영에서 복역하지 않았으니 군법을 위반한 죄에 해당된다고 탄핵하게 하였다. 그러자 소현의 부친이 글을 올려 해명하고 조광한을 고발하였다. 이 사건을 조사한 담당 관리는 위사 우에게 허리를 베어 죽이는 요참형을 판결하였고 조광한은 체포할 것을 요청하였다. 선제는 조서를 내려 하옥하지 말고 현장에서 즉시 심문하게 하였다. 조광한은 죄를 인정하였으나 때마침 사면령이 내려져 직급만 한 등급 강등되었다.

조광한은 이 일이 소현과 같은 마을에 사는 영축榮畜이라는 자가 사주한 것이라 의심하고 후에 다른 죄명을 씌워 그를 처형하였다. 어떤 사람이 글을 올려 조광한을 고발하였고 황제는 이 사건을 승상과 어사에게 맡겨 처리하게 하였는데 조사가 매우 긴박하게 진행되었다. 그러자 조광한은 믿을 만한 장안 사람을 승상부의 문졸이 되게 하여 그 내부의 위법적인 일을 몰래 정탐하게 했다. 지절地節 3년(기원전 67) 7월, 승상부의 여자 종이 잘못을 저지른 후 목을 매고 죽었다. 이를 듣자 조광한은 승상의 부인이 질투하여 관저에서 여자 종을 죽인 것이라 의심했다. 승상은 종묘에 제사를 올리기 위해 재계하고 있는 중이었다. 조광한은 이를 알고서 중랑中郎 조봉수趙奉壽를 승상에게 보내 시종의 사건으로 넌지시 협박하면서 자신의 사건을 더 이상 추궁하지 말도록 했다. 그러나 승상은 듣지 않고 더욱 철저히 조사하였다. 조광한은 승상을 고발하기 전에 먼저 별자리를 아는 태사太史에게 물었는데, 태사는 올해 사형을 당하는 대신이 있을 것이라고 하였다. 조광한은 즉시 글을 올려 승상의 죄를 고발하였고 "이 일을 경조윤에게 맡겨 심리하도록 하라"는 명이 내려왔다. 조광한은 사건의 긴박함을 알았기에 즉각 직접 관리와 형졸을 이끌고 승상부로 쳐들어가 부인을 불러 마당에 무릎을 꿇게 하고 심문을 하였다. 그리고 노비 10여 명을 체포하여 끌고 가서 여종을 죽인 일을 조사하였다. 승상은 글을 올려 이렇게 진술하였다.

"제 아내는 정말 여종을 죽이지 않았습니다. 조광한은 수차례 법을 어기고서도 죄를 인정하기는커녕 교활한 수단으로 신을 협박하였으며, 신에게 아량을 베풀어 자신의 죄를 보고하지 말 것을 요구하였습니다. 원컨대 이 사건을 공정한 관리에게 맡겨 조광한이 신의 집안일을 어떻게 처리했는지 분명히 조사하게 해주십시오."

황제는 사건을 정위에게 맡겨 조사하게 했다. 그 결과, 노비가 잘못이 있어 승상이 그녀를 매질하였고 그녀는 집을 나가 본가에서 죽은 것으로 조광한의 말과 달랐다. 사직司直 소망지蕭望之가 탄핵하였다.

"조광한은 대신을 모욕하고 무고하였으며 공무를 집행하는 자를 협박하였습니다. 도리에 위배되고 교화를 해쳤으니 대역무도죄에 해당됩니다."

선제는 조광한을 미워하여 정위부 감옥에 가두었다. 그리하여 예전에 무고한 자를 죽였던 일, 일부러 사건을 사실대로 조사하지 않았던 일, 군법을 위반했다고 소현을 무고했던 일 등의 죄가 밝혀지게 되었다. 선제는 정위의 판결을 비준하였다. 관리와 백성들 수만 명이 소식을 듣고 궁궐 문 앞에서 울부짖었다. 이렇게 말하는 자도 있었다.

"신이 살아 있어도 조정에 아무런 도움이 되지 못하니 원컨대 경조윤을 대신해서 소신이 죽겠습니다. 그를 살려 백성들을 다스릴 수 있게 해주십시오."

조광한은 결국 요참형에 처해졌다.

조광한은 비록 법을 위반하여 처형을 당했으나 청렴하고 투명하게 경조윤으로 재직하면서 호족과 권세 있는 자들을 위엄으로 제압하였기에 백성들이 각자의 자리에서 편안히 생활을 영위할 수 있었다. 백성들은 그를 그리워하며 지금까지 칭송하고 있다.

# 한연수전

韓延壽傳

한연수의 자는 장공長公으로, 연燕나라 사람인데 두릉현杜陵縣으로 이주하였다. 젊은 시절 군郡의 문학관文學官을 지냈다. 부친 한의韓義는 연나라의 낭중을 지냈다. 연나라 자왕剌王이 모반했을 때 한의는 간언을 하였다가 죽음을 당했으므로 연나라 사람들이 그를 가엾게 여겼다. 당시, 소제가 어린 나이였기에 대장군 곽광이 정치를 주도하고 있었다. 조정은 명령을 내려 각 군국郡國에서 능력 있고 경학에 정통한 현량문학賢良文學을 불러 정치의 득실에 대한 자문을 구했다. 당시 위상魏相은 경학에 능통한 자로 추천되어 이렇게 답했다.

"상벌은 선을 권장하고 악을 막는 방법이니 정치의 근본입니다. 지난날 연왕의 행실이 부도덕하자 한의가 나서 강력하게 간언을 하다가 죽임을 당했습니다. 한의와 연왕은 주나라 걸왕에게 간언했다가 죽음을 당했던 비간比干처럼 친척관계도 아닌데 비간과 같은 절개를 실천하였습니다. 공개적으로 그의 아들에게 큰 상을 내리시어 천하 사람들에게 보이고 신하의 도의를 밝히십시오."

곽광은 그의 건의를 받아들여 한연수를 발탁하였고 간대부로 임명했다가 얼마 후 회양군 태수로 임명하였다. 한연수는 이곳을 잘 다스려 명성이 높아졌고, 이후 영천군穎川郡 태수로 옮기게 되었다.

영천은 호족들의 세력이 강하여 다스리기 힘들었으므로 조정에서는 항상 역량 있는 관리를 파견하였다. 앞서 조광한이 태수로 재직할 때 이 지역 호족들이 서로 결탁하는 풍조를 걱정하여 관리와 백성들이 서로 고발하게 하였다. 당시에는 이 조치가 합당하게 여겨졌으나 영천군은 이로 인해 고발이 유행하였고 백성들은 서로 원수가 되는 상황이 많아졌다. 한연수는 이러한 상황을 바꾸고 예의와 겸양의 도리로 가르치고자 하였으나 백성이 따르지 않을까 걱정하였다. 그리하여 명망 있고 존경받는 장로 수십 명을 초청하여 주연을 마련하고 직접 그들과 이야기를 나누며 예로써 접대하였다. 민간의 풍속과 백성의 질고를 묻고 화목과 친애로 원한을 없애는 방법을 설명해주자 장로들은 모두 좋은 방법이며 실행할 수 있다고 하였다. 한연수는 그들과 함께 결혼과 상례, 제사에 관한 제도를 제정하였는데, 대체로 고대의 예법제도를 준수하고 정해진 규정을 넘지 못하도록 하였다. 한연수는 군郡의 문학 교관과 유생들에게 피변皮弁을 쓰고1) 예기禮器를 들고서 관리와 백성들을 위해 혼례와 상례의 의식을 시연하게 했다. 백성들은 그가 제정한 예의제도를 따르게 되었고, 나무와 흙으로 만든 인형과 수레 등의 순장용품을 팔던 상인들은 이를 거리에 내다버렸다. 몇 년 후, 한연수는 동군東郡의 태수로 부임하였고, 황패黃覇가 한연수를 대신하여 영천군을

---

1) 피변은 관冠 이름이다. 흰 사슴 가죽으로 만들며 중요한 의식을 거행할 때 쓴다.

다스리게 되었다. 황패는 그가 시행하였던 방법대로 하였고 영천은 잘 다스려졌다.

한연수는 관리로 재임하면서 예의를 숭상하였고 고대의 교화敎化를 좋아하였다. 가는 곳마다 반드시 어진 선비를 초청하여 예로써 우대하고 임용하였으며, 그들의 건의를 두루 구하고 간언을 채택하였다. 장례를 치를 때 재산을 양보하는 자제들을 추천하여 부모에게 효도하고 형제를 존경하는 미덕이 있음을 표창하였다. 학교를 짓고 정비하였으며 봄과 가을에는 활쏘기 시합을 거행하면서 쇠종과 북, 관현 등 각종 악기를 진열하고 주인과 손님이 상견하는 예의를 선도하였다. 군사에게 무예를 훈련시키면서 병기, 깃발을 나열하고 활쏘기와 수레 몰이 등의 기예를 연습하게 했다. 성곽을 수리하고 조세를 거둘 때는 사전에 기한을 정하여 통보하고, 규정된 시일에 집행하는 것을 중시하였으므로 관리와 백성들은 그를 존경하고 따랐다. 또 향관鄕官과 다섯 가구마다 우두머리인 오장伍長을 두어 이들이 효도와 공경으로 백성을 선도하게 하니 간사한 사람은 발붙일 곳이 없게 되었다. 마을 백성들 사이에서 분쟁이 일어나면 관리가 바로 정황을 파악하고 보고하였으므로 간사한 사람들은 감히 영천군으로 들어오지 못했다. 처음에 시작할 때는 번거로운 듯했지만 후에 관리들은 범인을 쫓고 체포하는 수고로움이 없어졌고, 백성들은 고문과 형벌의 근심 없이 모두 편안해졌다. 한연수는 수하의 관리를 대하면서 은혜를 후하게 베풀었으나 약속을 한 일에 있어서는 엄하고 분명했다. 그를 속이거나 배신한 자가 있으면 한연수는 자책하며 이렇게 말했다.

"내가 그를 박대한 것인가? 그는 왜 이런 일을 한 것인가?"

관리들은 이를 듣고서 스스로 자책하며 후회하였는데, 한 현위縣

尉는 자살을 하였다. 또 한 속관은 목을 베었다가 다행히 구조되어 죽지는 않았으나 벙어리가 되어 말을 할 수 없게 되었다. 한연수는 이를 듣고 그 속관을 마주하고는 통곡하며 눈물을 흘렸고 의사를 보내 그를 치료하고 간호하게 하였으며 그 집안의 조세와 부역을 면제해주었다.

한번은 한연수가 외출을 하기 위해 수레에 오르려 하는데 말을 타고 수행하는 속관 한 명이 늦게 도착했다. 한연수는 공조功曹에게 명령하여 그의 죄를 결정하여 보고하도록 했다. 한연수가 돌아와 문에 도착했을 때 문졸이 수레를 막고 할 말이 있다고 했다. 한연수가 수레를 멈추고 물으니 문졸이 말했다.

"『효경』에 이런 구절이 있습니다. '부친을 섬기는 도리로써 군주를 섬기니 공경의 도리는 같다. 그러므로 모친에게 사랑을 다하고 군주에게 공경을 다하며 사랑과 공경을 겸하여 섬기는 것은 부친이다(資於事父以事君, 而敬同, 故母取其愛, 而君取其敬, 兼之者父也).' 오늘 아침 태수께서 문을 나서실 때 오랫동안 서서 출발하지 않으셨습니다. 속관의 부친이 태수부에 와서 감히 들어가지 못하고 있었습니다. 속관이 알고서 서둘러 달려나가 부친을 뵈었는데 마침 이때 태수께서 수레에 올라 출발하셨습니다. 부친에게 효도와 공경을 다하다가 처벌을 받게 되었으니 교화를 어그러뜨리는 것이 아니겠습니까?"

한연수는 수레에서 손을 들어 사과했다.

"그대가 아니었다면 내 잘못을 몰랐을 것이네."

집으로 들어와 문졸을 불러 만났다. 문졸은 본래 유생이었다. 한연수가 현명하다는 것을 듣고서도 자신을 추천할 길이 없었기에 다른 사람을 대신해 문졸이 된 것이었다. 한연수는 결국 그를 발탁하였다. 좋은 건의를 받아들이고 간언을 듣는 것이 모두 이와 같았다. 동군東郡에서 지낸 3년 동안 법령의 시행이 엄정하였으며 옥사가 대폭 감소하여 천하에서 가장 잘 다스려지는 곳이 되었다.

한연수는 임시로 좌풍익의 직책을 대신하다가 만 1년이 되어 정식 임명을 받았다. 그러나 한 해가 지나도록 그는 소속 현으로 시찰을 나가려 하지 않았다. 속관들이 누차 아뢰었다.

"고을들을 순행하면서 민정과 풍속을 살피고 관리의 치적을 조사하셔야 합니다."

한연수는 말했다.

"각 현에 모두 능력 있는 현령들이 있고, 태수를 대신해 독우督郵가 밖에서 선과 악을 변별하여 감찰할 수 있으면 된다. 현을 시찰하는 것은 이로움이 없고 도리어 부담과 번거로움을 가중시킬 뿐이다."

속관들은 모두 마침 봄이니 나가서 순시하며 농업과 잠업을 권장하고 격려하는 것이 좋겠다고 하였다. 한연수는 부득이하여 시찰을 나가게 되었다. 고릉현高陵縣에 도착했을 때 땅 때문에 서로 소송 중인 형제를 만나게 되었다. 이들이 서로 자신의 상황을 말하려 하자 한연수는 상심하여 말했다.

"내 요행히 자리를 얻어 백성들에게 모범을 보이는 자리에 있게 되었다. 그러나 교화를 널리 펼치지 못하여 피를 나눈 형제간에 이러한 소송이 벌어지는 상황이 발생하였으니 교화를 해쳤을 뿐만 아니라 어진 현승縣丞과 색부嗇夫, 삼로三老, 효제孝弟 등 여러 향관鄕官들을 수치스럽게 한 것이다.[2] 이 허물은 나 좌풍익에게 있으니 책

---

2) 색부는 소송과 세금을 담당하고, 삼로는 지방관을 도와 법령의 시행과 교화를 담당한다. 효제孝弟는 '효성스럽고 공경하며 힘써 밭을 일군다(孝悌力田)'는 표현을 줄인 것으로 백성들에게 농사일에 힘쓰도록 선도하던 향관이다.

임을 지고 물러나야 할 것이다."

그러고는 병을 구실로 공무를 처리하지 않고 숙소로 돌아와 누워 문을 닫고 반성하였다. 현의 모든 사람들은 어찌할 바를 몰랐고 현령과 현승, 색부, 삼로는 모두 스스로를 포박하고서 처분을 기다렸다. 이렇게 되자 소송이 일어났던 집안에서는 서로를 질책하였고, 두 형제는 깊이 뉘우쳐 스스로 머리를 깎고 상의를 벗고는 사죄하였다. 또한 땅을 서로 양보하며 죽을 때까지 다시는 싸우지 않겠다고 다짐하였다. 한연수는 기뻐하며 문을 열고는 이들을 만나 술과 고기를 준비하여 함께 먹고 마셨다. 그리고 이러한 뜻을 고을에 알려 잘못을 회개하고 선행을 하려는 백성들을 표창하고 격려하도록 하였다. 한연수는 공무를 처리하기 시작했고 현의 관리들을 만나 감사와 위문의 뜻을 표했다. 이리하여 고을 사람들은 화목해졌고 백성들은 서로 권면하고 격려하여 다시는 이러한 일이 생기지 않게 되었다. 한연수의 은혜와 위신은 주변 24개 현에 두루 알려졌으며, 소송을 벌이고 그에게 하소연하러 오는 자들이 없게 되었다. 진심과 성심으로 사람을 대했기에 관리와 백성들은 차마 그를 속일 수 없었다.

한연수는 소망지를 대신하여 좌풍익을 맡고, 소망지는 어사대부로 승진하였다. 시알자侍謁者 복福이 소망지에게 한연수가 동군에 있을 때 관전 1000만여 전을 개인적으로 사용했다고 말했다. 소망지는 승상인 병길과 상의하였는데 병길은 대사면이 있었으니 조사할 필요가 없다고 하였다. 마침 어사대부의 속관인 시어사가 동군에서 업무를 수행하고 있던 중이었기에 소망지는 이 일을 조사하게 했다. 이를 알게 된 한연수는 즉시 속관에게 소망지가 좌풍익으로 재직할 때 종묘 제사의 곡식과 희생을 담당하는 관리가 관전 100만여 전을 쓴 것을 조사하게 했다. 관리는 심문과 고문이 심해지자 소망지와 간사한 짓을 했다고 진술하였다. 한연수는 이 일을 고발하는 글을 올리고 또 궁궐 문에 공문을 전달하여 소망지가 입궁하지 못하도록 했다. 소망지는 스스로 상주하여 해명하였다.

"저의 직무는 천하를 총괄하고 이끄는 것이니 사건이 있으면 조사하지 않을 수 없습니다. 그러나 도리어 이 때문에 한연수에게 견제를 받게 된 것입니다."

이리하여 한연수를 신뢰하지 않게 된 황제는 사람을 파견하여 따로 진상을 조사하도록 명했다. 조사 결과, 소망지는 그러한 일이 없었다. 그러나 소망지가 시어사를 파견하여 한연수가 동군에 재직할 당시의 일을 조사한 결과, 그러한 일이 있었음이 밝혀졌다. 한연수는 동군에서 재직할 때 매년 기마병의 무예 시합을 거행하였다. 수레의 장식에 용과 범, 주작을 그려넣고 자신은 깃을 곧게 세운 황색 비단옷을 입었으며 비단으로 장식한 네 마리 말이 끄는 수레를 몰았다. 의장용 깃발과 창을 꽂고, 공작의 꼬리 깃털로 만든 햇빛 가리개를 세우고, 북과 악대를 태운 수레를 대동하였다. 공조功曹가 수레를 몰아 길을 인도하였는데, 모두 네 마리의 말이 끌었고 나무 창을 꽂고 있었다. 5명의 기마병을 한 조로 하여 좌우 두 열로 배치하고, 무관들은 깃발을 잡고서 수레 옆에서 수행하였다. 노래하는 자들은 먼저 활쏘기 시합장에 도착하여 멀리 한연수의 수레가 오는 것을 바라보며 초楚 지방 노래를 소리 높여 불렀다. 한연수가 시합장에 앉으면 말을 탄 관리들은 창을 들고 계단을 따라 나란히 서 있었고, 수행하는 기마병들은 활과 화살통을 차고서 뒤쪽에서 호위하였다. 기병과 전차戰車가 사방을 에워싸 포진하게 하였는데, 그들은 갑옷과 투구를 착용한 채 말 위에 앉아 쇠뇌를 들고 화살통을 지고 있었다. 또 기마병에게 네 마리 말이 달리고 있을 때 바깥쪽의 두 마리 말을 빼버리는 기예를 시연하게 했다. 이 외에도 관부의 구리 기물을 가져다가 월식이 있는 날이면 칼과 검, 갈고리 같은 병기를 주조하였는데 황제가 사용하는 것들을 모방하였다. 관부의 돈과 비단으로 사사로이 속관을 고용하였으며, 전차와 갑옷을 마련하고 수선하는 데 300만 전 이상을 사용하였다.

그리하여 소망지는 한연수가 직권을 참월한 대역무도의 죄를 지었다며 탄핵하였다.

"얼마 전 한연수에게 탄핵을 받았는데 지금 또 제가 그의 죄를 고발하게 되었으니 사람들은 모두 신이 옳지 못한 마음을 품고서 그를 기만하고 억울하게 만든 것이라 여깁니다. 원컨대 승상과 중이천석의 관리, 박사들에게 그의 죄를 논의하도록 맡겨주십시오."

그리하여 이 일을 공경公卿에게 논의하게 하였다. 공경들은 모두 한연수가 이미 대역무도한 죄를 지었음에도 불구하고 또 법률을 집행하는 대신을 무고하여 자신의 죄를 벗어나고자 하였으니 교활하고 무도하다고 하였다. 천자의 미움을 산 한연수는 결국 사형되어 거리에 머리가 걸리는 기시棄市의 판결을 받았다. 형이 집행되던 날, 수천 명의 관리와 백성들이 위성渭城까지 그를 전송하였다. 노인과 젊은이가 수레를 부축하였고 다투어 술과 구운 고기를 바쳤다. 한연수는 차마 거절하지 못하여 사람마다 주는 술을 받아 마셨다. 계산해본다면 한 섬 남짓의 술을 마신 것이다. 한연수는 속관을 통해 전송 나온 사람들에게 감사함을 표하였다.

"먼 길까지 관리와 백성들을 수고롭게 하였으니 나는 죽어도 여한이 없습니다."

눈물을 흘리지 않는 백성이 없었다.

한연수의 세 아들은 모두 낭관을 지내고 있었다. 한연수는 죽기 전, 아들들에게 자신을 경계로 삼아 관리가 되지 말 것을 당부하였다. 아들들은 모두 부친의 말대로 사직하고 다시는 벼슬을 하지 않았다. 손자인 한위韓威가 다시 출사하여 관직을 지냈고 장군의 직위에 이르렀다. 한위 또한 은혜와 신뢰가 있었고 사람들을 어루만질 줄 알았기에 모두들 그를 위해서 목숨을 바칠 정도였다. 그러나 한위 또한 사치 때문에 참월한 죄로 주살되었으니 한연수의 유풍과 비슷했다.

# 장창전

張敞傳

장창의 자는 자고子高로, 본래 하동河東 평양현平陽縣 사람이다. 조부인 장유張孺는 상곡上谷의 태수를 지냈는데 무릉으로 이주하였다. 장창의 부친인 장복張福은 무제를 섬겼고 광록대부까지 지냈다. 장창은 후에 선제를 따라 두릉으로 이주하였다. 본래 향유질鄕有秩로 태수의 속관을 지내던 중 청렴한 선비로 추천되어 감천창장甘泉倉長이 되었고, 후에 태복승太僕丞으로 승진하였다.[1] 당시 태복이던 두연년杜延年은 그를 매우 신임하였다. 창읍왕을 옹립하였을 당시, 창읍왕의 행실이 법도에 맞지 않자 장창이 글을 올려 간언하였다.

"소제께서 후사가 없이 일찍 붕어하시니 대신들은 근심하며 어질고 성명한 군주를 모셔 종묘사직을 계승하고자 하였습니다. 동쪽에서 수도로 오시는 폐하를 영접할 준비를 하면서 오직 속히 도착

---

1) 한대에는 1만 호戶를 1향鄕으로 하였다. 향에는 유질有秩을 두었는데 녹봉은 100석이며, 삼로·색부 등 향관과 비슷한 직책이다.

하시기만을 학수고대하였습니다. 지금 폐하께서 장성한 나이에 막 즉위하셨으니 천하 사람들이 모두 눈을 닦고 귀를 기울이며 폐하의 교화와 풍속을 보고 들으려 하고 있습니다. 그러나 폐하를 옹립한 보정대신들도 아직 포상을 받지 못했는데 폐하를 모시고 창읍에서 수레를 몰고 온 말단 관리가 먼저 승진하였으니, 이는 과실 중에서도 큰 잘못입니다.”

10여 일 후, 창읍왕은 폐위되었다. 장창은 그 간곡한 간언으로 명성을 얻어 예주豫州 자사로 발탁되었다. 수차례 충심어린 간언을 했기 때문에 선제는 장창을 불러 태중대부로 임명하였고, 우정국于定國과 함께 상서尙書의 일을 처리하도록 하였다. 이후 강직한 성격 때문에 대장군 곽광의 비위를 거슬러 한동안 군대의 지출을 담당하는 업무로 좌천되었다가 다시 함곡관 도위로 임명되었다. 선제가 막 즉위했을 때 폐위된 유하劉賀는 산양군山陽郡 창읍에 있었다. 이것이 내심 불편했던 선제는 장창을 산양 태수에 임명하였다.

오랜 후, 대장군 곽광이 세상을 떠나자 선제는 처음으로 정무를 직접 처리하게 되었다. 곽광의 조카인 곽산과 곽운을 모두 열후에 봉하고, 곽광의 아들인 곽우를 대사마에 임명하였다. 얼마 후 곽산과 곽운은 죄를 짓고 파면되어 집으로 돌아갔고, 곽씨 집안의 사위들도 조정을 떠나 외지로 발령받게 되었다. 장창은 이러한 상황을 알고서 상소를 올렸다.

“신은 공자계우公子季友가 노나라에 공로를 세우고, 대부 조최趙衰가 진晉나라에 공적이 있었으며, 대부 전완田完이 제나라에 공적을 세우자 군주들은 모두 이들에게 토지와 작위를 하사하였으며 이것이 자손에게까지 이어지도록 했다고 들었습니다. 그러나 결국 전씨의 후손은 제나라를 찬탈하였고, 조씨는 진나라를 분열시켰으며,

계씨는 노나라에서 권력을 전횡하게 되었습니다. 그러므로 공자께서는 『춘추』를 지어 흥망성쇠를 기록하였으며 대대로 작위를 세습하는 자들을 가장 심하게 질책하였습니다. 예전에 대장군 곽광은 국가 대사를 결정하고 사직과 천하를 안정시켰으니 그 공적이 적다고 할 수 없습니다. 주공周公은 7년간 정치를 보좌했을 뿐이지만 대장군은 20년 동안 집정하였으니 나라의 중요한 명령은 모두 그의 손에서 결정되었습니다. 그러나 대장군의 세력이 한창일 때 그의 위엄에 천지가 진동하고, 음양이 서로 침범하여 일식과 월식이 일어났으며, 대낮에는 어두웠다가 밤에는 밝은 빛이 나타났습니다. 땅이 갈라지고 산이 무너졌으며, 화산이 폭발하고 별자리의 운행은 제자리를 잃었습니다. 흉조와 변괴가 셀 수 없을 정도로 일어났습니다. 이는 모두 음의 기운이 왕성하고 신하가 정권을 농단했기 때문에 생겨난 것입니다. 조정의 신하들은 분명 이렇게 말했을 것입니다.

'폐하께서 예전에 대장군에게 포상을 하셨으니 그의 공덕에 대해 이미 충분히 보상하였습니다. 근자에 보정대신이 정권을 장악하고 황친들의 세력이 막강하여 군신의 명분이 분명하지 않으니 청컨대 곽씨 집안의 세 제후를 파면하고 돌려보내십시오. 위장군衛將軍 장안세張安世에게는 궤장을 하사하여 퇴임하고 집으로 돌아가게 하십시오. 그리고 정해진 때에 접견하여 위로하고 안부를 물으면서 천자의 스승으로 지내게 하시옵소서.'

우선 공개적으로 조서를 내려 곽씨 일가가 폐하를 보위한 은혜가 있으니 수용하지 않겠다고 하시고, 신하들이 도의로써 간곡히 간언한 후에야 허락하십시오. 그렇게 하면 천하 사람들은 폐하께서 대신의 공덕을 잊지 않았다고 여길 것이며 조정의 대신들도 예의를 안다고 할 수 있으니, 곽씨 집안도 대대손손 우환이 없게 될 것입니다. 그러나 지금 조정에서는 직간하는 소리를 들을 수 없고 폐하께서 직접 나서서 곽씨를 파면하는 조서를 발표하시니 이는 좋은 계책이 아닙니다. 지금 곽산, 곽운이 이미 파면되어 경성을 떠났습니다. 사람들의 마음은 대부분 비슷합니다. 신이 짐작컨대 대사마와 그 일족들은 필히 두려워하는 마음이 있을 것입니다. 가까운 신하가 위험을 느끼게 하는 것도 좋은 계책이 아닙니다.

신은 넓은 조정에서 직접 나서서 이러한 건의를 할 수 있기를 바라지만 멀리 떨어진 고을을 지키고 있어 기회가 없습니다. 마음속의 미묘한 생각은 입으로 말할 수 없고, 말로 할 수 있는 세밀한 것들은 글로 표현할 수 없습니다. 그러므로 이윤伊尹은 다섯 번 걸왕을 찾아가고 다섯 번 탕왕을 찾아갔으며, 상국 소하蕭何는 회음후 한신을 몇 년 동안 천거한 끝에 임용되게 할 수 있었던 것입니다. 하물며 신은 천 리 밖에서 문서로 제 생각을 설명하고 있으니 어떻겠습니까! 폐하께서 살펴주실 것을 간청합니다.”

황제는 그의 계책을 훌륭하게 여겼으나 그를 불러들이지는 않았다.

한참 후, 발해군勃海郡과 교동군膠東郡에서 도적이 봉기하였다. 장창은 자신이 진압할 수 있게 해달라고 청하며 이렇게 글을 올렸다.

“신은 충효의 도리는 물러나면 집에서 부모에게 마음을 다하고, 나가면 관직에서 군주에게 힘을 다하는 것이라 들었습니다. 작은 나라의 군주에게도 자신을 돌보지 않고 나서는 신하가 있는데 하물며 영명한 천자는 어떻겠습니까! 지금 폐하께서는 천하의 태평을 위해 정무에 힘쓰며 밤낮없이 일하십니다. 신하들은 각각의 맡은 자리에서 온 힘을 다하고 있습니다. 산양군은 9만 3000호이며 인구가 50만 명 이상이지만 아직 체포하지 못한 도적은 77명이며 기타의 정무 상황도 대략 이러합니다. 신 장창이 무능하여 폐하의 근심을 덜어드리지도 못하면서 오랫동안 태평한 고을에서 지내왔습니다. 편안한 생활을 누리며 나랏일을 잊고 지냈으니 이는 충효의 뜻이 아닙니다. 교동과 발해 주변의 군들이 다년간 흉작인데, 도적이 일어나 관부를 공격하고 죄수를 빼내고 시장을 노략질하고 열후를 협박한다고 들었습니다. 관리들은 기강이 없어 간악한 행위를 막을 수 없다고 합니다. 신 장창은 감히 몸을 아끼고 죽음을 피하는 자가 아닙니다. 조서를 내려주시면 온 힘을 다하여 저들의 흉악함과 잔혹함을 꺾고 외롭고 약한 자들을 위무하겠습니다. 일을 처리하고 백성들이 각자의 자리로 돌아가게 되면 폐하께 조목조목 실패와 성공의 원인을 보고하도록 하겠습니다.”

상소가 올려진 후 선제는 장창을 불러 교동국膠東國의 재상으로 임명하고 황금 30근을 하사하였다. 장창은 부임지로 떠나면서 선제에게 이러한 요청을 하였다. 정무가 많고 복잡한 고을을 다스리는데 엄한 상벌이 없다면 선을 권장하고 악을 징벌할 수 없으므로 도둑을 체포하는 공로를 세운 관리는 경성과 경기 지역인 삼보三輔[2]에서 탁월한 치적을 쌓은 관리들처럼 대우해줄 것을 청한 것이다. 선제는 허락하였다.

장창은 교동에 도착하자 현상금을 공개적으로 내걸고 도적들이 서로를 체포하고 죽이는 것으로 공을 세워 속죄하도록 선동하였다. 도적의 체포에 공을 세운 관리가 있으면 이름을 상서尙書에 보고하였고, 이렇게 하여 현령으로 승진한 자가 수십 명이었다. 이리하여 도적들은 사분오열되어 서로 죽이고 체포하였다. 관리와 백성들은

---

2)  한나라 시대 경기 지역을 다스리는 우부풍右扶風, 경조윤京兆尹, 좌풍익左馮翊 세
    관직을 합쳐 삼보라 하였다.

모두 기뻐하였고 교동은 결국 안정을 되찾았다.

얼마 후, 교동국의 왕태후王太后가 수차례 유람과 사냥을 나서자 장창은 상서를 올려 간언하였다.

"신은 진나라 소왕昭王이 음란한 소리를 좋아하자 왕후인 섭양후葉陽后는 이 때문에 정나라와 위나라의 음악을 듣지 않았다고 들었습니다. 초나라 장왕이 사냥을 좋아하자 부인인 번희樊姬는 이 때문에 새와 금수의 고기는 먹지 않았다고 합니다. 이들은 맛난 음식을 싫어하거나 아름다운 음악을 싫어한 것이 아닙니다. 이들이 좋아하는 것을 절제하고 끊어버린 이유는 두 임금에게 모범을 보여 사직을 온전히 하기 위한 것이었습니다. 예법에 따르면 군주의 모친은 밖에 나갈 때면 장막으로 가린 수레를 타고, 계단으로 당을 내려갈 때는 반드시 나이 든 보모가 수행해야 하며, 걸을 때는 항상 소리가 나는 옥을 차고 있어야 하며, 속에 입는 옷은 잘 묶어야 합니다. 이는 존귀한 사람들이 자신을 절제하는 방법과 방종하지 않는 뜻을 말한 것입니다. 지금 태후께서 자질이 현숙하시고 자애로우며 관대하심은 제후들이 모두 들어 알고 있습니다. 그러나 사냥을 하신다는 약간의 소문이 있으니 폐하께서 듣게 되신다면 합당하지 않을 것입니다. 바라옵건대 옛 일을 살펴 지금의 덕행을 온전하게 하신다면 후궁들에게도 모범이 될 것이고 신하들에게도 칭송의 대상이 될 것입니다. 이리된다면 신 장창의 영광이옵니다."

상소가 전달되자 태후는 다시는 사냥을 나가지 않았다.

당시 영천 태수였던 황패黃霸는 으뜸가는 치적을 쌓아 임시로 경조윤의 직위를 맡게 되었다. 그러나 부임 후 몇 달이 지나도록 이렇다 할 업적을 만들어내지 못하자 해임되어 영천으로 돌아갔다. 황제는 어사에게 이러한 조서를 내렸다.

"교동국의 재상인 장창에게 임시로 경조윤 직위를 맡기도록 하라."

조광한이 주살된 후 경조윤이 수차례 교체되었으나 황패 등 몇 사람은 모두 직무를 제대로 수행하지 못했다. 수도 장안의 치안은 점차 해이해졌고 저잣거리에는 도적이 들끓어 상인들의 골칫거리가 되었다. 선제는 장창에게 물었고 장창은 다스릴 수 있는 방법이 있다고 하였다. 장창은 부임 후 장안의 노인들에게 자문을 구하였다. 그러자 노인들이 말하길, 도적 두목들은 풍족한 생활을 누리며 밖에 나설 때면 어린 노비들이 말을 타고 수행하고 마을 사람들도 그들을 어른으로 대한다고 했다. 장창은 두목들을 모두 불러들여 문책한 후 죄를 용서해주었다. 그리고 과거의 죄를 약점으로 잡아 그들에게 도적들을 관부로 데려오는 것으로 속죄하도록 했다. 두목들이 이렇게 말했다.

"오늘 갑자기 관부로 불려왔으므로 도적들이 놀라 불안해할 것입니다. 저희를 임시 속관으로 임명해주신다면 일을 하기가 수월할 것입니다."

장창은 이들 모두를 관리로 임명하고 집으로 돌아가 쉬도록 했다. 두목들은 주연을 마련하였고 수하 무리들이 모두 와서 축하하였다. 도적들이 술에 취하자 두목은 적갈색을 그들의 옷자락에 묻혀 표식을 하였다. 마을 입구를 지키고 있던 관리들은 나오는 자들을 조사하여 적갈색이 묻은 자들을 모두 체포하였다. 하루 만에 수백 명을 체포하였다. 장창은 모든 안건을 철저하게 조사하였는데, 한 사람이 100건이 넘는 범죄를 저지른 경우도 있었다. 이들을 모두 법대로 처벌하였다. 이리하여 경조 지역에서는 도적을 신고하는 북소리가 들리지 않게 되었고, 저잣거리에서는 도적이 사라졌다. 선제는 그를 가상히 여겼다.

장창은 민첩하고 상벌이 분명하였으며 나쁜 자를 보면 체포하였다. 그러나 때로는 법대로 처리하지 않고 관용을 베풀었기에 더욱 훌륭하다 할 수 있다. 그는 경조 지역을 다스리면서 대체로 조광한의 방법을 따랐다. 계획하고 조사하여 감춰진 것을 적발하고 간사함을 막는 것은 조광한보다 못했지만, 장창은 본래 『춘추』를 익혔기에 유가 경전의 도리를 근본으로 삼았다. 그러므로 그의 정치는 유가의 방법을 참조하여 종종 어질고 선량한 자를 표창하였으며 형벌로만 다스리지 않았다. 그가 자신을 온전히 보전하고 처형의 화를 면할 수 있었던 것은 바로 이 덕분이었다.

경조윤은 수도를 책임졌는데 장안은 인구가 매우 많아 삼보三輔 지역 중에서 가장 다스리기 힘든 지역이었다. 군국의 이천석 관리 중 치적이 뛰어난 자들을 수도로 불러들여 임시로 경조윤에 임명하였다가 정식으로 발령하였는데 오래 버티면 2~3년, 짧으면 수개월이나 1년 만에 비방으로 명성을 잃거나 죄를 짓고 파면되었다. 오직 조광한과 장창만 오랫동안 경조윤에 재직하였다. 장창은 경조윤이 된 후 매번 조정에 큰 논의가 있을 때마다 고금의 전고를 인용하며 적절하게 처리하였기에 공경들이 모두 탄복하였고, 천자도 여러 번 그의 의견을 따랐다. 그러나 장창은 위엄이 없었다. 한번은 조회가 끝난 후 장대궁章臺宮 아래 큰길을 지나가면서 수레를 모는 수하에게 빈 마차를 몰게 하고 자신은 부채로 말을 두드리며 걸어갔다. 또 부인에게 눈썹을 그려주었는데 장창이 눈썹을 아주 잘 그린다는 소문이 장안에 파다했다. 담당 관리가 이 일로 그를 탄핵하였다. 황제가 그 일을 묻자 장창은 이렇게 답했다.

"신은 규방 안, 부부간의 사사로운 정은 눈썹을 그리는 일보다 더하다고 들었습니다."[3)]

황제는 그의 능력을 아껴 나무라지 않았다. 그러나 끝내 높은 관직에는 오르지 못했다.

장창은 소망지, 우정국과 사이가 좋았다. 처음에 장창과 우정국은 모두 창읍왕에게 간언을 한 일로 승진되었다. 우정국은 대부로서 상서의 직무를 겸임하였고, 장창은 외지로 나가 자사가 되었다. 당시 소망지는 대행승大行丞을 맡고 있었다. 후에 소망지가 먼저 어사대부가 되고 우정국은 승상이 되었으나, 장창은 끝내 군수를 지냈을 뿐이다. 장창은 경조윤을 지내는 9년 동안 광록훈 양운楊惲과 교분이 두터웠다. 후에 양운이 대역죄를 받고 처형되자 공경들은 양운의 일당을 관직에 두어서는 안 된다고 상주하였다. 그리하여 양운과 관련된 자들이 모두 파면되었으나 선제는 장창을 아껴 그를 탄핵하는 상주문만은 보류해두고 비준하지 않았다.

장창이 서순絮舜이라는 도적의 체포를 담당하는 속관에게 안건을 조사하도록 시킨 일이 있었다. 그러나 서순은 장창이 탄핵을 받았으므로 파면될 것이라 여기고는 일을 마무리짓지 않고 몰래 집으로 돌아갔다. 어떤 사람이 서순에게 충고하자 서순은 이렇게 말했다.

"나는 경조윤을 위해 충분히 최선을 다했다. 이제 고작해야 닷새 남은 경조윤일 뿐인데 무슨 일을 더 할 수 있겠는가?"

장창은 서순의 말을 듣고는 즉시 부하 관리를 파견하여 그를 체포하고 감옥에 가두도록 했다. 이때는 형을 집행할 수 있는 겨울이 며칠 남지 않은 때였다. 사건을 조사하는 관리는 밤낮으로 서순의 사건을 처리하였고 결국 그에게 사형을 선고하였다. 서순이 형장으

---

3) 장창의 이 고사로 인해 이후 '눈썹을 그리다(畵眉)'는 부부의 정이 좋음을 비유하는 표현으로 사용되었다.

로 갈 때 장창은 속관을 보내 그의 말을 전하게 했다.

"닷새 남았던 경조윤이 결국 어찌되었는가? 겨울이 곧 끝나니 연명할 수 있을 것이라 생각하는가?"

그러고는 서순을 저잣거리에서 처형하였다. 입춘이 되자 조정에서는 억울한 안건을 조사하는 사자를 파견하였다. 서순의 집안사람들은 수레에 그의 시신을 싣고서 장창이 처형장에 전달했던 말을 고발장에 적어 사자에게 하소연하였다. 사자는 장창이 무고한 자를 함부로 죽였다고 상주하였다. 선제는 그의 죄가 크지 않다고 여겼기에 죄를 경감하여 처벌을 면하게 해주고자 하였다. 그리하여 예전에 장창이 양운과의 교분 때문에 관직에 있어서는 안 된다던 상주를 비준하여 장창을 파면하고 서인이 되게 했다. 파면령이 내려오자 장창은 조정에 가서 인장과 인끈을 반환한 후 경성을 떠나 본적지로 돌아가지 않고 달아났다.

몇 달 후, 수도 장안의 관리와 백성들이 해이해지면서 도둑을 신고하는 북소리가 자주 울리게 되었고 기주冀州 관서에서는 큰 도적이 일어났다. 선제는 장창의 공적을 생각하고는 사자를 보내 그를 불러오게 했다. 장창은 무고한 자를 살해한 죄로 탄핵을 받은 신분이었기에 사자가 도착하자 처자식과 식솔들은 모두 울며 두려워하였다. 그러나 장창만은 웃으며 이렇게 말했다.

"내가 도망다니는 평민의 처지이니 체포하려는 것이라면 군수의 속관을 보냈을 것이다. 지금은 조정의 사자가 왔으니 이는 천자께서 나를 기용하시려는 것이다."

그 즉시 채비를 갖추고 사자를 따라 수레에 올라 글을 올렸다.

"신은 예전에 요행히 조정 대신의 반열에 들었던 죄인 경조윤으로, 속관이었던 서순을 죽인 죄를 지었습니다. 서순은 본래 신 장창이 평소 우대하였던 관리로 수차례 은혜와 후한 대우를 받았습니다. 그러나 신이 탄핵을 당하여 파면되자 사건을 조사하라는 명령을 받고서도 집으로 돌아갔을 뿐만 아니라 신을 '닷새 남은 경조윤'이라 하였습니다. 이자는 배은망덕하며 교화와 풍속을 해쳤습니다. 신은 삼가 서순의 죄가 말할 수 없을 정도로 크다고 여겨 법을 어기면서까지 그를 주살하였습니다. 신은 무고한 자를 죽였으며 안건을 심리하는 과정에서 고의로 법을 준수하지 않았습니다. 비록 처형되어 죽는다 해도 원망하지 않을 것입니다."

천자는 장창을 접견하고 기주 자사로 임명하였다. 장창은 도망자의 신분에서 기용되었으며 황제의 명을 받들어 기주를 다스리게 되었다. 장창이 부임지에 도착해보니 광천왕廣川王의 친속들이 법률과 기강을 위반하고 도적이 연이어 발생하였으나 체포하지 못하고 있었다. 장창은 밀정을 파견하여 도적 두목의 이름과 소굴을 알아낸 후 그를 주살하였다. 광천왕 애첩의 형제들과 왕실의 동족인 유조劉調 등이 도적들을 비호하고 은닉해주고 있었는데 관리들의 추적에 더 이상 달아날 곳이 없어진 도적들은 모두 왕궁으로 들어갔다. 장창은 직접 군국의 관병을 이끌고 수레 수백 대를 대동하여 왕궁의 주위를 포위하고 유조 등을 찾았다. 과연 한 건물의 다락방에서 그를 체포하였다. 장창은 수하의 관리가 이들을 체포하여 처형하는 것을 직접 감독하였고 머리를 잘라 왕궁 문 밖에 걸어두도록 했다. 그리고 광천왕을 탄핵하는 상주를 올렸다. 선제는 차마 법대로 광천왕을 처벌할 수 없어 봉호를 박탈하였다. 장창이 자사를 지낸 지 1년 남짓이 되자 기주의 도적은 자취를 감추었다. 후에 장창은 태원太原 태수의 대리직을 지내다가 1년 후 정식 발령을 받았으며 태원군도 안정되었다.

얼마 후, 선제가 붕어하였다. 원제가 막 즉위하자 대조待詔 정붕
鄭朋이 장창을 추천하며 선제 시기 명신이었으니 황태자의 스승으
로 적합하다고 하였다. 원제는 전장군 소망지에게 물어보았다. 소
망지는 장창이 능력 있는 관리이므로 혼란을 다스릴 수는 있지만
재주가 가벼워 스승의 그릇은 아니라고 하였다. 원제는 사자에게
장창을 불러오게 하였고 그를 좌풍익에 임명하려 하였으나 장창은
바로 그때 병으로 세상을 떠났다. 장창이 주살한 태원군 속관의 가
족들이 장창을 원망하여 그의 영구를 따라 두릉까지 와서 장창의
아들인 장황張璜을 죽였다. 장창의 세 아들은 관직이 모두 도위까지
이르렀다.

처음, 장창이 경조윤이 되었을 때 장창의 아우인 장무張武가 양梁
나라 재상에 임명되었다. 당시 양왕은 교만하였고 양나라는 강력한
호족 세력이 많아 다스리기 어렵기로 유명했다. 장창이 아우에게
물었다.

"어떻게 양나라를 다스리려 하는가?"

장무는 형을 존경하면서도 어려워했기 때문에 겸손한 태도로 감
히 말하려 하지 않았다. 장창은 관리를 파견하여 아우를 함곡관까지
전송하게 하면서 직접 물어보도록 했다. 장무는 이렇게 답하였다.

"교활한 말을 부리는 사람은 재갈과 채찍을 잘 씁니다. 양나라는
큰 도읍이고 관리와 백성이 고달프니 저는 주후혜문柱後惠文의 관
을 쓴 자들을 등용하여 억눌러 다스릴 것입니다."

진秦나라 때 옥사와 법을 담당하는 관리들이 주후혜문의 관을 썼
었다. 장무의 뜻은 엄혹한 형벌로 양나라를 다스리겠다는 것이었다.

관리가 돌아와 그 말을 전하자 장창은 웃으며 말했다.

"정말 그대의 말대로라면 아우는 분명 양나라를 잘 다스릴 것이오."

장무는 부임지에 도착하여 치적을 쌓았으니 또한 능력 있는 관리였다.

장창의 손자인 장송張竦은 왕망 때 군의 태수직을 지냈고 후侯에 봉해졌다. 장송은 장창보다 박학하고 점잖았으나 능력은 장창에 미치지 못했다. 장송이 죽은 후, 장창의 후손은 끊겼다.

# 왕존전

王尊傳

왕존의 자는 자공子贛으로 탁군涿郡 고양高陽 사람이다. 어려서 고
아가 되어 숙부의 손에서 자랐는데, 숙부는 그에게 연못가에서 양
을 치게 하였다. 왕존은 몰래 공부를 하여 당시 통용되던 예서隸書
를 쓸 수 있게 되었고, 13세에 옥의 말단 관리직을 구하였다. 몇 년
후, 태수부太守府에서 근무하게 되었는데 황명을 시행하고 처리하
는 일을 물어보니 대답에 막힘이 없었다. 태수는 그를 남다르다 여
겨 문서 담당자의 보조로 임명하고 아울러 감옥의 사무를 대리하
여 관장하도록 했다. 이후, 왕존은 병을 이유로 사직하고 고을의 문
학관을 스승으로 섬겨 『상서』, 『논어』를 익혔고 그 뜻을 대략 통달
하게 되었다. 그는 다시 태수의 부름을 받아 감옥의 업무를 관장하
는 속관이 되었다가 몇 년 후, 추천을 받아 유주幽州 자사의 종사從
事가 되었다. 태수는 왕존의 청렴함을 알아보고 요서遼西 지역 염관
鹽官의 책임자로 충원하였다. 왕존은 수차례 글을 올려 조정에 이익

이 되는 일을 건의하였고, 황제는 이를 승상과 어사에게 하달하여 처리하도록 했다.

초원初元 연간, 왕존은 용감하게 직언을 한 일로 천거되어 괵虢의 현령으로 임명되었다. 후에 다시 괴리현槐里縣의 대리 현령직과 미양현美陽縣의 현령직을 겸하게 되었다. 봄 정월에 미양현의 한 아녀자가 남편의 전처소생 아들이 불효함을 고발하였다.

"아들이 항상 나를 아내 취급하며 욕보이고 매질합니다."

왕존은 이를 듣자 관리를 파견하여 체포한 후 심문하였고 아들은 죄를 인정하였다. 왕존이 말했다.

"법률에 모친을 아내로 대한 경우의 법령이 없으니 이는 성인도 차마 쓰지 못한 것이다. 이는 경전에서 이른바 특별히 엄형을 제정하여 처벌하는 경우에 해당한다."

그리하여 왕존은 청사에 나와앉아 불효자를 나무에 매달아 사지를 벌려놓고 다섯 명의 기병에게 말을 타고 활을 쏘아 죽이게 하였다. 관리와 백성들이 모두 놀랐다.

이후 황제가 옹현雍縣에 행차하다가 괵현을 지날 때 왕존은 규정대로 장막과 용품을 제공하여 영접하였다. 이후 왕존은 뛰어난 정무 능력을 인정받아 안정安定 태수로 발탁되었다. 부임지에 도착하자 속현에 이러한 내용의 공고문을 전달하였다.

"현령과 장長, 승丞, 위尉는 법을 받들면서 성을 지키는 백성의 부모가 된 자들이오. 강자를 제압하고 약자를 부축하며 조정의 은택을 널리 선양하느라 고생이 많을 것이오. 태수가 오늘 부임지에 도착하였으니 여러분은 자신을 단정히 하여 아랫사람들의 본보기가 되기를 바라오. 예전의 탐욕과 비루한 행실을 고쳐 일신한다면 과거의 잘못을 문제 삼지 않을 것이니 관직을 보전할 수 있을 것이오.

자신의 직분을 분명하고 신중히 할 것이며, 몸소 법을 시험하는 일은 하지 마시오."

또 하급 속관들에게 공문을 전하여 이렇게 명하였다.

"각자 자신을 갈고 닦아 태수의 다스림에 협조하시오. 제 역할을 충실히 못하는 자들은 어서 스스로 물러나 현자들이 등용되는 데 걸림돌이 되지 말아야 할 것이오. 날개를 가다듬지 않으면 천 리를 날 수 없고 안을 제대로 다스리지 못하면 밖을 정돈할 수 없소. 군승郡丞은 모든 소속 관리의 품행과 능력을 나누어 보고하도록 하시오. 능력을 우선하고 부귀함으로 재단해서는 안 될 것이오. 상인은 백만의 재산이 있다 하더라도 함께 정사를 논의할 수 없소. 옛날 공자는 노나라를 다스릴 때 부임한 지 7일 만에 정치를 문란케 한 소정묘少正卯를 주살하였는데, 지금 태수인 본인은 정무를 보기 시작한 지 이미 한 달이 되었소. 속관인 장보張輔는 범과 늑대의 마음을 품고서 부패와 불법을 행하여 한 고을의 재물이 모두 그의 집으로 흘러 들어갔으니 이는 죽이기에 충분한 이유요. 지금 장보를 체포하여 감옥으로 보냈고 당직 관리가 관청에 나와 나를 따라 이 안건을 처리하였소. 군승은 경계하고 경계하시오! 그렇지 않으면 그를 따라 감옥에 들어가게 될 것이오."

장보는 감옥에 갇힌 후 며칠 만에 죽었다. 왕존은 그가 교활하게 비리를 행한 죄상을 철저히 조사하여 100만 전의 불법 재산을 모두 회수하였다. 이 사건으로 고을은 술렁거렸고 도적들은 흩어져 인근 고을로 숨어들었다. 세력이 강력했던 호족들도 대부분 형벌을 받거나 처형되었다. 그러나 왕존은 너무 잔혹하게 처벌했다는 죄를 받아 파면되었다.

후에 왕존은 다시 기용되어 호강장군護羌將軍의 교위로서 군량

수송을 담당했다. 그러나 강족羌族이 반란을 일으켜 운송하는 길이 단절되었고 수만 명의 군대가 왕존을 포위하였다. 왕존은 1000여 명의 기병으로 강족의 포위를 뚫었다. 그러나 이러한 군공이 미처 보고가 되기도 전에 무단이탈했다는 죄를 받게 되었다. 마침 사면령이 내려졌고 왕존은 파면되어 고향으로 돌아갔다.

탁군 태수 서명徐明은 왕존을 관리가 아닌 민간인으로 계속 두는 것은 아깝다고 여겨 추천하였다. 황제는 왕존을 미현郿縣 현령으로 임명했다가 다시 익주益州 자사로 발령했다. 예전에 낭야 사람 왕양王陽이 익주 자사로 있을 때, 관할 지역을 순행하다가 공래邛郲의 아홉 번 꺾어진 비탈인 구절판九折阪에 도착하자 탄식하며 말했다.

"부모가 내게 주신 몸을 아껴야지 어찌 이 험한 곳을 자주 오르겠는가!"

후에 병 때문에 사직하였다. 왕존이 자사가 되어 이 비탈에 이르자 관리에게 물었다.

"이곳은 왕양이 두려워했던 길이 아닌가?"

관리가 "그렇습니다"라고 답하자 왕존은 말을 모는 자에게 호통을 쳤다.

"말을 몰아 달려라! 왕양은 효자이나 나는 충신이다."

왕존은 2년의 임기 동안 변경 밖 이민족을 회유하였고 오랑캐들은 그의 위엄과 신의에 귀부해왔다. 박사인 정관중鄭寬中이 조정의 명을 받아 풍속을 시찰한 후 왕존의 치적을 보고하였다. 왕존은 동평국東平國의 재상으로 승진하게 되었다.

당시 동평왕은 황친으로 교만하고 사치하며 법도를 지키지 않았기에 보좌하던 전임들은 이에 연루되어 죄를 받았다. 왕존이 부임하여 옥새가 찍힌 임명장을 받들고 왕궁에 도착하였는데, 동평왕은 미처 나와 문서를 받지 못했다. 왕존은 문서를 가지고 거처로 돌아가 식사를 하고 나서 다시 왕궁으로 왔다. 왕존은 임명장을 전달한 후 동평왕을 배알하였는데, 태부太傅가 앞에서 『시경·상서相鼠』의 시를 언급했다.[1] 왕존이 말했다.

"고수 앞에서 대단치 않은 재주를 자랑하지 마시오."

동평왕은 노하여 일어나 후궁으로 들어가 버렸다. 왕존도 궁을 나와 곧바로 집으로 돌아왔다. 이에 앞서 동평왕은 수차례 몰래 밖으로 나가 나라를 누비고 다니면서 비빈들의 집안과도 왕래하였다. 왕존은 부임한 후 마구간을 담당하는 관리를 불러 명령하였다.

"대왕께서 외출하실 때는 수행하는 속관이 있어야 하며, 수레에 방울을 달고서야 출발하실 수 있다. 지금부터 만약 그대에게 작은 수레를 몰고 출발하도록 명령한다면 그대는 머리를 조아리며 간언하고 재상이 그리해서는 안 된다고 했다고 말하라."

이후 왕존이 동평왕을 알현하였는데 동평왕은 그에게 당堂 위로 올라올 것을 청하였다. 왕존이 동평왕에게 말했다.

"제가 이곳의 재상으로 부임하게 되니 사람들이 모두 저를 근심하였습니다. 제가 조정에서 용납되지 못하여 왕을 보좌하도록 파견되었다고 여긴 것입니다. 천하 사람들이 모두 왕께서 용감하다고 하지만 제가 보기엔 그저 부귀함을 등에 업은 것일 뿐입니다. 이를 어찌 용감함이라 하겠습니까? 저 같은 것을 용감하다고 하는 것입니다."

동평왕은 낯빛이 변하였다. 왕은 왕존을 보면서 죽여야겠다고 생

---

1) 『시경·용풍鄘風』에 수록된 시이다. "쥐도 가죽이 있는데 사람이면서 위엄이 없네. 사람이면서 위엄 없으면 죽지 않고 무엇을 하겠는가?(相鼠有皮, 人而無儀, 人而無儀, 不死何爲)"라는 내용으로 무례함을 풍자한 시이다.

각하고는 좋은 말로 그에게 말했다.

"그대가 차고 있는 칼을 한번 보고 싶소."

왕존은 두 팔을 들어올리고 곁에 있던 시랑을 돌아보며 말했다.

"그대가 나 대신 칼을 뽑아 왕에게 보여드리시오. 왕께서는 제가 칼을 뽑아 왕을 겨누었다고 모함하려는 것 아니십니까?"

동평왕의 의도를 왕존이 간파한 것이었다. 왕존의 명성을 평상시 익히 들은데다 그의 능력에 탄복한 동평왕은 주연을 마련하여 함께 대작하며 맘껏 즐겼다. 태후인 징사徵史가 왕존에 대해 아뢰었다.

"재상은 오만불손하여 신하로서의 도리가 없고 왕께서는 혈기가 왕성하니 참기 힘드실 것입니다. 저는 모자가 함께 죽게 될까봐 정말 두렵습니다. 신첩은 지금부터 왕이 다시는 왕존을 만나지 않기를 바랍니다. 폐하께서 허락하지 않으신다면 신첩은 먼저 목숨을 끊을 것입니다. 왕이 도의를 잃는 것을 차마 볼 수 없습니다."

왕존은 결국 이 때문에 파면되어 서인이 되었다. 대장군 왕봉王鳳이 왕존을 군대의 사마司馬로 임명해줄 것을 요청하여 사예교위司隷校尉로 발탁되었다.

당초, 중서알자령인 석현石顯은 존귀해지고 총애를 얻자 권력을 마음대로 휘두르며 간사한 일을 자행하였다. 승상인 광형匡衡과 어사대부 장담張譚은 모두 석현을 두려워하였기에 아부만 하면서 감히 아무 말도 하지 못했다. 오랜 후, 원제가 붕어하였다. 성제가 즉위하자 석현은 황후의 속관인 중태복中太僕으로 임명되었고 다시는 권력을 휘두르지 못했다. 그러자 광형과 장담은 석현의 지난 비리를 상주하며 석현 등을 파면할 것을 요청하였다. 왕존은 그리하여 이렇게 탄핵하였다.

"승상인 광형과 어사대부 장담은 삼공三公의 자리에 있었으니 오상五常과 구덕九德을 책임져 나라의 방략을 총괄하고 기강을 통일하며 교화를 널리 퍼뜨려 풍속을 아름답게 하는 것이 이들의 직책입니다.[2] 그러나 이들은 중서알자령 석현 등이 아무런 제재와 거리낌 없이 권력을 휘두르고 전횡을 일삼아 천하 사람들에게 근심과 해악이 된다는 것을 알고 있으면서도 제때에 아뢰어 처벌하지 않고 비굴하게 아첨하였습니다. 동료에게 빌붙고 군주를 기만한 것이며 간사한 마음을 품고 나라를 어지럽힌 것입니다. 정치를 보좌하는 대신으로서의 도리를 다하지 못했다는 점에서는 모두 죄가 있는 것입니다. 이는 사면령이 반포되기 전의 일이었습니다. 사면령이 반포된 후, 광형과 장담은 석현의 죄상을 고발하면서 자신들의 불충죄는 말하지 않고 도리어 선제께서 나라를 망친 무리를 임용했다고 만천하에 드러냈습니다. 또한 백관들이 모두 석현을 군주보다 더 두려워했다는 망언을 하였습니다. 군주를 낮추고 신하를 높이는 것은 합당하지 않은 것이며 신하로서의 본분을 잃은 것입니다.

또 정월에 폐하께서 곡대曲臺에 행차하여 위사衛士들을 위해 친히 주연을 마련하셨습니다. 그때 광형은 중이천석의 대홍려大鴻臚 상賞 등과 전殿의 문 아래에 앉아 있었는데 광형은 남향으로, 상 등은 서향으로 앉아 있었습니다. 광형은 상을 위해 다시 동향의 자리를 마련하고는 일어나 상을 안내하였고 잠깐 동안 사담을 나누었습니다. 광형은 천자의 행차에 백관과 많은 사람들이 모여 있는 것을

---

2) 오상은 인·의·예·지·신이다. 구덕은 여러 가지 설이 있는데 가장 대표적인 것은 『상서·고요모皐陶謨』에서 언급한 것이다. "너그러우면서도 위엄이 있고, 부드러우면서도 줏대가 있고, 조심스러우면서도 공손하고, 일을 잘 다스리면서도 신중하고, 온순하면서도 군세고, 곧으면서도 온화하고, 대범하면서도 세심하고, 강직하면서도 충실하고, 용감하면서도 의로운 것(寬而栗, 柔而立, 願而恭, 亂而敬, 擾而毅, 直而溫, 簡而廉, 剛而塞, 彊而義)"을 말한다.

알면서도 예에 맞지 않게 동향의 자리를 마련하여 아랫사람을 상석에 앉게 하였습니다.[3] 작은 은혜를 베풀어 전殿의 문 아래에서 서로 결탁하였으니 예에 맞지 않는 행동으로 조정의 질서를 어지럽힌 것입니다. 광형은 또 노복을 보내 전殿 안으로 들어가 행차의 출발 시간을 물어보도록 하였습니다. 노복이 돌아와 14각刻에 행차가 도착할 것이라고 말하였는데도 광형은 편히 앉아 있었으며 낯빛에 변화가 없었습니다. 두려워하고 공경하는 마음 없이 교만하며 삼가하지 않았으니 이는 모두 불경죄입니다."

그러나 천차는 조서를 내려 죄를 묻지 말도록 하였다. 광형은 부끄럽고 두려워 관을 벗고 사죄하였다. 그리고 승상과 후侯의 인장과 인끈을 반납하였다. 천자는 막 즉위한 상황이었기에 대신을 징벌하기 어렵다고 여겨 안건을 어사중승에게 보내 조사하도록 했다. 어사중승은 왕존을 탄핵하였다.

"함부로 사면령 반포 이전의 일에 대해 비방하고 다수의 조정 대신을 탄핵하였습니다. 정상적인 법규를 무시하고 작은 잘못을 큰 죄로 부풀려 재상을 모함하고 공경 대신을 모욕하였습니다. 이는 조정을 무시하고 사명을 공경하지 않은 처사입니다."

황제는 왕존을 고릉高陵의 현령으로 좌천하는 조서를 내렸다. 몇 달 후, 병 때문에 면직되었다.

때마침 종남산의 도둑 붕종傰宗 등 수백 명이 관리와 백성에게 해를 끼치는 상황이 발생했다. 조정에서는 예전 홍농군弘農郡 태수 부강傅剛을 교위로 임명하고 추적에 뛰어난 사수 1000명을 통솔하

---

3) 고대에는 동향의 자리가 상석이었다. 광형은 승상이고 대홍려는 구경九卿의 하나로 삼공의 아래 관직이다. 상賞 등은 직위가 광형보다 낮았으므로 서향으로 앉아 있었다. 광형이 상賞에게 동향으로 앉게 한 것은 존비尊卑의 예의에 어긋나는 것이다.

여 체포하도록 하였으나 한 해가 지나도 잡을 수 없었다. 혹자가 대장군 왕봉에게 건의하였다.

"수백 명의 도적이 바로 장안 부근에 있으나 군대를 동원하여 추격하여도 체포하지 못하고 있으니 사방의 오랑캐에게 우리 조정의 위엄을 보이기가 어렵습니다. 능력 있는 경조윤을 발탁해야만 가능할 것입니다."

그리하여 왕봉은 왕존을 추천하였다. 조정은 왕존을 불러들여 간대부에 임명하고 임시로 수도와 인근 지역의 도위都尉를 맡으면서 경조윤의 직책을 대리하도록 했다. 한 달여 만에 도적은 소탕되었다. 왕존은 광록대부로 승진하여 임시 경조윤을 지내다가 얼마 후 정식 발령을 받고 3년을 역임하였다. 이후 조정의 사자에게 무례를 범했다는 죄를 받게 되었다. 정황은 이러했다. 사예교위가 속관 방放을 보내 조서를 받들고 왕존에게 사람을 체포하도록 통지하게 했다. 방이 왕존에게 말했다.

"조서에서 사람을 체포하라고 한 일은 비밀로 해야 합니다."

왕존이 말했다.

"사예의 일처리는 공정하시겠지만 경조는 말이 잘 새는 곳이오."

방이 말했다.

"지금 즉시 관리를 파견하여 체포해주십시오."

왕존이 말했다.

"조서에는 경조윤이라는 말이 없으니 관리를 파견할 수 없소."

이후 3개월 동안 장안에서 1000명 이상을 체포하였다.

왕존이 속현으로 시찰을 갔을 때 곽사郭賜라는 남자가 직접 왕존에게 말했다.

"허중許仲 집안 사람 10여 명이 저의 형님인 곽상郭賞을 살해하고서 아무런 거리낌 없이 공공연히 집으로 돌아갔습니다."

그런데도 관리는 체포하지 않은 것이다. 그러나 왕존은 시찰을 마치고 돌아와 이렇게 상주하였다.

"강자가 약자를 능멸하지 않고 각자 자신의 자리에 있으니 관대한 정치가 행해지고 화평한 기운이 통한 것입니다."

어사대부 장충張忠은 왕존이 포악하고 부풀려 말하기를 좋아하며, 오만하고 윗사람을 비방하여 신뢰가 떨어졌으니 구경의 자리에 두는 것은 마땅하지 않다고 탄핵했다.[4] 왕존은 면직되었다. 관리와 백성들이 대부분 그를 칭송하며 안타까워했다.

호현湖縣의 삼로 중 공승公乘인 흥興 등이 글을 올려 왕존이 경조를 다스린 공적이 분명함을 변호하였다.

"예전 남산의 도적은 험한 산세를 차지하고 거리낌 없이 양민을 노략질하며 법을 집행하는 관리를 살해하였습니다. 길이 통하지 않게 되었고 성문에서도 경계를 강화하여 방비하였습니다. 보병교위가 명을 받고 군대와 사람들을 동원하여 도적을 쫓았으나 오래도록 많은 비용을 치르고도 체포할 수 없었습니다. 두 명의 전임 경조윤이 이 때문에 경질되자, 도적은 점점 더 기세등등해졌고 관리들은 의기소침해졌습니다. 소문이 흉흉하였고 나라의 근심이 되었습니다. 이때 도적을 체포하고 처형하는 자가 있다면 재물과 작위를 아끼지 않고 후한 상을 내렸을 것입니다. 관내후 관중寬中이 사람을 파견하여 예전 사예교위인 왕존을 불러와 도적을 체포할 방법에 대해 물었습니다. 이후 간대부에 제수하고 임시로 경보도위京輔都尉

---

4)  포악하다는 것은 1000명 이상을 체포한 것을 가리키고, 부풀려 말하길 좋아한다는 것은 관리가 살인자를 체포하지 않아 억울한 피해자가 고발을 했는데도 왕존이 말을 꾸며 상주한 것을 말한다.

직위를 수행하면서 경조윤의 일을 대리하게 하였습니다. 왕존은 밤 낮으로 직책만을 생각하며 충심을 다하였습니다. 자신을 낮추고 현 인을 우대하였으며, 두려움에 떨며 달아났던 관리들을 격려하고 사 기를 북돋아주었습니다. 그리하여 20여 일 만에 도적 무리를 제압 하고 우두머리를 참수하였습니다. 도적이 소탕되자 백성들은 다시 농업에 힘쓸 수 있었습니다.

왕존은 가난하고 약한 자들을 어루만지고, 세력을 믿고 횡포를 부리는 자들을 제거하였습니다. 장안에서 오랫동안 횡포를 부려왔 던 동시東市의 가만賈萬, 성 서쪽의 만장萬章, 가위 제작자 장금張禁, 양조업자 조방趙放, 두릉 사람 양장楊章 등은 모두 간악한 자들과 결탁하여 무리를 지었습니다. 이들은 불법을 행하는 자들을 양성하 여 위로는 왕법을 거스르고 아래로는 정치를 어지럽혔습니다. 또 한 약하고 어린 자들을 부리고 수탈하였으니 백성에게 승냥이와 늑 대 같은 존재였습니다. 역대의 많은 경조윤들은 20년 동안 그들을 소탕하지 못했습니다. 그런데 왕존이 법에 따라 엄정하게 심문하 고 처벌하여 모두 법의 심판을 받게 한 것입니다. 간사한 자들이 사 라지자 관리와 백성은 기뻐하며 왕존을 따랐습니다. 왕존이 혼란을 다스리고 사악한 무리를 처벌한 것은 모두 예전 사람들이 하지 못 했던 일이며 명성 있는 군수라도 미칠 수 없는 것입니다. 비록 후에 정식 경조윤의 임명을 받았으나 조정에서는 특별한 포상을 더해주 지도 않았습니다. 지금 어사대부가 왕존을 이렇게 탄핵하였습니다.

'음양을 해쳐 나라에 근심을 만들고 조서의 뜻을 받들지 않았습 니다. 말로는 다스림을 위한 것이라고 하지만 실은 정도를 벗어났 으며 겉으로는 공손해 보이지만 실은 죄악이 극에 달한 것입니다.'

이러한 탄핵의 이유는 어사승 양보楊輔에게서 비롯된 것입니다.

그는 예전에 왕존 아래에서 문서를 관장하는 보조 관리였습니다. 양보는 평소 행실이 음험하였으며 말은 사악하고 신뢰가 없었습니다. 또한 고소장을 작성하여 법으로 사람들을 옭아매고 처벌받게 하는 일을 즐겼습니다. 한번은 양보가 술에 취해 왕존 집의 노비인 이가利家를 꾸짖었는데 이가가 그의 머리채를 잡고서 뺨을 때렸고, 왕존의 조카 굉閎이 칼을 뽑아 목을 베려 했습니다. 양보는 이 일로 앙심을 품고 왕존을 해하려는 생각을 품었습니다. 속으로 원한을 품고서 겉으로는 공무를 처리한다는 명목으로 이 일을 계획한 것입니다. 상주문을 작성하고 왕존을 무고하는 내용을 더하여 사사로운 원한을 복수하려 하였습니다.

옛날 진秦나라의 장수 백기白起는 동쪽으로 한韓나라와 위魏나라를 격파하고 남쪽으로 초나라의 수도 영郢을 함락시켰습니다. 그러나 범저范雎의 무고로 두우杜郵에서 처형되었습니다. 오기吳起가 위나라를 위해 서하西河를 지키자 진나라와 한나라는 감히 침범하지 못하였습니다. 그러나 참언으로 이간질하는 자가 있었고 오기는 쫓겨나 초나라로 달아났습니다. 진나라는 모함하는 말을 듣고서 훌륭한 장수를 죽였으며, 위나라는 참언을 믿고 서하를 지킬 능력 있는 자를 쫓아내버린 것입니다. 이는 모두 한쪽 말만 경솔하게 믿고서 제대로 살피지 않아 인재를 놓친 결과가 초래한 화입니다.

신 등은 왕존이 자신을 수양하고 절제에 힘쓰며 공정함을 우선하는 자라고 생각합니다. 잘못을 지적하는 데 있어서는 장군과 재상의 직위라도 막론하였고, 악을 주살하는 데 있어서는 강성한 호족 세력을 피하지 않았으며, 불법을 자행하는 도적들을 주살하여 나라의 근심을 해결하였습니다. 공적이 분명하고 직책을 잘 수행하였으며 위엄과 신뢰를 지켰으니 실로 나라의 동량이 되는 관리이자 충직한 신하입니다. 그러나 하루아침에 무고하게도 원한을 품은 자에게 시달리며 비방하는 글에 피해를 입게 되었습니다. 그런데도 위로는 공적으로 죄를 사면받는 은전을 받지 못했고, 아래로도 공경들의 공정한 판단을 얻지 못했습니다. 오직 원한을 품은 원수의 일방적인 무고 때문에 공공共工과 같은 큰 죄명을 뒤집어쓰게 되었으나[5] 억울함을 호소할 길이 없습니다. 왕존은 수도가 혼란스러워 도적이 발생하자 조정에 의해 능력 있는 관리로 발탁되어 평민에서 대신으로 기용될 수 있었습니다. 그러나 도적이 진압되고 호족 세력이 처벌되자 곧 간사하고 사악하다는 죄명으로 파면을 당했습니다. 같은 왕존인데 3년 동안 잠깐은 능력 있다가 잠깐은 간교해지다니 이상하지 않습니까! 공자께서 이렇게 말씀하셨습니다.

'사랑할 때는 그 사람이 살기를 바라다가 미워할 때는 그 사람이 죽기를 바라는 것은 미혹된 것이다.'[6]

'물이 스미듯 은근한 참소가 통하지 않게 할 수 있다면 사리에 밝은 것이다.'[7]

원컨대 상주문을 공경대부와 박사, 의랑議郎들에게 보이고 왕존의 평소 행실을 평가하게 해보십시오. 신하로서 음양을 상하게 하

---

5)  요순 시기 네 사람의 악인인 삼묘三苗, 환두驩兜, 곤鯀, 공공共工을 '사흉四凶'이라 하였다.

6)  『논어·안연』의 구절이다. 자장이 덕을 쌓고 미혹을 변별하는 일을 물었다. 공지가 말했다. "충성과 신의를 주로 하고 의로움을 따르는 것이 덕을 쌓는 것이다. 사랑할 때는 살기를 바라고 미워지면 죽기를 바라는 것은 살기도 바라고 죽기도 바라는 것이니 이것이 미혹된 것이다(子張問崇德·辨惑, 子曰: "主忠信, 徙義, 崇德也. 愛之欲其生, 惡之欲其死, 旣欲其生又欲其死, 是惑也")."

7)  『논어·안연』의 구절이다. 자장이 사리에 밝은 것이 무엇인지를 묻자 공자께서 말씀하셨다. "물이 스미듯 은근한 참소와 직접 피부로 느껴질 만한 절실한 참소가 통하지 않는다면 사리에 밝다고 할 수 있다(子張問明, 子曰: "浸潤之譖, 膚受之愬, 不行焉, 可謂明也已矣")."

였다면 주살되어야 마땅한 죄입니다. 표리부동하여 언행이 일치하지 않는 자라면 역시 극형에 처해야 할 것입니다. 만약 확실히 어사의 상주문이 사실이라면 왕존은 주살되거나 아무도 없는 곳으로 유배되는 것이 마땅하지 파면만 당하는 데 그치지 않을 것입니다. 그렇게 되면 왕존을 추천한 자도 사람을 잘못 추천한 죄를 받아야지 그냥 끝내서는 안 됩니다. 그러나 만약 상소문이 사실이 아니고 글을 꾸며 무고한 자를 비방한 것이라면 또한 마땅히 주살하여 참언을 하는 자들의 입을 경계하고 기만하는 풍속을 근절해야 할 것입니다. 성명한 군주께서 세심히 살피시어 옳고 그름을 분명히 밝혀 주실 것을 바랍니다."

상소문을 읽은 천자는 다시 왕존을 서주徐州 자사에 임명하였다가 후에 동군東郡 태수로 임명하였다.

오랜 후, 황하가 범람하여 호자瓠子의 금제金隄가 수몰되었다. 노약자들은 달아났고 제방이 터져 피해를 당할까 두려워하였다. 왕존은 몸소 관리와 백성을 이끌고 흰 말을 물에 던져 황하의 신 하백河伯에게 제사를 지냈다. 그리고 직접 벽옥으로 만든 홀을 손에 쥐고서 무당에게 자신의 몸으로 금제를 막게 해달라고 귀신에게 고하게 하였으며 제방 위에 오두막을 짓고서 거주하였다. 수천만의 관리와 백성이 다투어 머리를 조아리며 왕존에게 그만둘 것을 요청하였으나 끝내 돌아가려 하지 않았다. 물이 범람하고 제방이 무너지자 관리와 백성들은 모두 달아났으나 유일하게 한 속관이 왕존의 곁에서 울며 꼼짝 않고 서 있었다. 후에 물이 조금씩 빠져나갔다. 관리와 백성들은 왕존의 용감한 지조를 칭송하였고 백마현白馬縣의 삼로인 주영朱英 등이 이러한 정황을 조정에 보고하였다. 담당 관리를 파견하여 조사하게 하였더니 모두 그 말과 같았다. 그리하여 어사에게 이러한 조서를 내렸다.

"동군의 황하가 범람하여 금제가 무너질 정도였는데 수위가 둑에서 석 자밖에 되지 않자 백성들은 두려워하며 달아났다. 태수는 자신의 몸으로 물을 정면으로 막아내며 위험이 코앞에 닥쳤는데도 피하지 않아 민심을 안정시켰다. 관리와 백성이 다시 돌아와 예전의 일을 다시 시작하고 수해가 재난이 되지 않았으니 짐은 이를 매우 가상히 여긴다. 왕존의 녹봉을 중이천석으로 하고 황금 20근을 더 상으로 내리도록 하라."

몇 년 후, 왕존이 관직 생활 중에 세상을 떠나자 관리와 백성들은 그를 그리워하였다. 왕존의 아들인 왕백王伯도 경조윤을 지냈으나 나약하여 직무를 제대로 수행할 수 없어 면직되었다.

# 순리전 · 황패전

循吏傳 · 黃覇傳

황패(기원전 130~기원전 51)는 「순리전」에 수록되어 있다. 순리循吏란,
법을 준수하며 직무에 충실한 관리를 말한다. 이와 달리 법만을 신
봉하여 가혹한 형벌을 앞세우는 관리를 혹리酷吏라 한다. 사마천은
『사기·순리열전』에서 한漢나라 이전 인물만 수록한 반면 「혹리열
전」에서는 한나라 이후의 인물만 수록하였다. 순리는 없고 혹리만
넘쳐나던 당시 정치에 대한 비판적 의도가 담겨 있다고 볼 수 있다.
『한서』의 「혹리전」은 『사기』를 대체로 수용하고 무제 이후의 인물
을 보충하였으나, 「순리전」은 한나라의 인물만으로 완전히 새로 집
필하였다. 「순리전」에는 문옹文翁, 왕성王成, 황패, 주읍朱邑, 공수龔
遂, 소신신召信臣 6인이 수록되어 있다. 문옹은 경제景帝 시기, 나머
지 5인은 모두 선제·원제 시기 인물이다.

　사마천과 반고의 '순리'에 대한 관점은 다소 차이가 있다. 사마
천은 순리에 대해 「태사공자서」에서 이렇게 말했다. "법률을 준수

하고 도리에 따라 일을 처리하는 관리들로, 공적과 능력을 자부하지 않았고 백성들도 찬양하지 않았으며 또한 과실이 없었다."『사기』에서의 순리는 공적을 세울 것을 구하지도 않고 과오도 없는 도가의 무위적 성향이 강하다. 그러나『한서』의 순리들은 유가적 도덕과 겸양을 갖춘 목민관으로 "백성을 부유하게 하였고, 그가 떠난 후에도 백성들은 그를 그리워하였다. 살아서는 영광스런 칭호가 있었고, 죽어서도 그를 위해 제사를 지냈다." 반고가 묘사한 '순리'는 오늘날 우리가 생각하는 이상적인 관료에 가깝다.

「순리전」은 일반적으로 마지막에 있는 반고의 논평이 없는 대신 앞부분에 서문이 있다. 서문에는 한나라 초기 무위이치無爲而治를 기조로 백성에게 간섭을 최소화했던 것에서 점차 유가적 이념과 관료제도가 확립되고 선제 때에 이르러 지방관의 역할을 강조하게 되었던 과정이 기술되어 있다. 선제는 항상 이렇게 말했다.

"백성들이 편안히 밭을 일구면서 탄식도 근심도 없으려면 정치가 투명하고 옥사가 공평해야 한다. 나와 함께 이 일을 해나갈 자들은 이천석 관리들이 아니겠는가!"

이천석 관리는 이천석의 녹봉을 받는 태수 등의 지방 장관을 가리킨다. 선제는 태수가 관리와 백성의 근본이라고 보았다. 능력과 치적이 있으면 그들에게 녹봉과 상을 하사하고 작위를 수여하여 격려하였고, 조정의 삼공三公과 경卿의 직위에 공석이 생기면 그들을 발탁하여 임명하기도 하였다. 그리하여 선제 시기에는 재덕을 겸비한 관리들이 가장 많이 배출되었고 이들에 의해 전한은 중흥기를 맞이하였다. 이경성李景星은『한서평의漢書評議』에서 이렇게 설명하였다.

"순리의 출현은 개인의 성향이나 역량보다는 군주가 위에서 어떻게 정치의 방향을 선도하는가에 달린 문제이다."

　이 책에서는 「순리전」의 서문과 「황패전」을 번역하였다. 황패는 지방의 군수를 역임하면서 탁월한 치적을 세웠다. 그러나 승상이 되자 "기강과 제도를 총괄하는 일에 있어서는 그 풍모가 병길과 위상魏相, 우정국于定國만 못하였고, 공적과 명성은 영천군을 다스릴 때보다 못하였다". 승상으로서는 다소 부족한 역량이었으나 "한나라가 건국된 이래 백성과 관리를 다스리는 것은 황패가 으뜸이었다"고 할 수 있는 최고의 지방관이었다.

한나라 건국 초기, 진나라의 해악을 바로잡고 백성들을 쉬게 하기 위해 모든 일을 간략하고 편하게 하였으며 법망을 느슨하게 하였다. 상국인 소하蕭何와 조참曹參은 관대하게 무위이치無爲而治를 바탕으로 천하를 이끌었고 백성들은 '획일畫一'의 노래를 지었다.[1] 혜제惠帝는 직접 정무에 임하지 못했다. 여태후는 여인으로 규방 문을 나가지 않았으나 천하는 편안하였고 백성은 농사에 힘쓰며 의식衣食은 더욱 풍족해졌다. 문제·경제 시기가 되어 결국 풍속이 바뀌었다. 당시의 순리들로는 하남군河南郡의 오공吳公, 촉군蜀郡의 문옹文翁과 같은 자들이 있었다. 이들은 모두 근신하는 태도로 모범이 되었는데, 청렴하고 공평하였으나 엄격한 정도에는 이르지 않았으며 백성들도 이들의 교화에 순종하였다.

무제 시기 밖으로 사방의 오랑캐를 물리치고 안으로는 법제를 개혁하였으나 백성들은 고달파졌고 법을 위반하는 자들을 막지 못했다. 당시 교화와 다스림으로 칭송할 만한 자는 적다. 오직 강도국江都國 재상 동중서董仲舒, 내사內史 공손홍公孫弘과 아관兒寬만이 그 치적을 기록할 만하다. 세 사람은 모두 유학자로 시무에 정통하였으며 법률을 잘 알아 경학으로써 관리의 업무를 처리하였기에 천자는 이들을 중용하였다. 동중서는 수차례 병을 구실로 사직하였으나 공손홍과 아관은 삼공의 관직에 이르렀다.

소제는 어린 나이에 즉위하여 곽광이 정무를 장악하였다. 무제

---

1) 조참이 소하를 이어 재상이 된 후에 모든 일을 소하의 제도와 법령에 의해 처리하면서 아무것도 바꾸지 않아 천하에는 일이 없게 되었고 백성들은 편히 쉴 수 있었다. 백성들은 「획일가畫一歌」를 만들어 불렀다. 그 노랫말은 이러하다. "소하가 법을 만드니 분명하고 반듯했네. 조참이 그를 이어 지키고 바꾸지 않았네. 맑고 차분하게 다스리니 백성이 한결같이 편안하네(蕭何爲法, 講若畫一; 曹參代之, 守而勿失, 載其淸靖, 民以寧壹)."

시기 전쟁을 치르며 대규모의 군사비를 사용하였기에 나라 안의 재정이 고갈된 상태였다. 곽광은 무제 때의 법령과 제도의 전례를 따르면서 바꾸지 않았다. 시원始元·원봉元鳳 연간에 이르러 흉노는 한나라의 풍속과 교화를 흠모하게 되었고 백성은 더욱 부유해졌다. 능력 있는 현량賢良과 유학에 정통한 문학文學의 선비를 천거하여 백성의 질고를 물었으며, 술의 국가 전매를 폐지하고 소금과 철의 국가 전매에 대해 논의하였다.

선제는 민간에서 길러지다가 제위에 올랐다. 민간에서 자랐기 때문에 백성의 어려움을 잘 알고 있었다. 곽광이 세상을 떠난 후 비로소 정무를 직접 장악하게 되자 나라를 잘 다스리는 데 온 힘을 다하였다. 닷새에 한 번씩 보고를 받으며 정무를 처리할 때면 승상 이하의 관원들은 각자의 직무를 받들어 진언하였다. 각 주州의 자사와 군郡의 태수, 제후국의 승상을 임명할 때는 항상 직접 불러들여 질문을 하였다. 부임 전에는 어떤 정책을 시행할 것인지를 묻고, 부임 후에도 그 말대로 시행하고 있는지를 조사하였으며, 만약 명실상부하지 않은 부분이 있다면 반드시 이유를 규명하였다. 선제는 항상 이렇게 말했다.

"백성들이 편안히 밭을 일구면서 탄식도 근심도 없으려면 정치가 투명하고 옥사가 공평해야 한다. 나와 함께 이 일을 해나갈 자들은 이천석 관리들이 아니겠는가!"

선제는 태수가 관리와 백성의 근본이라고 보았다. 자주 교체한다면 그 아래의 관리와 백성들은 안정되지 못할 것이다. 만약 백성들이 태수의 임기가 오랫동안 유지될 것을 안다면 기만하지 않고 교화에 복종할 것이다. 그리하여 이천석 관리가 치적이 있다면 그들에게 옥새가 찍힌 조서를 내려 격려하고 녹봉을 더해주고 금을 하사하거나 혹은 관내후關內侯의 작위를 수여하였다. 공경의 자리에 공석이 생기면 치적이 뛰어난 자들 중 선발하여 차례대로 그들을 임용하였다. 이 때문에 한나라 시기의 어질고 능력 있는 관리들은 이 시기에 가장 많았으니 한 왕조의 중흥기라고 할 수 있다.

조광한趙廣漢, 한연수韓延壽, 윤옹귀尹翁歸, 엄연년嚴延年, 장창張敞 등은 모두 직책에 걸맞은 관리들이었다. 그러나 이들은 형벌에 의존하거나 혹은 죄를 얻어 처형되기도 하였다. 왕성王成, 황패黃霸, 주읍朱邑, 공수龔遂, 정홍鄭弘, 소신신召信臣 등이 지방관을 역임한 곳에서는 백성들이 부유해졌고 이들이 떠난 후에도 백성들은 그리워하였다. 살아서는 영광스런 칭호가 있었고 죽은 후에는 백성들이 제사를 받들었으니, 이는 도덕과 겸양을 갖춘 군자의 유풍에 가까운 것이다.


황패의 자는 차공次公으로 회양淮陽 양하현陽夏縣 사람이다. 호족 집안으로 마을 사람들을 사역한 죄 때문에 운릉雲陵으로 이주당했다. 황패는 젊어서 법률을 공부하였고 관리의 일을 좋아하였다. 무제 말기, 대조待詔의 신분으로 금전을 내고 관직을 상으로 받아 시랑侍郞, 알자謁者로 충원되었다. 그 후 동모 형제의 죄에 연루되어 면직되었다가 다시 침려군沈黎郡에 곡식을 기증하고 좌풍익 수하의 200석 속관으로 충원되었다. 좌풍익은 황패가 재물을 써서 관리가 되었다고 여겨 그에게 높은 관직을 맡기지 않고 고을의 금전과 곡식의 출납을 관리하도록 했다. 황패가 작성한 장부는 투명하고 조작이 없었기에 청렴하다는 칭송을 받았다. 그리하여 하동군의 화물 징수, 매매, 운송을 담당하는 균수均輸의 우두머리로 천거되었다. 후에 다시 청렴함을 인정받아 하남 태수의 승丞이 되었다. 황패는 세심하게 살피고 생각이 민첩하였으며 법률 조문에 익숙하였다. 또한 온화하고 선량하며, 겸양과 지혜를 갖추어 사람들을 통솔하는 데 뛰어났다. 승丞으로서 정무의 처리와 논의가 법에 합당하여 인심을 모았고, 태수의 신임과 함께 관리와 백성들로부터도 사랑과 존경을 받았다.

무제 말년, 법의 시행이 가혹해졌다. 소제는 어린 나이에 즉위하였기에 대장군 곽광이 정무를 장악하였고, 대신들은 권력을 다투었으며, 상관걸 등은 연왕과 모의하여 반란을 일으켰다. 곽광은 이들을 주살한 후 결국 무제 때의 법제를 따라 형벌로써 단호하게 아랫사람들을 통제하였다. 이리하여 관리들은 엄혹한 형법을 숭상하였고 이를 능력 있는 것으로 여기게 되었다. 황패만이 관용과 온화함으로 명성이 있었다.

선제는 어릴 때 민간에서 자랐기 때문에 백성이 혹리 때문에 고통을 받는다는 것을 알고 있었다. 그래서 즉위하자마자 황패가 공평하고 관대하게 법을 집행한다는 소문을 듣고서 그를 불러 정위廷尉를 보좌하는 부관으로 임명하였다. 황패가 해결이 어려웠던 안건들을 처리하자 정위 관서에서는 모두 그의 공평함을 칭송하였다.

임시로 승상부의 장사長史를 지내던 중이었다. 공경들이 조정에서 정사를 논의할 때 황패는 장신소부長信少府 하후승夏侯勝이 황제의 조서를 비난한 불경죄를 지은 것을 알면서도 탄핵하지 않고 비호하였다.[2] 그리하여 하후승과 황패는 모두 정위에게 넘겨져 사

---

2) 「하후승전」에 따르면 선제가 즉위 후 무제의 공적을 기리고자 승상과 어사에게 논의하도록 했다. 모든 조정대신들이 동의하였으나 하후승은 이렇게 말했다. "무제께서 비록 오랑캐를 물리치고 영토를 확장한 공적은 있으나 많은 병사를 죽게 하였고 백성의 재력을 고갈시켰습니다. 지나친 사치로 나라의 재정은 바닥났으며, 유리걸식하다가 죽은 백성이 절반에 가까웠습니다. 메뚜기 떼의 습격으로 수천 리가 황폐

형 판결을 받고 투옥되었다. 황패는 감옥에 있는 동안 하후승에게서 『상서』를 배웠다. 두 번의 겨울이 지나고 3년 후에야 석방되었다. 관련 사건은 「하후승전」에 기록되어 있다. 하후승은 감옥에서 나온 후 다시 간대부에 임명되었고 좌풍익 송기宋畸에게 황패를 현량으로 추천하도록 하였다. 하후승 본인도 선제의 면전에서 직접 황패를 추천하였기에 선제는 그를 양주揚州 자사로 발탁하였다. 3년 후, 선제는 이러한 조서를 내렸다.

"어사에게 명한다. 현량으로 우수한 업적을 보인 양주 자사 황패를 영천潁川 태수에 임명하고 봉록을 비이천석比二千石으로 한다. 재임 기간 동안 덮개가 있는 수레를 타도록 하사하며 특별히 한 장丈 더 높게 하라. 그의 속관인 별가別駕와 주부主簿의 수레에는 손잡이 앞에 진흙이 튀지 않도록 가리는 붉은 천을 걸어 그 덕을 표창하도록 하라."

당시 선제는 천하를 다스리는 일에 열심이어서 수차례 백성에게 은혜를 베푸는 조서를 내렸다. 그러나 관리들이 널리 알리지 못했으므로 백성들도 알 수가 없었다. 태수였던 황패는 능력 있는 관리를 선발하여 이들을 각 지방으로 파견하였다. 그리하여 이들이 조서와 명령을 선포하게 하여 백성들이 모두 황제의 은혜를 알도록 하였다. 또 역참과 치소治所에서 모두 닭과 돼지를 기르게 하여 홀아비, 과부, 가난한 자들을 부양하였다. 그런 후에 법규를 제정하여

한 땅이 되었고, 백성들이 서로 잡아먹는 지경에 이르러 지금까지도 백성들 살림이 회복되지 못하고 있습니다. 백성에게 베푼 은택이 없으니 묘당의 예악을 올릴 수 없습니다." 대신들은 이것이 폐하의 조서라며 하후승을 비난했으나 하후승은 "조서라도 받아들일 수 없습니다. 신하된 도의로 직언하고 정론을 말해야지 구차히 폐하의 뜻에 아부할 수 없습니다. 죽더라도 후회하지 않을 것입니다"라고 하였다. 이에 대신들은 하후승이 조서를 비난하며 선황제의 덕을 훼손하는 무도한 짓을 하였다고 탄핵하였다.

경륜 있고 덕이 있는 노인, 모범이 될 수 있는 스승, 다섯 가구마다 책임자 한 명을 두어 민간에서 반포하고 시행하게 하였다. 선한 일을 행하고 악한 일을 금하도록 권면하고, 농업과 잠업에 힘쓰며, 절약하여 재산을 늘리고, 나무를 심고 가축을 기르며, 말에게 곡식 사료를 주는 것을 금지하였다.

황패의 다스림은 복잡하고 상세하여 처음에는 번잡해 보였으나 온 힘을 다하여 추진하였다. 관리와 백성들을 만나면 그들과의 대화를 통해서 단서를 찾아 파악하였으며 감추고 말하지 않으려는 정황까지 질문하여 참고하였다. 한번은 몰래 사찰을 해야 하는 일이 있었다. 황패는 나이가 있고 청렴한 속관을 골라 파견하면서 절대 비밀을 지킬 것을 당부하였다. 속관은 출발 후 감히 역관에도 머물지 않았으며, 길가에서 음식을 먹다가 까마귀가 그의 고기를 낚아 채가는 일까지 겪었다. 마침 관부에 와서 보고를 하려던 백성이 이 장면을 목격하고 황패에게 이야기해주었다. 며칠 후 관리가 돌아와 황패를 알현하자 황패는 그를 맞이하여 위로하며 이렇게 말했다.

"고생이 많았소. 길가에서 먹다가 까마귀에게 고기를 빼앗겼다면서요."

크게 놀란 속관은 황패가 그의 모든 행동을 파악하고 있다고 여겨 질문에 추호의 숨김도 없이 답하였다. 홀아비와 과부, 고아가 죽었으나 돈이 없어 장례를 치르지 못하면 마을의 관서에서 보고를 올렸고 황패는 적절하게 이들을 처리해주었다. 어느 곳에 큰 나무가 있으니 관을 만들 수 있을 것이다, 어느 역참에 새끼 돼지가 있으니 제사를 지낼 수 있을 것이라고 알려주었는데 속관이 가보면 모두 황패의 말대로였다. 모든 일에 대해 기억하고 정확하기가 이처럼 분명하였다. 관리와 백성들은 그가 어떻게 이리할 수 있는지 알지 못했기에 모두 그의 신명함을 칭송하였다. 법을 어기는 간사한 자들은 고을을 떠나 다른 곳으로 갔으므로, 도적들도 점차 줄어들었다.

황패는 최대한 교화를 시행한 후에 형벌을 적용하였으며 수하의 관리들을 보호하기 위해 애썼다. 허현許縣의 현승縣丞이 나이가 들어 귀머거리가 되었다. 속관이 그를 내쫓을 것을 보고하자 황패는 이렇게 말했다.

"현승은 청렴한 관리이다. 비록 나이가 들었으나 여전히 인사를 하거나 영접과 전송 등의 공무를 할 수 있다. 귀가 약간 안 들린다고 해서 무슨 지장이 있겠는가? 그를 잘 도와주어 현덕한 자를 실망시키지 말아야 할 것이다."

어떤 사람이 그 연유를 묻자 황패는 이렇게 답하였다.

"속관을 자주 교체하면 옛 사람을 보내고 새 사람을 맞이하는 비용이 들고, 간교한 관리들은 신구의 교체 기회를 틈타 장부와 문서를 훼손하여 관부의 재물을 훔칠 것이니 관가와 개인의 손실이 아주 많다. 이 비용은 모두 백성들에게서 나오는 것이다. 게다가 교체된 새 관리가 반드시 현명하리라는 보장도 없으며 심지어는 옛 사람만 못한 경우도 있으니 헛되이 혼란만 가중시킬 뿐이다. 백성을 다스리는 중요한 도리는 심각하게 문제가 되는 관리만 제거하면 되는 것이다."

황패는 밖으로는 관대하고 안으로는 분명히 하는 것으로 관리와 백성의 마음을 얻었다. 호구는 해마다 증가하였고 천하에서 제일 잘 다스려지는 곳이 되었다. 황제는 그를 불러 임시 경조윤 직을 맡겼고 2000석의 봉록을 주었다. 그러나 이후 백성을 징발하여 황제 전용 도로를 건설하면서 먼저 조정에 보고하지 않은 일, 기마병을 수도 북쪽의 북군北軍으로 배정하면서 말의 숫자가 병사보다 모자라 군수의 부족을 초래한 죄로 탄핵되어 직위와 녹봉이 강등되었다. 황제는 조서를 내려 황패를 다시 영천 태수로 발령하고 800석의 녹봉만 받으면서 예전처럼 다스리도록 했다. 전후 8년간, 영천군은 더욱 잘 다스려졌다. 당시 봉황과 길조가 수차례 군국에 모여들었는데 영천군은 특히 많았다. 천자는 황패가 오래 다스렸기 때문에 길조가 나타난 것이라 여겨 조서를 내려 칭송하고 표창하였다.

"영천의 태수 황패는 조령을 선포하여 백성이 교화에 따르게 하였다. 효성스런 자식, 웃어른을 공경하는 젊은이, 정절을 지키는 아내, 순종하는 후손이 날로 많아졌다. 밭을 가는 사람들은 서로 양보하고, 길에 떨어져 있는 것을 줍지 않으며, 홀아비와 과부를 돌보고, 가난하고 궁핍한 자를 도와주며, 감옥에는 8년간 중범죄를 저지른 죄인이 없다. 관리와 백성은 모두 교화를 우러르며 도의를 실천하게 되었으니 현인군자라 할 수 있을 것이다. 『상서』에서 말하지 않았는가? '고굉지신이 현명하도다!(股肱良哉!)'[3] 그에게 관내후의 작위와 황금 100근, 중이천석의 녹봉을 하사하도록 하라."

그리고 영천의 공경스런 자제들, 의로운 행동을 한 백성과 삼로三老, 열심히 농사를 짓는 사람에게 모두 차등적으로 작위와 비단을 하사하였다. 몇 달 후, 황패를 불러 태자태부에 임명하였고 다시 어사대부로 임명하였다.

오봉 3년(기원전 55), 황패는 병길丙吉을 대신하여 승상에 임명되고 건성후建成侯에 봉해져 600호의 식읍을 받았다. 황패는 백성을 다스리는 데 뛰어났다. 그러나 승상이 되자 기강과 제도를 총괄하는 일에 있어서는 그 풍모가 병길과 위상魏相, 우정국于定國만 못하

---

3) '고股'는 다리, '굉肱'은 팔뚝이라는 뜻으로 '고굉지신股肱之臣'은 군주에게 다리와 팔이 되어주는 신하, 즉 믿고 의지할 수 있는 신하를 의미한다.

였고, 공적과 명성은 영천군을 다스릴 때보다 못하였다. 당시 경조 윤이었던 장창張敞 집의 파랑새가 승상부로 날아들었다.[4] 황패는 상서로운 징조를 나타내는 새라 여겨 보고를 하려고 논의하였다. 장창이 황패에 대해 이렇게 상주하였다.

"신은 승상이 중이천석의 관리, 박사를 불러 함께 각 군국에서 파견한 관리들로부터 보고를 받고 질문하는 모습을 보았습니다. 관리들은 백성을 이롭게 하고 폐단을 제거하여 교화를 이룬 상황에 대해 조목별로 답하였습니다. 농부가 밭을 서로 양보하고, 남녀는 길을 달리하며, 물건이 길에 떨어져 있어도 주워가지 않고, 효자·우애 있는 형제·정절을 지키는 아녀자를 추천한 자들은 먼저 승상이 있는 방으로 들게 하였습니다. 추천은 하였으나 그 구체적인 이름과 숫자를 알지 못하는 사람은 그다음, 이러한 업적을 내놓지 못한 자는 그 뒤에서 미리를 조아리며 사죄하였습니다. 승상은 아무 말 하지 않았지만 마음으로는 그들이 이렇게 하기를 바랐습니다. 지방 관리들이 대답을 할 때 신의 집에 있던 파랑새가 승상부로 날아들었습니다. 승상 이하 수백 명의 관리가 이 광경을 보았습니다. 변경 지역에서 온 관리들은 대부분 파랑새를 알고 있었지만 승상이 그들에게 묻자 모두들 모르는 척하였습니다. 승상은 이 일을 상주하기 위해 논의하면서 이렇게 말했습니다.

'신이 각 지방의 상황에 대해 보고하러 올라온 관리들과 교화를 추진하는 일에 대해 논의하니 하늘이 상서로운 새를 보내는 것으로 응답하였습니다.'

---

4)  원문의 글자는 '鶡雀'이나. 새 이름으로서의 '鶡'은 '할단새 할'과 '파랑새 분'의 두 가지 의미가 있다. 안사고顏師古는 이 글자를 '파랑새 분鳻'으로 풀이하였다. 본 해석은 안사고의 견해를 따랐다.

그러나 이후 신의 집에서 넘어온 것임을 알고는 상주하지 않았습니다. 군국에서 파견된 관리들은 승상이 어질고 지혜가 있지만 괴이한 것을 잘 믿는다며 몰래 비웃었습니다. 옛날 급암汲黯이 회양 태수로 임명되자 동료들에게 작별 인사를 하고 부임지로 떠나면서 대행大行인 이식李息에게 이렇게 말했습니다.

'어사대부 장탕張湯은 간사한 마음을 품고 아첨하여 조정에 해가 되는 자요. 그대가 서둘러 고발하지 않는다면 그와 함께 죽임을 당하게 될 것이오.'

그러나 이식은 장탕이 두려워 끝내 감히 고발하지 못했습니다. 후에 장탕은 폐출되어 처형되었습니다. 황제께서는 급암이 이식에게 했던 말을 듣고 이식을 처벌하고 급암에게 제후국 승상의 녹봉 대우를 해주었으니 그의 충심을 높이 산 것입니다. 신 장창은 감히 승상을 비방하려는 것이 아니라 신하들이 이 일을 아뢰지 않을까 염려하는 것입니다. 또 각 군국에서 파견된 관리들이 승상의 뜻을 두려워하여 돌아간 후 조정의 법령은 폐기하고 각자 교령을 제정하여 시행하고 증설하는 것에만 힘쓸까 걱정스럽습니다. 이렇게 되면 순박한 기풍은 사라지고 위선적인 모습으로 행동할 것이며, 명분만 있을 뿐 실제는 없게 될 것이니 동요하고 나태해질 것이며, 심하면 사악한 일을 할 수도 있습니다. 가령 수도에서 먼저 밭을 양보하고 남녀가 길을 달리하며 길에 떨어진 물건을 줍지 않도록 하는 것은 사실 사람들을 청렴하고 정절을 지키게 하는 데 이로움이 없습니다. 도리어 천하에서 가장 위선적인 곳이 될 것이니 안 될 일입니다. 만약 제후국에 먼저 이러한 조례를 시행하게 한다면 위선의 명성이 수도보다 넘쳐날 것이니 이 또한 작은 일이 아닙니다.

한나라는 진나라의 폐단을 변혁하여 법률을 제정하였습니다. 선을 권하고 악을 금하였으며 법령은 조리 있고 상세하게 완비하였으니 더 이상 더할 것이 없습니다. 조정의 고위 대신들은 각 군국의 관리들에게 분명히 알리도록 해야 합니다. 각 지방으로 돌아간 후 이천석 관원들에게 명하여 삼로三老, 효도와 공경을 실천하는 자, 농사에 힘쓰는 자, 청렴한 자, 청렴한 관리를 추천하되 반드시 실제 행실이 부합하도록 해야 합니다. 군국의 일은 반드시 한나라 조정의 통일된 법령에 근거하여 시행해야 하며 군국에서 마음대로 조령을 만들어서는 안 됩니다. 만약 감히 거짓과 허위로 명성을 얻으려 하는 자가 있다면 반드시 먼저 주살하여 조정에서 무엇을 권장하고 금지하는지를 분명히 해야 할 것입니다."

천자는 장창의 상소가 훌륭하다고 여겨 채택하였고, 보고를 위해 상경한 지방관들을 불러 시중侍中에게 장창의 의견대로 이들에게 훈계하도록 하였다. 황패는 매우 부끄럽게 여겼다.

낙릉후樂陵侯 사고史高가 외척이면서 황제와 오래된 은혜가 있었기에 시중의 직책을 맡으면서 중용되었다. 황패는 사고가 최고의 군사 장관인 태위太尉를 맡을 만하다고 추천하였다. 천자는 상서를 파견하여 황패를 불러다가 묻게 하였다.

"태위의 관직은 이미 오랫동안 폐지되었다. 승상이 그 직책을 겸하도록 하는 것은 전쟁을 그치고 문덕을 발양하기 위함이다. 만약 나라가 어지럽고 변경에 전쟁이 일어난다면 좌우의 대신들이 모두 군대를 이끄는 장수가 된다. 교화를 두루 선양하고 감춰지고 은밀한 문제까지 통찰하여 옥사에 억울한 형벌이 없게 하고 고을에는 도적이 없게 하는 것이 승상인 그대의 일이다. 장수와 승상의 관직은 짐이 임명하는 것이다. 시중인 낙릉후 사고는 짐을 가까이에서 보좌하는 중신이다. 짐이 그의 재능에 대해 깊이 잘 알고 있거늘, 그대가 왜 월권하여 그를 추천하는가?"

상서령이 승상에게 답을 하도록 하자 황패는 관을 벗고 사죄하였다. 며칠 후가 되어서야 사건이 해결되고 용서를 받았다. 이때부터 황패는 다시는 황제에게 아무런 요청도 하지 않았다. 그러나 한나라가 건국된 이래 백성과 관리를 다스리는 것은 황패가 으뜸이었다.

황패는 5년간 승상을 지냈고 감로 3년(기원전 51)에 세상을 떠났다. 시호는 정후定侯로 하였다. 황패가 죽은 후 낙릉후 사고는 결국 대사마大司馬가 되었다.[5] 황패의 아들 사후思侯 황상黃賞이 작위를 계승하였고 관도위關都尉가 되었다. 황상이 죽은 후 아들 충후忠侯 황보黃輔가 작위를 계승하였고 위위衛尉가 되어 구경九卿의 직위에까지 올랐다. 죽은 후 아들 황충黃忠이 작위를 계승하였으나 왕망 때 황씨 집안의 작위는 단절되었다. 자손 중 이천석의 관리를 지낸 사람이 5~6인이었다.

당초, 황패가 젊은 시절 양하현陽夏縣에서 순찰 업무를 맡고 있을 때 관상을 잘 보는 사람과 함께 수레를 타고 나가게 되었다. 길에서 어떤 여자를 보고는 관상 보는 사람이 말했다.

"저이는 부귀해질 상이다. 그렇지 않다면 관상 책은 쓸모가 없는 것이다."

황패가 그녀에 대해 알아보니 마을 무당 집안의 딸이었다. 황패는 그녀를 아내로 삼고 평생을 함께하였다. 승상이 된 후에 두릉으로 이주하였다.

---

5)  조정의 최고 지위인 삼공三公은 승상(대사도大司徒), 태위(대사마), 어사대부(대사공大司空)이다. 태위와 대사마의 명칭은 같은 직책으로 시기마다 달리 불렀다. 무제 때는 대사마로 불렸으며, 동한 때는 다시 태위의 명칭을 사용하였다.

# 혹리전 · 엄연년전

酷吏傳 · 嚴延年傳

엄연년은 「혹리전」에 수록되어 있다. 『한서·혹리전』에는 모두 13명이 수록되어 있는데, 앞쪽의 9인은 『사기』와 중복되며 문장 또한 거의 그대로 채택하였다. 뒤쪽의 전광명田廣明, 전연년田延年, 엄연년, 윤상尹賞 4인은 무제 이후의 인물로 반고가 편찬한 부분이다.

「혹리전」에 수록된 인물은 대부분 무제 시기에 활동하였다. 『사기·혹리열전』에는 가혹한 법의 시행으로 처형된 사람들의 피가 수십 리를 흘렀다는 표현이 등장하는데, 그다음에 이어지는 것은 황제가 "그를 능력 있다고 여겼다"는 인정과 칭찬이다. 사마천은 이러한 구절을 반복적으로 사용하여 결국 혹리를 양성한 것이 무제임을 비난하였다. 반고는 『사기』의 내용을 상당 부분 채택하였지만 조정과 황제에게 불리한 내용은 삭제하거나 수정할 수 있었다. 그러나 무제가 혹리의 능력을 인정하고 발탁하는 대목을 삭제하지 않고 모두 그대로 채택하였다. 혹리를 관리 개인의 인성 문제가 아닌 시대와 정치의 문제로 보았던 것이다.

　그러나 혹리를 반드시 부정적으로만 단정지을 수는 없다. 이들 중에는 권문세가를 두려워하지 않고 공정하게 법을 적용하여 약자인 백성을 보호하고 군주에게 직간한 자들도 있다. 엄연년 또한 무자비하고 잔혹하게 사형을 집행하여 백정의 의미인 '도백屠伯'으로 불릴 정도였지만, 강자에 맞서 약자를 보호하고 수하 관리를 잘 다스렸으며 곽광의 전횡을 서슴없이 탄핵하기도 하였다. 반고 또한 그의 정무 처리 능력은 공자의 제자인 "자공이나 염유보다도 뛰어났다"고 평가하였다. 그러나 대부분의 혹리들처럼 그 또한 비극적인 죽음으로 삶을 마쳤다.

엄연년의 자는 차경次卿으로 동해군 하비현下邳縣 사람이다. 부친이 승상의 속관을 지냈기에 어려서부터 승상부에서 법률을 배웠고, 후에 고향으로 돌아가 군의 관리가 되었다. 그 뒤 선발을 통해 어사의 속관이 되었다가 추천으로 시어사侍御史가 되었다. 이때 대장군 곽광이 창읍왕을 폐위하고 선제를 옹립하였다. 선제가 막 즉위했을 때 엄연년은 곽광을 "폐위와 옹립을 자신의 뜻대로 하고 신하로서의 예를 잊었으니 부도덕하다"는 이유로 탄핵하였다. 엄연년의 상주문은 비록 보류되었지만 조정은 숙연해하며 경외하는 마음을 갖게 되었다.

이후 엄연년은 또 대사농大司農 전연년田延年이 무기를 지니고 황제를 수행하는 수레에 무례를 범했다고 탄핵하였다. 대사농은 그런 일이 없었다고 변호하였으므로 안건을 어사중승에게 보내 처리하도록 하였다. 어사중승은 엄연년이 대사농의 출입을 금지하는 공문을 궁문에 발송하지 않아 대사농이 마음대로 궁을 출입하게 하였다며 엄연년을 질책했다. 이리하여 도리어 엄연년이 궁 안에 죄인을 마음대로 출입하게 했다며 탄핵되었고, 법대로라면 사형을 받는 죄였다. 엄연년은 도망을 다니다가 마침 사면령이 내려져 다시 세상으로 나올 수 있었다.

승상부와 어사부에서 엄연년을 부르는 문서가 같은 날 도착하였다. 엄연년은 어사의 문서가 먼저 도착했기 때문에 어사부로 가서 다시 속관이 되었다. 선제는 엄연년이 곽광을 탄핵했던 일을 기억하고 있었기에 그를 평릉현平陵縣의 현령으로 임명했다. 그러나 무고한 사람을 죽인 죄로 파면되었고, 이후 승상부의 속관이 되었다가 다시 호치현好畤縣의 현령으로 발탁되었다. 신작神爵 연간, 서강西羌이 반란을 일으켰다. 강노장군 허연수許延壽가 엄연년을 장사長

史로 삼을 것을 요청하였기에 군대를 따라 출정하여 서강을 무찔렀다. 돌아와 탁군涿郡의 태수로 임명되었다.

당시 탁군으로 발령되었던 태수는 모두 무능했기에 탁군 사람 필야백畢野白 등이 법을 무시하고 고을을 어지럽히고 있었다. 호족 세력인 서쪽의 고씨高氏와 동쪽의 고씨를 관리 이하 모든 사람들이 두려워 피하였고 감히 그들의 비위를 거스르려 하지 않으며 이렇게 말했다.

"차라리 태수를 등질지언정 호족 집안과 적이 될 수는 없다."

두 집안의 문객들은 도적질을 자행하였으나 고발을 당하면 그때마다 고씨의 집으로 달아났기 때문에 관리들도 감히 쫓을 수가 없었다. 이런 상황이 오래 지속되다보니 길에서는 활을 당기고 칼을 뽑고서야 돌아다닐 수 있을 정도로 치안이 어지러웠다.

엄연년은 탁군에 부임하자 수하의 관리 여오蠡吾 사람 조수趙繡를 시켜 고씨 집안을 조사하였는데, 사형에 해당하는 죄를 적발하였다. 조수는 엄연년이 새로 부임한 장관이므로 내심 두려워하여 조사한 내용을 두 가지 문서로 작성하였다. 먼저 가벼운 죄를 보고하고 만약 엄연년이 화를 내면 무거운 죄상을 내놓을 생각이었다. 엄연년은 그가 이렇게 할 것임을 미리 알고 있었다. 조수는 도착하자 과연 가벼운 죄상을 보고하였다. 엄연년이 조수의 품속을 뒤져 중죄에 관련된 문서를 찾아내고는 즉시 그를 체포하여 감옥으로 보냈다. 조수는 밤에 감옥에 들어가 다음날 새벽에 저잣거리로 압송되었고, 사형의 판결을 받아 고씨보다 먼저 처형되었다. 관리들은 모두 두려워하였다. 엄연년은 또 관리를 두 고씨 집안으로 나누어 파견하여 간사한 죄상을 철저히 조사하도록 하였고, 두 집안에서 각각 수십 명을 처형하였다. 이 사건으로 탁군 사람들이 두려워하였고 길에 떨어진 물건조차도 줍지 않게 되었다.

3년이 지난 후 엄연년은 하남 태수로 부임하였고 황금 20근을 하사받았다. 하남의 호족들은 숨을 죽이고 지냈으며, 외진 곳에서도 도둑질을 하는 자가 없어 엄연년은 주변 고을까지 명성을 떨치게 되었다. 그는 강한 호족 세력을 억제하면서 가난하고 약한 자를 도와주는 데에 힘썼다. 가난하고 약한 자가 법을 위반하면 설사 법을 곡해해서라도 그들을 풀어주었고, 백성을 침탈하는 호족은 법을 꾸며서라도 체포하여 감옥에 넣었다. 모두들 사형에 처하는 것이 마땅하다고 여기는 사람이 하루 만에 풀려나오고, 풀려나야 한다고 여기는 사람이 도리에 맞지 않게 처형되고는 했다. 관리와 백성들은 엄연년의 의중을 알 수 없었으므로 두려워하여 감히 법을 어기지 못했다. 그가 심리한 안건을 조사해보면 모두 문안이 치밀하여 번복할 수 없었다.

엄연년은 체구가 작았으나 영리하고 유능하였으며 업무에 민첩했다. 공자의 제자인 자공子貢과 염유冉有처럼 정사政事에 정통한 사람이라도 그보다 뛰어날 수는 없었다. 충심으로 지조를 다하는 속관들을 엄연년은 가족처럼 친근하게 대하며 출신과 상관없이 신뢰하였다. 그러므로 그는 관할 지역에 대해 모르는 것이 없었다.

그러나 그는 악인을 증오하는 마음이 너무 강했고 이 때문에 해를 입은 자들이 많았다. 특히 옥사의 문건을 교묘하게 작성하는 것에 뛰어났기에 죽이고 싶은 사람이 있으면 직접 문서를 작성하였다. 문서 작성을 담당하는 중주부中主簿나 최측근 부하도 알 수가 없었다. 한 사람을 사형으로 판결하고 상소를 올려 비준을 받기까지가 귀신이 하는 것처럼 일사천리였다. 사형을 집행하는 겨울이 되면 각 현에 전달하여 죄수를 군부郡府로 모아놓고 처형하였다. 사형수의 피가 몇 리에 걸쳐 흘렀고 하남 사람들은 이 때문에 엄연년을 백정의 의미인 '도백屠伯'이라고 불렀다. 명령은 곧바로 시행되었고, 금지하는 것은 즉각 멈추었으므로 고을의 정치는 깨끗하고 투명해졌다.

당시 경조윤이었던 장창은 평소 엄연년과 친분이 있었다. 장창은 비록 엄하게 다스리기는 했지만 너그럽게 처리하는 부분도 있었다. 장창은 엄연년이 형벌과 법률을 가혹하게 시행한다는 것을 듣고서 그에게 편지를 보내 권유하였다.

"옛날 한로韓盧라는 개는 토끼를 사냥할 때 고개를 들어 먼저 주인의 뜻을 살핀 후에 잡았지 함부로 죽이지는 않았다고 하오. 그대도 조금만 형벌을 너그럽게 하여 한로의 방법을 고려해보시기 바라오."

엄연년은 이렇게 답했다.

"하남은 천하의 목구멍과 같은 곳으로 동주와 서주 시기부터 내려온 폐단이 있습니다. 잡초가 무성한데 어찌 뽑아내지 않을 수 있겠습니까?"

엄연년은 자신의 능력과 공적을 자랑스러워하며 끝내 줄이거나 멈추려 하지 않았다.

당시 황패가 영천潁川의 태수로 있으면서 관대하게 다스렸는데, 군내가 평안했고 풍년이 계속되었으며 봉황이 나타났다. 황제는 그의 능력을 인정하여 조서를 내려 표창하고, 황금 인장과 자색 인끈의 작위를 상으로 내렸다. 엄연년은 평소 황패의 사람됨을 경시하였는데, 그가 이웃 지역의 태수가 되고 자기보다 먼저 포상을 받자 속으로 인정하지 못했다. 마침 하남의 경내에서 메뚜기 떼가 기승을 부리는 일이 발생하여 부승府丞 의義가 재해 상황을 시찰하러

나갔다가 돌아와 엄연년에게 보고하였다. 엄연년이 물었다.

"이 메뚜기 떼는 봉황의 먹이가 아닌가?"

의義가 사농중승司農中丞 경수창耿壽昌이 상평창常平倉을 설치하여 백성에게 이롭게 하였다고 보고하자 엄연년은 이렇게 말했다.

"승상과 어사대부가 할 일을 알지 못했다니 자리를 내놓아야 할 것이다. 그러나 경수창이 무슨 권한으로 이렇게 했단 말인가?"

이후 좌풍익의 자리가 결원되자 황제는 엄연년을 임용하려 했다. 부절을 이미 발송했는데 엄연년이 잔혹하다는 소문을 듣고 다시 취소하였다. 엄연년은 소부少府 양구하梁丘賀가 자신을 비방한 것이라 의심하고 원한을 품었다. 마침 낭야 태수가 임직 중 오랫동안 병을 앓다가 3개월 만에 해임되는 일이 있었다. 엄연년은 자신도 파면될 것이라 여겨 의義에게 말했다.

"이런 사람도 관직을 그만둘 수 있는데 내가 못 그만두겠는가?"

또 엄연년이 한 옥리를 청렴하다고 추천하였으나 사실 뇌물을 받은 자였다. 엄연년은 사실이 아닌 사람을 추천한 죄로 직위가 강등되었다. 엄연년은 웃으며 "이후에 누가 감히 사람을 추천할 수 있겠는가!"라고 하였다.

의義는 나이가 들자 정신이 미혹되었고 평상시 엄연년을 두려워하여 해를 당할까 걱정하였다. 엄연년은 본래 의와 함께 승상부의 속관으로 일했었기에 그를 가까이 대하였고 해칠 생각이 없었으므로 선물을 보내며 후대하였다. 그러자 의는 더욱 겁을 먹었으며 직접 점을 쳤는데 죽을 것이라는 점괘가 나오자 실의에 빠졌다. 그리하여 휴가를 청하고 장안에 와서 엄연년의 10가지 죄를 나열한 글을 올렸다. 상주를 하고 나서 독약을 마시고 자살하여 황제를 기만하는 뜻이 없음을 밝혔다. 이 일을 어사승에게 맡겨 조사하게 하였는데 확실히 그러한 일이 있었기에 이것으로 엄연년의 죄를 판결하였다. 엄연년은 정치에 불만을 품고 비방했다는 대역무도죄를 받아 저잣거리에서 사형에 처해졌다.

당초 엄연년의 모친이 동해군에서 와서 엄연년과 섣달 납일을 함께 보내려 했다. 모친이 낙양에 도착하였을 때 마침 죄수를 처결하는 장면을 보게 되었다. 모친은 크게 놀라 교외의 도정都후에서 머무르며 관사로 들어오려 하지 않았다. 엄연년이 도정으로 나가 모친을 배알하려 했으나 모친은 문을 닫고 만나지 않았다. 엄연년이 문 아래에서 관을 벗고 머리를 조아리며 한참을 있자 모친은 나와 엄연년을 질책하였다.

"운이 좋아 태수직을 맡아 천 리의 마을을 다스리는데, 인자함으로 교화하여 백성을 편안케 한다는 소문은 없고 도리어 형벌을 사용하고 많은 사람을 죽이는 것으로 위엄을 세우려 하다니. 백성의 부모가 되어야 할 관리가 어찌 이리할 수 있단 말이냐!"

엄연년은 잘못을 인정하고는 머리를 거듭 조아리며 사죄하였다. 그러고는 직접 모친을 위해 수레를 몰고 관사로 돌아왔다. 모친은 납일의 제사를 마친 후 엄연년에게 이렇게 말했다.

"하늘의 도는 신명하여 모든 것을 살피고 있다. 많은 사람을 죽이고서 어찌 벌을 받지 않을 수 있겠느냐! 내 나이 들어서 장성한 아들이 참형을 당하는 것을 보게 되리라고는 생각지 못했구나. 가야겠다. 너와 헤어져 동쪽으로 돌아가 네 묘지를 청소해둘 것이다."

모친은 그렇게 떠났고, 돌아가 형제와 종친들을 만나서는 다시 이 말을 했다. 1여 년이 지난 후 엄연년은 과연 화를 당했다. 동해에서는 엄연년 모친의 현명함과 지혜를 칭송하지 않는 사람이 없었다.

엄연년의 형제 다섯은 모두 관리로서의 능력이 있어 높은 벼슬을 지냈다. 동해 사람들은 엄연년의 모친을 이천석의 녹봉을 받는 다섯 아들을 두었다는 의미에서 '일만석 엄씨 할멈(萬石嚴嫗)'이라고 불렀다. 엄연년의 둘째 아우인 엄팽조嚴彭祖는 태자태부를 지냈다. 「유림전」에 수록되어 있다.

# 화식전

貨殖傳

'화식貨殖'은 상업으로 이익을 추구하는 것이다. 사마천은 『사기·화식열전』에서 재화가 유통되는 이치와 각 지역의 물산·풍속을 장악하고, 그 흐름을 통해 부를 축적하는 것을 긍정적으로 평가하였다.

"예의는 재물이 있으면 생기고 없으면 사라지는 것이다. 때문에 군자는 부유하면 덕을 행하기 좋아하고, 소인은 부유하면 자신의 능력에 맞추어 행동한다. 연못이 깊어야 물고기가 생겨나고 산이 깊어야 짐승이 오가듯이, 사람은 부유해야만 비로소 인의를 행하는 것이다."

"부란 인간의 본성이라 배우지 않아도 누구나 욕심을 내는 것이다."

"오래도록 가난하면서 인의를 떠벌리는 것은 부끄러운 일이다."

부의 추구를 인간의 본성이라고 인정하고 인의仁義를 말하려면 우선 풍족하게 먹고사는 일부터 해결되어야 한다고 본 것이다. 이러한 사마천의 관점은 획기적이라 할 수 있을 만큼 진보적이었으나, 인의를 우선하고 이익을 경시하는 유가의 입장에서는 용납될 수 없었다. 따라서 『사기·화식열전』편은 역대로 가장 많은 비판이 집중되었다.

반고는 사마천이 "화식을 서술하여 세력과 이익을 숭상하면서 가난을 수치스러워하였다(『한서·사마천전』)"며 비판하였다. 주목할 만한 점은 『한서』가 전한前漢의 역사임에도 『사기·화식열전』 중 한나라 이전의 인물인 범려范蠡, 자공子貢, 백규白圭, 의돈猗頓 등을 그대로 수록하고 있다는 점이다. 『사기』에서 이들의 치부致富를 긍정적으로 평가한 내용이 불편하고 용납할 수 없었다면 한나라의 역사가 아니므로 삭제하는 것이 가장 간편하다. 그러나 반고는 이들의 사실에 관한 부분은 『사기·화식열전』을 거의 그대로 취하면서 평가를 달리하였다. 칭송의 대상이 아닌 위험하고 경계해야 할 대상으로 수정한 것이다. 예를 들어 『사기·화식열전』에서는 공자의 제자인 자공의 탁월한 경제적 능력을 인정하면서 "공자의 이름이 천하에 알려지게 된 것도 자공이 공자를 보좌했기 때문"이며 공자는 이 덕분에 "세勢를 얻어 더욱 유명해졌다"고 하였다.

그러나 공자가 자공 덕분에 세상에 이름을 떨치게 되었다는 표현은 유학자들의 입장에서는 상당히 불경하고 용납할 수 없는 것이었다. 반고는 사마천의 이러한 기술이 불만스러웠을 것이다. 반고는 자공이 부를 축적할 수 있었던 것은 "예측이 잘 들어맞았던 것뿐"이며 공자는 이를 "나무랐다(譏)"고 기술하였다. 상업과 치부에 대한 부정적 언급은 『한서·화식전』 전반에 걸쳐 보인다. 『사기·화식열전』은 "부를 이루는 데 정해진 직업이 있는 것도 아니고, 재물에 정해진 주인이 있는 것도 아니다"라며 행상, 술장수, 칼갈이, 수의사가 재물을 모아 제후에 버금가는 생활을 누리게 된 것을 "한마음으로 정성을 다한 결과"라고 보았다. 그러나 『한서·화식전』은 이들을 "법도를 넘어(越法)", "불법적인 행위와 사치스러움의 죄악에 빠졌으며(陷不軌奢僭之惡)", "교화와 풍속을 해치는 대란의 길(傷化敗俗, 大亂之道)"이라며 사마천과 전혀 다른 평가를 내렸다.

여기서는 『한서·화식전』의 전문을 번역하였다. 『한서·화식전』이 역사적 사실에 있어서는 『사기』를 거의 수용하고 있는데도 번역을 한 것은 반고가 같은 사실과 인물을 전혀 상이한 평가로 수정하였고, 이것이 반고와 사마천의 차이를 대조적으로 보여주기 때문이다. 반고가 『사기』 중 가장 불만스러워했던 부분이 「화식전」과 「유협전」이었다. 제국을 유지하는 데 가장 중요한 것은 법과 위계질서이다. 그리고 이 공고한 질서에 균열을 만드는 존재가 유협과 화식이었다. 유협은 법의 질서 밖에서 무력을 자행하는 자들이며, 화식은 위를 넘보려는 욕망을 조장한다. 반고가 화식을 부정한 것은 단순히 재물을 탐하는 욕심이나 이기심의 인성적 차원이 아니라 이것이 제도와 질서의 근간을 무너뜨릴 수 있다고 보았기 때문이다. 반고의 입장에서 화식에 대한 긍정은 위계에 대한 부정이고 질서에 대한 위협이었다. 따라서 그냥 무시하고 삭제하기보다는 반드시 짚고 넘어가야 했기에 「화식전」을 전면적으로 다시 쓴 것이다.

옛날 선왕의 제도는 천자, 공公, 후侯, 경卿, 대부大夫, 사士에서부터 천한 일을 하는 하인, 문지기, 야경꾼에 이르기까지 관작과 봉록, 봉양, 거주지, 수레, 복식, 관, 제사, 살아 있을 때와 죽은 후의 제도에 각각 차등이 있었다. 아랫사람은 윗사람의 것을 범할 수 없고, 천한 사람은 귀한 자의 것을 넘을 수 없다. 그렇게 하고서야 위와 아래가 순서가 있게 되고 백성들의 뜻이 안정될 수 있다.

이에 토지, 하천과 연못, 구릉, 물을 댈 수 있는 평지, 넓은 평원, 낮은 습지 등 각지의 적합성을 판별하여 백성에게 밭을 일구고 나무를 심고 가축을 기르게 한다. 오곡과 여섯 종류의 가축, 물고기, 자라, 조류와 금수, 갈대와 부들, 목재, 기계 등의 물자에 이르기까지 삶을 영위하고 죽은 자를 보내는 일에 사용하는 모든 것이 길러진다. 기르는 것은 시기에 맞추어야 하고 사용할 때는 절제가 있어야 한다. 풀과 나무의 잎이 떨어지기 전에는 산림에서 도끼질을 해서는 안 된다. 수달이 물고기를, 승냥이가 짐승을 잡기 전에는 들판과 하천에서 그물망을 던져서는 안 된다. 매가 아직 새를 잡지 않았으면 샛길에서 주살을 사용해서는 안 된다. 때와 계절에 순응하여 물자를 취하면서도 산에서는 나무의 어린 가지를 잘라서는 안 되고 연못에서는 어린 수초를 베어서는 안 된다. 어린 물고기와 짐승, 새 알은 모두 포획을 금지한다. 시기와 절기에 맞게 만물을 번식하게 하고 비축하였으므로 이와 같이 필요한 쓰임을 잘 구비할 수 있었던 것이다. 이러한 연후에 사농공상의 사민四民은 각자의 조건에 맞춰 지혜와 역량을 발휘할 수 있게 된다. 아침에 일어나고 저녁에 잠잘 때까지 자신의 본업에 종사하면서 서로 성과를 나누고 경험을 교류하니 모두가 이롭고 넉넉해진다. 조정이 징발하거나 기한을 정해 취합하지 않더라도 먼 곳과 가까운 곳 모두가 풍족해지는 것이다.

그러므로 『역易』에서 말하였다.

제왕은 천지의 적합한 조건을 이용하는 방법을 장악하여 백성을 돕는
다(后以財成輔相天地之宜, 以左右民).

만물을 모두 갖추어 그 쓰임을 다하게 하고 각종 기물을 만들어 천
하 사람들의 이익을 도모하는 데 성인보다 더 위대한 사람은 없다(備
物致用, 立成器以爲天下利, 莫大乎聖人).

이러한 말들은 이를 이르는 것이다.

『관자管子』에 이르길 옛날 사농공상의 사민은 섞여 거주할 수 없
었다. 사인士人은 한적한 곳에서 서로 인의仁義를 논하고, 수공업자
는 관부官府에서 서로 기술을 의론하며, 상인은 시장에서 서로 재
물과 이익에 대해 논의하고, 농민은 밭에서 농사를 도모한다. 아침
부터 저녁까지 본업에 종사하면서 다른 일을 보더라도 바꿀 생각
을 하지 않는다. 그리하여 부형의 가르침은 엄하지 않아도 이루어
지고, 자제의 배움은 노력하지 않아도 능숙해진다. 각자의 거처를
편히 여기고, 본업을 즐거워하며, 먹는 것을 달게 여기고, 입은 것
을 아름답게 여긴다. 비록 아름답고 화려한 것을 보더라도 익숙하
지 않으면 마치 북방의 융적戎狄과 남방의 백월百越처럼 서로 받아
들이지 않는다. 이 때문에 욕심이 적고 만사에 검소하며 재물은 충
족하니 다투지 않게 된다. 그리고 위에 있는 자가 덕으로써 인도하
고 예의로써 다스리면, 백성은 염치를 알고 공경심이 있게 되며 인
의를 중시하고 이익을 경시하게 된다. 이것이 하·상·주 삼대三代
가 도덕과 예의로 솔선하며 엄히 하지 않아도 다스려진 대략의 이

유이다.

주 왕실이 쇠락하고 예법이 무너지자 제후들은 사당의 서까래에 조각을 하고 기둥에 붉은색을 칠하였다. 대부들은 공포拱包에 산山 모양을 조각하고 대들보 위의 작은 기둥에 무늬를 그렸으며, 천자의 팔일무八佾舞를 뜰에서 추게 하고 천자만이 쓸 수 있는 「옹雍」악장을 연주하면서 제사용품을 정리하는 자도 있었다.[1] 이런 풍조가 사인과 평민에게까지 전해져 모두 제도를 벗어나고 근본을 버리게 되었다. 농사에 종사하는 백성은 적어지고 상업에 종사하는 백성이 많아지니 곡식은 부족하고 재화는 남아돌았다.

제 환공·진 문공 이후 예의는 더욱 크게 무너졌다. 상하가 서로 침범하고, 제후국은 나라마다 정치가 달랐고, 대부들은 집안마다 풍속이 달랐으며, 기호와 욕망을 절제하지 못해 분수를 넘는 행위가 끝도 없었다. 그리하여 상인들은 구하기 힘든 기이한 물품을 유통시키고, 수공업자들은 쓸모없는 기물을 만들고, 사인들은 도리에 어긋나는 행동으로 유행을 쫓고 재화를 취하였다. 기만하고 속이는 백성들은 실질을 등지고 이름만을 쫓았으며, 간사한 사람들은 해악을 끼치면서 재물을 도모하였다. 군주를 시해하고 정권을 찬탈한 사람이 왕공王公이 되었고, 주인을 협박하여 재산을 빼앗은 사람

---

1) 팔일무란 8인이 8행렬을 만들어 추는 것으로, 천자가 제사를 거행할 때 공연하는 무용이다. 제후는 육일무를, 대부는 사일무를 추는 것이 예법에 맞나. 노나라 성지를 전횡했던 대부 계손씨季孫氏가 팔일무를 공연하자 공자는 "대부인 계손씨가 천자의 악무인 팔일무를 자신의 뜰에서 공연하였다. 이것을 용인할 수 있다면 다른 것이야 무엇인들 용인하지 못하겠는가?(八佾舞於庭, 是可忍也, 孰不可忍也?)"라며 비판하였다. 「옹」은 천자가 종묘에 제사를 드리고 제기를 정리할 때 사용되는 악장이다. 노나라의 맹손씨, 숙손씨, 계손씨 집안에서 제사상을 치우면서 「옹」을 연주하였다. 공자는 "'제후는 제사를 돕고, 천자는 공손하여라'라는 「옹」의 노래를 어찌하여 대부인 삼가의 사당에서 사용하는가?(三家者以「雍」徹, 子曰: '相維辟公, 天子穆穆', 奚取於三家之堂?)"라며 비판하였다. 이상의 내용은 모두 『논어·팔일』에 보인다.

이 호걸이 되었다. 예의는 군자를 단속하기에 부족하였고, 형벌은 소인을 위협하기에 부족했다. 부귀한 자의 대들보와 벽은 비단으로 장식되었고, 개와 말도 고기와 곡식을 남길 정도였다. 그러나 가난한 자는 허름한 옷조차도 제대로 갖춰 입지 못하고 콩을 먹으며 맹물만 마셨다.[2] 호적에는 동일하게 평민으로 등록되어 있지만, 어떤 자는 재력으로 윗자리에 군림하고 어떤 자는 노복이 되어서도 원망하는 내색조차 없었다. 그리하여 속임수와 사기로 간사함을 행하는 자는 일평생 풍족하였고 도리를 지키는 자들은 배고픔과 추위의 근심을 면할 수 없었다. 이러한 풍조가 위에서부터 시작된 것은 법과 제도의 제재가 없었기 때문이다. 그러므로 그들의 사적을 서술하여 세상의 변화를 전하려 한다.

옛날 월왕 구천句踐은 회계산會稽山에서 곤경에 처한 후 범려范蠡와 계연計然을 기용하였다. 계연이 말했다.

"전투가 있을 것을 알면 준비를 해야 합니다. 시기와 수요를 알면 물자의 가치를 알게 되니 두 가지의 이치를 장악한다면 만물의 유통 정황을 알 수 있습니다. 그러므로 가뭄일 때 배를 준비하고, 홍수가 날 때 수레를 준비하는 것이 만물의 이치입니다."

구천이 이를 실행하자 10년 만에 나라는 부강해졌다. 풍부한 재물로 사병을 사들여 결국 강한 오나라에 복수하고 회계의 치욕을 씻을 수 있었다. 범려는 감탄하였다.

"계연의 10가지 계책 중 5가지를 사용하여 뜻을 이루었다. 이미 나라에 사용해보았으니 나는 집안을 다스리는 일에 사용해보리라."

그러고는 작은 배를 타고 강호를 떠돌며 이름을 바꾸어 제나라

---

2) '콩을 먹고 맹물을 마신다'는 것은 본래 가난한 생활을 하면서도 기쁜 마음으로 부모를 봉양하는 효심을 의미하는 전고이나 여기서는 가난한 생활과 식사를 뜻한다.

에서는 치이자피鴟夷子皮라 하였고, 도읍陶邑에 도착해서는 주공朱公이라 하였다. 그는 도읍이 사방의 제후국과 통하고 재화와 물자가 교역되는 천하의 중심이라 여겼다. 생업에 종사하여 물건을 사서 쟁여두고 때에 맞추어 물건을 팔아넘겼지 사람의 노력으로 경영하지 않았다. 그러므로 경영을 잘하는 자는 인력이 아니라 적당한 시기를 장악하는 것이다. 19년간 세 차례 천금을 모았는데, 두 번은 가난한 친구들과 고향의 형제들에게 나누어주었다.[3] 이후 세월이 흘러 노쇠해지자 자손들에게 경영을 맡기니 재산은 더욱 증식되어 결국 거부가 되었다. 그러므로 부를 말하는 자들은 도주陶朱를 칭송한다.

자공子貢은 공자에게서 배운 뒤 물러나 위衛에서 벼슬하고, 조曹와 노魯 지역에서 매점매석하여 재물을 모았다. 70여 명 제자 중 자공이 제일 부유했다. 안연顏淵은 한 광주리의 밥과 표주박의 물을 마시며 누추한 골목에서 지냈다. 그러나 자공은 사두마차를 타고 기마행렬을 거느렸으며 비단을 예물로 들고 제후들을 방문하니 가는 곳마다 왕들이 몸소 뜰까지 내려와 대등한 예의로 맞이하지 않는 자가 없었다. 그렇지만 공자는 안연을 현명하다고 여기고 자공을 나무라며 말했다.

"안연은 도에 있어서 거의 완성되었다고 할 수 있으나 자주 곤궁했다. 자공은 본분에 안주하지 않고 재화를 증식하였으니 억측이

---

3) 『사기·화식열전』의 이 대목은 다음과 같다. "그는 19년간 세 차례 천금을 모았는데 두 번은 가난한 친구들과 먼 친척 형제들에게 나누어주었다. 이것이 소위 군자는 부유하게 되면 덕을 행하기 좋아한다는 것이다." 반고는 앞의 문장은 그대로 채택하였고, 뒤의 문장은 삭제하였다. 물질적 부의 축적과 덕의 실천을 결부시키는 것이 유가의 입장에서는 합당하지 않았을 것이다.

자주 들어맞았을 뿐이다."[4)]

백규白圭는 주周나라 사람이다. 위魏 문후文侯 때의 이극李克은 땅의 생산성을 극대화하는 데 힘썼으나,[5)] 백규는 시기의 변화를 관찰하는 것을 즐겨 남이 버리면 내가 취하고 남이 취하면 나는 내놓았다. 기호와 욕망을 절제하여 먹고 마시는 것은 소박했고, 의복은 검소했으며, 하인들과 고락을 함께하였다. 기회를 포착하는 것은 맹수가 먹이를 잡듯 신속하고 민첩하였다. 그러므로 이렇게 말하였다.

"내가 재산을 경영하는 것은 이윤과 여상呂尙이 나랏일을 도모하는 것이나, 손자와 오기吳起가 군사를 부리는 것, 상앙商鞅이 법을 집행하는 것과 같다. 따라서 지혜가 임기응변하기에 부족하고, 용기가 결단을 내리기에 부족하며, 인의仁義가 버리고 취할 것을 제대로 하지 못하고, 의지가 굳건히 견지할 만하지 못하다면 비록 나의 기술을 배우고자 하여도 끝내 알려주지 않을 것이다."

대개 천하 사람들은 재산의 경영을 말할 때 백규를 원조로 삼는다.

---

4) 이는 『논어·선진先進』에 보이는 대목이다. "回也其庶乎, 屢空. 賜不受命而貨殖焉, 億則屢中." 이 대목에서 공자의 어투가 나무람은 아니다. 일반적으로 안빈낙도하는 안회보다는 못하지만 자공 나름의 재능을 인정한 것으로 해석한다. 그러나 반고는 여기에 '나무랐다'는 말을 삽입하여 공자가 자공의 덕을 보았다는 『사기』의 흔적을 없애고 화식을 비판하였다. 이 대목의 『사기』는 이러하다. "공자의 제자 70여 명 중에 자공 사賜가 가장 부유하였고, 원헌原憲은 술지게미나 쌀겨조차도 배불리 먹지 못하며 후미진 골목에서 숨어 지냈다. 자공은 사두마차를 타고 기마행렬을 거느리며 비단을 예물로 들고 제후들을 방문하였다. 그가 가는 곳마다 왕들이 몸소 뜰까지 내려와 대등한 예로 맞이하지 않는 자가 없었다. 공자의 이름이 천하에 두루 알려지게 된 것은, 자공이 그를 모시고 다니며 도왔기 때문이다. 이것이 이른바 세력을 얻으면 세상에 더욱 드러난다는 것이 아니겠는가!"

5) 이극은 전국시대 위 문후의 재상을 지낸 이회李悝를 가리킨다. 이회는 문후에게 단위 면적당 최대 생산량을 이끌어낼 수 있도록(盡地力) 할 것을 건의하였다. 그의 계산법에 따르면 사방 100리는 9만 경頃의 토지인데 그중 3분의 1인 산, 연못, 거주지를 제외하면 경작을 할 수 있는 땅은 6만 경이다. 경작을 부지런히 하면 1무畝당 3두斗의 수확이 증가하게 되고, 부지런히 하지 않으면 그만큼 줄어든다. 사방 100리 땅의 생산량은 부지런히 하는가의 여부에 따라 180만 석이 증가하거나 감소하게 된다는 것이다. 위나라는 이회의 정책을 시행하여 부강해졌다.

의돈猗頓은 염전의 소금을 이용하여 일어났고, 한단邯鄲의 곽종郭縱은 철을 주조하는 것으로 가업을 이루어 왕과 같은 부를 축적하였다.

오씨烏氏의 나臝는 목축을 하였다. 가축이 많아지면 내다 팔고 진기한 비단을 구하여 융왕戎王에게 몰래 바쳤다. 융왕은 그 값을 열 배로 쳐서 가축을 주었다. 그리하여 가축은 골짜기를 단위로 해서 헤아려야 할 만큼 어마어마하게 늘어났다. 진시황은 나臝를 봉읍을 받은 귀족과 동등하게 대하여 대신들과 함께 봄과 가을에 황제를 배알하도록 하였다.

파巴 지역의 과부 청淸은 그 선조가 단사丹砂가 나는 광산을 얻어 몇 대에 걸쳐 이익을 독점하였으므로 헤아릴 수 없는 재산을 보유하게 되었다. 청은 과부였으나 그 가업을 유지할 수 있었고, 재산을 이용하여 스스로를 지켰으니 다른 사람은 감히 침범할 수 없었다. 진시황은 그녀를 곧은 아녀자(貞婦)로 여겨 빈객으로 대하였으며, 그녀를 위해 여회청대女懷淸臺를 축조하였다.

진한秦漢 시기의 제도에 따르면, 열후와 봉읍을 소유한 귀족은 조세를 거두는 데 매년 1호마다 200전이다. 1000호의 봉읍을 가진 자는 매년 수입이 20만 전이니 황제를 조견하고 제후끼리 서로 방문할 때의 비용 등이 모두 여기서 지출된다. 농업·수공업·상업에 종사하는 서민은 대략 1년에 1만 전으로 2000전의 이자를 얻을 수 있었다. 100만 전이 있는 사람은 매년 20만 전의 이자를 얻을 수 있으므로 각종 세금을 여기서 지출하고도 잘 먹고 입을 수 있었다. 그러므로 말 50필, 소 167마리, 양 250마리를 기를 수 있는 땅, 돼지 250마리를 키울 수 있는 습지, 1000석石의 물고기를 기를 수 있는 연못, 큰 목재 1000그루를 벌채할 수 있는 산림, 안읍安邑의 대추나무 1000그루, 연燕과 진秦의 밤나무 1000그루, 촉군蜀郡과 한중漢中·강릉江陵의 귤나무 1000그루, 회수淮水 이북·형수滎水 이남과 황하·제수濟水 일대의 가래나무 1000그루, 진현陳縣·하현夏縣의 옻나무 밭 1000무畝,[6] 제齊·노魯 지역의 뽕나무와 삼나무 밭 1000무, 위수渭水 유역의 대나무 밭 1000무, 그리고 규모가 큰 나라의 도시 근교에 1무에서 64말의 곡식을 수확할 수 있는 비옥한 밭 1000무, 그리고 1000무의 치자와 잇꽃 밭, 1000고랑(畦)의 생강과 부추밭, 이들 중 하나라도 가진 자는 그 수입이 1000호를 가진 제후와 대등하다.

속담에 이런 말이 있다.

"가난한 자가 돈을 벌고 싶다면 농사를 짓는 것보다는 수공업이 낫고, 수공업보다는 상업이 나으니 자수를 놓는 것보다는 저잣거리에서 파는 것이 낫다."

이는 상업이 가난한 자의 바탕이 될 수 있다는 말이다. 사통팔달한 대도시에서는 한 해에 1000독의 술, 1000항아리의 고기 젓갈, 1000항아리의 간장, 소·양·돼지 가죽 1000장, 곡식 1000종鍾, 1000수레의 땔나무와 볏짚, 총 길이 1000장丈의 배들(船), 1000그루의 큰 나무, 1만 개의 대나무, 100대의 작은 수레, 1000대의 소(牛) 수레, 1000개의 옻칠한 나무 그릇, 1000균鈞의 구리 기물,[7] 1000석石의 원목·금속 기물과 치자·잇꽃,[8] 200마리의 말, 250마리 소, 2000마리 양과 돼지, 100명의 하인, 1000근斤의 동물 뼈와 근육, 단사丹砂, 1000균의 명주솜과 가는 베, 1000필의 무늬 비단, 1000석石

의 거친 베와 가죽, 1000대두大斗의 옻, 1000합슴의 누룩·소금·메주, 1000근의 복어·멸치, 1000균의 말린 어물과 절인 어물, 3000석의 대추·밤, 1000장의 여우와 담비 가죽, 1000석의 새끼 양 가죽, 1000장의 털 깔개, 1000가지의 기타 과일과 채소, 1000관貫의 이 잣돈이 거래된다. 거래를 연결하는 중개상들은 당장의 작은 이익을 도모하면 10분의 3을, 멀리 흐름을 내다보고 큰 이익을 도모하면 10분의 5를 취할 수 있다. 이러한 상인들은 또한 천승千乘의 가문과 대등하니 이것이 대략의 정황이다.

촉蜀 지역 탁씨卓氏의 선조는 조趙나라 사람으로 철을 제련하여 부를 쌓았다. 진秦나라가 조나라를 멸망시킨 후 촉 땅으로 이주하게 된 탁씨 부부는 수레를 끌고 갔다. 모든 이주민들은 조금이라도 재산이 있으면 다투어 관리에게 주면서 어떻게든 가까운 곳을 구하려 했기 때문에 가맹현葭萌縣에 거주하게 되었다. 그러나 탁씨는 이렇게 말했다.

"이 땅은 좁고 척박하다. 내가 들으니 민산岷山의 아래는 토지가 비옥하고 땅속에 토란이 있어 죽을 때까지 굶지 않을 수 있다고 한다. 게다가 그곳의 백성은 장사에 능하다니 상업을 하기에 좋을 것이다."

그러고는 멀리 이주할 것을 구하였다. 관리가 탁씨를 임공臨邛으로 이주하게 하자 그는 크게 기뻐하였다. 철이 나는 산으로 가서 금속을 제련하고 이익을 따져서 전滇·촉蜀의 백성들과 장사하였다. 그리하여 800명의 하인을 거느리고 들판에서 사냥의 즐거움을 누리는 임금에 비할 정도의 부를 쌓았다.

정정程鄭은 산동에서 이주한 포로로 또한 철을 제련하고 주조하여 서남쪽 오랑캐에게 팔았다. 그의 부는 탁씨와 비견될 정도였다.

정씨와 탁씨가 쇠퇴한 후 성제와 애제 시기에는 성도成都 나부羅裒의 재산이 거만鉅萬에 이르렀다. 처음, 나부는 수도 장안에서 장사하였는데 수중에 수십 백만을 가지고 평릉平陵 석씨石氏의 재산을 관리하게 되었다. 나부는 맡은 일을 열심히 하였다. 석씨의 재산은 여씨如氏와 저씨苴氏에 버금갔는데, 나부를 신뢰하여 많은 자본을 그에게 주었다. 나부는 파촉巴蜀 지역을 왕래하면서 수년간 1000만여의 재산을 축적하여 그 반을 곡양후曲陽侯 왕근王根과 정릉후定陵侯 순우장淳于長에게 뇌물로 주었다. 그리고 그 권력에 기대어 군국에 돈을 빌려주었으므로 감히 갚지 않는 사람이 없었다. 염전을 독점하여 한 해 동안 두 배의 재산을 벌어들였다. 결국 재산을 크게 증식하였다.

완현宛縣 공씨孔氏의 선조는 양梁나라 사람으로 철을 제련하는 것이 생업이었다. 진나라가 위나라를 멸망시키면서 공씨를 남양南陽으로 이주시켰다. 공씨는 철 주조 사업을 크게 경영하고, 농지와 수리사업을 기획하였다. 그리고 제후들과 끊임없이 왕래하면서 교역의 이익을 통하게 하여 유한공자游閒公子라는 명성을 얻었다. 그는 상당히 많은 이익을 벌어들여 일일이 세밀하게 계산하는 자보다 더 부자가 되었고 집에는 수천 금이 쌓이게 되었다. 그러므로 남양에서 장사하는 자들은 모두 공씨의 점잖음과 대범함을 본받으려 했다.

노魯 지역 사람들은 풍속이 검소하면서 인색하였는데, 그중에서도 병씨丙氏는 특히 심했다. 야철로 성공하여 거만의 부를 축적하였다. 그러나 집에서는 부형부터 자제들까지 규칙을 준수하게 했는데, 허리를 굽히면 줍는 것이 있어야 하고 머리를 들면 취하는 것이 있어야 한다는 것이었다. 그 집안의 대금업과 행상이 군국에 널리 퍼졌다. 추鄒와 노魯 지역에서는 그러한 까닭에 학문을 버리고 이익을 쫓는 자들이 많아졌다.

제齊 지역의 풍속은 노복을 천하게 여겼으나 도한刀閒만은 이들을 아끼고 귀하게 여겼다. 도한은 사람들이 두려워하는 사납고 교활한 노복을 거두어 데려왔다. 그리고 그들에게 물고기, 제염, 장사의 이익을 쫓도록 하거나 혹은 수레를 타고 무리지어 다니며 군수나 제후왕의 재상과 교류하게 하였다. 도한은 이들을 신임하였고 결국 이들의 힘으로 수천만의 재물을 치부하였다. 그러므로 "작위를 받느니 도한의 노예가 되겠다"는 말은 도한이 사납고 교활한 노복들을 부유하게 하여 능력을 충분히 발휘하게 할 수 있었음을 의미한다. 도한이 쇠퇴한 후 성제·애제 시기 임치臨淄의 성위姓偉는 오천만의 재산이 있었다.

주周 사람들은 본래 인색하였는데 사사師史는 더욱 심했다. 백 수십 대의 수레가 각 군국에 이르러 장사를 하였으니 가지 않는 곳이 없었다. 낙양은 제齊, 진秦, 초楚, 조趙의 중간인 요충지에 위치한 곳이었다. 이곳의 부유한 집안은 오랫동안 장사하는 것을 자랑스럽게 여겨 낙양을 지나면서도 집에 들어가지 않았다. 사사는 이 무리들을 중용하여 1억이 넘는 재산을 벌 수 있었다.

사사가 쇠락한 후 성제·애제·왕망 시기에 낙양의 장장숙張長叔과 설자중薛子仲의 자산도 억億에 달했다. 왕망은 이들을 납언사納言士로 임명하여 무제가 상인을 관리로 임용했던 것을 본받고자 하였으나 효과를 거두지는 못했다.[9]

---

9) 무제 시기, 적극적인 흉노 정벌 정책으로 재정이 어려워지자 상인 출신을 등용하여 관료로 임용하였다. 상홍양은 상인 집안 출신으로 뛰어난 계산 능력과 경제적 감각을 갖고 있었기에 관리로 등용되었다. 그는 소금·철·술을 국가에서 전매하는 정책을 추진하였으며 평준平准·균수均輸 등과 같은 경제정책을 시행하여 조정의 재정수입을 증가시킬 것을 주장하였다. 동곽함양東郭咸陽은 제나라에서 제염업에 종사

선곡宣曲 임씨任氏의 선조는 창고를 감독하는 관리였다. 진나라가 멸망할 때 호걸들은 금옥을 다투어 취하였으나 임씨는 땅을 파창고의 곡식을 저장하였다. 초楚와 한漢이 형양滎陽에서 서로 대치하고 있을 때 백성들은 농사를 지을 수 없었고 쌀 1석은 1만 전에 이르렀다. 호걸들의 금옥은 모두 임씨에게 돌아왔고 임씨는 이것으로 부자가 되었다. 부자들은 사치스러웠으나 임씨는 자신을 절제하며 농사와 목축에 힘썼다. 사람들은 다투어 값싼 것을 취하였으나 임씨만은 비싸고 좋은 것을 취하였고 부는 대대로 이어졌다. 그러나 임공任公은 이러한 가법을 정했다. 농사와 목축으로 나온 것이 아니면 먹고 입지 아니하고, 업무를 마치지 않으면 술과 고기를 마시고 먹지 않는다는 것이다. 이것으로 부를 이루고 고을의 모범이되자 천자도 그를 중시하였다.

변경 지역을 개척할 때 교도橋桃라는 자만이 말 1000필과 소 2000마리, 양 1만 마리, 수만 종鍾의 곡식을 치부하였다.

오초칠국의 난이 일어나자 장안의 열후, 봉군封君들이 종군하게되면서 고리대금업자들에게 돈을 빌렸다. 업자들은 관동關東 전쟁의 성패가 불확실하다고 여겨 빌려주지 않으려 했고, 무염씨毋鹽氏만이 천금을 내어 빌려주었는데 이자는 본전의 열 배였다. 3개월 후오초의 반란이 평정되자 1년 만에 무염씨는 열 배의 이자를 불리게되었고, 이로써 관중의 갑부가 되었다.

---

하였고, 공근孔僅은 남양에서 제철업을 하는 상인이었다. 무제는 이들을 기용하여 소금과 철의 전매에 관한 업무를 담당하게 하였다. 복식卜式은 모든 재산을 동생에게 넘기고 양 100여 마리만 가지고 집을 떠나 방목사업을 하여 10년 만에 1000여 마리로 불렸다. 무제가 흉노 정벌로 재정적 부담을 느끼고 있을 때 복식은 전 재산의 반을 군사비로 헌납하였다. 이후에도 여러 차례 재산을 헌납하자 무제는 복식을 관리로 임명하였다.

관중의 부유한 상인들과 거상들은 대부분 모두 전씨 성으로 전장田牆, 전란田蘭이 있다. 위가韋家의 율씨栗氏, 안릉安陵의 두씨杜氏도 거부였다. 앞에서 언급한 부자들은 이미 쇠락하였고 원제·성제 시기부터 왕망에 이르기까지 수도의 부호인 두릉杜陵의 번가樊嘉, 무릉茂陵의 지망摯網, 평릉平陵의 여씨如氏와 저씨苴氏, 장안에서 단사丹砂를 파는 왕군방王君房, 메주를 파는 번소옹樊少翁과 왕손대경王孫大卿은 모두 천하의 갑부들이었다. 번가는 5000만의 재산을 이루었고 나머지도 모두 거만이었다. 왕손경王孫卿은 재물로 선비를 양성하고 영웅호걸과 교류하였으므로 왕망은 그를 경사시사京司市師로 임명하였는데, 장안의 동시東市를 관장하는 우두머리였다.

이상에서 나열한 이들은 유명한 자들 중에서도 더욱 특출난 자들이다. 이 외에도 군국郡國의 부유한 백성 중 여러 가지 상업을 동시에 운영하면서 이익을 독점하고 재화를 뇌물로 바쳐 고을에서 중요한 지위를 차지한 자들이 셀 수 없이 많다. 그러므로 진양秦楊은 농사에 힘써 한 고을의 으뜸이 되었으며, 옹백翁伯은 연지를 팔아 마을 사람들의 탄복을 받았다. 장씨張氏는 장醬을 팔아 사치했고 질씨質氏는 칼을 가는 일로 제후의 호화로운 식사를 누렸으며, 탁씨濁氏는 양羊의 위장을 말린 위포胃脯를 팔아 기마 수행원을 거느릴 정도가 되었다. 장리張里는 말의 병을 고치는 것으로 연주를 들으며 식사를 할 정도로 부자가 되었으니 모두 법도를 넘은 것이다. 그러나 이들은 항상 자신의 생업을 지키며 이익을 쌓아 점차 부를 쌓았다. 촉 지방의 탁씨卓氏, 완宛 지방의 공씨孔氏, 제齊나라의 도한刀閒은 공공연하게 산천의 구리와 철, 물고기와 소금을 함부로 저잣거리에 들여와 그것을 운영하였다. 그리하여 위로는 왕과 이익을 다투고 아래로는 백성들의 생업을 가로막았으니, 모두 불법적인 행위와 사치스러움의 죄악에 빠진 것이다. 하물며 도굴과 도박으로 남의 물건을 빼앗고 간사한 방법으로 부를 축적한 곡숙曲叔, 계발稽發, 옹락성雍樂成과 같은 무리가 선량한 백성들과 나란히 함께하는 것은 교화와 풍속을 해치는 대란의 길이다.[10]

---

10) 이 단락을 『사기·화식열전』과 비교해보면 화식에 대한 사마천과 반고의 분명한 입장 차이를 볼 수 있다. "농사는 재물을 모으는 방법으로는 그리 뛰어난 업종이 못 되지만 진양은 농사로써 주州에서 제일가는 부호가 되었다. 무덤을 파헤쳐 재물을 훔치는 것은 나쁜 일이지만 전숙은 이를 발판으로 일어섰다. 또한 도박은 나쁜 일이지만 환발은 그것으로 부자가 되었다. 행상은 대장부에게는 천한 일이지만 옹락성은 장사를 하여 부자가 되었고, 연지를 파는 것은 부끄럽기는 하지만 옹백은 이로써 천금을 얻었다. 술장사는 하찮은 것이지만, 장씨는 천만금을 벌었으며 칼 가는 것은 보잘것없는 기술이지만 질씨는 그것으로 돈을 벌어 제후들처럼 반찬 솥을 나열해두고 식사할 정도로 부자가 되었다. 위포를 파는 것은 단순하고 하찮은 장사이지만 탁씨는 이것으로 기마 수행원을 거느리는 신분이 되었다. 말의 병을 치료하는 것은 별것 아닌 의술이지만 장리는 그것으로 돈을 벌어 제후들처럼 식사할 때 종鐘 연주를 곁들이게 되었다. 이는 모두 한결같이 성실한 마음으로 힘쓴 덕분이라고 할 것이다. 이로써 미루어볼 때 부자가 되는 것에는 정해진 직업이 없고, 재물에는 일정한 주인이 없는 것이다."

# 유협전 · 원섭전

游俠傳 · 原涉傳

유협游俠이란 목숨보다 의리를 앞세우며 다른 사람의 어려움을 돕는 자들을 말한다. 「유협전」은 『사기』와 『한서』가 가장 큰 입장 차이를 보이는 편 중 하나다. 사마천은 유협을 이렇게 평가했다.

"그들은 말에는 반드시 신뢰가 있고 행동은 과감하였다. 승낙한 일은 반드시 성의를 다하였으며 자신의 몸을 아끼지 않고 남의 어려움에 뛰어들었다. 위험과 죽음에서 구출한 후에도 자신의 능력을 자랑하지 않았고, 그 공을 내세우는 것을 수치스러워했다. …… 비록 때로 법을 어기기는 하였지만 개인적으로 의리가 있고 청렴하며 겸손하였으니 칭찬하기에 충분하다."

사마천은 법을 위배했다는 점보다 그들의 신의를 높이 산 것이다. 그러나 반고는 유협을 전혀 다르게 평가하였다. 『한서·유협전』은 이렇게 시작된다.

"옛날 천자는 나라를 세우고, 제후는 가문을 세웠으며, 경대부에서 서인까지 각기 차등이 있었다. 이 때문에 백성은 윗사람을 섬기고 복종하였으며 아랫사람은 위를 넘보지 않았다. …… 이렇게 되면 위아래가 서로 화목하고 모든 일이 다스려지는 것이다."

이 논조는 『한서·화식전』의 시작과 동일하다. 반고가 이상적으로 생각하는 사회는 등급과 차별이 유지되는 것이었다. 그러나 시간이 흐름에 따라 "아래는 위를 넘보고 천한 자가 귀한 자를 범"하게 되었다. 이러한 일을 일삼는 존재가 바로 유협이었다. 따라서 사마천이 칭송했던 전국시대 사공자를 반고는 "모두 왕공의 권세를 믿고 다투어 유협을 끌어모아 계명구도鷄鳴狗盜의 무리들을 빈객의 예로 대우"해주어 결국 "공정한 도리를 배신하고 당파를 만드는 의론이 형성되어 직분을 지키고 윗사람을 받드는 의리는 사라지게 된" 국면을 초래한 장본인이라며 비난하였다.

이는 반고 개인의 견해라기보다는 사회적 인식의 변화였다. 사마천의 시대에는 아직 전국시대의 유풍이 남아 있었으므로 유협의 신의와 의리는 칭송의 대상일 수 있었다. 신릉군이 부절을 훔쳐 조趙나라를 구한 일이나, 맹상군이 계명구도의 잔재주를 가진 빈객의 도움으로 위기를 모면했던 일은 미담으로 전해지고 있었다. 그러나 이후 권신들이 유협과 교류하며 세력을 키워 모반을 일으키는 사건이 계속 발생하자 이들의 존재와 활동은 점차 조정에 심각한 위협이 되었다. 무제 시기부터 권문세가와 유협의 교류는 감소하기 시작했고, 후한에 접어들자 이들과의 교류를 금기시하는 풍조로 바뀌었다. 「서전敍傳」에서도 「유협전」의 집필 의도에 대해 이렇게 언급하였다.

"하물며 백성이 상벌을 마음대로 하는데도 바로잡지 않으면서 무슨 예법을 논하겠는가!"

따라서 반고는 유협에 대해 사마천과는 다르게 평가할 수밖에 없었다.

이 책에서는 「유협전」의 서문과 「원섭전」을 번역하였다. 원섭(?~기원전 24)은 전한 말에 활동했던 유협으로 부친은 군郡의 태수를 지냈다. 당시 태수가 죽으면 상당히 많은 조의금이 들어왔는데 원섭은 이를 모두 사양하였으며, 3년상을 치러 명성을 얻게 되었다. 숙부가 살해당하자 원섭을 추종하던 자들이 대신 복수를 하였고, 원섭에게 도움을 받았던 사람은 그를 비방하는 자를 죽이기까지 했다. 빈궁하고 어려움에 처한 자를 돕기는 했지만, 한마디 말에 원한을 품고 살인을 하는 이러한 행위는 분명 후한처럼 법과 질서로 유지되어야 하는 사회에서는 용납될 수 없는 존재였다. 결국 원섭 또한 그에게 원한을 품은 자에 의해 죽임을 당한다.

옛날 천자는 나라를 세우고, 제후는 가문을 세웠으며, 경대부에서 서인까지 각기 차등이 있었다. 이 때문에 백성은 윗사람을 섬기고 복종하였으며 아랫사람은 위를 넘보지 않았다. 공자께서 말씀하셨다. "천하에 도가 있으면 정치가 대부에게 있지 않게 된다(天下有道, 政不在大夫)." 백관과 관리들은 모두 국가의 법률에 따라 일을 처리하고 본분에 충실하며, 직무를 제대로 수행하지 못하거나 월권을 한 자는 처벌을 받는다. 이렇게 되면 위아래가 서로 화목하고 모든 일이 다스려지는 것이다.

주나라 왕실이 쇠락하자 예악과 군사 정벌의 권한이 제후에게서 나오게 되었다. 제齊 환공桓公과 진晉 문공文公 이후, 대부가 대대로 정권과 나라의 운명을 장악했다. 주나라가 쇠락하여 전국시대가 되자 각 제후국들은 합종과 연횡책을 채택하여 무력으로 서로를 정벌하며 강자의 자리를 다투었다. 이리하여 열국의 공자들, 위나라의 신릉군, 조나라의 평원군, 제나라의 맹상군, 초나라의 신릉군은 모두 왕공의 권세를 믿고 다투어 유협을 끌어모아 계명구도의 무리들을 빈객의 예로 대우해주었다. 조趙나라의 재상인 우경虞卿은 나라와 군주를 버리고 어려움에 처한 위제魏齊를 구하였다.[1] 신릉군 위무기魏無忌는 국왕의 병부를 훔쳐 왕명을 사칭하여 장수를 죽이고 병권을 장악하여 평원군과 조나라의 위급함을 구하였다.[2] 이들은

---

1)  위나라 재상 위제가 범저范睢를 죽이려고 한 적이 있는데, 후에 범저가 진秦나라 재상이 되자 위나라에 위제를 요구하였다. 위제는 조나라로 달아나 평원군의 집에 숨어 있었다. 진나라 왕이 조나라에게 위제를 요구하자 조나라 왕은 평원군의 집을 포위하였다. 위제는 도망가 우경을 만났다. 우경은 위제와의 의리를 위해 재상의 자리를 버리고 위제와 함께 달아나 위나라 신릉군에게 도움을 받으려 했다. 그러나 신릉군이 진나라의 눈치를 보며 망설이자 위제는 치욕과 절망감에 자살하였고, 우경은 정치에서 물러나 저술에 종사하였다.

2)  진나라 소양왕이 조나라 수도인 한단을 포위하자 조나라는 주변국인 초·위나라에 도움을 청하였다. 위나라 왕은 장군 진비晉鄙가 이끄는 원군을 파견하였다. 그러자

모두 제후들에게 인정받고 천하에 이름을 날리게 되었다. 주먹을 불끈 쥐고 격앙되어 유세를 펼치던 자들은 모두 이 4인의 공자를 우두머리로 여겼다. 그리하여 공정한 도리를 배신하고 당파를 만드는 의론이 형성되어 직분을 지키고 윗사람을 받드는 의리는 사라지게 되었다.

한나라는 개국 이후 법망을 느슨히 하였으므로 이러한 유협의 기풍을 바로잡지 못했다. 이 때문에 대代나라의 재상 진희陳豨는 수행하는 빈객이 천승의 수레가 될 정도였으며, 오왕吳王 유비劉濞와 회남왕淮南王 유안劉安은 모두 1000명이 넘는 빈객을 거느렸다. 외척 대신으로는 위기후 두영, 무안후 전분과 같은 자들이 장안에서 다투어 빈객을 구하였고, 평민 출신의 유협인 극맹劇孟, 곽해郭解와 같은 무리들은 민간에서 활약하였다. 이들의 권세가 지역을 휩쓸었고 그 위력은 공후公侯들도 탄복할 정도였다. 백성들은 그들의 명성과 행적을 추종하며 동경하고 앙모하였다. 이들은 형벌을 받고서도 죽음으로써 이름을 이룰 것이라 자만하며 스스로를 자로子路와 구목仇牧에 비유하면서 죽으면서도 후회하지 않았다.[3] 그러므로 증자曾子는 이렇게 말했다.

소양왕은 사신을 위나라에 보내 "어느 나라가 조나라를 구하러 온다면, 우리는 조나라를 멸망시킨 다음 그 나라로 진격할 것"이라며 협박하였고 위나라 왕은 조나라로 향하던 군대를 멈추게 했다. 신릉군은 왕에게 구원병을 속히 파견해야 한다고 했으나 왕은 듣지 않았다. 결국 신릉군은 병부兵符를 훔쳐 진비를 죽이고 병권을 빼앗아 군대를 이끌고 초·조나라의 군대와 연합하여 진나라를 물리쳤다.

3)  자로는 본래 무뢰한이었으나 공자 문하에 입문한 후 가르침을 우직하게 실천한 것으로 공자에게 인정받았다. 이후 위나라에 내란이 일어났을 때 전사하였다. 구목은 춘추시대 송나라의 대부였다. 남궁만南宮萬이 송 민공閔公을 시해하였는데 구목은 그 소식을 듣고 바로 나가다가 남궁만을 만나자 무기를 쥐고 꾸짖었다. 구목은 결국 남궁만에게 맞아 머리가 부서지고 이가 부러져 죽었다. 두 사람은 모두 '목숨을 버리고 의로움을 실천하였다(捨生取義)'고 칭송되는 의인들이다.

"윗사람이 도를 잃어 백성이 흩어진 지 오래되었다(上失其道, 民散久矣)."

영명한 군주가 위에서 백성들에게 분명한 호오好惡의 기준으로 보여주고 예법으로 정돈해주지 않는다면 백성들이 어찌 하지 말아야 할 것들을 알고서 올바른 길로 돌아올 수 있겠는가!

고대의 법도에 근거하면 춘추 시기 오패五覇는 하·상·주 삼대를 세운 우禹, 탕湯, 문왕과 무왕에게 죄인이며, 육국六國은 오패에게 죄인이다. 이렇게 보면 4인의 호걸은 육국의 죄인인 것이다. 하물며 곽해와 같은 무리들은 보잘것없는 필부가 생살의 권한을 훔친 것이니 그 죄는 이미 죽음을 면할 수 없다. 그러나 그들은 온순하고 선량하여 곤궁하고 위급한 자들을 도왔으며, 겸손하여 공을 자랑하지 않았으니 또한 모두 특별난 자질이 있었던 것이다. 안타깝게도 도덕에 부합하지 못하고 함부로 불량한 악습을 자행하였으니 자신은 죽고 멸문의 화를 당한 것도 불행이 아니라 자초한 것이다.

위기후, 무안후, 회남왕이 빈객을 양성한 이후, 천자는 이를 갈며 분노하였기에 위청, 곽거병은 태도를 바꾸어 빈객과 왕래하지 않았다.[4] 그러나 군국의 호걸들은 각지마다 있었고 수도의 황친들이 호걸들과 빈번하게 왕래한 것은 또한 고금의 상례이니 논할 것이 못된다. 오직 성제 시기 외척 왕씨王氏의 빈객이 많았는데, 누호樓護를 대표로 들 수 있다. 왕망 시기에는 여럿 중에서 진준陳遵을 으뜸

---

4) 『사기·위장군표기열전』의 '태사공왈'에 소건蘇建이 사마천에게 이야기 해준 내용이 수록되어 있다. 소건이 위청에게 현자를 초빙하고 양성할 것을 간언하였다. 그러자 위청은 거절하며 말했다. "위기후와 무안후가 빈객을 후대하니 천자께서 항상 이를 갈며 분노하셨소. 사대부들을 가까이 하고 현자를 초빙하며 불초한 자를 물리치는 것은 군주의 권한이오. 신하란 국법을 만들고 직책을 준수하면 그만이거늘 무엇하러 현자를 초빙하겠소." 곽거병도 이러한 뜻을 본받았다.

으로 들 수 있고 민간의 협객으로는 원섭原涉이 대표적이다.

원섭의 자는 거선巨先이다. 그의 조부는 무제 시기 호걸로 양적현陽翟縣에서 무릉茂陵으로 이주하였다. 원섭의 부친은 애제 시기 남양南陽 태수를 지냈다. 당시 천하는 풍족하여 큰 고을의 태수가 임기 중에 죽으면 사람들이 보내오는 부의금이 1000만 이상이었기에 남겨진 처자들이 함께 이것으로 생업을 꾸려나갈 수 있을 정도였다. 당시에는 또한 3년상을 행하는 사람이 드물었다. 그러나 원섭은 부친이 세상을 떠나자 남양군에서 보내온 부의 용품과 재물을 사양하여 돌려보냈고, 묘지 옆에 초막을 짓고 3년상을 치렀다. 이 때문에 수도에서 그의 명성이 자자해졌다.

3년상을 치르고 나자 우부풍의 관리가 찾아와 속관이 되어줄 것을 청하였고 그를 앙모하는 선비들이 사방에서 몰려들었다. 대사도大司徒 사단史丹은 원섭이 정무가 많은 지방을 다스리는 능력이 뛰어나다고 추천하였다. 그리하여 원섭은 곡구谷口 현령에 임명되었는데 당시 20여 세였다. 곡구현 사람들은 일찌감치 그의 명성을 들었기에 특별한 명령을 내리지 않고도 잘 다스릴 수 있었다.

이전에 원섭의 숙부가 무릉의 진씨秦氏에게 살해된 일이 있었다. 원섭은 곡구현에서 반년을 지낸 후 자신의 잘못을 스스로 탄핵하여 사임하고는 복수를 하고자 했다. 곡구현의 호걸들이 그를 위해 진씨를 죽였고, 원섭은 1여 년을 도망다니다가 사면령이 시행되자 세상에 나올 수 있었다. 군국의 호걸들과 장안, 오릉五陵의 의리를 중시하는 자들이 모두 원섭을 흠모하여 모여들었다. 원섭이 진심을 다하여 이들을 대하자 현명하든 불초하든 가리지 않고 모두 그에게 모여들었고 마을은 빈객으로 가득 찼다. 혹자가 원섭을 비난하며 말했다.

"그대는 본래 이천석 가문의 후손으로 젊은 시절부터 자신을 수양하여 3년상을 치르고 부의금을 되돌려주었으며 예를 지키고 겸양하는 것으로 명성을 이루었소. 복수를 위해 원수의 목숨을 취할 때도 인의仁義를 잃지 않았는데, 왜 스스로를 방종하게 하여 경박한 협객의 무리가 되려는 것이오?"

원섭은 이렇게 대답했다.

"그대는 민간의 과부를 보지 못했소? 처음 절개를 지킬 때는 과부로서 수절하였던 송나라의 백희伯姬와 한나라의 진효부陳孝婦를 앙모하는 뜻으로 자신을 단속합니다.[5] 하지만 불행하게도 일단 도적에게 더럽혀지고 나면 방탕하게 생활하니 예가 아님을 알지만 스스로를 돌이킬 수 없기 때문이오. 내가 그러한 경우라오."

원섭은 예전에 남양에서 부의를 사양했던 일로 자신이 명성을 얻기는 하였으나, 선친의 묘지를 간소하게 만든 것은 불효라고 생각했다. 그리하여 묘와 묘를 지키는 초막을 대대적으로 수리하고 사방 주변에 누각과 여러 겹의 문을 세웠다. 애초, 무제 시기 경조윤 조씨曹氏를 무릉에 장사 지내자 백성들은 그 길을 경조천京兆仟이라고 불렀다. 원섭은 이를 흠모하여 땅을 매입하여 길을 내고 남양천南陽仟이라는 표지판을 세웠는데, 사람들은 이를 따르지 않고 원씨천原氏仟이라 불렀다. 묘지와 길을 수리한 비용은 모두 부유하고

---

5) 송나라의 백희는 춘추시대 노魯나라 선공宣公의 딸로 송宋나라 공공恭公에게 시집 갔는데 남편을 잃고 과부가 되었다. 어느 날 저녁 화재가 발생하여 사람들이 백희에게 피해야 한다고 말하자 그녀는 밤에는 보모 없이 나가지 않는 것이 아녀자의 도리라며 달아나지 않았고 결국 불에 타 죽었다. 진효부는 전한시대의 유명한 효부이다. 수자리를 떠난 남편이 죽자 홀로 시부모를 지극 정성으로 봉양하였다. 부모가 개가를 권유하자 자살하였다.

지위 있는 사람들이 충당하였다. 원섭 자신은 필요한 의복과 거마를 겨우 갖추었을 뿐이었고 처자식의 생활도 매우 궁핍하였다. 원섭은 오로지 가난하고 궁핍한 자들을 구제하고 어려움에 처한 사람을 돕는 일에 힘썼다.

어떤 사람이 술자리를 마련하여 원섭을 초청하였다. 마을 문을 들어섰을 때 어느 빈객이 원섭에게 지인의 모친이 편찮으신데 그가 이 마을로 거처를 옮겨와 있다고 말해주었다. 원섭은 곧바로 병문안을 위해 찾아가 문을 두드렸다. 그때 집에서 곡성이 들려왔다. 원섭은 들어가 조문하고 장례에 관한 일을 물었다. 집안에는 아무것도 없었다. 원섭이 말했다.

"집안을 깨끗이 청소하고 시신을 깨끗하게 씻긴 후 나를 기다리시오."

그러고는 술자리를 마련한 집으로 돌아와 빈객들에게 탄식하며 말했다.

"지인의 모친이 돌아가셨는데 땅에 눕혀놓고 거두지도 못하고 있으니 내가 무슨 마음으로 이 술자리를 누릴 수 있겠소. 술자리를 거두어주시오."

빈객들은 다투어 무엇을 준비해야 하는지를 물었다. 원섭은 상을 치르는 자의 예의에 따라 옆으로 비스듬히 앉아 죽간을 깎아 목록을 작성하였다. 의복, 이불, 관을 만들 나무와 죽은 사람의 입에 채워넣을 물건까지 모두 기록하여 사람들에게 나누어주었다. 손님들은 물건을 구입하러 시장으로 달려가 해질 무렵이 되어서야 모두 돌아와 모였다. 원섭은 직접 살펴보고는 주인에게 말했다.

"이제 술자리를 받겠습니다."

모두 함께 음식을 먹었지만 원섭은 배불리 먹지 않았다. 그러고는 물건들을 싣고 빈객을 데리고 초상집으로 가서 관을 만들어 염을 하고 손님들을 위로하면서 장례를 마쳤다. 그는 이렇게 사람들의 어려움을 도왔다. 후에 어떤 사람이 원섭을 비방하여 "간사한 자의 우두머리"라 하였는데, 초상났던 집의 아들이 곧바로 이 말을 한 사람을 찔러 죽였다.

원섭의 빈객은 대부분 범법자였기에 그들의 죄가 조정에 자주 보고되었다. 왕망은 수차례 체포하여 처형하고자 했으나 또 늘상 사면령이 내려져 석방되었다. 원섭은 두려워 경부卿府의 속관이 되기를 청하였는데, 그렇게 해서 빈객을 피하려던 것이다. 원제의 황후인 문모태후文母太后의 상례 때에는 임시로 복토復土 교위가 되어 봉분을 만드는 일을 하였고, 장례를 마친 후 중랑장이 되었다가 다시 파면되었다.

원섭이 성묘를 하러 가려 했는데 빈객은 만나지 않고 몰래 옛 친구들만 만나기로 약속하였다. 혼자 수레를 몰고 저녁 무렵 무릉에 도착한 후, 마을의 한 집에 숨어 있으면서 사람을 만나지 않았다. 하루는 원섭이 노비를 보내 시장에 가서 고기를 사오도록 했는데, 노비는 원섭의 기세를 믿고 푸줏간 사람과 다투다가 도끼로 찍어 해친 후 달아났다. 당시 윤공尹公이 무릉의 임시 현령을 맡아 새로 부임했는데, 원섭은 아직 찾아가 인사를 하지 않은 상황이었다. 윤공은 이 사건을 듣자 대노하였다. 윤공은 원섭이 명성 있는 호협임을 알고 있었기에 사람들에게 위엄을 보이고 기강을 바로잡고자 관리 두 명을 보내 원섭을 감시하도록 했다. 정오가 되어도 노비가 나타나지 않자 관리는 원섭을 죽이고 가려 했다. 원섭은 긴박한 상황에서 어쩔 줄을 몰랐다. 마침 원섭과 함께 성묘하러 갈 것을 약속했던 벗들의 수레 수십 대가 도착하였다. 모두 현지 호족이었던 이들은 함께 윤공을 설득했다. 윤공이 듣지 않자 호걸들은 이렇게 말했다.

"정작 원섭의 노비가 법을 위반하였는데 체포하지 못했습니다. 원섭이 상의를 벗은 채 스스로 포박하고 화살로 귀를 뚫고서 관청 문 앞에서 사죄하게 한다면 그대가 위엄을 세우기에는 충분할 것입니다."

윤공이 승낙하였다. 원섭은 그 말대로 사죄하였고, 윤공은 그에게 옷을 입도록 한 후 돌려보냈다.

처음에 원섭은 신풍현新豐縣의 부자인 기태백祁太伯과 친구였다. 기태백과 한 배에서 나온 아우 왕유공王游公은 평소 원섭을 시기하였다. 당시 왕유공은 무릉현 관아의 속관이었는데, 윤공을 이렇게 설득했다.

"공께서 임시 현령이면서 원섭을 이처럼 욕보였습니다. 일단 정식 현령이 부임하면 공께서는 다시 수행원 없이 혼자 수레를 타는 속관의 신분으로 돌아갈 것입니다. 그러나 원섭에게는 구름처럼 많은 자객이 있습니다. 사람을 죽여도 누가 한 짓인지 알 수조차 없으니 실로 두려운 일입니다. 원섭은 조상의 묘소를 대대적으로 수리하면서 분수에 넘치게 사치하였습니다. 이러한 죄상은 분명하며 황제께서도 알고 계신 것입니다. 지금 공을 위한 계책은 원섭 조상의 묘소를 파괴하고 과거의 죄상을 조목조목 상주하는 것입니다. 그리하면 공께서는 분명 정식 현령이 될 수 있습니다. 이리되면 원섭도 감히 원망하지 못할 것입니다."

윤공은 그 계획대로 하였고 왕망은 과연 그를 정식 현령으로 임명했다. 원섭은 이 때문에 왕유공에게 원한을 품게 되었다. 그리하여 빈객을 선발하고 큰아들 원초原初를 시켜 수레 20대를 끌고 가서 왕유공의 집을 쑥대밭으로 만들게 했다. 왕유공의 모친은 바로 기태백의 모친이었기에 빈객들은 모친을 보자 모두 절하면서 "기부인이 놀라지 않도록 하라"는 말을 전하였다. 결국 왕유공과 그 부친을 죽이고 두 사람의 머리를 베고는 돌아갔다.

원섭의 성격은 곽해郭解와 비슷했다.[6] 겉으로는 온유하고 어질며 겸양하였지만, 속으로는 살인을 좋아하였다. 노려보는 것만으로도 원한을 품었기 때문에 원섭을 거슬렀다가 죽은 사람들이 아주 많았다. 왕망 말년, 동쪽 지역에서 반란군이 일어났다. 왕망의 자제들은 원섭을 추천하며 그를 위해 죽음을 불사하는 호협들이 많으니 등용할 만하다고 했다. 왕망은 원섭을 불러 그의 죄상을 질책하였다. 그런 후 사면하여 죄를 용서해주고 진융대윤鎭戎大尹으로 임명하였다.[7]

원섭이 임용되고 얼마 지나지 않아 수도 장안이 무너졌다. 군현에서 봉기한 자들은 군수와 장관을 살해하고 한나라 군사에 호응하였다. 봉기한 자들은 평소 원섭의 명성을 들었기에 다투어 그가 있는 곳을 묻고 배알하였다. 당시 왕망이 임용한 지방관들 중 원섭에게 의탁한 자들은 모두 목숨을 건질 수 있었다. 그들은 역참의 수레에 원섭을 태워 장안으로 보냈다. 경시제更始帝의 서병장군인 신도

---

6) 곽해는 무제 시기 사람들로부터 존중을 받고 많은 추종자를 거느렸던 협객이다. 한 유생이 곽해를 "못된 일만 저지르며 법을 범하는 자"라고 평하였는데 이를 전해들은 곽해는 사람을 시켜서 그 유생을 죽이고 혀까지 잘라버렸다. 이 일로 곽해는 체포되었으나 그가 유생을 죽이도록 사주했다는 결정적 증거가 없었다. 그러자 당시 재상이었던 공손홍이 말했다. "곽해는 포의布衣인데도 협객이 되어 권력을 행사하고 사소한 원한으로 사람을 죽였습니다. 곽해가 비록 모르는 일이라고 하지만 이 죄는 그가 직접 살인한 것보다 더 큽니다. 마땅히 대역무도죄로 다스려야 합니다." 무제는 결국 곽해와 그 일가족을 모두 처형하였다. 무제가 곽해를 처형한 사건은 유협이 법과 제도 밖에서 사적인 권력과 무력을 행하여 사회질서를 혼란시키는 것을 더 이상 용납하지 않을 것임을 보인 사건이다.

7) 왕망은 천수天水를 진융鎭戎으로, 군郡의 태수太守를 대윤大尹으로 바꾸었다. 즉 천수 태수로 임명한 것이다.

건申徒建은 원섭에게 접견을 요청하여 만나보고는 그를 매우 신임하게 되었다. 예전에 원섭 집안의 묘소를 훼손했던 무릉의 현령 윤공尹公이 신도건의 주부主簿를 지내고 있었다. 원섭은 본래 그를 원망하지 않았다. 원섭이 신도건의 관부에서 나올 때 윤공이 고의로 막아서며 절하고는 말했다.

"세상이 바뀌었으니 더 이상 원망하지 않는 것이 마땅합니다."

원섭은 말했다.

"윤공, 어찌 나를 모욕하십니까!"

원섭은 분노하였고 빈객을 보내 윤공을 찔러 죽였다.

원섭은 도망치려 했다. 신도건은 원섭이 윤공을 죽인 것은 자신에 대한 모욕이라고 여겨 복수하려는 마음이었으나 겉으로는 이렇게 말했다.

"나는 원섭과 함께 삼보三輔 지역을 다스리려 한다. 어찌 관리 하나가 죽었다고 해서 그 마음을 바꾸겠는가!"

빈객이 이 말을 원섭에게 전하면서 직접 자수하여 신도건에게 사죄하도록 하였고, 신도건은 허락하였다. 빈객들은 수십 대의 수레로 원섭이 감옥으로 가는 것을 전송하였다. 신도건은 군사를 보내 길목을 가로막고 수레에서 원섭을 체포하였다. 원섭을 전송하던 수레는 사방으로 흩어져 달아났고, 결국 원섭을 참하여 장안 저잣거리에 시체의 머리를 걸어두었다.

# 영행전 · 동현전

佞幸傳 · 董賢傳

동현은 「영행전」에 수록되어 있다. '영佞'은 교묘한 말로 아첨하는 것이고, '행幸'은 황제의 총애를 받는다는 뜻으로, 아첨과 아름다운 용모로 황제의 총애를 받았던 사람을 기록한 것이다. 반고는 무제 이전의 인물은 『사기』를 그대로 수용하였고, 무제 이후의 인물을 보충하였다.

동현(기원전 22~기원전 1)은 애제가 태자였던 시절, 태자사인太子舍人을 지냈고, 애제가 즉위하자 낭관이 되었다가 황문랑으로 파격 승진하면서 총애를 받기 시작했다. "황제는 상등급의 물품을 골라 모두 동현의 집에 내려주었으며 황제가 타고 입는 것은 그다음의 것"일 정도로 동현을 총애하였다. 자신의 소매를 깔고 자던 동현을 깨우지 않으려 애제가 소매를 잘라냈다는 '단수斷袖'의 일화는 그 총애가 어느 정도에 달했는지를 극명하게 보여준다. 이러한 비상식적인 총애는 애제 개인의 도덕과 능력상의 문제였을 뿐만 아니라,

이미 조정과 관료가 제 역할을 하지 못하면서 몰락으로 치달아가고 있었던 한漢 황실의 상황도 일조한 것이다.

문제 시기 등통鄧通, 무제 시기 이연년李延年 등 전한 중기 이전의 영행은 황제의 총애를 받기는 했지만 정치를 농단할 수 없었다. 그러나 원제·성제 이후에는 상황이 달라져 석현石顯 등이 정권을 농단하게 되었고, 애제 때의 동현은 정무 일체를 좌우하게 되었다. 심지어 애제는 요순의 선양 의식을 본받아 한나라를 동현에게 물려주려는 생각까지 했다.

그러나 애제의 재위 기간(기원전 7~기원전 1)은 너무나 짧았고, 애제 곁에서만 가능했던 동현의 권세와 부귀영화는 애제가 죽으면서 끝을 고한다. 동현은 곧바로 해임되었고 그날로 자살하였다. 뒤를 이어 즉위한 평제는 겨우 9세였으므로 원후가 섭정을 하게 되었다. 조력자가 필요했던 원후는 조카인 왕망을 불러들였고, 이때부터 왕망은 조정에서 정권을 장악하였다. 동현에 대한 애제의 총애와 이로 인한 황실의 몰락은 왕망이 등장하는 결정적 계기가 된 셈이다.

동현의 자는 성경聖卿으로 운양현雲陽縣 사람이다. 부친은 동공董恭으로 어사대부의 속관을 지낼 때 동현을 태자사인으로 추천하였다. 애제가 즉위하자 동현은 태자를 따라 낭관이 되었다. 2년 후, 동현이 전殿 아래에서 시각을 알리는 일을 하고 있었는데 준수한 외모에 미소를 띠고 있었다. 애제는 멀리서 바라보고 용모가 맘에 들자 그를 알아보며 물었다.

"그대는 태자사인을 지냈던 동현인가?"

그러고는 전 위로 올라오게 하여 이야기를 나눈 후 황문랑에 임명하였다. 이때부터 총애가 시작되었다. 애제는 그의 부친이 운중후雲中侯라는 것을 듣고는 그날로 즉시 불러 패릉霸陵 현령에 임명하였고 또 광록대부로 승진시켰다. 동현에 대한 총애는 날로 더해 갔고 부마도위 시중이 되어 밖에 나갈 때는 황제와 함께 수레에 오르고 들어와서는 좌우에서 모셨다. 한 달 동안 수만금에 해당하는 상을 받았으니 그 존귀함이 조정을 뒤흔들 정도였다.

동현은 항상 애제와 함께 자고 일어났다. 하루는 낮잠을 자면서 동현이 애제의 소매를 깔고 자고 있었다. 애제가 일어나려는데 동현이 자고 있자 깨우지 않으려 소매를 잘라내고서 일어났다. 황제의 은총이 이 정도였다. 동현 또한 성격이 온순하고 말솜씨가 뛰어났으며, 아첨으로 영합하여 자신의 자리를 굳혔다. 애제가 휴가를 줄 때마다 동현은 궁을 나가서 쉬지 않고 황제의 곁에 남아 약 수발을 들었다. 애제는 동현이 집에 돌아가기 어려운 사정을 생각하여 동현의 아내가 인솔자를 따라 궁전을 출입할 수 있도록 명을 내렸다. 또한 동현의 숙소에서 머물 수 있도록 하여 관리의 아내가 관아의 숙소에서 머무는 것처럼 해주었다. 그리고 동현의 여동생을 황후의 다음 지위인 소의昭儀로 책봉하였고, 그녀의 거처를 초풍椒風

으로 개명하여 황후의 거처인 초방椒房과 짝이 되게 하였다. 소의와 동현, 그의 아내는 아침저녁으로 궁전을 드나들며 애제의 측근에서 시중을 들었다. 소의와 동현의 아내에게 내린 상도 각각 수천만이 었다. 동현의 부친을 소부少府로 임명하고 관내후의 작위와 식읍을 하사하였으며, 얼마 후 다시 위위衛尉로 임명하였다. 동현의 장인은 장작대장將作大匠에, 처남은 집금오執金吾에 임명하였다.

장작대장에게 조서를 내려 동현을 위해 북궐의 옆에 큰 저택을 짓게 하였는데, 앞과 뒤로 두 개의 전殿을 짓고 겹겹의 문이 서로 통하게 하였다. 최고의 건축 기술이 동원되었으며, 기둥과 난간은 모두 두터운 비단으로 감쌌다. 아래로는 동현 집안의 노비들까지 모두 황제로부터 상을 하사받았으며, 그중에는 황제 무기고의 병기와 상방尙方에서 제작한 진귀한 보물도 있었다. 황제는 상등급의 물품을 골라 모두 동현의 집에 내려주었으며 황제가 타고 입는 것은 그다음의 것이었다. 심지어 황제의 장례용품을 제작하는 동원東園에서 만든 관, 옥을 금실로 엮어 만든 수의까지 미리 동현에게 하사하였기 때문에 동현은 없는 것이 없었다. 또 장작대장에게 의릉義陵 옆에 동현을 위한 무덤을 만들게 하였다. 무덤 내부에는 생전의 거처처럼 만들어 관을 놓아두는 편방便房, 측백나무를 쌓아 묘실을 만드는 황장제주黃腸題湊를 짓게 하였는데, 이는 모두 제왕과 제후에게만 허락되는 것이었다. 밖에는 순찰로를 만들고, 주변에는 몇 리에 걸쳐 담장을 지었으며, 문에는 망루와 누각을 성대하게 지어놓았다.

애제는 동현을 제후로 책봉하고 싶었으나 구실이 없었다. 마침 대조待詔 손총孫寵, 식부궁息夫躬 등이 동평왕東平王 유운劉雲의 왕후인 알謁이 제사를 지내 주술을 행하였다고 고발하였다. 애제가 담당 관리에게 이 일을 심리하게 하자 모두 죄를 인정했다. 그러자 애제는 식부궁과 손총으로 하여금 동현 덕분에 동평왕의 일을 고발한 것으로 말하게 하였다. 그리고 이 공로를 인정하여 조서를 내려 동현을 고안후高安侯로, 식부궁은 의릉후宜陵侯로, 손총은 방양후方陽侯에 봉하였고 각각 식읍 1000호를 하사하였다. 얼마 후 다시 동현에게 2000호의 식읍을 더 하사하였다. 승상인 왕가王嘉는 동평왕의 사건에 억울함이 있다고 여겨 식부궁 등을 몹시 증오하였으며 동현은 나라의 제도를 어지럽히는 자라고 수차례 간쟁하였다. 결국 왕가는 이 사건을 변호한 일 때문에 하옥되어 죽었다.

애제가 처음 즉위했을 때, 조모인 부傅태후와 모친인 정丁태후가 모두 살아 있었으므로, 두 집안이 먼저 부귀해졌다. 부태후의 사촌 동생인 부희傅喜는 처음에 대사마에 임명되어 정치를 보좌하였으나 수차례 간언으로 태후의 뜻을 거슬러 파직되었다. 애제의 외숙인 정명丁明이 대신하여 대사마가 되었다. 정명은 직분에 충실한 자였기 때문에 동현에 대한 총애가 나라에 해가 된다고 여겼다. 그러다가 승상인 왕가가 죽자 정명은 몹시 애석하게 생각했다. 원제는 점점 더 동현을 중용하였고 그에게 최고의 지위를 주려 하였기에 정명이 방해하는 것이 싫어서 결국 그를 해임하는 조서를 내렸다.

"일전에 동평왕 유운이 제위를 탐하여 제사를 지내고 주술을 행하였다. 동평왕 왕후의 외숙인 오굉伍宏은 의술로 대조待詔가 되었는데, 교비서랑校祕書郞 양굉楊閎과 결탁하여 반역을 도모하였으니 매우 위급한 상황이었다. 그러나 종묘와 신령의 도움과 동현 등의 보고 덕분에 그 죄를 모두 처벌할 수 있었다. 정장군의 사촌인 시중 봉거도위 정오丁吳, 숙부인 좌조左曹 둔기교위 정선丁宣은 모두 오굉과 허단栩丹이 동평왕과 왕후의 친척임을 알고 있었다. 그러나 정선은 허단을 어속御屬으로 임명하였으며 정오는 오굉과 긴밀히 왕래하면서 수차례 오굉을 칭찬하고 추천하였다. 오굉은 정오에게 빌붙어 그의 못된 마음을 실행할 수 있었고 의술로 발탁되어 하마터면 사직을 위태롭게 할 뻔했다. 짐은 그가 모친인 정태후의 가까운 친척이기 때문에 차마 벌할 수 없다. 그러나 장군은 지위가 존귀하고 임무가 막중한데도 위엄과 정의를 바로 세워 화근의 싹을 제거하지 못하였다. 또한 유운과 오굉의 죄를 질책하기는커녕 속으로 임금을 비난하였으며, 정선과 정오를 두둔하고 유운의 일을 애석해하면서 그들이 수하에게 억울하게 당한 것이라고 하였다. 또한 직접 짐에게 오굉이 의술에 뛰어나니 사형에 처하기에는 아까우며 동현 등이 책봉을 받은 것은 지나치다고 말하였다. 충신을 질투하고 공로가 있는 자를 비난하고 훼방하니 어찌 가슴 아프지 않은가. '임금과 어버이에게는 장차 어떻게 하겠다는 마음도 품어서는 안 된다. 그러한 마음을 갖기만 해도 반드시 주살된다(君親無將, 將而誅之)'고 하였다. 이 때문에 계우季友는 경보慶父를 옹립하려 했던 자신의 형 숙아叔牙를 짐독으로 죽였으나 『춘추』는 그를 현인이라 하였다.[1] 조돈趙盾은 군주를 시해한 역적을 처단하지 않았기 때문에 사관은 조돈이 군주를 시해했다고 기록했다.[2] 짐은 장군이 중형을 받

---

1) 노나라 환공桓公의 큰아들은 장공莊公, 그 동생들로 경보, 숙아, 계우가 있었다. 장공이 병이 들자 후계자인 세자 반斑이 있음에도 숙아는 경보를 세우고자 했다. 그러자 계우가 짐독으로 숙아를 죽였다. 장공에게는 노나라 맹씨 소생의 반, 제나라 숙강 소생의 계啓가 있었다. 경보는 사람을 시켜 반을 죽이고 계를 즉위시켰는데 장공의 뒤를 이은 민공이다. 경보는 다시 민공을 죽였다. 결국 계우가 경보의 난을 수습하고 장공의 서자 신申을 옹립하였다. 민공의 뒤를 이은 희공이다.

2) 진晉나라 영공靈公은 무도한 임금이었다. 조돈이 계속 간언을 하자 영공은 조돈을 죽이려 했다. 조돈은 진나라를 떠나려 했는데 그때 마침 조천趙穿이 영공을 시해하였다. 조돈은 아직 국경을 벗어나지 않은 상태였으므로 돌아왔다. 당시 일을 사관 동호董狐는 "조돈이 그 임금을 시해하였다(趙盾弑其君)"고 기록하였다. 실제 영공을 시해한 것은 조돈이 아닌 조천이었다. 그러나 사관은 이렇게 말했다. "그대는 국경을 벗어나지 않은 상태였고 돌아와서도 역적을 토벌하지 않았으니 그대가 시해

게 될까 염려하여 조서를 내려 깨우쳐주었다. 그러나 장군은 끝내 고집을 부리면서 잘못을 고치지 않고 승상인 왕가와 결탁하였고, 믿을 곳이 생긴 왕가는 군주를 기만하게 되었다. 담당 관리는 법대로 장군을 옥에 가두어 처결할 것을 청하였으나 짐은 가까운 친척이라 차마 그리할 수 없다. 표기장군의 인장과 인끈을 반납하고 사직하여 집으로 돌아가도록 하라.”

결국 정명을 대신하여 동현을 대사마 위장군衛將軍에 임명하는 조서를 내렸다.

“짐은 하늘의 뜻을 이어받고 고대의 제도를 고찰하여 그대를 공경으로 세우고 한나라의 보정대신으로 임명한다. 앞으로 충심을 다하여 군대를 통솔하고 적을 제압하여 먼 곳까지 안정시키며 모든 정사를 바로잡고 공정함을 지키도록 하라(允執其中). 천하 백성들이 짐의 다스림을 받는 것은 장군의 명령과 군대의 위엄에 힘입는 것이니 어찌 신중하지 않을 수 있겠는가!”

당시 동현의 나이는 불과 22세였다. 삼공의 지위에 있으면서 항상 황제의 좌우에서 함께 정사를 논의하고 상서를 다스렸으며, 모든 백관은 동현을 거쳐 상주하였다. 부친인 동공董恭이 경卿의 지위에 적합하지 않자 광록대부로 옮겼고 중이천석의 녹봉을 주었다. 아우인 동관신董寬信은 동현을 대신하여 부마도위가 되었다. 동씨의 친족들은 모두 시중과 각 부서의 관원으로 임명되어 계절마다 정기적으로 조회에 참석하게 되었다. 동씨 집안에 대한 총애는 정씨와 부씨보다 더했다.

이듬해 흉노의 선우가 내조하였고 한나라 조정은 연회를 베풀어

한 것이 아니라면 누구란 말인가?”

접견하였는데 군신들이 모두 모여 있었다. 동현이 젊은 것을 이상하게 여긴 선우가 통역관에게 묻자, 애제는 통역관에게 이렇게 답하게 했다.

"대사마의 나이가 어린 것은 능력으로 발탁하여 임명하였기 때문이오."

선우는 일어나 절하면서 한나라 조정이 뛰어난 신하를 얻은 것을 경하하였다.

당초, 승상인 공광孔光은 어사대부였고, 그때 동현의 부친인 동공은 어사로서 공광을 섬기고 있었다. 대사마에 임명된 동현이 공광과 함께 삼공三公이 되자, 애제는 동현에게 공광을 사적으로 방문하게 했다. 공광은 점잖고 신중한 사람이었기에 황제가 동현을 총애하여 존귀하게 하고자 하는 것을 알고 있었다. 동현이 올 것이라는 소식을 듣자 공광은 경비를 배치하고 의관을 정돈한 후 문에 나가 기다렸다. 동현의 수레가 멀리서 다가오는 것이 보이자 안으로 들어갔다. 동현이 중문中門에 도착하자 공광은 다시 측문으로 들어왔으며 동현이 수레에서 내리자 그제야 나와 배알하였다. 매우 조심스런 태도로 맞이하고 전송하였으며 감히 일반 손님을 대하는 예로 대하지 않았다. 동현이 돌아오자 애제는 이를 듣고 기뻐하여 즉시 공광의 두 형의 아들을 간대부상시諫大夫常侍로 임명하였다. 이때부터 동현의 권력은 군주와 동등해졌다.

당시 성제의 외가인 왕씨는 쇠락한 상황이었다. 평아후平阿侯 왕담王譚의 아들인 왕거질王去疾만이 애제가 태자였을 때 속관을 지내면서 총애를 받았으므로 애제가 즉위한 후 시중기도위侍中騎都尉에 임명되었다. 애제는 재직중인 관리 중에 왕씨가 없다고 여겨 결국 예전의 은총 때문에 왕거질을 가까이 두었고, 또 그 아우인 왕굉

王閎을 발탁하여 중상시中常侍에 임명했다. 왕굉의 장인인 소함蕭咸
은 전장군 소망지의 아들로 오랫동안 군수를 역임하였으나 지병으
로 사임했다가 다시 중랑장이 되었다. 두 형제가 모두 관직에 임명
되자 동현의 부친인 동공董恭은 그들을 부러워하여 혼인을 맺고자
하였다. 왕굉은 동현의 아우인 부마도위 동관신을 위해 소함의 딸
에게 혼사를 청하였다. 소함은 황공해하며 감히 수락하지 못했다.
그리고 사적으로 왕굉에게 이렇게 말했다.

"동공董公(동현)이 대사마에 임명될 때 책문에 '공정함을 지키라
(允執其中)'라는 대목이 있었습니다. 이는 요임금이 순임금에게 선양
할 때의 문장입니다. 삼공三公에 관련된 고사가 아니었기에 장로들
은 이를 보고서 모두 두려워하였습니다. 평민 집안의 여식이 어찌
감당할 수 있겠습니까!"

왕굉은 지략이 있었으므로 소함의 말을 듣자 깨닫는 바가 있었
다. 그리하여 동공董恭에게 보고하면서 소함이 겸손하게 자신을 낮
춘 뜻을 잘 전달하였다. 동공董恭은 탄식하며 말했다.

"우리 집안이 천하에 무슨 잘못을 했다고 사람들이 이같이 두려
워하는가!"

그리고는 내심 언짢아하였다. 이후 애제가 미앙궁의 기린전麒麟
殿에서 연회를 베풀었는데 동현 부자와 친족들도 연회에 참석하였
고 왕굉의 형제도 시중중상시로서 모두 옆에 있었다. 애제는 취기
가 오르자 조용히 동현을 보고 웃으며 말했다.

"내가 요임금이 순임금에게 선양했던 일을 본받고자 하는데 어
떠한가?"

왕굉이 나아가 말했다.

"천하는 고조 황제가 이루신 것이지 폐하의 소유가 아닙니다. 폐

하께서 이어받으신 종묘사직은 마땅히 유씨의 자손에게 무궁히 전해져야 합니다. 제왕의 위업은 중차대한 일이니 희언을 해서는 안 됩니다."

애제는 불쾌함에 아무 말도 하지 않았고 좌우는 모두 두려워하였다. 결국 왕굉을 내쫓고 이후 다시는 연회에서 시중을 들지 못하게 하였다.

동현의 새 저택이 완공되었다. 매우 견고하게 지은 것임에도 대문이 이유없이 저절로 무너지자 동현은 내심 불쾌하였다. 몇 달 후 애제가 붕어하였다. 태황태후는 대사마 동현을 불러 접견하고는 장례의 진행에 관한 일을 물었다. 동현은 걱정과 불안함에 제대로 대답을 하지 못해 관을 벗고는 사죄하였다. 태후가 말했다.

"신도후新都侯 왕망이 전임 대사마로서 선황제의 장례를 맡아 관련 업무를 잘 알고 있으니 왕망에게 그대를 돕도록 하겠네."

동현은 다행으로 여기며 머리를 조아려 절하였다. 태후는 사신을 보내 왕망을 불러들였다. 왕망은 도착하자 태후의 명을 받아 상서尙書에게 애제가 병이 들었을 때 동현이 탕약의 기미를 보지 않았음을 구실로 탄핵하게 하고, 동현이 황궁의 문을 출입하는 것을 금지하였다. 동현은 어찌할 바를 알지 못하여 궁으로 달려와 관을 벗고 맨발로 사죄하였다. 왕망은 알자謁者에게 태후의 조서를 가지고 가서 동현에게 내리도록 했다.

"근자에 음양이 조화롭지 못하고 재해가 동시에 발생하여 백성들이 그 피해를 입고 있다. 삼공은 솥의 세 다리처럼 굳건히 정치를 보좌하는 자리이다. 그러나 고안후 동현은 사리를 알지 못하고 대사마로서 민심에 부합하지도 못하며 외적의 침략을 막고 원방을 안정시킬 수 없다. 대사마의 인장과 인끈을 몰수하고 파면하니 집으로 돌아가도록 하라."

그날로 동현과 아내는 모두 자살하였고, 가족들은 두려워 그의 시신을 밤에 매장하였다. 왕망은 그가 거짓으로 죽은 것이라 의심하였다. 담당 관리는 동현의 관을 파헤칠 것을 주청하였고 감옥으로 가지고 와서 관을 열어 확인하였다. 왕망은 또 대사도大司徒 공광孔光에게 이렇게 상주하도록 했다.

"동현은 성격이 간교하고 아첨을 잘하여 간사함으로 제후에 봉해졌습니다. 부자가 조정에서 전횡하였고 형제들도 모두 총애와 많은 상을 하사받았습니다. 저택의 수리와 무덤의 축조에 아무런 절제가 없어 제왕의 제도와 다름이 없었습니다. 그 비용은 억을 헤아릴 정도였고 나라의 재정은 고갈되었습니다. 동씨 부자는 오만하여 천자의 사자를 예로써 접대하지 않았고 상을 받아도 절하지 않았으니 그 죄악은 분명한 것입니다. 동현은 자살하여 죄를 인정하였으나 동현이 죽은 후 그 부친 동공은 잘못을 뉘우치지 않고 관에 붉은 주사朱沙를 칠하고 왼쪽에는 푸른 용을, 오른 쪽에는 흰 호랑이를, 위에는 금색의 태양과 은색의 달을 그렸으며, 옥으로 만은 옷과 진주, 벽옥을 관에 넣었으니 지존이라도 더할 것이 없을 정도였습니다. 동공 등은 요행히 주살되는 것을 면하였으나 중원에 거주하게 두어서는 안 됩니다. 신은 그의 재산을 관부에서 몰수하고 동현으로 인해 관직에 임명되었던 자들도 모두 파면할 것을 청합니다."

부친인 동공과 아우 동관신, 가솔들은 모두 합포合浦로 강제 이주시켰고, 모친은 본적인 거록군鉅鹿郡으로 돌아가게 했다. 장안의 백성들은 떠들썩하게 그의 집으로 몰려가 우는 척을 하면서 기회를 틈타 재물을 훔쳐갔다. 관부에서 동씨의 재산을 판 것이 43억에 이르렀다. 동현의 무덤은 이미 파헤쳐졌고 그의 시신은 아무것도 걸치지 못한 채 감옥에 매장되었다.

동현이 후대하였던 관리인 패군 사람 주후朱詡는 직접 자신의 죄를 고발한 후 대사마부를 떠났다. 그러고는 관과 옷을 사서 동현의 시신을 수습하여 장례를 지냈다. 왕망이 그것을 듣고는 대노하여 다른 죄명을 구실로 주후를 때려 죽였다. 주후의 아들인 주부朱浮는 후한 광무제光武帝 건무建武 연간(25~34)에 출세하여 대사마와 사공을 지냈고 후侯에 봉해졌다. 왕굉王閎은 왕망 시기 태수를 역임하며 치적이 있었으나 왕망이 실패한 후 파면되었다. 광무제는 이러한 조서를 내렸다.

"무왕이 은나라를 멸망시킨 후 은나라의 현인이었던 상용商容의 마을을 찾아가 경의를 표했다고 한다. 왕굉은 덕이 있고 행실이 신중하여 전쟁이 일어났을 때도 관리와 백성들이 그를 죽이려고 하지 않았다. 왕굉의 자식을 관리에 임명하도록 하라."

그 아들은 600석의 봉록을 받는 관리로 재직하다가 죽었는데, 바로 소함의 외손이다.

# 원후전

元后傳

「원후전」은 원제의 황후인 왕정군王政君(기원전 70~기원후 13)의 열전이다. 원후는 원제와 성제, 애제, 평제의 시기를 거치며 61년간 재위하였고, 이로 인해 외척인 왕씨가 장기 집권하게 되었다. 왕씨 일가에서는 5명의 대사마와 10명의 열후, 그 외에 많은 관료를 배출하였고 마지막으로 왕망이 등장하여 제위를 찬탈하면서 전한 시대는 종말을 고한다. 「원후전」은 집권 세력인 왕씨의 흥망과 왕망이 정권을 찬탈하는 일련의 과정을 보여준다는 점에서 중요하다.

원후는 황실의 최고 어른이었음에도 왕씨 일족이 사치와 참월을 일삼고 위법을 자행하는 것을 용인하였다. 성제의 허황후와 허가許嘉, 원제의 풍소의馮昭儀와 풍야왕馮野王, 강직한 신하였던 왕장王章 등 조정 내에서 자신과 맞서는 자들을 내쫓거나 주살하여 외척인 왕씨가 정권을 독단하는 결과를 자초하였다. 조카 왕망이 제위를 찬탈할 수 있었던 것은 원후의 존재 때문에 가능했다고 할 수 있다. 청대 학자 왕부지王夫之는 『독통감론讀通鑑論』에서 원후에게 전한 멸망의 책임을 돌렸다.

"전한이 망한 것은 원후의 죄가 하늘에 통한 것이다. …… 원후가 궁 안에서 내주內主가 되지 않았다면 어찌 왕씨가 이처럼 만연할 수 있었겠는가!"

전한의 모든 황후는 「외척전」에 수록되어 있는데 「원후전」은 「외척전」 뒤에 독립되어 있다. 반고 또한 전한이 멸망하는 데 원후가 일정 정도 책임이 있었다는 의도를 담아 「원후전」을 별도로 구성하고, 「왕망전」의 바로 앞에 배치한 것으로 보인다.

효원황후는 왕망王莽의 고모이다. 왕망은 자신이 황제黃帝의 후손이라며 그 가문의 내력을 말한 「자본自本」에서 이렇게 말했다.

황제黃帝는 요씨姚氏로 그 팔세손이 순임금이다. 순은 규수嬀水가 굽이진 지역에서 흥기했기에 '규'를 성姓으로 하였다. 주나라 무왕은 순의 후손인 규만嬀滿을 진陳에 봉하였으니 그가 호공胡公이다. 13대 후에 공자 완完이 태어났다. 완의 자는 경중敬仲으로 제나라로 달아났는데, 제 환공은 그를 경卿에 임명하고 전씨田氏를 하사하였다. 11대 후에 전화田和가 제나라를 장악했고, 3대 후에 왕을 칭하게 되었다.[1] 제나라는 전건田建 때 진나라에게 멸망당했다. 항우가 봉기한 후 전건의 손자인 전안田安을 제북왕濟北王에 봉하였다. 한나라가 건국되자 전안은 봉국을 잃게 되었다. 제나라 사람들이 그를 '왕가王家'라 불렀으므로 '왕'을 성씨로 삼았다.

문제·경제 시기, 왕안王安의 손자인 왕수王遂는 자가 백기伯紀로 동평릉東平陵에 거주하면서 왕하王賀를 낳았다. 왕하의 자는 옹유翁孺로 무제 시기 수를 놓은 비단옷을 입고 지방의 민란을 진압하는 수의어사繡衣御史로 임명되었다.[2] 그는 위군魏郡의 도적 견로堅盧 일당과 두려워 떨며 나서지 못했던 관리들을 체포하였으나 모두

---

1)  진陳 여공厲公의 아들 진완陳完이 제나라로 도망쳐오자 환공은 그에게 전씨 성을 하사하였다. 제나라는 본래 강씨姜氏 성이었으나 망명한 전씨가 수대에 걸쳐 점차 조정을 장악하였고, 결국 전화田和에 이르러 강공康公이 주색에 빠져 정치를 돌보지 않자 그를 몰아내고 제나라 군주가 되었다. 이 이후를 춘추 시기의 제나라와 구분하여 '전제田齊'라 한다. 전화의 아들이 환공桓公, 환공의 아들이 제나라의 전성기를 이끌었다고 평가되는 위왕威王이다. 3대 후에 왕을 칭하게 되었다는 것은 위왕부터 후작이나 공작이 아닌 '왕'을 칭호로 사용하였음을 말한다.

2)  무제 시기, 민간에서 반란이 많이 일어났는데 지방 관원만으로 부족하자 무제는 비단옷을 입은 관원을 조정에서 직접 파견하여 반란을 진압하게 했다. 황제로부터 직접 지시를 받았다는 의미에서 '직지사자直指使者', 수를 놓은 비단옷을 입었다는 의미에서 '수의직지'·'수의직지사자'라고도 한다.

석방하고 엄벌에 처하지 않았다. 그러나 다른 어사인 포승지暴勝之 등은 상주를 올린 후 태수를 처벌하였고 천석 이하의 관리 및 도적과 왕래가 있었거나 음식을 제공한 자들을 연좌시켜 바로 처결하였다. 그리하여 많게는 1만여 명을 참수하기에 이르렀다. 관련 기록은 「혹리전」에 수록되어 있다. 왕옹유는 맡은 직분을 충실히 이행하지 못한 죄로 해임되었다. 그는 이렇게 탄식했다.

"1000명을 살리면 자손이 책봉을 받는다고 들었다. 나는 1만여 명을 살렸으니 나의 후세가 번창하지 않겠는가!"

왕옹유는 해임된 후 동평릉 사람인 종씨終氏와 원수 사이가 되었다. 이 때문에 위군魏郡의 원성현元城縣 위속리委粟里로 이주하여 그곳의 삼로三老가 되었고, 사람들은 그의 덕을 칭송하였다. 원성현의 건공建公이 말했다.

"옛날 춘추 시기 사록산沙麓山이 무너지자 진晉나라의 사관이 점을 치고 말했습니다.

'음이 성하니 양이 쇠약해지고 토土와 화火가 다투니 사록이 무너진 것입니다. 645년 후에 현덕한 여인이 출현할 것이니 제나라 전씨의 후손일 것입니다.'[3]

지금 왕옹유가 이곳으로 이주하였는데 장소와 시기가 정확히 들어맞습니다. 원성의 동쪽 외곽에 오록五鹿이라는 폐허가 있는데, 바로 사록의 옛터입니다. 80년 후, 왕씨 집안에서 존귀한 여인이 세상

---

3) 음陰은 원후元后를, 양陽은 한漢 왕조를 가리킨다. 왕씨는 순舜의 후예이므로 토덕土德에 해당하고, 한 왕조는 화덕火德을 숭상하였다. 그러므로 토와 화가 다투고 음이 성하여 사록이 무너진 것이다. 음은 8에 해당하고, 8의 제곱은 64이다. 토는 5에 해당한다. 그러므로 645년이라 한 것이다. 사록이 무너진 것은 『춘추』 희공 14년(기원전 646)의 일이었고 애제가 세상을 뜨고 원후가 섭정을 시작한 것이 원수 2년(기원전 1)이므로 645년 후가 된다.

에 나타날 것입니다."

왕옹유는 왕금王禁을 낳았는데 자는 치군稚君이었다. 왕금은 젊은 시절, 장안에서 법률을 배워 정위의 속관인 정위사廷尉史가 되었다. 선제宣帝 본시本始 3년(기원전 71), 왕정군王政君이라는 딸을 낳았으니 이가 곧 원후이다. 왕금은 큰 뜻이 있었으나 사생활을 제대로 단속하지 못하고 주색을 좋아하여 많은 첩을 들였다. 딸이 넷, 아들이 여덟 있었는데 장녀는 군협君俠, 둘째가 원후인 정군, 셋째는 군력君力, 넷째 딸은 군제君弟였다. 장남은 봉鳳, 다음으로 만曼, 담譚, 숭崇, 상商, 립立, 근根, 봉시逢時가 있었다. 왕봉과 왕숭만 원후와 동모 형제였다. 모친은 위군魏郡 이씨李氏의 딸로 본처였는데, 후에 투기를 부리다 쫓겨나 하내河內의 구빈苟賓에게 재가하였다.

애초, 이씨가 왕정군을 회임했을 때 달이 품으로 들어오는 꿈을 꾸었다. 왕정군은 성장한 후 부드럽고 온순하여 아녀자의 도리를 잘 지켰다. 그러나 혼처가 정해진 후 시집을 가기도 전에 상대방 남자가 죽고 말았다. 후에 동평왕이 왕정군을 첩으로 들이려 했는데 출가하기 전에 왕이 세상을 떠났다. 왕금은 이를 이상하게 여겨 점치는 자에게 왕정군의 관상을 보게 하였다. 점쟁이는 이렇게 말했다.

"말할 수 없을 정도로 크게 존귀해질 것입니다."

왕금도 그럴 것이라 여겨 글을 가르치고 금 연주를 배우도록 했다. 오봉五鳳 연간, 당시 18세의 나이에 입궁한 왕정군은 비빈들이 거주하는 액정에서 아무런 칭호도 없는 궁녀로 지내게 되었다.

한 해가 지나 황태자가 총애하던 사마량제司馬良娣가 병이 들었는데, 그녀는 임종 전 태자에게 이렇게 말했다.

"신첩의 죽음은 천명이 아닙니다. 다른 여인들이 제가 죽도록 주술을 한 것입니다."

태자는 그녀를 아꼈기에 그렇다고 여겼다. 사마량제가 세상을 떠나자 태자는 비통한 나머지 우울병에 걸려 다른 첩들에게 화를 퍼부었기에 아무도 들어가 만날 수가 없었다. 이런 상황이 오래되자 선제는 태자가 여러 첩들을 미워한다는 것을 듣고서 그의 뜻에 맞춰주고자 하였다. 황후에게 후궁의 궁녀 중 태자를 모시면서 즐겁게 해줄 수 있는 자를 간택하도록 했는데, 왕정군이 그중에 포함되었다. 태자가 찾아오자 황후는 왕정군 등 다섯 명을 태자에게 선보인 후 우두머리 궁녀를 시켜 누가 마음에 드는지를 슬쩍 묻게 했다. 태자는 본래 이 다섯 명에게 아무런 생각이 없었으나 황후의 호의를 거절할 수도 없어 억지로 대답했다.

"이 중 한 사람은 괜찮군."

당시 왕정군이 태자와 가까이 앉아 있었고 또 진홍색 테두리가 있는 저고리를 입고 있었기에 궁녀는 그녀일 것이라고 생각했다. 황후는 시중인 두보杜輔, 액정령掖庭令 탁현濁賢을 파견하여 왕정군을 태자궁으로 보내 병전丙殿에서 만나게 하였다. 왕정군은 성은을 입어 회임을 하였다. 이전에 태자에게는 10여 명의 후궁이 있었다. 이 중 7, 8년 동안이나 성은을 입은 자들도 있었지만 자식을 낳지 못했다. 그러나 왕정군은 한 번 성은을 입고 회임을 한 것이다. 감로甘露 3년(기원전 51), 갑관甲館의 한 전당에서 성제成帝가 태어났고 적황손이 되었다. 선제는 기뻐하며 이름을 오驁로, 자를 태손太孫이라 하고 항상 자신의 곁에 두었다.

3년 후, 선제가 붕어하고 태자가 즉위하니 원제이다. 태손은 태자가 되었고, 생모인 왕정군은 첩여倢伃의 첩지를 받았으며, 부친인 왕금은 양평후陽平侯에 봉해졌다. 3일 후 첩여를 황후로 세우고, 왕금은 삼공의 바로 아래 직위인 특진特進이 되었으며, 왕금의 아우인 왕굉王宏은 장락궁의 위위衛尉가 되었다. 영광永光 2년(기원전 42), 왕금이 세상을 떠나자 시호를 경후頃侯로 하였다. 왕금의 장자인 왕봉이 양평후의 작위를 세습하였고 위위衛尉 시중侍中이 되었다. 황후는 아들을 낳은 후 원제를 다시 보는 일이 드물었다. 태자는 장성하자 관대하고 신중하였다. 관련 내용은 「성제기」에 수록되어 있다. 그러나 이후 태자가 점점 술에 빠져 연회를 좋아하자 원제는 그가 재능이 없다고 여기게 되었다.

부소의傅昭儀는 원제의 총애를 얻어 정도공왕定陶共王을 낳았다. 공왕은 재주가 많았다. 원제는 공왕을 총애하여 앉을 때는 옆자리에, 나갈 때는 같은 수레에 태우며 항상 태자를 폐위하고 공왕을 세울 생각을 했다. 당시 왕봉은 조정에서 관직을 지내면서 황후, 태자와 함께 걱정하고 두려워하였는데, 시중이었던 사단史丹 덕분에 태자를 보호할 수 있었다. 관련 내용은 「사단전」에 수록되어 있다.[4] 원제는 황후의 성품이 신중하고 선제 또한 항상 태자를 마음에 두고 있었다는 점 때문에 태자를 폐위하지 않았다.

원제가 붕어하고 태자가 즉위하니 성제이다. 황후는 황태후가 되었고, 왕봉을 대사마 대장군에 임명하여 상서의 업무를 관장하게 하였으며 식읍 5000호를 더 주었다. 왕씨 가문의 성세는 왕봉에게서 시작되었다. 또 태후의 동모 아우인 왕숭을 안성후安成侯에 봉하고 1만 호의 식읍을 하사하였다. 왕봉의 이복동생인 왕담 등에게도 모두 관내후의 작위와 식읍을 하사하였다.

이해 여름, 종일토록 황색 안개가 사방에 가득했다. 천자가 간대

---

4) 원제가 병환이 심해지면서 태자를 폐할 생각을 하였다. 사단은 원제를 찾아가 울면서 태자를 책봉한 지 이미 10년이 지났으므로 그 자리가 동요되어서는 안 되니 자신이 죽음으로써 그 뜻을 사람들에게 보이겠다고 말했다. 원제는 사단의 간절한 뜻에 감동하여 태자를 바꾸려는 생각을 단념하였다.

부 양흥楊興과 박사 사승駟勝 등에게 까닭을 묻자 모두 이렇게 대답했다.

"음이 성하여 양의 기운을 침범한 것입니다. 한 고조께서 정하시길 공신이 아니면 후의 작위에 봉할 수 없도록 하셨는데 지금 태후의 형제들은 모두 공적도 없이 후의 작위를 받았습니다. 이는 고조께서 정하신 규정을 위반한 것이며 외척 중 이러한 일은 없었습니다. 그러므로 하늘이 이상 현상을 나타낸 것입니다."

당시 국사를 의론하던 자들은 모두 그렇다고 하였다. 왕봉은 두려워하며 글을 올려 사죄하였다.

"폐하께서 즉위하신 후 상중에 있으셔서 신에게 상서의 일을 관장하게 하셨습니다. 그러나 저는 위로 성덕을 밝히지 못했고 아래로는 정치에 득이 되지 못했습니다. 지금 하늘에서 나타난 재이의 허물은 모두 신에게 있으니 신은 마땅히 처벌을 받아 천하 사람들에게 사죄해야 합니다. 이제 폐하의 3년 거상 기간도 끝나 상례를 모두 마쳤으니 친정을 행하여 하늘의 뜻을 받드시옵소서."

그러고는 사직하고 고향으로 돌아갈 것을 청했다. 성제는 이렇게 답했다.

"짐이 선제의 사업을 이어받았으나 경험이 아직 부족하고 사리에 밝지 못하니, 이 때문에 음양이 교란되고 해와 달이 빛을 잃고 적황색의 기운이 천하를 가득 채운 것이오. 잘못은 짐에게 있는 것인데도 지금 대장군은 허물을 자신에게 돌려 상서의 업무를 사직하고, 대장군의 인장과 인끈을 반납하고, 대사마의 관직을 그만두려 하니 이는 분명 짐의 부덕함이오. 짐이 장군에게 일을 위임하는 것은 진심으로 위업을 이루어 선조의 공덕을 빛낼 수 있게 되길 바라기 때문이오. 장군께서는 전심으로 짐의 부족함을 보좌하고 의심하지 마시오."

5년 후, 제리諸吏 산기散騎 안성후 왕숭이 세상을 떠났다. 시호
를 공후共侯라 하였다. 왕숭의 유복자 왕봉세王奉世가 작위를 이어
받았는데 태후는 그를 몹시 가여워했다. 이듬해, 하평河平 2년(기원
전 27), 성제는 외숙들을 모두 후로 책봉하였다. 왕담은 평아후平阿侯
로, 왕상은 성도후成都侯로, 왕립은 홍양후紅陽侯로, 왕근은 곡양후
曲陽侯로, 왕봉시는 고평후高平侯에 봉해졌다. 이 다섯 명은 같은 날
책봉되었으므로 세상에서는 이들을 '5후五侯'라고 불렀다. 태후의
형제 중 왕만만 요절하였고 나머지는 모두 후로 책봉된 것이다. 태
후의 모친인 이씨는 구빈에게 재가하여 구참苟參이라는 아들을 하
나 낳고 과부로 지내고 있었다. 왕금이 살아 있을 때, 태후는 모친
이씨를 모셔오도록 했다. 태후는 구참을 가엾게 여겨 무제의 모친
인 왕태후의 동모이부 형제였던 전분田蚡을 전례로 삼아 제후로 봉
하려 했다. 그러자 성제가 말했다.

"전씨를 책봉했던 것은 옳지 않은 일이었습니다."

그리하여 구참을 시중 수형도위水衡都尉로 임명하였다. 왕씨 집
안의 자제들은 모두 경대부와 시중, 각 부서에 임명되어 요직을 담
당하며 조정에 가득하게 되었다.

대장군 왕봉이 정무를 장악하자 성제는 결국 모든 일을 양보하였
고 감히 독단적으로 추진하지 못했다. 좌우의 근신들이 항상 광록
대부 유향의 아들인 유흠劉歆이 박식하며 뛰어난 재능이 있다고 추
천하였다. 성제는 유흠을 만나 그가 시부를 암송하는 것을 듣고는
몹시 흡족해했다. 그를 중상시에 임명하고자 불러들이고 의복과 관
모를 가져오게 했다. 임명식을 거행하려고 하는데 좌우의 신하들이
모두 말했다.

"아직 대장군께 아뢰지 못했습니다."

성제가 말했다.

"이런 작은 일을 대장군에게 알릴 필요가 있겠는가?"

좌우의 신하들은 머리를 조아리며 대장군에게 물어야 한다며 간하였다. 성제는 왕봉에게 알렸고 왕봉이 안 된다고 하자 그만두었다. 성제가 왕봉을 이 정도로 어려워했다.

성제는 즉위한 지 몇 년이 지나도록 후사가 없었고 병치레가 잦았다. 정도공왕이 내조하면 태후와 성제는 선제의 뜻에 따라 공왕을 후대하여 다른 왕보다 열 배가 많은 상을 하사하였고 예전의 일을 마음에 두지 않았다. 공왕이 내조했을 때 성제는 그에게 봉국으로 돌아가지 말도록 만류하며 이렇게 말했다.

"내게는 아들이 없고 사람의 목숨은 무상한 것이다. 하루아침에 변고가 생기면 다시는 서로 볼 수 없을 것이다. 너는 장안에 남아 나를 보필하도록 하라."

이후 성제의 병이 점차 호전되었는데, 공왕은 장안의 사저에 머물면서 밤낮으로 시중을 들었다. 성제는 그를 매우 가까이하고 의지하였다. 그러나 대장군 왕봉은 공왕이 수도에 머무르는 것이 내심 불편했다. 마침 일식이 일어나자 왕봉은 이렇게 말했다.

"일식은 음이 성하는 징조로 일반적인 재이와는 다릅니다. 정도왕이 비록 가장 가까운 형제이긴 하지만 예법에 따르면 봉국을 지켜야 합니다. 지금 수도에 남아 폐하를 모시는 것은 정도에 어긋나므로 하늘에서 경계를 내려 보인 것입니다. 정도왕을 봉국으로 돌려보내야 합니다."

성제는 왕봉의 압력에 어쩔 수 없이 그렇게 하도록 했다. 공왕이 떠나게 되자 성제는 함께 눈물을 흘리며 이별하였다.

경조윤 왕장王章은 평소 성품이 강직하고 곧은 말을 잘했는데 왕봉이 공왕을 봉국으로 돌려보내도록 건의한 것은 옳지 않다고 여겼다. 그리하여 밀봉 상소를 올려 일식의 잘못이 누구에게 있는지 말했다. 성제가 왕장을 불러 접견하고 이 일에 관해 묻자 왕장이 답했다.

"하늘의 도는 영명하여 선한 일은 도와주고 악한 일은 징벌하니 길조나 재이로 그 징조를 보여줍니다. 지금 폐하께서 후사가 없으시니 정도왕을 가까이 하는 것은 종묘를 계승하고 사직을 중히 여기며, 위로는 하늘의 뜻에 따르고 아래로는 백성을 편히 하기 위함입니다. 이는 정의롭고 좋은 일이니 마땅히 상서로운 조짐이 있어야 하거늘 어찌 재이가 나타났을까요? 재이가 나타나는 것은 대신이 정치를 전횡하였기 때문입니다. 그러나 지금 대장군은 외람되게도 일식의 허물을 정도왕에게 돌리고 그를 봉국으로 돌려보내도록 건의했다고 들었습니다. 실로 천자를 고립되게 하여 정권을 장악하고 사욕을 채우려는 것이니 충신이 아닙니다. 하물며 일식은 음이 양을 침범하는 것으로 신하가 군주의 권력을 차지하는 흉조입니다. 지금 정치의 대소를 막론하고 모두 왕봉에 의해 결정되며 폐하께서는 아무것도 할 수 있는 것이 없습니다. 그러나 왕봉은 자신을 반성하지 않고 도리어 허물을 다른 사람에게 돌려 정도왕을 멀리 밀쳐냈습니다.

왕봉이 남을 무고하여 불충을 행한 것은 이번 한 번이 아닙니다. 이전 승상 낙창후樂昌侯 왕상은 본래 선제의 외척으로 덕행이 돈독하고 위엄이 있어 장군과 재상의 직위를 역임한 나라의 대들보와 같은 신하였습니다. 강직한 그는 절개를 굽혀 왕봉에게 영합하지 않아 결국 집안의 여인과 관련된 일로 왕봉에게 파면당하였습니다.[5] 왕상은 근심과 울분으로 죽음에 이르렀고 백성들은 그를 불쌍히 여겼습니다. 또한 왕봉은 첩의 동생인 장미인張美人이 이미 다른 사람에게 시집을 갔던 적이 있음을 알고 있었습니다. 예법에 따르면 이 여자는 천자를 모실 수 없습니다. 그러나 왕봉은 그녀가 자식을 낳을 수 있다는 구실을 들어 후궁으로 들이고 첩과 그 여동생이 이득을 얻게 하였습니다. 게다가 장미인은 회임을 하지도 않았는데 궁 밖으로 나가 산후 조리를 하였다고 합니다. 호족과 강족의 오랑캐는 첫 번째 아들을 죽여 혈통의 순수성을 보존합니다. 하물며 천자가 이미 출가했었던 여인을 가까이 둘 수 있겠습니까! 이 세 가지는 모두 중요한 일이며 폐하께서 직접 보신 것이니, 나머지 보지 않은 일들도 미루어 짐작할 수 있을 것입니다. 왕봉이 오랫동안 정사를 주관하게 해서는 아니됩니다. 그를 해임하여 집으로 돌아가게 하고, 충직하고 어진 자를 뽑아 그를 대신하게 해야 합니다."

왕봉이 왕상의 파면을 건의한데다가 정도왕까지 돌려보내자 선제는 불만스러웠던 차였다. 왕장의 말을 듣고 깨달음을 얻은 성제는 그의 의견을 받아들여 이렇게 말했다.

"경조윤의 바른 말이 없었다면 나는 사직에 대한 중요한 일을 듣지 못했을 것이오. 오직 어진 자만이 어진 자를 알아본다 했으니 그대가 짐을 위해 정치를 보좌할 수 있는 자들을 좀 찾아봐주시오."

왕장은 밀봉 상서를 올려 중산효왕中山孝王의 외숙인 낭야 태수

---

5) 왕봉은 왕상에게 원한을 품어 다른 사람을 시켜 왕상 집안의 일을 고발하도록 했다. 마침 일식이 일어나자 장광張匡은 일식의 원인이 왕상의 부도덕함으로 인한 것이라며 왕상이 여동생, 부친의 여종과 음란한 짓을 하였고 또 노비를 시켜 매부를 죽이게 했다고 고발하였다. 성제는 왕상을 존중하여 죄는 사면하였으나 승상의 직위에서 해임하였다. 왕상은 파면된 후 3일 만에 피를 토하고 죽었다.

풍야왕馮野王을 천거하였다.[6]

"선황제 때 대홍려와 좌풍익의 직위를 역임한 풍야왕은 충성스럽고, 정직하고, 넘쳐나는 지모가 있습니다. 풍야왕은 중산효왕의 외숙이라는 이유로 지방관에 임명되었습니다. 능력을 이유로 다시 조정으로 불러들이신다면 성명한 군주께서 기꺼이 현자를 기용하고자 하는 뜻을 보여줄 수 있을 것입니다."

성제는 태자로 지낼 때에 풍야왕이 선황제의 명신이었음을 자주 들었고 명성도 왕봉보다 훨씬 뛰어났기에 그가 왕봉을 대신하도록 할 생각이었다.

애초, 왕장을 불러들일 때마다 성제는 좌우를 물리쳤다. 당시 태후의 사촌인 장락궁 위위衛尉이자 왕홍王弘의 아들인 시중 왕음王音이 혼자 옆에서 듣고 있었다. 왕장이 한 말을 모두 들은 왕음은 그것을 왕봉에게 말해주었다. 왕봉은 이를 듣고 병을 핑계대고는 집으로 돌아와 퇴직을 청하는 상소를 올리며 사죄하였다.

"신이 재주가 없고 우둔한데도 외척이라는 이유로 형제들 7인이 열후에 봉해져 온 집안이 황은을 입었고 셀 수도 없는 상을 받았습니다. 7년간 궁을 드나들며 정치를 보좌하는 동안 폐하께서는 신을 신임하여 중임을 맡겨주셨습니다. 저의 건의는 항상 받아들여주셨고 추천하는 인재는 항상 중용하였습니다. 그러나 아무런 공로를 세우지 못하여 음양은 조화를 잃고 재이가 자주 출현하고 있습니다. 이 허물은 신이 직무를 제대로 수행하지 못한 것이니 이것이 신이 물러나야 하는 첫 번째 이유입니다. 경전의 주석서와 학자들의 해석을 보면 모두 일식은 대신을 제대로 임명하지 못한 잘못으로

---

6) 중산효왕은 원제와 풍소의 사이에서 태어난 아들 유흥劉興이다. 풍봉세馮奉世의 장남이 풍야왕, 장녀가 풍소의이다.

일어납니다. 『주역』에서 '오른쪽 팔을 잘라낸다(折其右肱)'고 하였으니 이것이 신이 물러나야 하는 두 번째 이유입니다. 하평河平 연간 이래로 신은 다년간 병치레로 수차례 자택에 머무르며 직무를 수행하지 못하고 녹봉만 축내었으니 이것이 신이 물러나야 하는 세 번째 이유입니다.

폐하께서는 황태후 때문에 차마 저를 내치지 못하고 계십니다. 신도 마땅히 먼 곳으로 쫓겨나야 함을 알고 있습니다. 그러나 한편으로는 저희 형제와 집안이 이루 헤아릴 수 없는 성은을 받았으니 나랏일을 위해 몸을 바쳐야 쓸모가 없다고 해서 폐하를 떠나려는 마음을 가져서는 안 된다고 생각했습니다. 그러나 지난 1년간, 병이 날마다 더욱 심해져 폐하를 위해 일하는 중책을 더 이상 감당할 수 없게 되었습니다. 원컨대 퇴직하여 돌아가 병을 치료할 수 있도록 해주십시오. 다행히 폐하의 성명함 덕분에 죽지 않고 한 달 만에 나을 수 있다면 다시 폐하를 뵈올 수 있을 것이고, 그렇지 않다면 분명 땅속에 묻히게 될 것입니다. 신은 아무런 재주가 없는데도 총애를 입었습니다. 천하 사람들 모두 신이 큰 성은을 입은 것을 알고 있습니다. 제가 병 때문에 물러난다면 천하 사람들은 폐하께서 저를 가엾게 여기시어 은혜를 내린 것이며 황은이 망극함을 알 것입니다. 나아가고 물러남에 모두 나라의 큰 은혜를 입었으니 신은 절대 조금의 원망도 없습니다. 폐하께서 제 청을 가엾게 여겨주시기 바랍니다.”

글이 몹시 애절했기에 태후는 이를 듣고 눈물을 흘렸으며 식음을 전폐하였다.

성제는 어려서부터 왕봉을 가까이 하며 의지하였기에 차마 해임하지 못하고 이렇게 답했다.

"짐이 정무에 밝지 못하여 국정을 처리함에 부족함이 많았소. 그러므로 하늘이 이변을 여러 차례 보인 것은 모두 짐의 책임이오. 장군이 모든 잘못을 자신에게 돌려 사직을 청하고 물러난다면 짐은 장차 누구에게 의지하겠소!『상서』에서도 성왕이 주공에게 수도에 머무를 것을 권하며 '공은 멀리 떠나 나를 난처하게 하지 마시오(公毋困我)'라 하지 않았소. 정신을 바로하고 마음가짐을 편히 하시오. 쾌유하여 짐의 뜻에 부합할 수 있기를 바라오."

이리하여 왕봉은 다시 정사를 맡게 되었다. 성제는 상서에게 왕장을 탄핵하게 하였다.

"풍야왕이 전에 효왕의 외숙 신분으로 외지에서 임직하고 있는 것을 알면서도 사적으로 그를 추천하여 조정의 관원들이 제후왕에게 아부하게 하였습니다. 또 장미인이 폐하를 모시고 있는 것을 알면서도 망령되게 순수 혈통을 위해 자식을 죽이는 호족·강족과 같은 오랑캐를 언급하였으니 이는 신하로서 해서는 안 될 말입니다."

결국 왕장을 정위에게 보내 심리하게 하였다. 정위는 왕장에게 대역죄를 내려 "황제를 오랑캐에 비유하여 후사를 끊으려 하였으며, 천자를 배반하고 정도왕을 위해 도모하려 했다"고 하였다. 왕장은 감옥에서 죽었으며 처자식은 합포合浦로 유배되었다.

이때부터 대신들은 왕봉을 보면 감히 똑바로 쳐다보지 못했다. 각 지방의 태수와 자사는 모두 그의 문하에서 배출되었다. 또 시중 태복太僕 왕음王音은 어사대부가 되어 삼공의 반열에 들었다. 그러나 열후에 봉해진 5인의 아우는 다투어 사치하였고, 사방에서는 진귀한 보물을 뇌물로 바쳐왔다. 수십 명의 첩을 두었고 하인은 수백 수천에 달했다. 쇠북과 경쇠를 두드리고, 미녀들이 춤을 추고, 광대들의 잡기를 구경하며, 개와 말을 대동하고 사냥을 하는 등 향락적인 생활을 누렸다. 대대적으로 저택을 수리하여 정원에 기암괴석을 산처럼 늘어놓고 높은 누각을 지었으며, 겹겹의 문과 높은 회랑이 끝도 없이 이어졌다. 백성들은 이렇게 노래하였다.

> 5후五侯가 처음 일어났을 때
> 곡양후의 기세가 가장 등등했지.
> 고도수高都水 물길을 끌어와 저택 지으니
> 외두리外杜里까지 이어졌네.
> 정원에 가산假山과 누대 우뚝 솟아 있고
> 서쪽 누각은 황궁의 백호관 같네.

사치와 참월이 이와 같았다. 그러나 이들은 모두 세상일에 통달하고 선비를 좋아했으며, 현인을 우대하는 일에 재산을 쓰고 베푸는 것에 앞장섰다.

왕봉은 11년간 정치를 보좌하였다. 양삭陽朔 3년(기원전 22) 가을, 왕봉이 병이 들자 천자는 수차례 직접 병문안을 하여 그의 손을 잡고 눈물을 흘리며 말했다.

"장군의 병이 위중하니 만약 장군에게 무슨 일이 생긴다면 평아후 왕담이 장군을 대신하게 하겠소."

왕봉은 머리를 조아리고 울며 답했다.

"왕담 등이 비록 신과 가까운 가족이지만 행실이 모두 사치스럽고 참월하니 백성을 이끄는 본보기가 될 수 없습니다. 어사대부 왕음은 조신하고 몸가짐이 바르니 이는 신이 죽음으로 보장할 수 있습니다."

왕봉은 죽기 직전까지 글을 올려 간곡히 왕음이 자신을 대신하도록 추천하였고, 왕담 등 5인은 중용할 수 없다고 했다. 성제는 그리 하겠다고 했다.

애초 왕담은 거만하여 왕봉을 섬기려 하지 않았다. 그러나 왕음은 왕봉을 공경하고 자신을 낮추는 것이 마치 자식이 부친을 대하듯 하였기에 그를 추천한 것이었다. 왕봉이 세상을 뜨자 천자는 직접 조문하여 은총을 보였고 병거兵車와 무사들을 보내 군대가 장안에서 위릉渭陵까지 나열하여 운구하게 하였다. 시호는 경성후敬成侯로 하였다. 아들 왕양王襄이 작위를 이어받고 위위衛尉에 임명되었다. 어사대부 왕음이 결국 왕봉을 대신하여 대사마 거기장군에 임명되었고, 평아후 왕담은 특진特進이 되어 성을 수비하는 군대를 통솔하게 하였다. 그러나 곡영谷永은 왕담을 설득하여 성의 수비 직책을 받지 말도록 하였고, 이 때문에 왕담과 왕음은 사이가 틀어졌다. 관련 내용은 「곡영전」에 기재되어 있다.

왕음은 성제의 외종숙으로 가까운 친척을 제치고 정사를 관장하였으므로 매사에 신중하고 직접 일처리를 하였다. 한 해가 지나자 성제가 조서를 내렸다.

"거기장군 왕음은 직책을 수행함에 충성스럽고 강직하며 나라를 위해 수고를 다하고 있다. 전임 어사대부이자 외척으로 군대를 책임지는 것이 마땅하여 장군으로 임명하였으나 재상의 책봉을 받지 못한 것이 짐은 매우 유감스러웠다. 이제 왕음을 안양후安陽侯에 봉하고 식읍을 왕씨 집안의 다섯 후侯와 같이 3000호로 하도록 하라."

애초에 성도후 왕상王商이 병이 들었을 때 더위를 피하고자 성제에게 명광궁明光宮을 빌렸다. 후에 또 장안성을 뚫어 풍수灃水의 물길을 자택 연못으로 끌어와 배가 다니게 했다. 배 위에는 깃털 장식의 가리개를 세우고, 사방에 장막을 둘렀으며, 뱃사공에게 월越 지역의 노래를 부르게 했다. 성제가 왕상의 집에 행차했다가 장안성을 뚫어 물길을 끌어온 것을 보고는 괘씸해하며 앙심을 품었으나 아무 말도 하지 않았다. 후에 성제는 미행을 나갔다가 곡양후 왕근의 저택을 지나게 되었는데, 정원의 가산假山과 누대가 황궁의 백호전白虎殿과 비슷했다. 성제는 대노하였고 거기장군 왕음을 질책하였다. 왕상·왕근 형제는 얼굴에 자신들의 죄를 먹물로 새기고 코를 베어 태후에게 사죄하고자 하였다. 성제는 그것을 듣고 더욱 노하여 상서尙書를 파견하여 사예교위와 경조윤을 문책하였다.

"성도후 왕상은 마음대로 수도의 성벽을 뚫어 풍수의 물길을 자택으로 끌어들였고, 곡양후 왕근은 사치스럽고 참월하여 황궁처럼 계단에 적색을 칠하고 문에 청색의 원형 문양을 사용하였다. 홍양후 왕립 부자가 간사하고 교활한 망명자들을 은닉하니 빈객들은 결탁하여 도적 떼가 되었다. 그런데도 사예와 경조윤은 모두 고발하여 법대로 처벌하지 않았으니 이들에게 영합한 것이다."

세 사람은 궁문 아래에서 머리를 조아렸다. 성제는 거기장군 왕음에게 명령을 내렸다.

"외척이 어찌 패배를 달갑게 받아들이겠는가. 그런데도 스스로 묵형을 받고 코를 베겠다고 한 것은 태후의 면전에서 형벌을 받아 자애로운 모친의 마음을 아프게 함이며, 나라를 어지럽고 위태롭게 하려는 것이 아니겠는가! 외척 가문이 강성해지면서 황제의 권력은 오랫동안 쇠퇴하였다. 그러나 이제 제대로 형벌을 시행하고자 한다. 그대는 제후들을 소집하고 그대의 관저에서 명을 기다리게 하라."

바로 이날, 상서에게 조서를 내려 문제文帝 때 장군 박소薄昭를 처형한 전례를 보고하도록 했다.[7] 거기장군 왕음은 거적을 깔고 죄를 청하였으며, 왕상·왕립·왕근도 모두 도끼를 지고 사죄하였다. 성제는 차마 주살하지 못하였고 이 일은 종결되었다.

한참 후 평아후 왕담이 세상을 떠났다. 시호를 안후安侯로 하였고 아들 왕인王仁이 작위를 세습하였다. 태후의 아우 왕만王曼은 요절하여 혼자 후侯에 봉해지지 못하였다. 과부가 된 그의 아내 거渠는 태후를 시중들었고, 아들 왕망은 어려서 아비를 여의었기에 왕씨 집안의 다른 이들과 처지가 달랐다. 태후는 이를 애처롭게 여겨 항상 성제에게 이에 대해 이야기하였다. 평아후 왕담, 성도후 왕상과 조정의 많은 관료들이 왕망을 칭찬하였다. 이후 성제는 조서를 내려 왕만을 신도애후新都哀侯로 추봉하였고 아들 왕망을 계승자로 하여 신도후에 봉하였다. 후에 다시 태후의 언니의 아들인 순우장淳于長을 정릉후定陵侯에 봉하였다. 왕씨의 일가친척 중 후侯로 봉해진 자가 10명에 이르렀다.

성제는 평아후 왕담이 해임되어 정치를 보좌하지 못하고 세상을 뜬 것을 후회하였다. 그리하여 다시 성도후 왕상을 특진으로 임명하여 성문을 수비하는 군대를 통솔하게 하고 막부를 두어 장군과 마찬가지로 관리를 천거할 수 있게 하였다. 두업杜鄴은 거기장군 왕음에게 왕상과 가까이 지낼 것을 권유하였다. 관련 기록은 「두업전」

---

7) 박소는 한 고조의 후궁인 박희薄姬의 동생으로 문제의 외숙이었다. 문제 때 지후軹侯에 책봉되었지만 황제의 사신을 살해하는 등 방자하게 굴어 국법에 의해 사형에 처하지 않을 수가 없었다. 문제는 하나밖에 없는 외숙을 사형에 처할 수가 없어 자결하도록 유도하였으나 자결하지 않자 상복을 입은 대신들을 박소의 집에 파견하여 조문하며 곡을 하도록 하였고, 결국 박소는 자결하였다. 성제는 당시 외척인 왕씨 일가의 분수를 뛰어넘는 사치와 전횡으로 심기가 노한 상태에서 왕씨를 겁주기 위해 문제가 박소를 처형한 일을 아뢰도록 한 것이다.

에 수록되어 있다.[8]

　왕씨 일가의 작위와 직위가 날이 갈수록 높아졌으나 왕음만은 예법을 지키고 근신하며 수차례 바른 말을 간언하였고, 충심과 지조 있는 태도로 8년간 정치를 보좌한 후 세상을 떠났다. 성제는 대장군인 왕봉에게 했던 것처럼 직접 조문하고 장례용품을 하사하였다. 시호는 경후敬侯로 하였다. 아들 왕순王舜이 작위를 계승하였고 태복시중太僕侍中에 임명되었다. 특진 성도후 왕상이 왕음을 대신하여 대사마 위장군이 되었다. 홍양후紅陽侯 왕립은 특진이 되어 성문을 수비하는 군대를 통솔하였다. 왕상은 4년간 정치를 보좌하다가 병으로 퇴임하였다. 성제는 그를 애석해하여 다시 대장군에 임명하고 2000호를 더해주었으며 100만 전을 하사하였다. 왕상이 세상을 뜨자 대장군의 전례대로 조문하고 장례용품을 하사하였다. 시호를 경성후景成侯로 하였고 아들 왕황王況이 작위를 계승하였다. 홍양후 왕립이 정치를 보좌할 차례였지만 죄를 지은 상황이었다. 관련 내용은 「손보전孫寶傳」에 있다.[9] 성제는 왕립을 파면하고 그 동생인 광록훈光祿勳 곡양후曲陽侯 왕근王根을 발탁하여 대사마 표기장

---

8)　『한서·곡영두업전』은 일생동안 왕씨 가문에 아부했던 두 사람을 묶어 합전으로 구성한 것이다. 앞에서 왕담과 왕음의 사이를 틀어지게 만든 장본인으로 곡영이 언급되었고, 여기서 두업을 다시 언급하였다. 성제 때 일식과 지진이 수차례 발생하자 대신들은 정권을 농단한 왕봉王鳳을 지목했다. 곡영은 상서를 올려 왕봉을 변호하였고 이후 출세가도를 걷게 된다. 왕봉이 죽은 후, 왕음이 대사마직을 이어받고 왕담은 특진이 되어 성문의 수비를 책임지게 되었다. 그러자 곡영은 왕담에게 이 직위를 사직할 것을 권하는 편지를 보냈다. 결국 왕담은 직위를 받지 않고 있다 죽었다. 이를 후회한 성제는 그 동생인 왕상에게 그 직위를 맡게 하였다. 두업은 예전에 왕음이 왕담과 사이가 틀어졌던 것을 보았기에 왕상과 친밀하게 지낼 것을 건의한 것이다.

9)　왕립은 남군태수南郡太守 이상李尙과 결탁하여 토지를 개간하고 평가하는 과정에서 실제 가격보다 훨씬 높게 하였다. 손보는 이 사실을 알고서 왕립과 이상이 황제를 기만한 죄를 지었다며 탄핵하였다.

군에 임명하였고 1년여 후 1700호를 봉읍으로 더해주었다. 고평후高平侯 왕봉시王逢時는 아무런 재능도 명성도 없었으며 이해에 세상을 떠났다. 시호를 대후戴侯로 하고 아들 왕매지王買之가 작위를 계승하도록 하였다.

수화綏和 원년(기원전 8), 성제가 즉위한 지 20여 년이 되었는데도 후사가 없었다. 당시 정도공왕은 이미 세상을 떠났고 그의 아들이 왕위를 이어받았다. 왕의 조모인 정도定陶 부傅태후는 표기장군 왕근에게 후한 뇌물을 보내 정도왕이 한나라의 후사를 잇도록 해달라고 청탁했다. 왕근이 성제에게 말하자, 성제도 그를 세우고자 하였다. 결국 정도왕을 불러 태자로 세웠다. 당시 왕근은 5년간 정치를 보좌해온 상황이었기에 사직을 청하였다. 성제는 왕근에게 5000호의 봉읍을 더해주고 네 마리 말이 끄는 수레, 황금 500근을 하사하여 집으로 돌아가게 했다.

당초, 정릉후 순우장은 외척이면서 지모를 갖추고 있는 자였는데 위위시중衛尉侍中이 되어 정치를 보좌하였다. 이해에 신도후 왕망은 순우장이 예전에 홍양후 왕립과 결탁하였다고 고발하였다. 순우장은 하옥되어 죽었고, 왕립은 자신의 봉지로 돌아갔다. 관련 내용은 「순우장전」에 기록되어 있다.[10] 곡양후 왕근은 왕망이 자신을 대신하도록 천거하였고, 성제 또한 왕망이 충직하고 절개가 있다고 여겨

---

10) 순우장은 대장군 왕봉이 병이 들었을 때 밤낮으로 좌우에서 시중을 들었다. 왕봉은 죽으면서 순우장을 태후와 성제에게 부탁하였고, 성제는 그를 위위衛尉로 임명하였다. 성제는 조비연을 총애하여 황후로 책봉하려 했으나 태후가 반대하였다. 순우장이 태후를 설득하여 조비연은 황후에 책봉될 수 있었다. 성제는 순우장의 공을 인정하여 관내후의 작위를 하사하고 정릉후에 봉하였으며 매우 신임하였다. 대사마 표기장군이었던 왕근이 자주 병을 앓자 순우장은 자신이 외척이자 구경의 반열에 있었기에 왕근의 후임이 될 수 있을 것이라 여겼다. 왕근의 조카였던 왕망은 순우장이 총애를 받는 것을 염려하여 순우장의 악행을 고발하였다. 순우장은 대역죄로 옥중에서 죽었고, 왕망은 왕근의 후임으로 대사마가 되었다.

시중 기도위騎都尉 광록대부로 발탁하고 대사마에 임명하였다.

한 해 남짓 지나 성제가 붕어하고 애제가 즉위하였다. 태후는 조서를 내려 왕망에게 사직하고 집으로 돌아가 애제의 외척인 부씨傅氏와 정씨丁氏를 피하도록 했다. 애제는 처음에 왕망을 우대하여 허락하지 않았다. 왕망은 상서를 올려 사직을 간곡히 청하였다. 애제는 조서를 내렸다.

"곡양후 왕근은 재직하면서 사직을 위한 정책을 건의하였다. 시중태복 안양후安陽侯 왕순王舜은 지난 시절 태자의 집안을 보살펴주었고 짐을 이끌어주었으며 한결같은 충심으로 오랜 은혜가 있다. 신도후 왕망은 나라를 위해 근심하고 애쓰며 의로움을 지키는 자이니 그와 함께 나라를 다스리기를 바랐다. 그러나 태황태후께서 왕망에게 사직하고 집으로 돌아가도록 조서를 내리시니 짐은 몹시 안타깝게 생각한다. 왕근에게 2000호를, 왕순에게는 500호를, 왕망에게는 350호의 봉읍을 더하도록 하라. 왕망에게 특진의 직위를 더하고 초하루와 보름에 입조하도록 하라."

그리고 홍양후 왕립을 수도로 돌아오게 했다. 애제는 어려서부터 왕씨 일족의 교만함과 전횡에 대해 들어 알고 있었기에 속으로는 좋아하지 않았지만 즉위 초였기 때문에 그들을 우대하였다.

한 달 남짓 후, 사예교위 해광解光이 상주하였다.

"곡양후 왕근의 집안은 강성하고 존귀하니 3대에 이어 권력을 장악하였고 다섯 명의 장군이 정치를 주재해왔습니다. 그리하여 마치 바큇축에 바큇살이 모여들듯 선비들이 사방에서 몰려들어 충성을 바쳤습니다. 왕근은 행실이 탐욕스럽고 사악하며 어마어마한 재물을 축적하고 멋대로 제도를 위반하여 대대적으로 저택을 수리하였습니다. 집에는 인공으로 만든 가산假山을 세웠으며 시장 두 곳을 개설하여 이익을 취하였습니다. 전殿의 계단에는 황궁처럼 붉은 색을 칠하고 문에는 푸른색의 원형 도안을 하였습니다. 유람을 하거나 사냥을 할 때 수행 노비들에게 갑옷을 입고 활과 쇠뇌를 들게 하고, 보병의 대오로 행진하게 하였습니다. 황제의 이궁離宮에 머무르면서 수형도위水衡都尉에게 각종 기물을 공급하게 하였고 백성을 징발하여 길을 정비하게 하니, 노역으로 인한 민중들의 고통은 말할 것도 없습니다. 간사한 마음을 품고서 정치를 장악하고자 측근인 주부主簿 장업張業을 추천하여 상서로 임명하였습니다. 위로는 폐하의 눈을 가리고 아랫사람들의 간언을 막았으며, 안으로는 왕업을 막고 밖으로는 제후왕과 결탁하였으니 그의 교만과 사치, 참월은 나라의 제도를 어지럽히고 있습니다. 왕근은 폐하의 가까운 친척이며 사직의 중신이었습니다. 그러나 선황제가 세상을 떠나신 후, 왕근은 비통해하지도 애도하지도 않았습니다. 선황제의 능묘가 완성되기도 전에 공공연하게 예전 액정 소속으로 가무를 하던 궁녀인 은엄殷嚴, 왕비군王飛君 등을 첩으로 들였습니다. 주연을 마련하고 가무를 추게 하며 선황제의 은덕을 잊었으니 신하로서의 예의를 저버린 것입니다. 왕근 형의 아들인 성도후 왕황王況은 요행히 외척의 신분으로 부친을 계승하여 열후의 작위와 시중의 관직을 받았으나 황은에 보답할 생각은 하지 않고 역시 예전 액정 소속의 귀인들을 첩으로 들였습니다. 모두 신하로서의 예의가 없는 것으로 크게 불경하고 부도덕한 것입니다."

천자가 말했다.

"선황제께서 왕근·왕황 부자를 몹시 우대하였는데 지금 이토록 은혜를 저버리고 도의를 잊다니!"

왕근은 애제의 즉위를 건의했으므로 자신의 봉국으로 돌아가게 했다. 왕황은 파면하고 서인으로 강등시켜 고향으로 돌아가게 했다. 왕근·왕황의 부친인 왕상이 천거하여 관직에 임용된 자들은 모두 파면되었다.

2년 후, 부태후와 애제의 모친인 정희丁姬는 태황태후, 황태후의 존호를 받게 되었다. 관리가 상주하였다.

"신도후 왕망이 예전 대사마일 때 조태후와 조소의의 존호를 폐지하도록 건의하여 폐하의 효도를 어그러뜨렸습니다.[11] 또한 평아후 왕인王仁은 조소의의 친속을 은닉하였으니 모두 봉국으로 돌려보내야 합니다."

천하 사람들이 모두 왕씨 집안이 억울하다고 여겼다.

간대부 양선楊宣이 밀봉 상서를 올렸다.

"효성황제께서 종묘사직을 심사숙고하시고 폐하의 성덕을 칭송하시어 횡위를 계승하도록 하였습니다. 이는 선황제께서 깊이, 멀리 헤아리신 것이며 후한 은덕입니다. 선황제의 뜻을 생각해보건대 폐하께서 대신하여 태후를 봉양하게 한 것이 아니겠습니까! 태황태후께서는 이미 70세이십니다. 수차례 근심과 슬픈 일을 겪으셨는데도 친속들에게 명을 내려 스스로 물러나 정丁·부傅씨 두 집안을 피하도록 하셨습니다. 지나가는 사람들도 이 때문에 눈물을 흘리는데 하물며 폐하께서는 높은 곳에 올라 먼 곳을 바라볼 때 연릉延陵에 계신 선황제께 부끄러운 마음이 들지 않으십니까!"

애제는 그 말에 깊이 감동하여 왕상의 둘째 아들인 왕읍王邑을 성도후로 다시 책봉하였다.

---

11) 성제 사후, 왕망은 태황태후에게 성제의 황후였던 조비연과 그녀의 여동생인 조소의趙昭儀의 명호를 폐지하고 서인으로 강등하는 조서를 내릴 것을 아뢰었다. 애제는 성제의 후사였으므로 조비연과는 모자관계가 성립되는 셈이다. 애제는 천자가 되어 모친을 서인으로 폐출하였으므로 불효를 하였다는 것이다.

원수元壽 원년(기원전 2), 일식이 있었다. 현량들은 황제에게 정사에 대한 의견을 개진하면서 대부분 신도후 왕망을 칭송하였다. 그리하여 애제는 왕망과 평아후 왕인을 수도로 불러들여 태후를 모시도록 했다. 곡양후 왕근이 세상을 떠나자 봉국을 폐지하였다.

이듬해, 애제가 붕어하였다. 후사가 없었기에 태황태후는 왕망을 대마사로 임명하고 함께 중산왕中山王을 불러들여 애제의 후사를 계승하게 하였으니 이가 평제이다. 평제는 당시 9세였고 오랜 병이 있었다. 그리하여 태황태후가 섭정을 하였고 국정을 왕망에게 일임하면서 왕망이 정권을 장악하게 되었다. 홍양후 왕립은 왕망의 숙부이고, 평아후 왕인은 평소 강직한 성격이었으므로 왕망은 이들을 어려워했다. 그리하여 대신들에게 왕립과 왕인의 죄를 상주하도록 하여 봉국으로 돌려보냈다. 왕망은 날마다 자신이 정치를 보좌하여 태평시대가 열렸다며 태후를 속였고, 신하들은 왕망에게 안한공安漢公의 존호를 내릴 것을 상주하였다. 후에 결국 왕망은 사자를 보내 왕립과 왕인을 핍박하여 자살하게 하였다. 왕립에게는 황후荒侯의 시호를 내리고 아들 왕주王柱가 후사를 잇게 하였다. 왕인의 시호는 날후剌侯로 하고 아들 왕술王術이 후사가 되었다. 이해가 원시元始 3년(3)이었다. 이듬해, 왕망은 신하들에게 자신의 딸을 황후로 세우도록 상주할 것을 은근히 권유하였다. 그리고 왕망에게 주공의 태재太宰와 이윤伊尹의 아형阿衡을 합친 '재형宰衡'이라는 존호를 내릴 것을 상주하였다.[12] 왕망의 모친과 두 아들은 모두 열후에 봉

---

12) 주공은 주 문왕의 아들이자 무왕의 동생이다. 무왕이 죽은 후 나이 어린 성왕이 제위에 오르자 섭정을 하며 주 왕조의 기틀을 확립하였다. 주공은 왕을 도와 나라를 다스리는 '태재太宰'의 자리에 있었다. 이윤은 상나라의 탕湯을 보좌하였고 탕이 죽자 그 아들과 적장손 태갑을 보좌하였다. 이윤의 관직이 '아형阿衡'이었다. 주군이 죽은 후 어린 황제를 보필한 주공과 이윤의 이미지를 왕망에게 입히고자 한 것이다.

해졌다. 관련 내용은 「왕망전」에 수록되어 있다.

왕망은 밖으로 신하들을 통제하여 그들로 하여금 자신의 공덕을 칭송하게 하였다. 안으로는 태후 측근의 장어長御 이하 궁녀들의 비위를 맞추며 수천만의 뇌물을 주었다. 또 태후의 자매를 높여 군협을 광은군廣恩君으로, 군력을 광혜군廣惠君으로, 군제를 광시군廣施君으로 하고 그들 모두에게 식읍과 탕목읍을 하사할 것을 아뢰자 이들은 매일 밤낮으로 태후를 찾아와 왕망을 칭송하였다. 왕망은 태후가 부녀자로서 깊은 구중궁궐에서 거주하는 처지에 염증을 느낀다는 것을 알고 있었다. 그리하여 재미있는 볼거리로 권력을 사들이고자 태후에게 사계절마다 수레를 몰고 나가 교외를 순행하면서 고아, 과부, 정절을 지킨 아녀자들을 위로하고 시찰하게 했다. 봄에는 황후와 열후의 부인들을 대동하고 견관繭館으로 행차하여 뽕잎을 따고 패수霸水를 따라 액운을 막는 제사를 지냈다. 여름에는 어숙원御宿苑, 호현鄠縣, 두릉杜陵 부근을 유람하였고, 가을에는 동관東館을 거쳐 곤명지昆明池를 바라보고 황산궁黃山宮에 머물렀다. 겨울에는 비우전飛羽殿에서 주연을 베풀고 상란관上蘭觀에서 사냥을 하였으며 장평관長平館에 올라 경수涇水를 둘러보며 유람하였다. 태후는 지나가는 곳마다 은혜를 베풀어 백성에게 돈과 비단, 고기와 술을 하사하였는데 점차 관례가 되었다. 태후는 느긋하게 말했다.

"내가 처음 태자궁에 들어갔을 때 병전丙殿에서 태자를 보았었지. 50, 60년이 흘렀지만 여전히 또렷하게 기억이 난다네."

그러면 왕망은 이렇게 말했다.

"태자궁이 가까이 있으니 한번 가서 돌아볼 만합니다. 힘들 게 없습니다."

태자궁에 행차한 태후는 매우 기뻐했다. 태후를 곁에서 모시던 시종이 병이 들어 궁 밖에 거주하고 있었는데, 왕망은 직접 그를 병문안하였다. 그가 태후의 마음에 영합하려는 것이 이와 같았다.

평제가 붕어하였으나 아들이 없었다. 왕망은 선제宣帝의 현손 중 두 살이었던 가장 어린 광척후廣戚侯의 아들 유영劉嬰을 불러들였는데, 점괘가 가장 길하다는 것을 구실로 삼았다. 그러고는 공경들에게 유영을 유자孺子로 세우고 재형인 안한공 왕망이 즉위하여 섭정할 것을 주청하도록 하였다. 주공周公이 성왕成王을 보좌하였던 고사를 구실로 삼은 것이다. 태후는 불가하다고 생각했지만 막을 힘이 없었다. 그리하여 왕망은 결국 섭정 황제가 되어 개원을 하고, 황제의 직권을 대행하였다. 얼마 후 종실의 안중후安衆侯 유숭劉崇과 동군東郡 태수 적의翟義 등이 왕망을 미워하여 그를 죽이고자 거병하였다. 태후가 이를 듣고 말했다.

"사람의 생각은 크게 다르지 않다. 내 비록 아녀자이나 왕망이 분명 이 일로 위태롭게 될 것임을 알았다. 그가 하려는 일은 불가할 것이다."

그 후, 왕망은 결국 부명符命으로 스스로 즉위하여 진짜 황제가 되었는데, 먼저 여러 상서로운 징조들을 받들어 태후에게 아뢰었다. 태후는 크게 놀랐다.

처음, 한 고조가 진秦나라의 수도인 함양咸陽에 들어가 패상霸上에 도착했을 때 진왕秦王 자영子嬰은 지도軹道에서 항복하면서 진시황의 옥새를 바쳤다. 고조가 항우를 죽이고 즉위하였을 때 그 옥새를 직접 차고 있었다. 이 옥새는 대대로 한나라에 전해지는 옥새라는 의미에서 전국새傳國璽라 불렀다. 유자는 정식으로 즉위하지 않았기 때문에 전국새는 태후의 장락궁에 보관되어 있었다. 왕망은 즉위한 후 전국새를 요청하였으나 태후는 주지 않으려 했다. 왕망은 안양후安陽侯 왕순王舜을 시켜 자신의 뜻을 태후에게 전하게 했다. 왕순은 평소 신중한 성격이었기에 태후의 신임을 받고 있었다. 왕순을 만나자 태후는 그가 왕망이 옥새를 요구하는 일 때문에 온 것임을 알고서 화를 내며 욕하였다.

"너희 부자와 일족들은 한나라 왕실의 은혜를 입어 대대로 부귀를 누려왔다. 그런데도 보답은커녕 어린 황제를 보좌하는 부탁을 받고서도 은혜와 도리를 돌보지 않고 기회를 틈타 나라를 빼앗으려고 한다. 개와 돼지도 저들이 남긴 것은 먹지 않을 것이다. 세상에 어찌 이러한 형제들이 있단 말이냐! 하물며 스스로 금궤金匱의 부명을 이용하여 신新의 황제로 즉위하고는 역법, 복식, 수레의 제도를 바꾸지 않았느냐. 그렇다면 직접 다시 옥새를 만들어 그것을 만세에 계승할 것이지 어찌 망국의 상서롭지 못한 옥새를 쓰려고 요구한단 말이냐? 나는 한나라의 늙은 과부이니 죽을 날이 멀지 않았다. 이 옥새와 함께 묻힐 것이니 너희는 끝내 가져갈 수 없을 것이다!"

태후가 눈물을 흘리며 말하자 곁에 있던 우두머리 궁녀 이하도 모두 울었다. 왕순도 슬픔을 참지 못하여 한참 후에야 고개를 들고 태후에게 아뢰었다.

"신들도 이미 간언할 수 없는 상황입니다. 왕망은 필히 전국새를 얻고자 할 것인데 태후께서 어찌 끝까지 주지 않을 수 있겠습니까!"

태후는 왕순의 간절한 말을 듣고 왕망이 위협을 가할까 두려워 한나라의 전국새를 꺼내 땅에 던져주었다.

"나는 늙었으니 이제 죽을 것이다. 그러나 너희 형제가 이러하니 장차 멸족을 당하게 될 것이다!"

왕순이 전국새를 바치자 왕망은 몹시 기뻐하였다. 그리하여 태후를 위해 미앙궁의 점대漸臺에서 연회를 마련하여 마음껏 즐겼다.

왕망은 한나라 때 사용하던 태후의 예전 존호와 옥새를 바꾸려 했는데 태후가 동의하지 않을까 걱정하였다. 왕망의 먼 친척인 왕간王諫이 왕망에게 아첨하고자 상서를 올렸다.

"하늘이 한나라를 폐하고 신나라를 세우도록 명하였으니 태황태후께서 한나라의 존호를 그대로 사용하는 것은 마땅하지 않습니다. 한나라를 따라 폐지하여 천명을 받들어야 합니다."

그러자 왕망은 수레를 타고 태후가 거처하는 동궁으로 가서 직접 상소문을 가지고 아뢰었다. 태후는 하는 수 없이 "그 말이 옳구나"라고 했다. 왕망은 "이런 패역무도한 신하는 사형에 처해야 합니다!"라며 태연자약했다. 당시 관군冠軍 사람 장영張永이 둥근 모양의 구리 부명을 바쳤는데 이런 문구가 있었다.

'태황태후는 신실문모태황태후新室文母太皇太后가 되어야 한다.'

그리하여 왕망은 조서를 내렸다.

"내가 이 부명을 신하들에게 보여주었더니 모두 '아름답습니다! 이 글자는 새긴 것도, 그린 것도 아니고 자연적으로 만들어진 것입니다'라고 하였다. 생각해보니 하늘이 내게 천자가 되도록 명하고 또 태황태후를 '신실문모태황태후'로 명한 것은 신新과 한漢 두 왕조의 교체 상황과도 부합하고 한 왕조의 호칭과도 부합한다. 애제 때 민간에서 '행조주行詔籌'라는 것이 유행하였는데, 서왕모가 내린 부적이었다고 한다. 이 부명은 태황태후께서 두 왕조에 걸쳐 국모가 되실 것이라는 징조가 분명하다. 내 천명을 두려워하니 감히 따르지 않을 수 있겠는가! 길한 달과 날짜를 골라 직접 공경대신과 제후들을 이끌고 황태후에게 옥새를 바쳐 하늘의 뜻을 따르고 사해를 환히 비출 것이다."

태후는 허락하였다. 왕망은 이에 짐독으로 왕간을 죽이고 장영을 공부자貢符子에 책봉하였다.

애초, 왕망이 안한공이 되었을 때 태후에게 잘 보이기 위해 원제의 묘호를 고종高宗으로 하고 태후가 세상을 뜬 후 예법대로 원제의 사당에 배향할 것을 주청하였다. 그러나 존호를 '신실문모'로 바꾸면서 태후와 한나라의 관계는 단절되었고, 원제의 사당에 배향할 수 없게 되었다. 그러자 원제의 사당을 헐어버리고 별도로 문모태후의 사당을 만들었고, 따로 원제 사당의 전殿을 태후가 식사하는 곳으로 만들었다. 완성 후 태후가 아직 살아 있으므로 '사당(廟)'이라 하지 않고 장수궁長壽宮이라 하였다. 태후가 유람을 좋아하므로 왕망은 장수궁에 주연을 마련하고 수레를 보내 태후를 모셔오도록 했다. 태후는 도착하여 원제의 사당이 훼손된 것을 보고는 놀라 울며 말했다.

"이는 한나라의 종묘이니 모두 신령이 있는 것인데 너와 무슨 상관이 있다고 이것을 훼손하였느냐! 만약 귀신이 아무것도 알지 못한다면 사당은 만들어서 뭐에 쓸 것이냐! 만약 귀신이 안다면 내 선황제의 비첩이거늘, 어찌 선황제의 사당을 욕보여 음식을 차려놓는단 말이냐!"

그러고는 은밀히 좌우의 사람들에게 이렇게 말했다.

"이자가 귀신을 대수롭지 않게 여기니 어찌 오랫동안 신명의 보호를 받을 수 있겠는가!"

주연은 즐기지도 못하고 끝이 났다.

왕망은 제위를 찬탈한 후 태후가 원망함을 알고서 태후에게 잘 보이기 위해 무엇이든 하였으나 그럴수록 더욱 기뻐하지 않았다. 왕망은 한나라의 시중들이 입던 검은색 담비 가죽을 황색으로 바꾸었고 한나라의 역법과 복제伏祭, 납제臘祭의 날짜를 바꾸었다. 태후는 자신을 시중드는 관리들에게는 여전히 검은색 담비 가죽을 입게 하였고, 한나라의 납일이 되면 홀로 측근들과 함께 주연을 마련하여 한나라를 잊지 않겠노라는 뜻을 보였다.

태후는 시건국始建國 5년(13) 2월 계축일, 84세에 붕어하였다. 3월 을유일 원제의 위릉渭陵에 합장하였다. 왕망은 조서를 내려 대부 양웅揚雄에게 애도사를 짓게 하였다.[13]

"태음太陰의 정기, 사록沙麓의 신령이 한나라와 합하여 원제의 짝이 되고 성제를 낳으셨네."

사록의 징조에 부합함을 표현한 것이며, 태음의 정기란 달을 태몽으로 꾸었던 것을 말한다. 태후가 붕어한 지 10년 후, 한나라의 군사가 왕망을 주멸하였다.

애초, 홍양후 왕립이 봉국인 남양南陽으로 돌아간 후 여러 유씨 자제들과 은정을 맺게 되었다. 왕립의 아들 왕단王丹이 중산 태수가 되었다. 광무제가 막 기병하였을 때 왕단은 투항하여 장군이 되었고 전사하였다. 광무제는 이를 애석하게 여겨 왕단의 아들 왕홍王泓을 무환후武桓侯로 책봉하였고, 그 작위는 지금까지 전해지고 있다.

사도연司徒掾 반표班彪가 말한다.[14]

---

13) 양웅은 한나라를 대표하는 학자이자 문인이다. 각 지방의 언어를 집대성한 『방언方言』, 『논어』를 모방한 『법언法言』, 『주역』을 모방한 『태현경太玄經』, 자서字書인 『훈찬편訓纂篇』 등의 저술과 몇 편의 부賦를 지었다. 학술과 문학에서 탁월한 성과를 남겼으나, 왕망의 신新 정권에서 대부를 지내며 신 왕조를 찬미하는 문장인 「극진미신劇秦美新」을 지은 것이 일생의 오점이 되어 비난을 받기도 했다.

14) 일반적으로 권말에 위치하는 반고의 사평은 '찬왈贊曰'로 시작하는데 「원후전」의 마지막에는 '사도연반표왈'로 되어 있다. 반고의 부친인 반표가 논평한 것이다. 『한서』 전체 중 반고는 세 군데에서 부친의 논평을 인용하였다.

삼대三代 이래 『춘추』의 기록을 보면 왕공王公과 군주가 멸망한 경우는 총애받는 여인으로 인한 것이 대부분이다. 한나라가 개국한 후 여씨, 곽씨, 상관씨가 후비로 있으면서 나라를 위태롭게 한 것이 여러 번이었다. 왕망이 득세할 수 있었던 것은 원황후가 원제, 성제, 애제, 평제 4대 동안 천하 사람들의 국모가 되어 60여 년을 재위하였기 때문이다. 원후의 아우들은 대대로 권력과 국정을 장악하면서 다섯 명이 장군으로, 열 명이 열후로 봉해졌으며, 결국에는 신도후 왕망이 야심을 이루게 된 것이다. 조대朝代가 이미 바뀌었으나 원후는 군건히 옥새를 쥐고서 왕망에게 주지 않으려 했다. 아녀자의 좁은 어짊이 슬프구나!

# 왕망전

王莽傳

왕망(기원전 45~기원후 23)은 원후元后의 이복동생 아들이다. 애제가
붕어한 후 조정을 장악한 왕망은 평제를 옹립하는 과정에서 야심을
키우며 찬탈을 도모하기 시작했다. 거섭居攝 3년(8), 왕망은 결국 즉
위하여 황제가 되었고 국호를 신新으로 하였다. 이로써 전한前漢 시
대는 막을 내린다. 왕망은 9세의 평제를 옹립하고 자기의 딸을 황후
로 삼았으며, 자신에게 안한공安漢公 · 재형宰衡이라는 칭호를 붙여
이윤과 주공의 고사를 따르기도 하였다. 평제의 모친을 비롯한 외
척 세력을 모두 숙청하였고, 자신의 아들을 독살하는 일도 서슴지
않았다. 신新 왕조의 정통성을 확보하기 위해 참위설과 부명을 이
용하였고, 이상 국가의 실현을 위해 개혁을 시도했으나 실패로 돌
아갔다. 개혁은 백성에게 고통을 가져왔고 지방 호족의 이해와 상
반되는 것이었으며 대외 정책까지 실패하면서 각지에서 반란이 일
어났다. 결국 왕망은 부하에게 죽임을 당하였고 신 왕조는 건국한

지 15년 만에 멸망하였다. 그리고 유수劉秀, 즉 광무제에 의해 후한後漢 시대가 개막된다.

반고는 「왕망전」의 마지막 논평에서 왕망을 이렇게 평가하였다.

"왕망은 본래 어질지 않으며 간사한 재주를 가진 자였다. 게다가 네 숙부가 대를 이어 쌓아올린 권세에 의지하여 한나라가 쇠락한 때를 만났으며 성제, 애제, 평제가 후사 없이 세상을 떠나 황실의 대가 끊어지고 태후는 연장자로 종실의 주인인 상황이었다. 그러므로 왕망은 그 간특함을 마음껏 휘두를 수 있었고, 결국 찬탈의 화를 이루었다. 이는 하늘의 때(天時)가 그렇게 만든 것이지 사람의 힘으로 할 수 있는 것이 아니다."

전한의 멸망은 왕망이라는 개인의 야욕과 함께 3대에 걸쳐 후사가 없었던 한 황실의 쇠락, 그리고 왕씨 가문의 전횡을 초래한 왕원후라는 배경, 이 모든 상황이 복합적으로 만든 결과라는 것이다.

「왕망전」은 마지막 열전으로 상·중·하 3편으로 구성되어 있으며, 약 4만 자에 달하는 『한서』 중 가장 긴 편이다. 반고는 전한의 멸망을 타산지석으로 삼을 필요가 있었기에 왕망을 가장 공들여 집필했을 것이다. 상편은 왕망이 세력을 키워 조정을 장악하고 황제에 즉위하여 신 왕조를 건립하기까지, 중편은 신 왕조가 시작된 건국建國 원년(9)부터 천봉天鳳 3년(16)까지의 기록이다. 황제의 자리에 즉위하자 그간 감추었던 위선을 벗고 잔혹한 본성을 드러내는 측면이 부각되어 있다. 개혁정책을 시행하였으나 현실에 부합하지 않았고, 거듭되는 실패에도 불구하고 엄격한 법의 시행과 수탈을 멈추지 않았다. 하편에서는 천봉 4년(17)부터 멸망까지, 그리고 광무제 유수가 동한을 건립하는 과정이 간단히 수록되어 있다.

이 책에서는 상편을 번역하였다. 여기에는 왕망이 위선과 권모술수로 사람들과 교류하여 환심을 사고 명예를 얻게 되자, 이를 기반으로 자신의 권력을 넓혀가는 과정이 담겨 있다. 수많은 사람들의 청송과 추천에도 왕망은 자신에게 주어지는 상과 작위를 거듭 사양하다가 결국 마지못해 받아들이는 모습을 반복적으로 연출한다. 반고는 이 과정을 지나치리만치 구체적으로 기록하였는데, 이를 통해 왕망의 위선, 아첨, 기만이 부각된다. 점차 야심을 키워 조정을 장악하고 후사가 없는 상황을 이용하여 꼭두각시 황제를 옹립하였다가 결국엔 자신이 황제로 즉위하기까지가 상편의 내용이다. 전체적인 흐름에 지장이 없는 선에서, 왕망에 대한 청송과 추천, 왕망의 의도적인 사양이 반복되는 대목은 중략하였다.

왕망王莽의 자는 거군巨君으로 원후元后 동생의 아들이다. 원후의 부친과 형제들은 모두 원제와 성제 때 제후로 책봉되어 요직에서 정치를 보좌하면서 9명의 열후, 5명의 대사마를 배출하였다. 이 내용은 「원후전」에 수록되어 있다. 왕망의 부친 왕만王曼은 일찍 세상을 떠났기에 작위를 받지 못했다. 왕망의 당형제들은 모두 장군과 열후의 아들이었으므로 권문세가로서 호사를 누리며 사치와 낭비를 일삼았고, 수레와 말, 아름다운 여인들을 거느리고 방탕한 생활을 하면서 서로 으스댔다. 그러나 왕망은 가난하였기에 자신을 낮추어 어른을 공경하고 검소하게 생활하였다. 그는 패군沛郡의 진참陳參을 스승으로 섬겨 『예경禮經』을 배웠고, 부지런히 학업에 매진하며 유생처럼 차려입고 다녔다. 모친과 과부가 된 형수를 모셨고 아비를 잃은 조카를 부양하였으며 행동거지가 매우 신중하고 단정하였다. 밖으로는 훌륭한 선비들과 교유하고, 안으로는 예를 다하여 집안 어른들을 잘 섬겼다.

양삭陽朔 연간, 백부인 대장군 왕봉이 병들자 왕망은 시중을 들었다. 직접 약 수발을 하느라 두발도 정리하지 못하고, 얼굴에는 때가 낀 채 몇 달 동안 옷을 갈아입지도 못했다. 왕봉은 임종 전 왕망을 태후와 성제에게 당부하였다. 왕망은 황문랑黃門郎에 임명되었다가 이후 사성교위射聲校尉가 되었다.

오랜 후 왕망의 숙부인 성도후 왕상이 상소를 올려 자신의 식읍과 봉지를 왕망에게 나누어줄 것을 청하였다. 그리고 장락궁의 소부少府 대숭戴崇, 시중 김섭金涉, 호기교위胡騎校尉 기굉箕閎, 상곡도위上谷都尉 양병陽並, 중랑 진탕陳湯은 당시의 명사들이었는데 모두 왕망을 좋게 평가했다. 성제는 이 때문에 왕망을 어질다고 여기게 되었다. 영시永始 원년(기원전 16), 왕망을 신도후新都侯에 봉하였다.

남양군南陽郡 신야현新野縣의 도향都鄕을 봉국으로 하고 1500호의 식읍을 하사하였다. 이후 기도위騎都尉 광록대부光祿大夫 시중侍中으로 승진하여 황궁의 경비를 맡게 되었다. 그는 항상 진중하였으며, 지위와 신분이 존귀해질수록 더욱 겸손하였다. 수레와 말, 의복을 문하의 빈객들에게 나누어주었으며 집에는 재물을 남겨두지 않았다. 저명한 인사들을 거두어 부양하였으며 다수의 장군, 재상, 경대부들과 교류하였다. 지위가 높은 사람들은 끊임없이 그를 추천하였고, 논객들은 그를 위해 유세하였다. 그리하여 헛된 명성은 그의 백부와 숙부들을 뛰어넘을 정도로 무성해졌다. 억지스러운 행실로 허명을 취하면서도 부끄러운 줄 몰랐다.

왕망의 형인 왕영王永은 제조諸曹를 역임하였는데 요절하였고 아들 왕광王光이 있었다. 왕망은 왕광을 박사의 문하에서 공부하도록 했다. 왕망은 휴가를 나올 때면 수레를 몰고 양고기와 술을 가져다 왕광의 스승에게 대접하였고, 함께 배우는 학생들에게도 상을 두루 내렸다. 그때마다 많은 유생들이 모여들어 구경하였고, 장로들의 감탄이 끊이지 않았다. 왕광은 왕망의 아들 왕우王宇보다 어렸는데, 왕망은 이들을 같은 날 장가보냈다. 손님들이 집안에 가득할 때 얼마 후 어떤 사람이 와서 왕망의 모친이 어디가 편찮으시니 어떤 약을 먹어야 한다고 말했다. 손님들이 돌아가기 전까지 왕망은 수차례 들락거리며 모친을 살폈다.

한번은 왕망이 몰래 시중드는 여자 노비를 사들였는데 당형제들이 소문을 들어 알게 되자 왕망은 이렇게 말했다.

"후장군後將軍 주자원朱子元이 아들이 없다는데 듣자 하니 이 아이가 아들을 잘 낳는다 하여 사들인 것입니다."

그러고는 그날로 그 여자 노비를 주자원에게 보냈다. 진심을 감추고 허명을 구하는 것이 이와 같았다.

당시 왕태후의 외조카인 순우장이 재능이 있어 구경九卿의 지위에 임명되었다. 왕망보다 먼저 출세한 것이었다. 왕망은 몰래 그의 악행을 수집한 후 대사마인 곡양후 왕근을 통해 고발하였다. 순우장은 처형되었고 왕망은 충성스럽고 강직하다는 명성을 얻게 되었다. 이 일은 「순우장전」에 기록되어 있다. 왕근은 퇴직을 요청하면서 왕망이 자신의 직책을 대신하도록 추천하였다. 성제는 결국 왕망을 대사마로 발탁하였다. 이때가 수화綏和 원년(기원전 8)으로 왕망은 당시 38세였다. 동년배들에 비해 특출났던 왕망은 왕봉, 왕상, 왕음, 왕근 네 명의 백부와 숙부의 뒤를 이어 정치를 보좌하게 되었다. 왕망은 자신의 명예가 앞사람을 뛰어넘게 하고자 계속 자신을 절제하였고, 현명하고 능력 있는 자들을 초빙하여 속관으로 임명하였다. 또한 황제에게 상으로 받은 것과 봉읍의 수입을 모두 선비들을 대접하는 데 사용하였고 자신은 더욱 검소하게 생활하였다. 왕망의 모친이 병들자 삼공과 구경, 열후들은 그 부인을 보내 병문안을 하였다. 왕망의 아내가 그들을 맞이하였는데 그녀의 옷은 땅에 끌리지 않았고 베로 된 앞치마를 두르고 있었다. 사람들은 그녀를 하인으로 생각했다가 왕망의 부인인 것을 알고는 모두 놀랐다.

왕망이 정치를 보좌한 지 1여 년이 되었을 때 성제가 붕어하였다. 애제가 즉위하였고 황태후는 태황태후가 되었다. 태후는 왕망에게 사직하고 집으로 돌아가 권력을 애제의 외가에게 넘겨주도록 넝했다. 왕망이 관직에서 물러날 것을 청하자 애제는 상서령을 보내 왕망에게 조서를 내렸다.

"선황제께서 국정을 그대에게 위임하시고 신하들을 떠나셨소. 내가 종묘사직을 받들게 되었으니 진심으로 그대와 마음과 뜻을 합할 수 있기를 바랐소. 지금 그대가 병이 있다며 퇴직을 요청하니 짐이 선황제의 뜻을 따를 수 없게 된 것을 몹시 슬프게 생각하오. 짐은 이미 상서성에 조서를 내려 그대가 업무에 복귀할 것을 기다리도록 해두었소."

그러고는 승상 공광孔光, 대사공 하무何武, 좌장군 사단師丹, 위위衛尉 부희傅喜를 보내 태후에게 이렇게 아뢰게 하였다.

"폐하께서 태후의 조서를 들으시고 매우 슬퍼하셨습니다. 대사마가 나오지 않는다면 폐하께서는 정무를 처리하지 않으시겠다 하십니다."

그리하여 태후는 왕망에게 조정에 들 것을 명령하였다.

당시는 애제의 조모인 정도국定陶國 부태후傅太后와 모친 정희丁姬가 아직 건재할 때였다. 고창후 동굉董宏이 상서를 올려 이렇게 말했다.

"『춘추』의 대의에 따르면, '어미는 자식의 신분이 귀해지면 따라서 귀해진다(母以子貴)'고 하였으니 정희에게 존호를 더해주어야 합니다."

왕망은 사단과 함께 동굉이 조정의 기강을 어지럽혔으니 대역무도하다며 탄핵하였다. 이 내용은 「사단전師丹傳」에 있다. 이후 미앙궁에서 연회를 베풀었는데 황실용품을 담당하는 관서인 내자內者의 관원이 부태후를 위해 장막을 치고 태황태후 옆에 앉도록 하였다. 왕망은 돌아다니며 점검을 하다가 관리를 질책하며 말했다.

"정도태후는 제후왕의 태후이고 선황제의 후비인데, 어찌 지존이신 태황태후와 함께 나란히 앉을 수 있겠는가!"

그러고는 장막을 철거하고 자리를 다시 배치하였다. 부태후는 이 일을 듣고 진노하여 연회에 참석하지 않으려 하였고 왕망에게 원한을 품게 되었다. 왕망이 다시 퇴직을 청하자 애제는 황금 500근을 하사하고 네 필의 말이 끄는 수레를 타고 집으로 돌아가게 해주었다. 많은 공경대부들이 왕망을 칭송하였으므로 황제는 그를 더욱 우대하였다. 왕망의 집으로 시중드는 사람을 파견하였으며 황실의 태감에게 열흘에 한 번씩 음식을 하사하도록 했다. 또 이러한 조서를 내렸다.

"신도후 왕망이 나랏일을 위해 애쓰고 수고하며 정의와 원칙에 맞게 일을 처리해온 덕분에 짐은 나라를 잘 다스릴 수 있었다. 태황태후께서 왕망에게 조서를 내려 집으로 돌아가게 하시니 짐은 몹시 애석하다. 황우취黃郵聚의 350호를 왕망에게 더 내려주고 특진特進에 임명하며 급사중의 직함을 더하도록 하라. 매월 초하루와 보름에 입조하여 알현할 때는 삼공과 동일한 예우를 하도록 하며, 황제를 수행힐 때는 황손의 수레인 녹거綠車를 타도록 하라."

2년 후, 부태후와 정희가 모두 존호를 책봉받자 승상인 주박朱博이 상주하였다.

"예전에 왕망은 존귀한 자를 높이는 데 뜻을 펼치지 않고 태후에게 존호를 내리지 못하도록 막아 폐하의 효심을 상하게 하였습니다. 법에 따라 처형하여야 함에도 운 좋게 사면을 받았으나 작위와 봉읍을 가져서는 안 됩니다. 서인으로 강등할 것을 청합니다."

애제는 말했다.

"왕망과 태황태후가 인척관계이니 작위와 봉읍을 삭탈하지 말고 봉국으로 돌아갈 수 있도록 하라."

왕망은 봉국으로 돌아가 바깥출입을 삼가고 지냈다. 그러던 중 차남 왕획王獲이 집안의 노비를 살해하였다. 왕망은 아들을 질책하며 자진하도록 명하였다. 봉국에서 3년을 지내는 동안 수백 명의 관리와 백성들이 상서를 올려 왕망의 억울함을 변호하였다. 원수元壽 원년(기원전 2), 일식이 있었다. 현량賢良인 주호周護와 송숭宋崇 등은 황제의 질문에 답하는 자리에서 왕망의 공덕을 크게 칭송하였다. 황제는 결국 왕망을 불러들였다.

당초 왕망이 봉국으로 돌아갔을 때 남양 태수는 왕망의 지위가 존귀하였기 때문에 속관인 완현宛縣 사람 공휴孔休를 파견하여 신도국新都國의 재상직을 맡도록 했다. 공휴가 배알하자 왕망은 예의를 다하여 교제를 맺으려 했고, 공휴 또한 명성을 익히 들었던지라 그에 맞춰 응하였다. 이후 왕망이 병이 들자 공휴가 문병을 갔다. 왕망은 감사의 뜻을 전하고자 옥 장식이 있는 보검을 선물로 주면서 우호적인 관계를 도모하였다. 공휴가 받지 않자 왕망은 이렇게 말했다.

"그대 얼굴에 흉터가 있는 것을 보았소. 좋은 옥은 흉터를 없앨 수 있다고 해서 이 옥을 드리려는 것뿐이오."

곧바로 옥을 빼서 주었으나 공휴는 거듭 사양하였다. 왕망이 말했다.

"그대는 너무 귀한 것이라 꺼리는 것이오?"

결국 왕망이 옥을 깨부수어 직접 싸서 주자 공휴는 그제야 받았다. 조정의 부름을 받고 수도로 떠나게 된 왕망은 공휴를 만나려 했으나 공휴는 병을 핑계대며 만나지 않았다.

왕망이 수도로 돌아온 지 1여 년이 되었을 때 애제가 승하하였다. 애제는 아들이 없었고, 부태후와 정태후 모두 세상을 떠난 상황이었다. 태황태후는 그날로 수레를 타고 미앙궁으로 가서 옥새를 챙긴 다음, 사신을 보내 급히 왕망을 불러오도록 했다. 상서에 조서를 내려 군대의 부절, 백관의 정무 보고, 중황문中黃門과 기문期門의 금위군을 모두 왕망에게 속하도록 했다. 왕망이 보고하였다.

"대사마 고안후 동현董賢이 젊어 여러 사람들의 마음과 합하지 못하니 그의 인장을 회수해야 합니다."

동현은 그날로 자살하였다. 태후는 공경대신들에게 대사마에 적합한 사람을 추천하게 하였다. 대사도 공광孔光, 대사공 팽선彭宣이 왕망을 추천하였고 전장군 하무何武, 후장군 공손록公孫祿은 서로를 추천하였다. 태후는 왕망을 대사마에 임명하고 함께 제위를 누가 계승하게 할지 논의하였다. 안양후 왕순王舜은 왕망의 당제堂弟로 선량하고 신중하여 태후의 신뢰와 총애를 받았다. 왕망은 왕순을 거기장군車騎將軍으로 임명하고 중산왕中山王을 데려오게 하여 성제의 후사로 삼았다.[1] 그가 평제이다. 평제는 9세였으므로 태후가 수렴청정하였고 정무를 왕망에게 일임하였다. 왕망은 이전에 조씨趙氏가 황자를 살해한 일과 부씨傅氏의 교만하고 참람된 행위를 아뢰었다.[2] 결국 성제의 조황후와 애제의 부황후는 폐위되어 명을 받고 자결하였다. 이는 「외척전」에 수록되어 있다.

대사도 공광은 저명한 유학자로 세 명의 황제를 보좌하였으며 태후의 존경과 천하 사람들의 신뢰를 받는 자였다. 그러므로 왕망은

---

[1]  원제와 풍소의馮昭儀 사이에서 태어난 아들 유흥劉興을 중산왕에 봉하였고, 그 아들 유간劉衎이 작위를 이어받았다. 유간이 평제이다.

[2]  성제는 허황후가 폐위된 후 그 비인을 황후로 세우고 그 동생 조소의趙昭儀를 총애하였다. 두 자매가 성제의 총애를 10여 년 동안 독차지하였으나 끝내 아들이 없었고 결국 부태후의 손자인 정도왕이 제위를 계승하였다. 애제가 즉위한 후 성제가 총애했던 두 여인이 낳은 아들이 있었으나 조소의의 사주로 살해되었음이 드러났다. 애제의 조모이자 원제의 후궁이었던 부소의는 성제의 모친과 동일하게 존중받기를 요구하였고, 애제는 결국 '황태태후皇太太后'의 존호를 부여하였다. 태후라는 존호를 받자 더욱 교만해진 부소의는 성제의 모후인 왕태후와 말을 나눌 때 '할멈(嫗)'이라는 호칭을 쓸 정도였다. 부소의가 세상을 뜨자 황태후의 예의에 따라 장례를 지냈다. 이 모든 것은 부소의의 신분에 맞지 않는 것이었다.

그를 극진히 존경하여 그의 사위 견감甄邯을 시중 봉거도위에 임명
하였다. 애제의 외척과 평소 좋아하지 않았던 대신에게 왕망은 죄
명을 덮어씌워 상주문을 작성하고는 견감을 시켜 공광에게 전달했
다. 공광은 평소 조심스럽고 신중한 성격이었기에 상주문을 감히
올리지 않을 수 없었고, 왕망이 태후에게 보고하면 그 상주문은 비
준을 얻게 되었다. 그리하여 전장군 하무, 후장군 공손록은 서로 천
거하였던 일 때문에 면직되었고, 정씨丁氏와 부씨傅氏, 동현의 친척
들은 모두 관직과 작위를 박탈당하고 먼 곳으로 유배되었다. 홍양
후 왕립은 태후의 이복동생으로 관직에 있지는 않았지만 왕망은 숙
부들을 내심 어려워하였고, 왕립이 태후에게 자신에 대해 불리한
말을 하여 정사를 뜻대로 할 수 없게 될까봐 걱정하였다. 그리하여
공광에게 예전에 왕립이 저질렀던 악행을 고발하도록 했다.

"예전 정릉후 순우장이 대역죄를 범했음을 알았으나 뇌물을 받
고서 그를 변호하여 조정의 일을 그르치게 하였습니다. 이후 관노
인 양기楊寄의 사생자를 황자라고 주장하여 사람들은 여후呂后, 소
제少帝와 같은 일이 다시 생겼다고들 했습니다.[3] 온 세상에 의심이
들끓으니 후세에게 어린 황제를 보필하는 공을 보여주기 어렵게 되
었습니다. 왕립을 봉국으로 돌려보내실 것을 청합니다."

태후가 동의하지 않자 왕망은 말했다.

---

3) '소제'는 어린 나이에 즉위하였으나 제위에 오래 있지 못한 황제를 일컬으며 여기서
는 혜제의 뒤를 이어 즉위했던 두 황제를 말한다. 여태후는 황자를 낳지 못한 혜제
의 황후에게 다른 사람의 아이를 데려다 아들로 삼고 친모를 죽이도록 했다. 그리하
여 후궁이 낳은 아이를 데려다 태자로 삼았다. 혜제가 죽은 후 즉위하였는데 나이가
어렸으므로 여태후가 집정하였다. 소제는 자신이 황후의 소생이 아니며 친모가 죽
임을 당한 것을 알고는 반드시 원한을 갚겠다고 했다. 이를 알게 된 여태후는 소제
를 죽이고 그 이복동생을 다시 즉위시켰으며 역시 여태후가 계속해서 집정하였다.
여태후가 죽고 여씨 일족이 몰살당한 후 문제文帝가 즉위하면서 폐출되었다. 소제
는 혜제의 후궁 소생이라고 하기도 하고, 혜제 소생이 아니라는 설도 있다.

"지금 한 왕조가 쇠락하여 연이어 2대에 걸쳐 후사가 없으니 태후께서 혼자 어린 황제를 대신하여 정사를 도맡고 계십니다. 신중함과 공명정대함으로 천하를 이끌어도 오히려 사람들이 복종하지 않을까 실로 염려됩니다. 만약 사적인 감정으로 대신들의 의견을 거스른다면 신하들이 함부로 부당한 행동을 할 것이고 화는 여기에서 비롯될 것입니다. 그러니 왕립을 잠시 봉국으로 돌려보냈다가 천천히 다시 불러들이십시오."

태후는 부득이하여 왕립을 봉국으로 돌려보냈다. 왕망이 위아래를 제어하는 방법은 모두 이와 같은 것들이었다.

그리하여 왕망의 뜻에 따르는 사람은 발탁되었고, 그를 거스르고 원망하는 자들은 주멸되었다. 왕순과 왕읍王邑은 심복이 되었고, 견풍甄豐과 견감은 감찰과 탄핵을 담당하였으며, 평안平晏은 기밀 사건을 담당하였고, 유흠은 전장제도를 담당하였으며, 손건孫建은 무력을 담당하였다. 견풍의 아들 견심甄尋, 유흠의 아들 유분劉棻, 탁군涿郡 사람 최발崔發, 남양 사람 진숭陳崇은 뛰어난 재능으로 왕망의 총애를 받았다. 왕망은 표정이 엄숙하고 말투가 반듯했다. 하고자 하는 일이 있으면 표정으로 약간만 드러내도 무리들이 그 뜻을 받들어 분명하게 상주하였고, 왕망은 머리를 조아리고 눈물을 흘리면서 거듭 사양하였다. 이러한 방법으로 위로는 태후를 속였으며 아래로는 사람들에게 신뢰를 보였다.

앞서 왕망은 익주益州의 관리에게 변경 밖 오랑캐를 시켜 흰 꿩을 바치게 한 적이 있다. 원시 원년(1) 정월, 왕망은 태후에게 조서를 내려 길조인 흰 꿩을 종묘에 바칠 것을 건의하였다. 신하들이 태후에게 상주하였다.

"태후께서 대사마 왕망에게 새로운 황제를 옹립하는 일을 위임하여 한나라 사직이 안정되었습니다. 예전 대사마 곽광이 사직을 안정시킨 공로가 있었을 때 봉읍 3만 호를 더해주고 후세까지 그 작위와 봉읍을 보장해주어 소하蕭何와 같은 대우를 해주었습니다. 왕망도 곽광의 전례대로 해야 하옵니다.”

태후가 공경들에게 물었다.

“대사마가 정말 큰 공적이 있어 표창해야 한다고 보는 것이오, 아니면 내 친척이기 때문에 그를 특별하게 대하는 것이오?”

그러자 신하들은 더 적극적으로 진언하였다.

“주나라 성왕 때 흰 꿩의 길조가 나타난 이후 천년이 흘러 하늘에서 같은 징조를 보여주었으니, 이는 왕망의 공덕 덕분입니다. 성왕 聖王의 법도에 신하가 큰 공로가 있으면 생전에 그에 합당한 존호를 내려줍니다. 그러므로 주공은 살아생전에 ‘주周’라는 칭호를 내려주었던 것입니다. 왕망이 국가와 황실을 안정시킨 큰 공적이 있으니 안한공安漢公이라는 존호를 하사하고 봉읍을 더하여 후세까지 작위와 봉읍이 세습되도록 하시옵소서. 멀리는 주나라의 제도에 부합하고, 가까이로는 곽광의 선례에 따라 하늘의 뜻에 순응하는 것입니다.”

태후는 상서에 조서를 내려 이 일을 기록하도록 했다.

왕망이 상서를 올렸다.

“신과 공광, 왕순, 견풍, 견감은 함께 나라의 정책을 제정하였습니다. 공광 등의 공로와 상만 갖추어 작성하고 신은 저들과 함께 두지 말아주십시오.”

견감은 태후에게 이러한 조서를 내릴 것을 건의하였다.

“『상서』에서 ‘편들지 않고 비호하지 않으니 왕도는 공평무사하네 (無偏無黨, 王道蕩蕩)’라고 하였다. 친척이라도 사적인 정에 치우쳐서는 안 된다. 그대가 사직을 안정시킨 공로가 있는데 친척이라고 해서 가리고 포상을 하지 않을 수 없으니 사양하지 말라."

왕망은 다시 상소를 올려 사양하였다. 태후는 알자謁者에게 조서를 내려 왕망을 데려와 편전에서 기다리게 하였으나 왕망은 병을 핑계대면서 입궁하지 않으려 했다. 태후는 상서령인 요순姚恂을 시켜 왕망에게 명을 전달하였다.

"그대가 병을 핑계 삼아 포상을 거절하고 있으나 책임이 막중하니 조정에 그대가 없어서는 안 된다. 즉시 입조하여 업무를 처리하도록 하라."

그러나 왕망은 끝까지 고사하였다. 태후는 다시 장신궁의 태부인 왕굉王閎을 보내 제서를 받들고 왕망을 불러오도록 하였으나 왕망은 계속 병을 구실 삼았다. 좌우의 시종들이 태후에게 건의하길, 왕망에게 강요하지 말고 공광 등에게만 공로와 상을 하사한다면 왕망은 입조하여 정무를 볼 것이라고 하였다. 태후는 조서를 내렸다.

"태부 박산후 공광은 4대에 걸쳐 황제를 보필하면서 태부와 재상을 역임하였다. 충심과 인자함을 갖추었고 의로운 행실이 분명하며 새로운 황제의 옹립을 건의하였다. 공광에게 1만 호의 봉읍을 더하고 태사太師에 임명하니 천자의 최측근에서 정치를 보좌하는 사보四輔에 참여하도록 하라. 거기장군 안양후 왕순은 인자하고 효성스러운 자이다. 그를 파견하여 중산왕을 영접하였으니 먼 길을 다녀온 탁월한 공적을 인정하여 1만 호의 봉읍을 더하고 태보太保에 임명한다. 좌장군 광록훈 견풍은 삼대의 황제를 보필하면서 충성과 신의가 있었다. 중산왕을 맞이하여 보필하고 봉양하였으니 사직을 안정시킨 공이 있다. 그를 광양후廣陽侯에 봉하고 식읍 5000호를 하사하며 소부少傅로 임명한다. 모두에게 사보四輔의 직위를 수여하고, 작위와 봉읍이 자손에게 세습되게 하며, 각자 저택을 한 곳씩 하사한다. 시중 봉거도위 견감은 근면 성실하게 황제를 호위하였으며 황제의 옹립을 건의하였으니 승양후承陽侯에 봉하고 식읍 2400호를 하사하도록 하라."

네 사람의 논공행상이 이루어지고서도 왕망은 입조하지 않았다. 군신들이 다시 상소를 올렸다.

"왕망이 사양하더라도 조정에서는 표창을 해주어야 합니다. 제때에 상을 내려주어 가장 큰 공로를 중시했음을 보여주어야 관료와 백성들이 실망하지 않을 것입니다."

태후는 조서를 내렸다.

"대사마 신도후 왕망은 삼대 동안 삼공의 자리에 있으면서 주공의 책임을 맡아 자손만대를 위한 계책을 마련하였으니 그의 공로와 덕행은 조정 대신 중 으뜸이라 할 수 있다. 덕망이 사해에 넘쳐나고 먼 곳의 사람들까지도 그의 덕을 흠모하여 주나라 때 월상씨越裳氏가 흰 꿩을 바쳐왔던 일이 다시 일어나게 되었다. 왕망에게 소릉召陵과 신식新息 두 현의 2만 8000호를 더하여 주고 후손의 요역과 세금을 면제해주며 작위와 식읍을 세습하도록 하여 소상국蘇相國의 전례대로 그의 공적을 포상하도록 하라. 태부에 임명하고 사보四輔의 일을 총괄하도록 하며 안한공의 칭호를 하사하도록 하라. 옛날 소상국의 관저를 안한공의 저택으로 삼고 법령에 분명히 명시하여 영원토록 전해지도록 한다."

왕망은 황공해하며 어쩔 수 없이 입조하여 책명을 받았다. 책서에는 이렇게 쓰여 있었다.

"한 왕조가 후사가 없어 위태롭게 되었으나 그대가 이러한 국면을 안정시켰다. 사보의 직위와 삼공의 중임을 감당하였고 문무백관을 모두 통솔하였다. 그대의 공덕으로 사직은 안정되었으니 흰 꿩의 길조는 바로 주공이 성왕을 보좌했던 상서로운 징조이다. 이에 특별히 '안한공'이라는 영예로운 칭호를 하사하니 황제를 보좌하여 태평성세에 이르게 할 수 있기를 바란다. 짐의 뜻을 더 이상 거스르지 말도록 하라."

왕망은 태부의 관직과 안한공의 칭호를 받았다. 그러나 봉읍을 더하는 것과 후손까지 작위와 봉읍이 세습되는 것은 사양하면서 백성들이 풍족하게 지낼 수 있게 된 후에 상을 받겠다고 했다. 대신들이 왕망을 위해 말하자 태후는 명을 내렸다.

"그가 직접 백성이 잘살게 된 후를 기다리겠다 했으니 나는 그의 뜻을 따를 것이다. 그의 봉록, 왕부의 관속, 상을 모두 원래의 곱절로 더하고, 백성들이 풍족해지면 대사도와 대사공이 보고를 하도록 하라."

왕망은 거듭 사양하고 받지 않았다. 그러고는 제후왕의 후손과 고조 이래 공신의 자손들을 책봉하여 큰 공로가 있으면 열후에 봉하거나 혹은 관내후의 작위와 봉읍을 하사하고, 그다음 재직하고 있는 관리들에게 각자의 등급과 순서에 따라 상을 내려줄 것을 건의하였다. 또한 위로는 종실을 존경하여 제사를 지낼 때 예악을 더하고, 아래로는 선비와 백성들, 홀아비와 과부까지 정치의 은택이 두루 미칠 수 있도록 할 것을 건의하였다. 이 말은 「평제기」에 기록되어 있다.

왕망은 모든 사람들로부터 신망을 얻게 되자 정권을 장악하고자 하였다. 그는 왕태후가 정무에 염증을 느낀다는 것을 알고서 공경 대신들에게 상주할 것을 은근히 권했다.

"예전 공적에 따라 차례대로 이천석으로 승진한 관리와 각 지방에서 능력이 뛰어나다고 추천된 관리 중 직분에 부적합한 자들이 많습니다. 그들을 모두 안한공에게 보내 평가를 받게 해야 합니다. 태후께서 이런 사소한 일에 관여하시는 것은 마땅하지 않습니다."

그러고는 태후가 이러한 조서를 내리게 했다.

"황제께서 어리시니 성년이 되어 관례를 치를 때까지 내가 정무를 다스리게 되었다. 그러나 지금 자질구레하고 복잡한 일이 많은데 내 연로하여 정신과 기력이 감당하지 못하니 자신을 보양하고 황제를 양육하는 방법이 아닐 것이다. 그러므로 충직한 현인을 발탁하고 사보四輔를 두어 백관들이 직무에 충실하게 하였으니 나라는 편안해질 것이다. 공자께서 이렇게 말씀하셨다.

'위대하구나, 순임금과 우임금은 천하를 얻은 후 직접 정무에 간여하지 않았다(巍巍乎, 舜禹之有天下而不與焉).'

지금부터 작위에 봉하는 일만 나에게 보고하고 다른 일은 안한공과 사보가 함께 처리하도록 하라. 주州의 장관, 이천석 관원과 신임 관리의 업무 보고는 그때마다 가까운 부서로 가서 안한공에게 하도록 하라. 그리하여 안한공이 재직 관원들을 평가하고 신임 관리들에게 질문하여 직무에 적합한지를 알도록 하라."

왕망은 관리들을 하나하나 접견하여 자세하게 질문하고 자상하게 보살피며 후한 예물을 하사하였다. 그리고 자신의 뜻에 맞지 않는 사람은 공개적으로 해임할 것을 주청하였다. 이렇게 해서 왕망의 권력은 군주와 대등해졌다.

왕망은 허명으로 태후를 기쁘게 하고자 이렇게 말했다.

"애제 시기 외척이었던 정씨丁氏·부씨傅氏의 사치 이후, 백성들은 여전히 대부분 궁핍합니다. 태후께서 소박한 옷과 식사로 천하 사람들에게 모범이 되셔야 합니다."

왕망은 또 상서를 올려 1만 전의 돈과 밭 30경頃을 헌납하여 대사농大司農에게 주고 가난한 백성을 돕겠다고 했다. 이리하여 백관들이 모두 왕망을 존경하고 본받고자 했다. 왕망은 신하들과 함께 태후에게 아뢰었다.

"폐하께서 춘추가 높으신데 오랫동안 소박한 옷과 식사를 하시는 것은 실로 정신과 기운을 보충하여 황제를 양육하고 사직을 안정시키는 방도가 아닙니다. 신 왕망은 수차례 궁궐 밖에서 머리를 조아리며 간언하였으나 폐하의 허락을 얻지 못했습니다. 다행히 폐하의 덕택으로 근자에 바람과 비가 때에 맞고 감로甘露가 내리고 영지가 나타났습니다. 그리고 명협蓂莢, 주초朱草와 같은 식물, 이삭이 많이 달린 벼와 같은 상서로운 징조들이 한꺼번에 나타나고 있습니다. 신 왕망 등의 가장 큰 바람은 원컨대 폐하께서 기력을 잘 보양하시고 마음 쓰는 일을 줄이시는 것입니다. 제왕의 복식에 맞게 입으시고 예전처럼 태관太官의 규정에 따른 식사를 하셔서 신하들이 기쁜 마음으로 폐하를 봉양할 수 있게 해주십시오. 대신들의 이런 마음을 살펴주실 것을 간청합니다."

왕망은 또한 태후에게 이러한 조서를 내리게 하였다.

"모후가 된 자는 생각이 궁문 밖을 넘지 않는 것이 법도라고 들었다. 불행히도 나라가 하늘의 가호를 받지 못하고 황제가 아직 어려 직접 정무를 처리하지 못하니 짐은 삼가 조심스럽고 두려운 마음으로 종묘사직이 편안하지 못할까를 걱정한다. 나라의 정치를 짐이 아니면 누가 다스릴 수 있을 것인가? 공자가 위魏나라 영공靈公의 총희인 남자南子를 만나고, 주공이 성왕을 대신하여 정무를 처리한 것은 당시의 상황을 고려한 임시적인 처사였다. 짐은 몸을 부지런히 하고 생각을 다하며 근심스런 마음에 편히 있을 수가 없다. 나라에 사치스런 풍조가 있어 몸소 검소함을 실천해 보인 것이다. 잘못을 바로잡으려면 일반적인 정도를 넘어서는 조치가 필요하다. 내가 솔선하여 모범을 보이지 못한다면 어떻게 천하 사람들을 대할 것인가! 짐이 밤낮으로 바라는 것은 오곡이 풍년이 들어 백성이 넉넉해지는 것과 황제가 관례를 치르고 성인이 되면 정무를 넘겨주는 것이다. 지금은 아직 고운 비단옷과 진미를 돌아볼 겨를이 없다. 조정 대신들과 함께 태평한 시대를 만들기를 바라며 힘쓸 뿐이다!"

매번 수해와 가뭄이 있을 때마다 왕망은 고기를 먹지 않고 소식하였고, 좌우 시종들은 이를 태후에게 보고하였다. 태후는 사신을 보내 왕망에게 조서를 내렸다.

"그대가 소식을 하며 백성을 근심하는 마음이 깊다고 들었소. 올해 가을은 다행히 풍년이고 공은 직무를 열심히 수행해야 하니 때에 맞춰 고기를 드셔야 하오. 나라를 위해 몸을 아끼시오."

왕망은 나라 안이 이미 태평하니 사방의 오랑캐들만 이변이 없으면 된다고 여겼다. 그리하여 사신을 통해 흉노의 선우에게 황금과 비단, 후한 예물을 보내어 상서를 올리게 했다.

"중국에서는 두 글자의 이름을 사용하는 것을 나무란다고 들었습니다.[4] 원래의 이름인 낭지아사囊知牙斯를 '지知'로 개명하여 천자의 제도를 따르고자 합니다."

또한 왕소군王昭君이 흉노에서 낳은 딸인 수복거차須卜居次를 한나라 조정으로 불러와 태후를 시중들게 하였다. 왕망은 태후를 현혹하여 환심을 사기 위해 심지어는 태후 주변의 궁녀들에게까지 잘보이려고 갖가지 방법을 동원하였다.

---

4) 『춘추공양전』 정공定公 6년에 "두 글자의 이름을 비난하니, 이는 예가 아니다(譏二名, 二名非禮也)"라는 기록이 있다.

왕망은 정권을 장악한 후 자신의 딸을 황제에게 시집보내 황후로 삼아 권력을 강화시키고자 하였다. 그리하여 글을 올렸다.

"황제가 즉위한 지 3년인데 황후의 자리가 아직 비어 있고 액정掖庭에 비빈들도 채워지지 않고 있습니다. 예로부터 나라의 위기는 후사가 없고 황제가 바르지 못한 배필을 맞이한 것에서 비롯되었습니다. 바라옵건대, 오경을 참고하고 논의하여 황제가 황후를 맞이하는 의례를 정하고, 제왕이 12명의 여인을 후비로 맞는 원칙을 수립하여 황실의 후손을 번성하게 하소서. 장안에 있는 상商·주周 양대 왕실의 후손과 주공·공자의 후세 중 본처 소생의 여식들을 널리 선발하십시오."

담당 관리에게 이 일을 처리하도록 하였다. 여러 여인의 이름이 올라왔는데 왕씨 집안의 여식들이 많이 선발되었다. 왕망은 그들이 자신의 딸과 경쟁할 것을 염려하여 건의하였다.

"저 자신은 덕이 없고 여식도 자질이 부족하니 다른 집안의 딸들과 함께 선발되어서는 안 됩니다."

태후는 왕망의 말을 진심이라 여겨 조서를 내렸다.

"왕씨 집안의 딸들은 짐의 외가이니 선발하지 말라."

그러자 백성들과 유생들, 관리와 낭리郎吏 이상의 관원 1000여 명이 매일 궁전 앞에 몰려와 상서를 올렸다. 공경과 대신들은 조정에 직접 오거나 궁 밖에 엎드려 모두들 이렇게 말했다.

"폐하의 영명한 성덕이 이처럼 위대하고 안한공의 공적이 이처럼 빛나고 있습니다. 지금 황후를 책봉하는 데 있어 안한공의 딸만 제외한다면 천하 사람들의 마음이 어찌 따를 수 있겠습니까! 안한공의 여식을 국모로 삼아주십시오."

왕망은 수하의 장사長史 이하 관리를 나누어 보내 공경대부와 유생들을 설득하였으나 상서를 올리는 사람은 점점 많아졌다. 태후는 부득이하여 공경들의 청을 받아들여 왕망의 여식을 선발하였다. 왕망은 다시 진언하였다.

"여러 여인들을 널리 뽑아야 합니다."

공경들이 다투어 말하였다.

"여러 여식들을 뽑아 정통을 어지럽혀서는 안 됩니다."

왕망이 아뢰었다.

"제 딸을 만나 살펴보도록 하십시오."

태후는 장락궁의 소부少府, 종정宗正, 상서령尚書令을 보내 예물을 전달하고 왕망의 여식을 만나보도록 하였다. 그들이 돌아와 아뢰었다.

"안한공의 딸은 어려서부터 도덕과 교화의 가르침을 받았으며 단정하고 현숙한 용모를 갖추었습니다. 황실의 혈통을 계승하고 종묘의 제사를 받들기에 적합합니다."

태후는 대사도, 대사공에게 종묘에 고하도록 조서를 내렸다. 또 여러 가지 방법으로 점을 쳐 길흉을 예측하게 하였는데 모두 이렇게 말했다.

"점복에 의하면 금金과 물(水)이 서로 왕성히 상생하는 길조이고, 괘상卦象은 부모가 마땅한 자리를 얻는 것입니다. 바로 '본인은 강건하며(康强)', '자손은 크게 길하고 복될(逢吉)' 징조입니다."[5]

---

5) 『상서·홍범』의 구절로 국가의 중대사를 결정하는 상황을 말한 것이다. "당신에게 큰 의문이 있으면 당신 마음속으로 헤아려보고, 관리들과 의논하고, 백성들과 의논하고, 거북점과 시초점에 물어보십시오. 당신이 찬성하고, 거북점도 찬성하고, 시초점도 찬성하고, 관리들도 찬성하고, 백성도 찬성하면 이것을 '대동'이라고 합니다. 자신은 강건하고 자손은 창성하게 될 것이니 길합니다(汝則有大疑, 謀及乃心, 謀及卿士, 謀及庶人, 謀及卜筮, 汝則從, 龜從, 筮從, 卿士從, 庶民從, 是之謂大同, 身其康彊, 子孫其逢吉)."

신향후信鄉侯 유동劉佟이 아뢰었다.

"『춘추』에 따르면, 천자가 기紀나라 군주의 딸을 왕후로 맞이하면서 기나라의 자子 작위를 후侯로 올려주었습니다. 지금 안한공의 봉읍은 옛 제도에 맞지 않습니다."

이 일을 담당 관리들에게 논의토록 하였는데 모두들 이렇게 말했다.

"옛날 천자는 왕후의 부친에게 사방 100리의 땅을 봉해주어 그를 존중하고 신하로 대하지 않았습니다. 이로써 종묘를 중시하는 뜻을 보였으니 효도의 지극한 표현입니다. 유동의 주청은 예에 부합하는 것이니 윤허하셔도 됩니다. 신야新野의 밭 2만 5600경을 왕망에게 더 봉해주면 사방 100리의 수를 채울 수 있습니다."

왕망은 사양하며 말했다.

"신 왕망의 자녀는 실로 지존의 짝이 되기에 부족하온데 어찌 제게 봉지를 더하여준다는 대신들의 의론을 들을 수 있겠습니까. 스스로 생각해보니 신은 황실의 친척으로 작위와 봉토를 얻은 것입니다. 만약 제 여식이 폐하의 성덕에 어울리는 배필이 될 수 있다면 신의 봉읍은 이미 조공을 바치기에 충분하오니 봉지를 더해주시는 은총은 필요하지 않습니다. 더해진 봉읍을 회수해주실 것을 간청합니다."

태후는 윤허하였다. 담당관리가 아뢰었다.

"전례에 따르면 황후를 맞이할 때 황금 2만 근을 내리는데 논으로는 약 2억 전입니다."

왕망은 극구 사양하여 4000만 전을 받았으나 그중 3300만 전을 11명의 비빈 집안에 나누어주었다. 신하들이 다시 아뢰었다.

"지금 황후가 받은 예물은 비빈과 별 차이가 없습니다."

태후는 다시 조서를 내려 2300만 전을 더해주어 도합 3000만이
되게 하였다. 왕망은 또 그중 1000만 전을 가난한 친척에게 나누어
주었다.

당초 왕망은 정권을 전횡하고자 하여 태후에게 이렇게 말했다.

"애제는 즉위하자 은혜를 저버리고 외척인 정씨·부씨 일가를 귀
하게 하여 국가를 어지럽히고 사직을 위태롭게 하였습니다. 지금의
황제는 어린 나이에 한 왕조의 황통을 계승하시고 성제의 후사가
되셨으니 정통의 뜻을 밝히시어 예전과 같은 일이 재발하는 것을
막고 후대의 법칙으로 삼으셔야 합니다."

그리하여 견풍에게 옥새의 인끈을 가지고 중산국으로 가서, 평제
의 모친인 위희衛姬를 중산효왕후中山孝王后로 임명하고 평제의 외
숙인 위보衛寶와 위보의 아우인 위현衛玄을 관내후에 임명하도록
했다. 그리고 이들을 모두 중산국에 남게 하고 수도로 오지 못하도
록 하였다. 왕망의 아들 왕우王宇는 왕망이 위씨를 황제와 격리시킨
것을 동의하지 않으며 황제가 장성한 후 이 일을 원망할까 걱정하
였다. 그리하여 몰래 사람을 보내 위보 등과 서신을 왕래하고 황제
의 모친에게 수도로 들어올 것을 청하는 글을 올리도록 했다. 관련
내용은 「위후전衛后傳」에 있다. 왕망은 허락하지 않았다. 왕우는 스
승인 오장吳章, 처남인 여관呂寬과 이 일을 논의하였다. 오장은 왕
망에게 더 이상 간언할 수 없으니 왕망이 미신과 귀신을 믿는 것을
이용하여 괴이한 일을 만들자고 했다. 왕망이 놀라 두려워하면 이
를 빌미로 설득하여 정권을 위씨에게 돌려줄 수 있을 것이라 여긴
것이다. 왕우는 여관을 시켜 한밤중 왕망의 저택 앞에 피를 뿌리도
록 했다. 그러나 문지기에게 발견되었다. 체포되어 감옥에 들어간
왕우는 독약을 먹고 죽었다. 왕우의 아내인 여언呂焉은 임신 중이었

는데 체포되어 옥살이를 하다가 출산 후 죽임을 당했다. 왕망이 아뢰었다.

"왕우는 여관 등에게 연루되어 유언비어를 퍼뜨리고 민심을 미혹되게 하였습니다. 그 죄는 주공이 왕위를 찬탈하려 한다고 유언비어를 퍼뜨린 관숙管叔, 채숙蔡叔과 같습니다.[6] 신은 감히 감출 수 없어 이미 처형하였습니다."

견감 등은 태후가 조서를 내리도록 주청하였다.

"요임금에게도 단주丹朱, 주나라 문왕文王에게도 관숙·채숙 같은 자식이 있었다. 모두 현명한 부친도 불초한 자식을 어쩔 수 없었던 선례이니, 그들의 본성은 바뀔 수 없기 때문이다. 주공이 성왕을 보좌하면서 관숙과 채숙을 주살하였던 것처럼 안한공도 자신의 아들을 처형하였다. 가족을 사랑하는 마음으로 군주에 대한 충심을 해치지 않았으니 짐은 매우 가상히 여기는 바이다. 옛날 주공이 관숙, 채숙, 곽숙霍叔, 회하 유역의 이민족인 회이淮夷를 주멸하고 나자 교화는 완성될 수 있었고 형벌도 사라지게 되었다. 안한공이 전심전력으로 국정을 보좌하여 태평성세를 이룰 수 있기를 기대한다."

그리하여 왕망은 위씨를 주멸하였다. 그리고 여관의 안건을 철저히 조사하여 각 군국의 호걸 중 평소 자신을 비난했던 자들까지 끌어들여 연루시켰다. 원제의 여동생인 경무공주敬武公主, 양왕 유립劉立, 홍양후 왕립, 평아후 왕인은 사신이 급히 체포하러 오자 모두 자살하였다. 100여 명이 죽었고 나라 전체가 이 사건으로 크게 술렁였다. 포褒라는 대사마 호군護軍이 상주하였다.

---

6) 관숙과 채숙은 모두 주 무왕의 형제들이다. 무왕이 죽고 어린 성왕이 즉위하자 주공이 섭정을 했는데 관숙과 채숙은 이에 불만을 품고 주공이 왕위를 찬탈할 것이라는 말을 퍼뜨렸다. 그리고 반란을 일으키자 주공은 소공召公의 도움을 받아 반란을 진압하였다. 관숙은 처형되었고 채숙은 유배되어 그곳에서 죽었다.

"안한공은 불행히도 아들 왕우가 관숙, 채숙과 같은 대역무도한 죄를 범하였습니다. 비록 자식을 깊이 사랑하였으나 황실을 위해서 사사로운 정을 돌보지 않았습니다. 왕망은 왕우가 죄를 지은 이유를 생각함에 탄식이 그치지 않자 8편의 글을 지어 자손을 경계하고자 하였습니다. 이 글을 군국에 배포하여 학관에서 학생들에게 가르치도록 해야 합니다."

이 일을 신하들에게 논의하도록 하였다. 천하의 관리들에게 안한공의 경계를 암송하게 하고, 이를 관부의 문서에 기록하게 하였다. 왕망의 이 글은 『효경』에 비할 정도가 되었다.

4년 봄, 교외에서 천지에 제사를 지내면서 고조高祖를 하늘에 배향하였다. 조종祖宗의 제사를 지낼 때는 문제文帝를 상제上帝에 배향하였다. 4월 정미일, 왕망의 딸을 황후로 세우고 천하에 사면을 시행하였다. 대사도 사직司直 진숭陳崇 등 8명을 전국으로 나누어 파견하여 풍속을 살피게 하였다.

태보 왕순王舜 등이 상주하였다.

"『춘추』에 나열된 공덕의 기준을 보면 최상은 덕을 세운 자이고, 그다음은 공을 세운 자이며, 그다음은 학설을 세운 자이니, 이는 지극한 덕행을 갖춘 현자만이 할 수 있는 것입니다. 신하 중 이런 자가 있다면 살아 있을 때 큰 상을 내리고 죽은 후에는 세상이 경모하는 명신이 되는 것입니다. 은나라에는 이윤이 있었고, 주나라에는 주공이 있었습니다."

그리고 8000여 명의 백성들이 글을 올려 모두 이렇게 말하였다.

"이윤은 아형阿衡의 직책을 맡았고 주공은 태재太宰를 지냈습니다. 주공의 일곱 아들은 모두 봉국을 하사받았고 가장 높은 작위인 상공上公을 뛰어넘는 상을 받기도 했습니다. 진숭의 건의대로 안한공에게 상을 내려야 합니다."

문건을 담당 관리에게 내려보내 처리하도록 하였다. 관리는 이렇게 청하였다.

"예전에 더하여 주려 했으나 거절했던 두 개의 현과 황우취黃郵聚, 신야전新野田을 안한공에게 돌려주고 이윤과 주공의 호칭을 채택하여 재형宰衡의 호칭을 더하여 주고 상공의 지위에 두십시오. 안한공 관부 속관의 봉록은 600석으로 하십시오. 삼공이 안한공에게 정사를 보고할 때는 '감히 말씀드리옵건대敢言之'라고 말해야 합니다. 모든 관리들은 안한공과 같은 이름을 지을 수 없게 하십시오. 밖을 나설 때는 황제의 호위병인 기문期門 20명과 우림羽林 30명이 수행하게 하고, 앞뒤로 큰 수레 10대를 배치하십시오. 안한공의 모친에게 공현군功顯君의 호칭을 하사하고 2000호의 식읍과 붉은 인끈이 달린 황금 인장을 내리십시오. 안한공의 아들인 왕안王安을 포신후襃新侯에, 왕림王臨은 상도후賞都侯에 봉하십시오. 황후에게 3700만 전을 더 내려주어 원래의 예물과 합쳐서 1억이 되게 하여 황후를 맞이하는 대례의 성대함을 보이십시오."

태후는 정전正殿에 와서 직접 책봉과 관직 제수의 의례를 주관하였다. 안한공은 앞에서 절하고 두 아들은 뒤에서 절하여 주공의 고사와 같이하였다. 왕망은 머리를 조아리고 사양하였으며 출궁 후 밀봉된 상주를 올려 모친의 칭호만 받고 왕안과 왕림 두 아들의 인장과 인끈, 칭호, 작위, 식읍은 반환하겠다고 했다. 이 일을 태사인 공광 등에게 의논하게 하자 모두 이렇게 말했다.

"상은 왕망의 공적에 비하면 부족합니다. 겸손하고 사양하는 것은 안한공이 항상 했던 일입니다. 그의 말대로 해서는 안 됩니다."

왕망이 간곡히 사양하자 태후는 조서를 내렸다.

"안한공이 매번 볼 때마다 고개를 숙이고 눈물을 흘리며 간곡히 사양하였다. 지금은 몸이 아파 공무를 볼 수 없다고 하니 그가 사양하는 것을 들어주어 정사에 참여하게 해야 하는가? 원래대로 포상을 진행하여 그를 집으로 돌아가 쉬게 해야 하는가?"

공광 등은 이렇게 말했다.

"왕안과 왕림은 직접 붉은 끈이 달린 인장을 받았고 이들에 대한 책봉은 이미 하늘에 전달되었으니 그 뜻이 분명합니다. 황우黃郵, 소릉召陵, 신야新野 지역은 수입이 특히 많은데 모두 안한공이 거절하였습니다. 안한공은 자신의 수입을 줄이고 나라의 교화를 이루고자 한 것이니 그의 뜻을 들어주어야 합니다. 나라를 태평하게 다스리는 교화는 때에 맞게 이루어져야 하는 것이니 재형의 관직은 세습될 수 없습니다. 혼례의 예물로 보낸 돈은 황후를 존중하는 뜻이지 안한공을 위한 것이 아닙니다. 안한공의 모친인 공현군의 봉호는 그 자신에 국한된 것이지 후대까지 전해지는 것이 아닙니다. 포신襃新과 상도賞都 두 나라를 합쳐도 3000호이니 매우 적습니다. 충신의 지조는 자신을 굽혀 군주의 뜻을 밝게 펼치는 것입니다. 대사도와 대사공을 파견하여 부절과 제서制書를 받들고 안한공에게 신속히 입조하여 공무를 보도록 명하십시오. 그리고 상서에 명을 내려 안한공이 사양하는 상주문을 더 이상 받지 말도록 하십시오."

공광의 상주문은 비준을 얻었다.

(5년 정월) 공경대부, 박사, 의랑議郞, 부평후富平侯 장순張純 등 902명이 모두 말하였다.

"성명한 제왕은 현자를 불러들이고 능력 있는 자를 격려하며 덕행이 뛰어난 자들에게는 높은 지위를 주고 걸출한 공훈이 있는 자에게는 후한 상을 내립니다. 그러므로 세상에서 공경하는 대신이 구명九命을 받아 상공上公의 존귀한 지위에 임명되면 구석九錫의 영예를 하사합니다.[7] 지금 황실의 친척이 화목하고 백관의 질서가 정연하며 온 나라가 조화롭고 백성들이 평안하여 성세의 징조가 나타나니 천하가 두루 태평합니다. 제왕의 위업은 요·순 임금보다 더 융성한 것이 없으니 폐하께서는 이에 견줄 만하십니다. 충신의 걸출한 공적으로는 이윤과 주공보다 분명한 것이 없으니 재형을 이들과 견줄 수 있습니다. 이것이 바로 시대는 달라도 융성한 모습은 똑같이 부합한다는 것입니다. 삼가 육경의 일반적인 규정과 경문의 기록, 『주관周官』과 『예기禮記』 중 지금에 합당한 것으로 구석九錫의 방안을 정하십시오. 신들은 구석의 상을 안한공에게 수여하실 것을 청합니다.”

그리하여 왕망은 머리를 조아리며 두 번 절하고 녹색의 무릎 덮개, 곤룡포와 면류관, 의복, 황금으로 장식된 패도와 칼집, 구리句履 신발, 방울 달린 네 마리 말이 끄는 수레, 아홉 개의 술이 장식된 용무늬 깃발, 가죽으로 만든 관모와 흰색 비단 하의, 네 필의 말이 끄는 전투용 수레, 붉은색의 활과 화살, 검은색 활과 화살, 왼쪽에는 붉은색 도끼를, 오른쪽에는 황금색 도끼를 세우고 갑옷 한 벌, 좋은 술 두 통, 술 그릇 두 벌, 구명九命을 상징하는 푸른 옥으로 만든 홀 두 개를 하사받았다. 그리고 저택의 대문을 붉은색으로 칠할 수 있게 하고, 황궁처럼 집안으로 들어가는 섬돌 계단을 처마 밑에 설치할 수 있게 하였다. 종관宗官, 축관祝官, 복관卜官, 사관史官을 두고, 호위병력인 호분虎賁 300명, 가령家令과 승丞을 각각 1명씩 두도록

---

7) 구석은 천자가 제후와 대신에게 수여하는 아홉 가지의 특전이다. 거마, 의복, 음악, 붉은 대문(朱戶), 납폐納陛, 호분虎賁, 궁시弓矢, 부월鈇鉞, 거창秬鬯에서 최고의 대우를 누리도록 하는 것이다.

하였다. 종관, 축관, 복관, 사관은 모두 색부嗇夫를 두어 안한공을 보좌하였다. 관부와 저택에는 호분을 배치하여 문의 수비를 담당하게 하고 드나드는 사람들은 모두 명부에 등록을 해야 했다. 사보, 삼공 이하는 안한공의 관부와 저택에 일이 있으면 통행증이 있어야 했다. 초왕楚王의 관저를 안한공의 저택으로 사용하게 하였는데, 대규모 수리를 하였으며 사방에 경비를 배치하였다. 조부와 부친의 묘와 침寢의 대문에도 모두 붉은 칠을 하고 처마 아래 섬돌 계단을 설치하였다.

진숭이 또 상주하였다.

"안한공이 선조를 제사 지낼 때 성문을 나가면 성문의 교위校尉는 응당 기병을 보내 수행하게 해야 합니다. 성안에서는 문위門衛가 호위하고 성을 나가면 기병이 호위하는 것은 나라를 존중하는 뜻입니다."

상주를 윤허하였다.

이해 가을, 왕망은 황후가 자손이 있을 나이가 되자 자오도子午道를 개통하였다.[8] 자오도는 두릉杜陵에서부터 남산을 지나 한중군漢中郡까지 직통으로 연결되었다.

풍속을 살피러 갔던 사자들 8명이 돌아와서는 전국의 풍속이 정돈되어 각지에서 공덕을 칭송한 노래를 바쳤다고 위조하였는데, 모두 3만 자였다. 왕망은 이 노래들을 법령에 포함시킬 것을 상주하였다. 또 시장의 가격이 통일되어 있으며, 관청에는 옥사와 소송이 없고, 마을에는 도적이 없고, 들판에는 굶주린 백성이 없다고 했다. 길

---

8) '자子'는 북쪽인 음陰을, '오午'는 남쪽인 양陽을 상징한다. 자오도는 남북으로 교차하도록 만들었으며, 음과 양이 만나는 것은 황후가 자식을 낳기를 바라는 염원이 담긴 것이다.

에 물건이 떨어져도 줍지 않고 남녀는 길을 나누어 다니며, 죄인은 다른 의복을 입게 하고 형벌을 가하지 않는다고 하였다. 유흠과 진숭 등 12명은 모두 명당明堂을 건설하고 교화를 널리 퍼뜨린 일로 열후에 봉해졌다.

왕망은 이미 태평을 실현하였다. 북쪽으로는 흉노를 감화하였고, 동쪽으로는 나라 밖의 사신이 찾아오고, 남쪽으로는 황지국黃支國을 회유하였다. 그러나 서쪽은 아직 성과가 없었다. 그리하여 중랑장 평헌平憲 등을 파견해 황금과 비단으로 회유하여 변경 밖의 강족羌族이 토지를 바쳐 한나라 조정에 귀부하도록 했다. 평헌 등이 아뢰었다.

"강족의 수령인 양원良願 등 부족의 약 1만 2000명이 한나라의 신하가 되고자 선수해鮮水海, 윤곡允谷의 염지를 바쳐왔습니다. 평지와 풀이 많은 초원은 한나라 백성에게 주고, 자신들은 험한 곳에 거주하면서 한나라 조정의 방패가 되겠다고 합니다. 양원에게 투항의 이유를 물었더니 이렇게 대답했습니다.

'태황태후께서 성명하시고 안한공께서 어지시어 천하가 태평하고 오곡이 풍년입니다. 어떤 벼는 한 장丈이 넘게 자라 벼 하나에 이삭 세 개가 열리기도 하고, 파종을 하지 않았는데도 저절로 자란 곡물도 있고, 양잠을 하지 않았는데도 저절로 자란 누에가 있습니다. 감로가 하늘에서 내려오고 달콤한 샘물이 땅에서 솟아나며 봉황이 나타나 춤을 추고 길조들이 모여듭니다. 지난 4년간, 상족은 고난과 환란이 없었으므로 기쁘게 한나라에 복속할 것을 생각하게 되었습니다.'

그러니 제때에 저들이 안정된 생활을 할 수 있도록 속국을 두어 관리하고 보호해야 합니다."

이 일을 왕망에게 처리하게 하였는데 왕망이 다시 아뢰었다.

"태후께서 수년간 국정을 주재하시어 은택이 넘쳐나고 화평한 기운이 천하에 두루 미치게 되었습니다. 풍속이 다른 아득히 먼 나라에서도 모두 한나라 조정을 흠모합니다. 말이 통하지 않는 월상씨越裳氏에서도 몇 번의 통역을 거쳐 흰 꿩을 진상해왔습니다. 황지국에서는 3만 리 밖에서 살아 있는 무소를 조공해왔고, 동이왕東夷王은 바다를 건너와 국보를 바쳤으며, 흉노의 선우는 한나라의 풍속에 따라 개명을 하였습니다. 지금 서역의 양원 등이 또 땅을 바치며 조정의 번신이 되기를 원하니 옛날 요임금의 명성이 사해에 미쳤을 때라 하더라도 지금만 하지 못할 것입니다. 이미 동해, 남해, 북해군이 있는데 서해군이 없으니, 청컨대 양원 등이 바쳐온 토지를 서해군으로 하십시오.

성명한 군주가 별자리의 차례와 지리를 정할 때는 산천과 풍속을 근거로 경계를 제정한다고 들었습니다. 한나라의 국토는 요·순 두 임금과 하나라 우임금, 상나라 탕임금, 주나라 문왕의 시대를 뛰어넘는 것으로 모두 13개의 주가 있습니다. 그러나 주의 이름과 경계가 대부분 경서의 기록에 부합하지 않습니다.『상서·요전堯典』에는 12주가 있었고 후에 우임금은 9주로 나누었습니다. 한나라는 영토를 요원한 곳까지 개척하였으니 정기적으로 지방 관리를 파견하여 시찰해야 하는데, 먼 곳은 3만여 리가 되니 9주로 나눌 수 없습니다. 삼가 경서의 원칙에 근거하여 12주의 명칭으로 경계를 나누어 처음의 제도에 부합하게 하십시오."

상주를 윤허하였다. 또 50조條의 법조를 더 규정하고 위반한 자를 서해군으로 유배 보냈다. 유형을 당한 사람이 수천 수만 명이었으므로 백성은 원망하기 시작했다.

천릉후泉陵侯 유경劉慶이 글을 올렸다.

"주나라 성왕이 나이가 어려 유자孺子라 하고 주공이 섭정하였습니다. 지금 폐하께서 아직 젊으시니 안한공에게 천자의 일을 대행하게 하여 주공의 선례를 따르는 것이 마땅합니다."

대신들이 모두 말했다.

"유경의 말대로 해야 합니다."

겨울, 화성이 달을 지나가면서 흑점이 나타났다.

평제가 병이 들자 왕망은 책문을 작성하여 태치泰畤에서 평제의 목숨을 지키기 위한 기도를 올렸다. 그는 벽옥을 차고 홀을 쥐고서 자신이 평제를 대신하겠다고 했다. 그러고는 책문을 금등金縢에 보관하여 전전前殿에 두고서 공경 대신들에게 이 일을 발설하지 말도록 하였다.[9] 12월 평제가 붕어하였고 천하에 대사면을 베풀었다. 왕망은 의례에 밝은 종백봉宗伯鳳 등을 불러들여 함께 전국의 600석 이상 관리는 모두 3년 동안 상복을 입도록 할 것을 결정했다. 성제의 묘를 통종統宗으로, 평제의 묘를 원종元宗으로 높일 것을 상주하였다. 당시 원제는 후손이 없었고 선제宣帝의 증손 중에는 제후왕이 5명, 열후로는 광척후廣戚侯 유현劉顯 등 48명이 있었다. 왕망은 그들의 나이가 많은 것을 꺼려 "형제는 서로 후사가 될 수 없다"고 하였다. 그리하여 선제宣帝의 현손 중 가장 어린 광척후의 아들 유영劉嬰을 택하였다. 나이는 두 살이었고 그의 점괘가 가장 길하다는 것이 구실이었다.

이달, 전휘광前輝光인 사효謝囂가 무공현武功縣의 현장縣長인 맹

---

9)  주 무왕이 병이 들자 주공은 자신이 무왕을 대신하여 아프겠다는 기도를 하고서 기도문을 금등에 보관하였다. 이후 '금등공金縢功'이라는 표현은 충심으로 주군을 섬긴다는 뜻으로 사용되었다.

통孟通이 우물에서 흰 돌을 발견했다고 보고했다.[10] 이 돌은 위는 둥글고 아래는 방형으로 위에 '안한공 망이 황제가 될 것을 고한다 (告安漢公莽爲皇帝)'라는 붉은 글씨가 선명하게 쓰여 있었다. 부명은 이때부터 시작되었다. 왕망은 대신들에게 이 사건을 태후에게 보고하도록 하였다. 태후가 말했다.

"이는 천하를 미혹되게 하는 것이니 시행할 수 없다!"

태보인 왕순이 태후에게 말했다.

"상황이 이미 이렇게 되었으니 방법이 없습니다. 막고 싶어도 막을 힘이 없습니다. 게다가 왕망은 감히 다른 생각은 없습니다. 다만 섭정을 통해 자신의 권력을 강화하고 천하를 복종시키려는 것뿐입니다."

태후가 허락하였다. 왕순 등은 즉시 태후에게 이러한 조서를 내리게 하였다.

"하늘이 만백성을 낳았으나 백성은 서로 다스릴 수 없으니 군주를 두어 백성을 다스리게 한다고 들었다. 군주의 나이가 어리니 의지하고 섭정하는 자를 두어야 하늘의 뜻을 받들어 시행하고 땅에서의 교화를 완성할 수 있을 것이다. 『상서』에서도 '하늘의 일을 사람이 대신 완성한다(天工, 人其代之)'고 하지 않았는가? 짐은 효평황제의 나이가 어려 잠시 국정을 이끌면서 그가 성인이 되면 정권을 넘겨줄 수 있게 되기를 바랐다. 그러나 지금 단명하여 세상을 떠났으니 비통하구나! 이미 담당 관리를 보내 선제의 현손 23명을 불러오고 그중에 적합한 자를 골라 효평황제의 후사를 계승하게 하였다. 현손이 아직 강보에 있는 어린 나이이니 만약 덕행이 있는 군자를

___
10) 평제 원시 4년(기원전 4), 왕망은 수도 장안을 전휘광과 후승렬後丞烈 두 군郡으로 나누고 각 장관의 호칭으로 사용하였다.

얻지 못한다면 누가 그를 보호할 수 있겠는가?

안한공 왕망은 3대에 걸쳐 조정을 보필하면서 황제의 신임을 받아 황실을 안정시켰다. 풍속을 통일하였고 예악을 제정하기에 이르러 주공과 시대는 다르지만 같은 부명을 받았다. 지금 전휘광 사효와 무공현의 현장 맹통이 붉은 글씨가 새겨진 돌 부명을 얻었다는 보고를 받았다. 짐은 이 뜻을 깊이 생각해보았다. '황제가 된다(爲皇帝)'는 것은 황제의 직권을 대행하는 것을 의미한다. 무릇, 법도가 있으면 이루기 쉬우며 성인이 아니면 법도를 제정할 수 없다. 이제 안한공을 섭정의 지위에 즉위하게 하여 주공의 전례를 따르도록 하라. 무공현을 안한공의 봉지로 하여 한광읍漢光邑이라 이름하도록 하라. 의례를 제정하여 상주하도록 하라."

그리하여 신하들이 이렇게 상주하였다.

"태후께서 성명한 덕으로 모든 것을 통찰하시고 하늘의 뜻을 깊이 아시어 안한공이 섭정을 하도록 허락하셨습니다. 주 성왕은 나이가 어렸고 주나라의 도가 아직 이루어지지 않은 상황이었기에 천지를 섬기고 문왕과 무왕의 사업을 계승할 수 없었습니다. 주공이 당시의 형세를 헤아려 섭정을 하자 주나라의 도가 완성되고 왕실이 안정되었습니다. 만약 주공이 섭정의 자리에 오르지 않았다면 주 왕조는 천명을 잃었을 것입니다. 『상서』에 이런 말이 있습니다.

'우리 주나라를 이어받은 자손이 제대로 하늘과 땅을 섬기지 못하여 선왕의 위대한 업적을 잃는데도 집에 있었으니 천명의 어려움을 알지 못한다 할 것인가. 하늘은 성실한 사람을 돕는다. 성실해야만 천명을 잃지 않을 수 있다(我嗣事子孫, 大不克共上下, 遏失前人光, 在家不知

命不易, 天應棐諶, 乃亡隊命).'[11]

　설명에 따르면 주공은 천자의 면류관과 옷을 입고 남면하여 대신의 접견을 받았으며, 하명할 때는 항상 주나라 왕의 명령이라고 말하였습니다. 소공召公은 현인이지만 성인의 뜻을 알 수 없었기에 내심 기뻐하지 않았습니다. 『예禮 · 명당기明堂記』에 이런 내용이 있습니다.

　'주공은 명당에서 제후를 접견하면서 천자처럼 도끼 그림이 있는 병풍을 뒤로하고 남면하여 서 있었다.'

　'주공은 천자의 자리에 즉위하여 6년 동안 제후의 접견을 받았고 예악을 제정하였다. 그리하여 천하 사람들이 모두 기쁘게 심복하였다.'

　소공은 달갑지 않았습니다. 당시는 무왕이 세상을 떠난 후 상복을 벗지 않았을 때입니다. 그러므로 주공은 처음 섭정을 할 때부터 천자의 지위에 거한 것이지 6년을 기다렸다가 즉위한 것이 아닙니다. 『상서』의 일실된 「가화편嘉禾篇」에는 이런 내용이 있습니다.

　'주공이 좋은 술을 받들고 동쪽 계단에 서서 올라오는 대신들을 맞이하는 모습을 이렇게 칭송하였다. 〈천자를 대신하여 국정을 주관하며 천하를 조화롭게 하는 데에 온 힘을 다하였다〉.'

　이는 주공의 섭정에 대해 의례를 주관한 자가 말한 것입니다. 성왕이 관례를 올리자 주공은 권력을 넘겨주었습니다. 『상서』에 '제가 그대에게 명군의 자리를 되돌려드린다(朕復子明辟)'는 말이 있습니다. 주공은 항상 자신의 명령을 주왕의 명령이라고 하였으며, 독단

---

11) 『상서 · 군석君奭』의 구절이다. 석奭은 소공의 이름이다. 주공이 성왕을 도와 섭정하자 소공은 주공의 마음을 의심하였다. 주공은 자신의 뜻을 밝히고 소공에게 함께 성왕을 보좌하여 왕업을 완성할 것을 당부하기 위해 이 편을 지었다. 반고는 『상서』의 원문과 약간 다르게 인용하였다.

적으로 처리하고 보고하지 않았습니다. 그렇기 때문에 '제가 그대에게 명군의 자리를 되돌려드린다'고 말한 것입니다.

신들은 안한공이 섭정을 하면서 천자로 즉위하여 천자의 예복을 입고 도끼가 그려진 병풍을 뒤로하고 남면하여 신하들의 조회를 받고 정사를 처리할 것을 청하옵니다. 수레를 타고 출입하면서 지나는 곳은 경호를 위해 통행을 금하게 하고, 백성과 백관들은 모두 '신첩臣妾'이라고 자칭하여 모든 것을 천자의 제도와 같게 하십시오. 교외에서 천지에 제사를 지내고 명당에서 선조를 제사 지내고 종묘에서 천지와 선조를 함께 제사 지내고 신령에게 제사 지낼 때 축문에는 '황제대리(假皇帝)'라 칭하고, 백성과 관리들은 '섭정황제(攝皇帝)'로, 자칭은 '여予'로 하게 하십시오. 조정의 일을 의논하고 결정할 때 항상 황제의 조서 형식을 사용하여 '제制'라 칭하도록 하십시오. 이는 하늘의 뜻을 받들고 순응하여 한나라 황실을 보좌하는 것입니다. 또한 평제의 어린 후사를 보호하는 중임을 완수하고 태평성세의 교화를 일으키는 일입니다. 태황태후, 평제 황후를 접견할 때는 신하로서의 예절을 회복하게 하십시오. 안한공의 관서, 집, 봉국에서 정치와 교화를 시행하는 것은 제후의 예의와 전례에 따르도록 하십시오. 신들은 죽음을 무릅쓰고 이를 청합니다.”

태후가 조서를 내려 “그리하라”고 하였다. 이듬해 거섭居攝으로 개원하였다.

거섭 원년(6) 정월, 왕망은 남교에서 상제에게 제사를 시냈고 동교에서 봄을 맞이하는 의식을 행하였다. 명당에서 대사례大射禮를 거행하였고 부형父兄에 대한 예의로 삼로三老와 오경五更을 두고 이들을 봉양하여 효제를 선양하였다. 의례를 마치고는 돌아갔다. 주나라 시기 문서를 담당했던 주하사柱下史 5인을 두어 직위와 녹봉을 어사御史와 같이하고 왕망이 정무를 처리할 때 옆에 서서 언행을 정리하여 기록하게 했다.

3월 기축일, 선제의 현손인 유영을 황태자로 세우고 유자라 하였다. 왕순을 태부좌보太傅左輔로, 견풍을 태아우불太阿右拂로, 견감을 태보후승太保後承에 임명하였다. 또 사소四少를 설치하고 이천석 관리와 같이 대우하였다.

4월, 안중후 유숭劉崇이 봉국의 재상인 장소張紹와 모의하였다.

"안한공 왕망이 조정을 장악하였으니 필히 유씨가 해를 입을 것이다. 천하에서 그를 반대하는 자들이 감히 먼저 들고 일어나지 못하니 이는 황실의 수치이다. 내가 종족을 거느리고 선두가 되면 나라 안에서 분명 호응하는 자가 있을 것이다."

장소 등 따르는 자 100여 명이 완현宛縣을 공격하였는데 진입도 하지 못하고 실패하였다. 장소는 장송張竦의 사촌형이다. 장송은 유숭의 친척 숙부인 유가劉嘉와 조정으로 와서 자수하였고, 왕망은 그들을 사면하여 무죄로 하였다. 장송은 유가를 위해 이렇게 상주하였다.

"건평·원수 연간, 황실의 대가 거의 끊어지고 종실은 버림받았습니다. 다행히도 폐하의 성덕에 힘입어 호위하고 바로잡으니 나라의 명맥이 이어지고 종실은 빛을 보게 되었습니다. 조정을 이끌고 명령을 시행하면서 항상 종실을 우선하시고 황실의 구족을 먼저 등용하였습니다. 게다가 먼 종친을 등용하여 왕국王國과 후국侯國을 세우셨으니 남면하여 왕후를 칭하는 자가 수백입니다. 후손이 단절된 봉국을 찾아 멸망한 곳은 존속되게 하고 폐지된 곳은 연속되게 하여 그들이 다른 황친과 나란히 할 수 있게 되었습니다. 이렇게 다시 종실의 사람이 된 이들이 대열을 이룰 정도로 많아졌으니 이는 모두 한나라 왕실을 보호하고 보필하는 방법입니다. 벽옹辟雍과 명당을 세워 하늘의 법칙을 반포하고 성인의 교화를 전파하였습니다. 왕후들을 불러 입조하게 하고 예악의 덕을 밝히니 종실과 제후에게 모두 봉지가 더하여졌습니다. 천하 사람들이 우러러 바라보며 찬탄하는 노랫소리가 귀에 가득합니다. 나라가 이렇게 훌륭한 명성과 복, 영광을 누릴 수 있는 것은 태황태후께서 온종일 고민하시고 폐하께서 밤마다 근심하셨기 때문이 아니겠습니까! 왜 이렇게 말하는 것이겠습니까? 혼란이 생기면 다스렸고, 위험이 나타나면 평정하였으며, 재앙이 일어나면 복을 이끌었고, 황실의 대통이 끊기면 후사를 두어 이어지게 하고, 나이가 어리면 그 직무를 대신하셨습니다. 밤낮으로 수고하시며 추위와 더위에도 쉼 없이 부지런히 애쓰길 조금도 게을리 하지 않으셨습니다. 이는 모두 천하를 위한 것이며 유씨를 후대한 것이었습니다. 신하들은 어리석든 지혜롭든, 백성은 남녀를 불문하고 모두 이 깊은 뜻을 알고 있습니다.

그러나 안중후 유숭은 도리에 어긋난 마음을 품고 반역의 뜻을 실행에 옮겨 군대를 일으키고 사람들을 동요케 하여 종묘사직을 위험에 빠뜨렸습니다. 그의 죄악은 차마 들을 수가 없는 정도이고 악행은 죽음으로도 씻을 수 없는 것이니, 실로 신하들의 적이요 종실의 원수이며 나라의 도적이고 천하의 해악입니다. 그의 친척이 놀라 죄를 고발하자 그 일당들은 무너지고 이반하여 병기를 버렸으며 반걸음도 달아나지 못해서 패망하여 처벌을 받게 되었습니다. 백세의 노모와 어린 자식들이 함께 참형을 받아 귀걸이와 머리 장식을 그대로 한 채 나무 끝에 머리가 걸려 있습니다. 이런 계획을 도모하였다니 터무니없지 않습니까!

신이 듣기에 고대에는 배반한 나라를 토벌하여 징벌한 후 그 궁실을 허물어 저수지를 만들고 오물을 넣었다고 합니다. 그리고 '흉허凶虛'라 부르며 채소가 자라더라도 사람이 먹지 않았습니다. 사직단에는 사방에 담장을 세우고 대나무를 엮어 그 위를 덮고 땅에 펼쳐놓아 음양의 기운이 통하지 못하게 하였습니다. 그리고 그 사직단을 각 제후에게도 내려주어 문을 나설 때마다 그것을 보고 경계로 삼게 했습니다. 지금 천하 사람들이 유숭의 반란을 듣고서는 모두 옷을 걷어붙이고 칼을 쥐면서 그를 욕합니다. 먼저 도착한 자들은 그의 목을 베고 가슴을 찌르고 몸을 칼질하고 피부를 도려내었습니다. 나중에 도착한 자들은 그의 집 대문으로 쳐들어가 담장을 쓰러뜨리고 집을 뭉개고 기물을 태우니 순식간에 파괴되었습니다. 종실은 더욱 분노하여 이 일을 말할 때마다 이를 갈 지경입니다. 왜 그렇겠습니까? 유숭이 배은망덕하여 큰 덕이 어디에 있는지 알지 못했기 때문입니다. 먼 곳에 거주하는 종실 친척 유가劉嘉는 다행히 먼저 이 일을 듣고서 분노를 누를 길 없어 선봉에 서기를 간청합니다. 부자와 형제들이 삼태기와 가래를 메고서 남양南陽으로 달려가 유숭의 궁실을 무너뜨리고 고대의 제도처럼 저수지로 만들 것입니다. 그리고 유숭의 사직단을 망국인 은나라의 사직단처럼 허물고 각 제후국에 하사하여 영원히 귀감 삼도록 할 것을 청합니다. 원컨대 저의 건의를 사보四輔와 공경대부들에게 논의하게 하여 호오를 분명히 하고 전국에 널리 알려주십시오."

왕망은 몹시 기뻐하였다. 공경들은 "모두 유가劉嘉의 말대로 하셔야 합니다"라고 하였다. 왕망은 태후에게 이러한 조서를 내리도록 건의하였다.

"유가 부자와 형제는 비록 유숭과 친척이지만 사적인 관계 때문에 비호하지 않았으며 모반의 단초를 보고서는 바로 고발해왔다.

반란이 일어나자 모두 그를 원수로 여겼으니 이는 모두 고대의 제도에 부합하는 것으로 충효의 도리를 분명히 밝힌 것이다. 유가에게 두연현杜衍縣의 1000호를 하사하고 수례후帥禮侯에 봉한다. 유가의 아들 7명에게는 모두 관내후의 작위를 하사하도록 하라."

후에 또 장송을 숙덕후淑德侯에 봉하였다. 장안 사람들은 이 일을 이렇게 말했다.

"작위를 받고 싶다면 장송을 찾아가게. 목숨 걸고 죽도록 싸우는 것보다 좋은 글솜씨로 상주문을 쓰는 게 낫다네."

왕망은 또 남양군에서 공로가 있는 관리와 백성 100여 명에게 작위를 내리고 유숭의 저택을 무너뜨려 저수지를 만들어 오물로 채웠다. 이후 모반하는 사람들은 모두 그대로 따라 저택을 무너뜨리고 저수지를 만들었다.

신하들이 또 건의하였다.

"유숭 등이 모반한 것은 왕망의 권력이 너무 가볍기 때문입니다. 더 높여 나라 안을 제압하도록 해야 합니다."

5월 갑신일, 태후는 조서를 내려 왕망이 태후를 만날 때 '황제대리(假皇帝)'로 자칭하도록 했다.

(3년) 9월, 왕망의 모친인 공현군功顯君이 세상을 떠났다. 왕망의 뜻은 애도에 있지 않아, 태후에게 조서를 내려 상복의 규정을 논의하도록 하였다. 소아少阿, 희화羲和 유흠과 87명의 박사 유생들이 모두 건의하였다.[12]

"즉위하여 섭정을 하는 것은 제왕의 공업功業을 세우고 치도治道를 흥성하게 하여 법률과 제도를 완성하고 나라를 안정시키는 일입

---

12) 소아와 희화는 모두 왕망이 고대의 제도를 모방하여 바꾼 관직의 명칭이다. 소아는 주나라 관명으로 태자의 교육을 담당하였고, 희화는 대사농大司農이다.

니다. 옛날 은나라 탕임금이 세상을 떠나고 태자가 요절하자 그 아들 태갑太甲은 나이가 어려 사리를 알지 못하였습니다. 그러자 이윤은 그를 동궁桐宮으로 유배시키고 섭정하여 은나라의 도리를 부흥시켰습니다. 주나라 무왕이 세상을 떠났을 때 주나라는 치국의 도리가 제대로 세워지지 않은 상황이었고 성왕은 어렸습니다. 주공은 성왕을 보호하고 섭정하여 주나라의 도리를 완성하였습니다. 이것이 은나라가 웅장한 교화를 이루고, 주나라가 형벌을 쓰지 않아도 되는 태평성세를 이룰 수 있었던 이유입니다.

지금 태황태후께서 연이어 황실의 불행한 일을 당하시어 안한공에게 대신들을 이끌고 천하를 다스리도록 하였습니다. 유자께서 아직 어려 천지를 공경하고 받들 수 없자 하늘이 상서로운 징조를 내려 돌에 붉은 글자가 새겨진 부명이 나타났습니다. 그리하여 태황태후께서는 하늘의 뜻에 순응하고 부명의 뜻을 분명히 하고자 조서를 내려 안한공께서 즉위하여 섭정을 하도록 하셨습니다. 이는 성스러운 한나라의 대업을 이루어 요순과 삼대에 비견될 수 있도록 하고자 한 것입니다. 황제를 대리하자 황궁의 도서관인 비부祕府를 열고, 유학자들을 모으고, 예악을 제정하고, 백관의 제도를 확정하여 훌륭하게 하늘이 맡긴 임무를 완수하였습니다. 성심으로 두루 살피고 탁월한 식견으로 주나라의 예의제도를 발굴하여 하·은·주 삼대의 제도가 계승되었음을 분명히 밝히셨습니다. 하늘의 뜻을 법도로 하고 고대의 제도를 고찰한 후 증감하고 조정하였습니다. 이는 마치 공자가 「소韶」를 들었을 때 음악 하나로 전체 정치를 통찰할 수 있었던 것과 같습니다.[13] 해와 달처럼 위대하니 다른 사람은

---

13) 「소韶」는 순임금 시대의 악곡 이름으로 태평성세의 음악이다. 『논어·술이述而』에는 공자가 제나라에서 「소」 음악을 듣고서 그 아름다움에 매료되어 3개월 동안 고기

이를 수 없는 경지입니다. 지극한 밝음과 지혜가 아니고서야 어찌 이렇게 할 수 있겠습니까! 나라의 기강이 두루 펼쳐지니 한 삼태기의 흙을 조금씩 쌓아서 산을 만드는 것처럼 하였습니다.[14] 이렇게 해서 한나라 황실을 보우하고 백성을 안정시키는 공을 세울 수 있었습니다.

지금 공현군께서 세상을 떠나셨습니다. 『예』에 '서자가 후사가 되면 그의 생모를 위해 3개월의 시마緦麻 상복을 입는다'고 하였습니다. 그 해석은 '부친과 적모의 후사가 되면 자신의 생모를 위해 중한 상복을 감히 입지 않는다'는 것이었습니다. 섭정황제께서는 성덕으로 하늘의 명을 이어받았으며 태후의 조서를 받아 즉위하여 섭정을 하고 계시니 이는 한나라 황실의 후대를 잇는 것입니다. 위로는 천지와 나라의 중임이 있고 아래로는 백성과 천하의 모든 일을 다스려야 하는 근심이 있으니, 생모에 대한 사적인 감정을 돌보실 수 없습니다. 그러므로 태황태후께서는 왕망의 장손을 신도후로 봉하여 애후哀侯의 후사가 되게 하셨습니다. 이는 섭정황제는 한나라 황실과 마찬가지이니 한나라 종묘의 제사를 받들고 태황태후를 받들어 모셔야지 자신의 생모를 위해 상복을 입을 수 없다는 의미입니다. 『주례周禮』에서도 '왕은 제후를 위해 시마의 상복을 입는다', '관모에 삼베를 꼬아 만든 둥근 테두리를 두른다'고 하였습니다. 성씨가 같은 제후는 삼베를 입고 성씨가 다른 제후는 갈포를 입습니

맛을 몰랐다는 기록이 있다.

14) 『논어·자한子罕』에 보이는 표현으로 공자가 도를 추구하는 과정에 대해 말한 것이다. "비유하자면 산을 만드는 것과 같아서 마지막 한 삼태기를 미처 쌓지 못하고 그만두더라도 내가 그만두는 것이다. 비유하자면 평지에 비록 한 삼태기의 흙을 붓더라도 끊임없이 진행하면 내가 나아가는 것과 같다." 왕망이 정치와 교화를 펼쳐 태평성세에 이르는 것이 처음에 한 삼태기의 흙에서 시작하여 조금씩 이루어낸 것임을 말한 것이다.

다. 황제를 대신하고 계시니 공현군을 위해서는 시마 상복을 입고 관모에 삼베 테두리를 둘러 천자가 제후를 조문할 때 입는 상복과 같이하여 성인의 제도에 부합하도록 하십시오."

왕망은 이에 따라 한 번 조문하고 다시 방문하는 의례를 거행하였고, 신도후 왕종王宗이 상주가 되어 3년상을 치르게 하였다.

사위司威 진숭陳崇이 상주하길, 연공후衍功侯 왕광王光이 사적으로 집금오執金吾 두황竇況에게 사람을 죽이도록 하였고 두황이 그를 체포하여 처형했다고 했다.[15] 왕망은 분노하여 왕광을 엄하게 질책했다. 왕광의 모친이 말했다.

"네 스스로 생각건대 왕망의 아들이었던 왕우와 왕획王獲에 비할 만한다고 생각하느냐?"

결국 모자가 자살하였고 두황까지 모두 죽었다. 애초, 왕망은 모친을 봉양하고 형수를 부양하고 형제의 자식들을 건사한 것으로 명성을 얻었으나 후에는 패악하고 포악해졌고 또 이렇게 함으로써 자신의 공정무사함을 보였다. 왕광의 아들 왕가王嘉가 작위를 이어받아 연공후가 되었다.

왕망이 문서를 하달하였다.

"원시元始 5년(5) 12월에 평제께서 붕어하시어 음악을 금지한 것이 올해 12월까지이다. 정월의 교사郊祀에서는 8음音을 연주해야 할 것이다. 왕공경사王公卿士가 사용하는 악기는 몇 등급으로 나뉘는가? 5성聲 8음은 각각 무엇인가? 각 부서의 유생들과 성심껏 숙고하여 소상히 그 함의를 아뢰도록 하라."

이해, 광요후廣饒侯 유경劉京, 거기장군 천인千人 호운扈雲, 대보

---

15)  왕광은 왕망의 형 왕영王永의 아들이다. 왕영이 요절하자 왕망이 대신 교육시키고 자신의 아들인 왕우와 같은 날 결혼을 시킬 만큼 아꼈다.

속大保屬 장홍臧鴻이 부명을 상주하였다. 유경은 제군齊郡의 신정新井을, 호운은 파군巴郡의 석우石牛를, 장홍은 우부풍 옹현雍縣의 돌을 아뢰었고 왕망은 모두 받아들였다. 11월 갑자일, 왕망이 태후에게 상주하였다.

"폐하께서는 지극한 성명함으로, 황실의 불행과 한 왕조가 12대 210년에 액운이 출현할 것이라는 소문이 있자 하늘의 위엄과 명령을 받들어 조서를 내리셨습니다. 신에게 섭정으로 유자를 부탁하시고 천하 사람들의 희망을 맡기신 것입니다. 신은 전전긍긍하며 이 책임을 다하지 못할까 걱정하였습니다. 종실의 광요후 유경이 상서를 올려 이렇게 말했습니다.

'7월 중순, 제군齊郡 임치현臨淄縣 창흥정昌興亭의 정장亭長 신당辛當이 하룻밤에 여러 꿈을 꾸었는데 꿈속에서 어떤 사람이 이렇게 말했습니다. 〈나는 천제의 사자이다. 천제께서 내게 이르시길, 정장에게 섭정황제가 진짜 황제가 될 것이라고 전하라 하셨다. 내 말을 믿지 못하겠다면 창흥정에 새 우물이 생길 것이다.〉 정장이 새벽에 일어나보니 마을에 과연 새 우물이 생겼는데 깊이가 100척 가까이 되었습니다.'

11월 임자일 동지에 파군에서 석우가, 무오일에는 옹현에서 글이 새겨진 돌이 나타나 모두 미앙궁의 전전前殿에 도착했습니다. 신이 태보太保 안양후 왕순王舜 등과 살펴보고 있는데 이때 갑자기 돌풍이 불면서 먼지가 가득 일어 어두워졌습니다. 바람이 그치자 돌 앞에 구리 부명과 비단 그림이 나타났는데 위에 이렇게 쓰여 있었습니다.

'하늘이 황제를 알린 부명이니 바치는 자는 제후에 책봉될 것이다. 하늘의 명을 받들고 신의 명령을 집행하라.'

기도위騎都尉 최발崔發 등이 보고서 그 의미를 해석하였습니다. 예전 애제 건평 2년(기원전 5) 6월 갑자일에 조서를 내려 태초원장太初元將 원년으로 개원한 적이 있습니다. 당시의 일을 고찰해보니 감충가甘忠可, 하하량夏賀良의 예언이 담긴 참서讖書가 난대蘭臺에 소장되어 있었습니다.[16] 신이 생각건대 원장元將 원년이라는 것은 대장大將이 섭정을 하고 개원을 한다는 뜻이니 지금 증명된 것입니다. 『상서·강고康誥』에 이런 내용이 있습니다.[17]

'왕이 이렇게 말씀하셨다. 〈제후의 우두머리이자 나의 아우인 소자小子 봉封아(王若曰: 孟侯, 朕其弟, 小子封)〉.'

이는 주공이 섭정하며 칭왕하였을 때의 글입니다. 『춘추』에서 노나라 은공에게 즉위라는 표현을 쓰지 않은 것은 은공이 노나라 군주를 대리한 신분이었기 때문입니다.[18] 이 두 경전은 주공과 공자가 편찬한 것으로 후세의 법도가 되는 것입니다. 공자께서는 이렇게 말씀하셨습니다.

---

16) 감충가와 하하량은 모두 성제 때 활동했던 방사이다. 감충가는 한 황실이 종말을 맞게 되었으니 다시 천명을 받아야 한다는 말을 퍼뜨렸다. 결국 귀신의 설로 황제를 기만하고 민심을 현혹시켰다는 죄명으로 체포되었고 감옥에서 죽었다. 이후 감충가의 제자 하하량이 계속해서 그 설을 퍼뜨렸다. 애제는 즉위 후 하하량을 입궁시켜 이야기를 들었다. 하하량은 성제가 후사가 없고, 애제 또한 오랜 병에 시달리며 재이가 계속해서 일어나는 것은 천명을 받지 않아서라고 했다. 개원하고 호칭을 바꾸면 몸이 낫고 황자가 태어날 것이며 재이가 사라질 것이라는 말에 애제는 건평 2년을 태초원장 원년으로 바꾸고 칭호를 '진성유태평황제陳聖劉太平皇帝'로 바꾸었다.

17) '강康'은 주 무왕의 일곱째 아우이자 성왕의 숙부인 희봉姬封 즉 강숙康叔을 가리킨다. 주공은 강숙을 위衛나라 제후로 봉하고 은나라 유민을 통치하게 하였다. 「강고」는 주공이 강숙에게 훈계하고 당부하는 말을 기록한 것이다.

18) 노나라 은공은 혜공의 서장자이다. 혜공이 죽자 적자인 아우 윤允의 나이가 어렸으므로 섭정을 하면서 윤이 장성하면 정권을 넘겨주려 했다. 공자 휘가 은공에게 아우 윤을 죽이고 정식으로 즉위할 것을 건의했으나 거절하였다. 공자 휘는 윤이 즉위할 경우 자신이 위험해질 것이라 여겨 도리어 윤에게 은공을 죽이도록 권하였다. 결국 은공은 시해되었고 윤이 즉위하니 환공이다.

'천명을 두려워하고 대인을 두려워하며 성인의 말씀을 두려워한다(畏天命, 畏大人, 畏聖人之言).'

그러니 신이 어찌 감히 받들지 않을 수 있겠습니까! 신 청컨대 신령과 종묘를 받들고 태황태후와 효평황후에게 상주할 때 모두 '황제대리(假皇帝)'라 자칭하게 해주십시오. 또한 천하에 명령을 내려 천하 사람들이 신에게 아뢸 때 '섭정(攝)'이라는 표현을 쓰지 못하도록 해주십시오. 거섭 3년을 초시初始 원년으로 개원하고, 물시계의 하루를 100도度로 나누었던 것에서 120도로 바꾸어 하늘의 명에 순응하게 해주십시오. 신은 밤낮으로 유자를 성인이 될 때까지 양육하여 주나라의 성왕과 덕을 나란히 하게 하고 태황태후의 위엄과 덕망을 만방에 떨치게 하여 백성들이 풍족해지고 교화될 수 있기를 바랍니다. 유자가 관례를 행한 후 군주의 권력을 명군에게 돌려주어 주공의 선례와 같이하겠습니다."

조서를 내려 윤허하였다. 사람들은 왕망이 부명을 받들어 신하들에게 두루 논의하고 상주하게 한 것이 점차 진짜 황제가 되는 과정을 보여주기 위함임을 알았다.

기문랑期門郞 장충張充 등 6인이 왕망을 협박하여 선제의 증손인 초왕楚王을 옹립할 것을 모의하였다. 그러나 발각되어 모두 사형에 처해졌다.

재동梓潼 사람 애장哀章이 장안에 와서 공부를 했는데 평소 행실이 좋지 않고 허풍 치는 것을 좋아했다. 왕망이 섭정하는 것을 보고 그는 구리 상자를 하나 제작하였다. 그리고 두 통의 밀서를 진흙으로 봉하고 인장을 찍어 하나에는 '천제행새금궤도天帝行璽金匱圖'라 하고, 다른 하나에는 '적제행새모전여황제금책서赤帝行璽某傳予黃帝金策書'라고 썼다. '모某'라는 것은 고조 황제의 이름이다. 책서에서는 왕망이 진짜 천자가 될 것이니 황태후는 하늘의 명대로 하라고 되어 있었다. 그림과 책서에는 모두 왕망의 여덟 명 대신을 쓰고, 또 왕흥王興·왕성王盛이라는 흥성한다는 의미의 이름을 지어 넣었다. 그리고 자신의 이름도 함께 넣어 국정을 보좌할 열한 명을 만들고 는 관직과 작위를 함께 기입하였다. 애장은 제군齊郡의 우물, 파군 巴郡의 석우石牛에 관한 일을 듣자 그날로 바로 해가 질 무렵, 황색 옷을 차려입은 다음 구리 상자를 들고서 고조의 사당을 찾아가 그 것을 복야僕射에게 전달했다. 복야가 이 일을 보고하였다. 무진일, 왕망은 고조의 사당에 도착하여 천제가 한나라를 왕망에게 선양하 라는 명이 쓰인 금궤를 받았다. 왕망은 왕관을 쓰고 태후를 배알하 고 돌아와 미앙궁의 전전前殿에 앉아 조서를 내렸다.

"나는 부덕함에도 불구하고 요행히도 최초의 제왕이신 황제黃帝 의 후예이자 우제虞帝의 후손, 태황태후의 미미한 친속이 되었다. 하늘의 상제께서 큰 보살핌을 보이시어 황통皇統이 바뀌는 순서를 결정하시고, 그림으로 부명을 보이셨으며, 금궤에 책서를 담아 신 명으로 천하를 밝히시고, 만천하의 백성을 내게 맡기셨다. 적제赤帝 인 한나라 고조 황제의 신령께서 하늘의 명령을 받들어 나에게 권 력을 선양하는 금책서를 전하셨다. 내 심히 경외하니 어찌 감히 받 지 않을 수 있겠는가!

무진일戊辰日이 길일이니 왕관을 쓰고 진짜 천자의 자리에 올라 천하를 소유한 국호를 신新으로 정한다. 역법을 새로 반포하고, 거 마와 복식의 색을 바꾸며, 제사에 사용하는 희생의 털 색을 바꾸고, 깃발을 바꾸며, 기물의 규격을 바꾸도록 한다. 12월 초하루 계유일 을 건국建國 원년 정월 초하루로 정하고, 하루의 시작을 자시子時에 서 축시丑時로 바꾼다. 거마와 복식의 색은 토덕土德에 맞춰 황색을 숭상하고, 제사에 사용되는 희생은 백색으로 한다. 사신의 부절에 장식하는 소 꼬리털은 순황색을 사용하고 그 명칭을 '신사오위절新使五威節'이라고 하여 상제上帝의 위엄과 명령을 받들도록 한다."

논평한다.[19]

왕망은 외척 출신으로 절개를 굽히고 몸소 행하여 명예를 구하였다. 종족들은 효성스럽다고 칭송하고, 스승과 벗들은 그를 어질다고 여겼다. 정치를 보좌하는 자리에 있으면서 성제와 애제 시기에는 나라를 위해 부지런히 애쓰며 바른 도리로 행동하였으니 하는 일마다 칭송되었다. 이 어찌 소위 "집안에 반드시 좋은 소문이 들리고, 나라에 반드시 좋은 소문이 들리는 것은(在家必聞, 在國必聞)" "안색을 꾸며 어질다는 평판을 얻지만 행실은 어긋나 있는 것(色取仁而行違)"이 아니겠는가?[20] 왕망은 본래 어질지 않으며 간사한 재주를 가진 자였다. 게다가 네 숙부가 대를 이어 쌓아올린 권세에 의지하여 한나라가 쇠락한 때를 만났으며 성제, 애제, 평제가 후사 없이 세상을 떠나 황실의 대가 끊어지고 태후는 연장자로 종실의 주인인 상황이었다. 그러므로 왕망은 그 간특함을 마음껏 휘두를 수 있었고, 결국 찬탈의 화를 이루었다. 이는 하늘의 때(天時)가 그렇게 만든 것이지 사람의 힘으로 할 수 있는 것이 아니다. 제위를 찬탈하여

---

19) 이상까지가 「왕망전」의 상편이고, 이하 반고의 논평(贊)은 하편의 끝에 수록된 부분이다.

20) 『논어·안연』에 나오는 구절이다. 공자가 자장에게 네가 생각하는 '통달(達)'이 무엇이냐고 묻자 자장이 답한 말이다. "나라에 반드시 좋은 소문이 들리고, 집안에 반드시 좋은 소문이 들리는 것입니다(在邦必聞, 在家必聞)." 그러자 공자가 답했다. "그것은 좋은 소문이 들리는 것일 뿐(聞), 통달한 것은 아니다"라며 "소문이 들리는 경우에는 안색을 꾸며 인을 취하면서 실제 행실은 위배될 수 있다"고 하였다. 반고는 앞 구절을 『논어』의 본래 구절과 약간 다르게 인용했다.

즉위하고서 차지해서는 안 되는 자리를 차지했으니 패망의 형세는 걸·주 임금보다 더 위태로웠다. 그러나 왕망은 느긋하게 자신을 황제黃帝와 순임금이 다시 출현한 것이라 여겼다. 그리하여 방종하고 포악해지기 시작하여 위력을 남용하고 속임수를 자행하였다. 극도로 백성을 학대하며 흉악함을 다하니 해악이 중국 전체에 넘쳐나고 혼란이 사방 오랑캐까지 만연하게 되었으나 오히려 그 욕망을 채우지 못했다. 이 때문에 나라 안은 온통 근심에 휩싸여 백성은 삶의 즐거움을 잃게 되었고, 중국 밖은 분노와 원망이 들끓어 멀고 가까운 곳에서 모두 폭동이 일어났다. 성과 해자로도 지킬 수 없었으며 사지와 몸은 갈라지고 찢어졌다. 결국 천하의 성읍은 폐허로 변하고 무덤은 파헤쳐지니, 백성들이 모두 피해를 입었으며 죽은 자들에게까지 재앙이 드리웠다. 문헌에 기록되어 전해지는 난신적자와 무도한 자 가운데 그 재앙과 실패를 헤아려보면 왕망보다 심한 자가 없다. 옛날 진나라는 『시』와 『상서』 등의 서책을 태우고 개인의 주장을 채택하였고, 왕망은 육경六經을 인용하여 간사한 말을 꾸몄다. 이들의 길은 달랐으나 모두 멸망이라는 같은 종점에서 귀결되었다. 아무런 덕행이 없으면서도 하늘 끝까지 올라 높은 자리를 차지한 용은 숨이 끊어질 것이니 이는 천명이 아니다. 정통이 아닌 자주색과 음란한 소리를 성왕이신 광무제께서 몰아내셨다.[21]

---

21) 원문에는 왕망이 정통이 아님을 '자주색과 개구리 소리(紫色鼃聲)'라는 표현으로 비유하였다. 자주색은 정색正色이 아니라 푸른색과 붉은색을 섞어 만들어지는 잡색이다. 개구리 소리는 음란한 소리를 뜻한다.

# 서전

敍傳

옛날에는 서문을 책의 말미에 두었다. 『사기』의 맨 마지막 권130은 「태사공자서太史公自序」로 책의 서문에 해당한다. 『한서』에도 마지막 권100에 「서전」을 두었다. 즉, 『한서』의 서문인 셈이다. 서문은 책의 집필 경위와 내용을 기록하는 것이 일반적인데, 「태사공자서」는 가문의 내력과 자신의 경력에 대한 소개를 함께하고 있어 자전의 성격까지 겸하고 있다. 「서전」은 대체로 이 틀을 계승하였다. 그러므로 이경성李景星은 "「서전」은 『한서』 100편의 총괄"이라며 "『사기』를 읽을 때는 먼저 「태사공자서」부터 읽어야 하고, 『한서』를 읽을 때는 「서전」부터 읽어야 한다"고 했다.

　「서전」은 상·하 두 편으로 구성되어 있다. 상편은 반씨班氏 집안의 내력을 시조부터 반고 자신의 대까지 기술하였다. 이 외에 또 반고의 부친 반표班彪가 지은 「왕명론王命論」, 반고의 부賦인 「유통부幽通賦」, 「답빈희答賓戲」가 수록되어 있다. 반표가 20세 때, 왕망이 패망하고 농서隴西에서는 외효隗囂가, 촉蜀에서는 공손술公孫述이, 기주冀州에서는 유수劉秀가 일어나 천하를 쟁탈하고 있었다. 「왕명론」은 당시 반표와 친분이 있었던 외효가 천하의 정세에 대해 질문한 것과 그에 대한 답으로 구성되어 있는데, 천자가 되는 것은 반드시 '천명'이 필요한 일이며 천하는 반드시 하늘의 명을 받은 유씨에게로 돌아갈 것임을 강조한 글이다. '부賦'는 한나라 시기 유행하였던 산문과 운문의 중간 형태에 해당하는 장르이다. 반고는 후한 시기의 대표적인 부 작가로 「이소離騷」를 모방하여 「유통부」를, 동방삭東方朔의 「답객난答客難」을 모방하여 「답빈희」를 지었다.

하편은 『한서』의 편찬 의도, 전체적 구성과 각 편의 요지를 소개한 것으로 반고의 역사관, 사상, 학술에 대한 인식이 담겨 있다. 반고는 "한 왕조는 요임금의 덕을 계승하여 제왕의 위업을 이룩"하였다며 한나라가 요임금의 적통을 이은, 천명을 받은 국가임을 강조하였다. 사마천이 무제까지의 역사를 기록했지만, 『사기』의 문제는 한 고조의 본기를 역대 제왕의 맨 마지막에, 즉 진시황제와 항우 다음에 배치했다는 점이었다. 따라서 반고는 한 고조를 시작으로 왕망까지 전한의 역사를 "오경의 뜻을 관철하여(旁貫五經)" 즉, 유가 사상을 중심으로 하여 『한서』를 편찬하였음을 밝힌 후, 100권의 내용에 대해 각각 간단한 해제를 작성하였다.

특히 하편은 문체를 눈여겨볼 만하다. 전체적으로 4글자의 정형성이 강한 문구로 구성되어 반고의 문재와 한문의 형식미가 집중적으로 발휘되어 있다. 전한 시기의 질박한 고문古文에서 점차 형식적 완성미를 추구하는 변려문으로 이행되는 추세를 반영하고 있는 것이다. 4글자의 형식적 통일성을 유지하면서 내용을 온전히 표현하는 것은 웬만한 학식과 글재주를 갖추지 않고서는 불가능하다. 자칫하면 화려한 형식미만 남고 내용은 부실해질 수 있기 때문이다. 이런 점에서 「서전」은 내용과 형식미를 겸비한 한문의 정수를 느껴볼 수 있는 글인데, 아쉽게도 번역문을 통해서는 이러한 특성이 잘 드러나지 않는다. 이 책에서는 「서전」 중 상편의 「유통부」와 「답빈희」를 제외한 나머지를 번역하였다.

# 【상上】

반씨 가문의 선조는 초나라 왕실과 동성同姓으로, 영윤슈尹을 지낸 자문子文의 후손이다. 자문은 태어나자마자 초나라의 큰 호수인 운 몽택에 버려졌는데, 호랑이가 그에게 젖을 먹여 키웠다. 초나라 사 람들은 젖을 '곡穀'이라 하고 호랑이를 '어석於檡'이라 했으므로, 그 의 이름을 곡어석, 자를 자문이라고 하였다. 초나라 사람들은 또 호 랑이 몸의 무늬를 '반班'이라고 하였으므로 그의 아들은 반班을 이 름으로 하였다. 진秦나라가 초나라를 멸망시키자 영윤 자문의 후손 들은 조趙나라·대代나라의 접경 지역으로 이주하였으며 이때부터 반班을 성으로 삼았다.

진시황 말년, 반일班壹은 난리를 피해 누번樓煩으로 이주하여 말·소·양 수천 떼를 방목하였다. 한나라 초기, 천하가 안정되자 백 성들의 의복과 수레에 대한 규정을 없앴다. 혜제·여후 시기 반일은 변경 지역에서 으뜸가는 갑부가 되어 사냥을 나갔다 들어올 때는 깃 발과 의장대를 둘 정도였다. 100여 세를 넘어 천수를 누렸으므로 북 방에서는 반일의 '일壹'자를 사용해서 이름을 짓는 경우가 많았다.

반일은 반유班孺를 낳았다. 반유는 의협심이 있었기에 고을 사람 들로부터 칭송을 받았다. 반유는 반장班長을 낳았으며 반장은 상곡 上谷의 군수를 지냈다. 반장의 아들인 반회班回는 뛰어난 재능과 덕 으로 천거되어 장자현長子縣의 현령을 지냈다. 반회의 아들 반황班 況은 효행과 청렴을 갖추었다고 천거되어 낭관에 임명되었고, 공적 을 쌓아 상하上河의 농도위農都尉를 지냈다. 대사농의 업적 평가에 서 해마다 가장 뛰어났으므로 조정에 들어가 좌조左曹 월기도위越 騎都尉가 되었다. 성제 초기, 자신의 딸이 입궁하여 첩여倢仔에 봉해 지자 반황은 사직하고 집으로 돌아와 천금의 재산을 축적하였으며,

성제의 능묘를 지으려 했던 창릉昌陵으로 이주하였다. 이후, 창릉의 축조가 중단되자 대신과 명문가들은 모두 장안에 정착하였다.[1]

반황은 반백班伯, 반유班斿, 반치班穉 세 아들을 낳았다. 반백은 젊은 시절 사단師丹으로부터 『시경』을 전수받았다. 대장군 왕봉은 반백이 황제의 학문을 보좌하는 데 적합한 인재라고 여겨 추천하였다. 반백은 연닐전宴昵殿에서 황제를 접견하였는데, 용모가 준수하고 낭독에 법도가 있었으므로 중상시中常侍에 임명되었다. 당시 성제는 막 학문에 정진하던 때였다. 정관중鄭寬中, 장우張禹가 아침저녁으로 금화전金華殿에 들어가 『상서』와 『논어』를 강의하였는데 반백도 같이 듣도록 했다. 반백은 대의를 통달한 후 또 허상許商과 각 학문의 차이에 대해 논의하였으며[2] 이후 봉거도위로 승진하였다. 몇 년 후, 금화전의 강학이 중단되자 반백은 왕씨王氏와 허씨許氏의 외척 자제들과 함께 어울렸다. 그러나 귀족 자제들 사이에서 지내는 것을 좋아하지 않았다.

반백은 본래 북방 변경 지방 집안 출신으로 지조와 절개가 굳건하여 수차례 흉노에 사신으로 파견될 것을 요청하였다. 하평河平 연간, 흉노의 선우가 내조하자 성제는 반백에게 부절을 가지고 변경에서 영접하게 했다. 당시 정양군定襄郡의 석씨石氏·이씨李氏 양대 가문이 사적인 원한을 갚고자 사람을 죽이고, 체포하려는 관리들

---

1) 한대의 황제들은 자신의 능원을 조성할 때 현縣을 새로 신설하고 부호들을 이주시 켰다. 성제 홍가鴻嘉 원년(기원전 20), 성제는 자신의 능인 창릉현을 축조하기 시작 했고 이듬해 대적적으로 호족과 부호들을 이주시켰다. 그러나 지형과 비용 등 여러 문제로 인해 공사가 중단되었고 다시 연릉延陵을 축조하였다.

2) 「예문지」의 「서」편을 참조하면 전한 시기 금문상서에 구양생歐陽生, 하후승夏侯勝, 하후건夏侯建 세 학파가 있었다. 허상은 하후승의 제자였고, 반백이 정관중을 따라 익힌 『상서』는 하후건 학파에 속하는 것이었다. 따라서 반백은 허상과 함께 그 차이 에 대해 토론하였던 것이다.

까지 살상하는 사건이 있었다. 반백은 이러한 상황을 보고하고 1년 동안만 임시로 정양군의 태수에 임명해줄 것을 자원하였다. 성제는 시중 중랑장 왕순에게 즉시 출발하여 반백을 대신해 선우를 호위하게 하였고, 또 옥새가 찍힌 서신과 인장을 가지고 가서 반백을 정양 태수로 임명하도록 했다.

정양군에서는 반백이 본래 귀족 출신에 젊은 나이임에도 불구하고 힘들고 어려운 일을 자청하였다는 것을 듣고는, 그가 부임해서 위엄을 내세울 것이라 여긴 관리와 백성들이 두려움에 숨을 죽이고 있었다. 그러나 반백은 도착하자 그 지역의 명망 있는 노인 및 반씨 가문과 오랜 교분이 있던 사람들을 초청하였다. 초대를 받은 사람들이 마당을 가득 채웠고 반백은 날마다 음식을 갖추어 아랫사람의 예로써 공손하게 대접하였다. 고을 사람들은 점차 마음을 풀게 되었다. 초대받은 사람들은 대부분 명망 있는 집안이었는데 은혜에 감동받은 데다 술에 취하자 모두 반백에게 도적을 체포해야 한다며 주모자가 숨어 있는 곳을 상세히 말해주었다. 반백은 "이것이 제가 어르신들께 바라던 것이었습니다"라고 했다. 그러고는 각 현의 관원을 불러모아 잘 훈련된 수하들을 선발한 후 관할 지역대로 나누어 체포하도록 하였다. 숨어 있던 다른 죄인까지 열흘 남짓 만에 모두 체포하였다. 온 고을이 놀라워하며 그의 신명함을 칭송하였다.

한 해가 지난 후 황제는 반백을 불러들였다. 반백은 자신의 본적지를 지나가면서 반씨 조상들의 묘지를 성묘하게 해달라고 상소하였다. 황제는 조서를 내려 그곳의 태수, 도위 이하 모든 관원들이 모여 그를 접대하도록 했다. 반백은 수백 금을 사용하여 종친들을 불러모으고 각각 친소親疏의 정도에 따라 상을 나눠주었다. 북방 지역 백성들은 반백을 영예롭게 생각했으며 노인들은 이 일을 기록으로 남겼다. 반백은 수도로 돌아오던 도중 중풍에 걸리는 바람에 귀경 후 시중 광록대부의 신분으로 집에서 요양하며 지냈다. 황제가 후한 상을 내렸으나 그는 몇 년 동안 입조하지 못했다.

당시 허황후가 폐위되고 반첩여는 동궁에서 황후를 봉양하였다. 시중을 들던 이평李平이 첩여로 책봉되고 조비연이 황후가 되자 반백은 결국 병세가 악화되었다면서 밖으로 나오지 않았다. 오랜 후 성제가 외출을 나왔다가 반백의 집을 지나면서 직접 병문안을 하였다. 반백은 황공해하면서 다시 일어나 업무에 임하였다.

대장군 왕봉이 죽은 후 성제는 부평후 장방張放과 정릉후 순우장 등을 총애하기 시작하였다. 이들은 황제와 함께 평민 복장을 하고서 궁궐을 나가 돌아다니길 즐겼는데, 나갈 때는 황제와 같이 수레에 동승하여 고삐를 잡았고 들어와서는 좌우에서 시중을 들었다. 술자리에서는 조비연과 이평, 궁녀들과 함께 술잔을 가득 채우고 실컷 마시며 떠들썩하게 웃어댔다. 당시 황제의 자리 뒤에 세워진 병풍에는 상나라 주왕紂王이 밤새도록 환락을 즐기고 술에 취해서 달기妲己에게 기대 있는 그림이 있었다. 성제는 반백이 다시 조정에 나오자 여러 번 눈으로 인사하여 경의를 표하고는 돌아서서 그림을 가리키며 물었다.

"주왕紂王의 황음무도함이 이 지경에 이르렀단 말인가?"

반백이 답했다.

"『상서』에 '주왕은 부인네의 말을 들었다(酒用婦人之言)'는 말이 있지만 어찌 조정에서 여인에게 기댈 정도로 방종하였겠습니까? 모든 오명이 그에게 몰린 것이지 이 정도로 심하지는 않았을 것입니다."

성제가 말했다.

"만약 이와 같지 않았다면, 이 그림이 경계하는 것은 무엇인가?"

반백이 답했다.

"'술독에 빠진 것(沈湎于酒)'은 주왕의 이복형인 미자微子가 상나라를 떠난 이유입니다. '술에 취해 소리치고 소란을 피운 것(式號式譟)'은 『시경·대아』의 작자가 탄식하며 눈물을 흘린 이유입니다. 『시경』과 『상서』에서 경계한 음란함은 그 근원이 모두 술에 있사옵니다."

성제가 탄식하며 이렇게 말했다.

"내 오랫동안 반백을 보지 못했었는데 오늘에서야 다시 바른 말을 듣게 되었구나!"

장방 등은 불쾌해하며 하나둘 핑계를 대고 자리를 떠났고 연회는 자연스레 끝났다. 당시 황후의 거처인 장신궁의 궁녀가 명령을 받들고 왔다가 이 장면을 목격하였다. 후에 성제가 동궁에 문안 인사를 갔을 때 왕태후가 눈물을 흘리며 말했다.

"요새 안색이 마르고 거무죽죽하군요. 반시중은 본래 대장군이 추천한 자이니 존중하고 우대해야 합니다. 그리고 그 같은 자들을 더 많이 구하여 황제를 보좌하도록 해야 합니다. 부평후 장방은 잠시 봉국으로 돌려보내도록 하세요."

성제는 "그러겠습니다"고 하였다.

거기장군 왕음王音이 이를 듣고는 은밀히 승상과 어사대부에게 부평후의 죄를 상주하도록 했다. 성제는 장방을 변경 지역의 도위로 임명하였다. 이후 다시 장방을 불러들이자 왕태후가 성제에게 서신을 보냈다.

"지난번에 한 말이 아무 소용없이 부평후가 도리어 돌아왔으니 내가 잠자코 있을 수 있겠습니까?"

성제가 사죄하며 말했다.

"지금 즉시 모후의 말씀대로 하겠습니다."

당시 허상許商은 소부少府, 사단史丹은 광록훈을 맡고 있었다. 성제는 곧바로 허상과 사단을 광록대부로 임명하고 반백을 수형도위로 승진시켜 두 스승과 함께 시중이 되어 보좌하도록 하였고, 모두 중이천석의 대우를 하였다. 성제는 매번 왕태후의 궁에 문안인사를 갈 때마다 항상 이들이 수행하도록 하였고 중요한 정무가 있을 때마다 이들이 공경 대신들에게 황제의 뜻을 전달하게 하였다. 성제가 점차 향연에 싫증을 내고 다시 경서의 학문을 익히게 되자 태후는 몹시 기뻐했다. 승상 적방진翟方進이 다시 상주하여 부평후는 결국 봉국으로 돌아갔다. 때마침 반백은 병으로 세상을 떠났는데 38세였다. 조정 사람들은 모두 애통해했다.

반유는 박하다식하고 재주가 뛰어나 좌장군 사단이 현량방정賢良方正으로 추천하였다. 반유는 조정에 대책을 올려 의랑議郎에 임명되었고, 다시 간대부 겸 우조右曹 중랑장으로 승진하여 유향劉向과 함께 황궁 도서관의 장서들을 교감校勘하고 정리하였다. 매번 교감에 관해 보고할 때마다 반유가 명을 받아 서적을 바치고 낭독하도록 선발되었다. 황제는 그의 재능을 높이 사 장서의 부본을 상으로 주었다. 당시 궁중의 도서는 밖으로 공개되지 않았다. 동평사왕東平思王이 황제 숙부의 신분으로 『태사공서』와 제자諸子의 서적을 요청하였으나 대장군은 허락해서는 안 된다고 하였다. 관련 내용은 「동평왕전」에 기재되어 있다.[3] 반유도 젊은 시절 세상을 떠났다. 그

---

3) 동평사왕은 유우劉宇로 선제宣帝의 아들이자 성제의 숙부이다. 『태사공서』는 『사기』를 말한다. 동평사왕이 도서를 요청했으나 허락받지 못했음에 반해 반유가 받을 수 있었다는 것은 그에 대한 황제의 총애가 남달랐음을 보여준다.

아들 반사班嗣도 당시 명성을 떨쳤다.

반치는 젊은 나이에 황문랑 중상시에 임명되었는데 항시 품행이 방정하였다. 성제 만년, 정도왕을 태자로 책봉하자 수차례 태자부의 속관을 파견하여 측근의 신하들에게 물었는데 반치만이 답을 하지 않았다. 애제는 즉위하자 반치를 서하군西河郡의 속국도위屬國都尉로 내보냈다가 다시 광평국廣平國의 승상으로 임명하였다.

왕망은 젊은 시절 반치 형제와 동료로 지내면서 교분이 있었기에 반유를 형처럼 섬기고 반치를 아우로 대하였다. 반유가 세상을 떠났을 때 왕망은 3개월 동안 시마緦麻 상복을 입었으며 장례용품을 후하게 보내주었다. 평제가 즉위하고 태후가 수렴청정을 하자 왕망은 정치를 장악하게 되었다. 왕망은 천하가 태평한 것처럼 꾸미고자 사자를 파견하여 지역별로 풍속을 살피고 선정을 칭송하는 노래를 수집하도록 하였다. 그러나 반치는 아무것도 바치지 않았다. 낭야 태수 공손굉公孫閎이 관부에서 재해의 정황을 보고하였다. 대사공 견풍甄豐은 낭야군과 광평국으로 속관을 파견하여 이곳의 관리와 백성들에게 상서로운 징조를 조정에 보고하도록 암시하였다. 그리고 공손굉이 근거없이 재해를 날조하였으며 반치 또한 영명한 정치를 질투하고 방해하기 위해 상서로운 징조를 단절하였으니 두 사람 모두 대역무도한 죄라며 탄핵하였다. 태후가 말했다.

"덕정과 공적을 선양하지 않은 것은 재해를 보고한 경우와 처벌을 달리해야 할 것이다. 게다가 반치는 현덕한 후궁 반첩여 집안의 사람이니 내가 안타깝게 여기는 바이다."

그리하여 공손굉만 하옥되고 처형당했다. 반치는 두려워하며 은덕에 감사하는 글을 올렸다. 죄를 반성하는 의미에서 관직의 인장을 반납하고 수도로 돌아와 연릉원延陵園의 낭관이 되겠다고 하였다. 태후는 허락하였고 죽을 때까지 원래의 녹봉이 유지되었다. 이때부터 반씨 집안은 왕망 시기 동안 현달한 자도, 화를 당한 자도 없었다.

당초, 성제는 성격이 관대하여 직언을 받아들였다. 그리하여 왕음과 적방진 등은 법에 근거하여 성제의 과오를 지적하였다. 그러나 유향, 두업, 왕장, 주운 등은 마음대로 천자의 심기를 건드렸다. 황제의 스승인 안창후 장우張禹를 포함하여 대장군 왕봉의 여러 형제, 공경대부, 외척인 사씨와 허씨 집안 등 존귀와 총애가 있는 집안까지 모두 공격과 비방을 당하였다. 곡영만이 이렇게 말한 적이 있다.

"성제 초년이었던 건시·하평 연간, 허씨와 반씨 집안의 존귀함은 전대를 뛰어넘어 사방에 기세를 떨쳤습니다. 끝도 없는 상을 하사하느라 궁궐의 창고가 다 바닥났고 여인에 대한 총애가 더할 수 없을 만큼 극에 이르렀습니다. 그러나 지금의 상황은 하늘도 보살필 수 없는 것으로 예전 허씨, 반씨의 열 배가 넘는 정도입니다."

곡영은 조비연과 이평의 집안을 질책하고 풍자한 것으로 반씨 집안에 대해서는 비난의 뜻이 없었다.

반치는 반표班彪를 낳았다. 반표의 자는 숙피叔皮로, 어려서 종형인 반사班嗣와 함께 외지로 나가 공부하였다. 집에는 황제에게 하사받은 책이 있었고 재산이 풍족했으므로 옛것을 좋아하는 선비들이 먼 곳에서부터 반씨 집안을 찾아왔다. 부친 연배인 양웅揚雄부터 반씨 집안에 이르지 않은 자가 없을 정도였다.

반사는 비록 유학을 공부하였으나 노장 학설도 숭상하였다. 환담桓譚이 노장의 저작을 빌리려 하자 반사가 이렇게 답했다.

"장자는 성현의 가르침과 지혜를 버리고 심성을 수양하여 천진함을 보전하였습니다. 이것으로 맑고 고요함을 유지하여 자연으로 돌아가고자 한 것입니다. 자연을 스승과 친구로 삼을 수만 있다면 세속에 흔들리지 않을 수 있습니다. 깊은 골짜기에서 낚시를 하면 만물이 그 뜻을 깨뜨릴 수 없으며, 깊은 산에서 노니는 것은 세상의 그 어떤 즐거움과도 바꿀 수 없습니다. 성인의 그물에 얽매이지 않고 교만한 군주의 미끼에 낚이지 않으며 구속 없이 자유로울 수 있다면, 사람들의 평가에 오르내리지 않을 것이니 훌륭하다 할 만합니다. 그러나 지금 그대는 이미 인의의 속박이 습관이 되었고 명성의 굴레에 얽혀 있습니다. 주공과 공자의 규범을 따르며 안연과 민자건의 경지를 쫓고 있습니다. 이미 세상의 가르침에 얽매여 있는데 어찌 장자의 도를 빌려 자신을 과시하려 하십니까? 옛날 한단邯鄲에서 걸음걸이를 배우던 자는 그것을 흉내 내지도 못하였을 뿐만 아니라 또 원래의 걸음걸이까지 잊어버려 결국 기어서 돌아갔답니다! 그대도 그리될까 염려하여 책을 드리지 않는 것입니다."

반사의 행실과 주장이 이러하였다.

반표는 오직 성인의 도리에 대해서만 진심을 다하였다. 그의 나이 20세에 왕망이 패망하고 광무제가 기주冀州에서 즉위하였다. 당시 농롱隴 지역을 점거하고 있던 외효隗囂는 군중을 이끌고 영웅 준걸들을 끌어모았다. 공손술公孫述이 촉한蜀漢 지역에서 황제로 즉위하자 천하가 혼란스러워졌다. 큰 세력은 주군州郡을 연합하였고, 작은 세력들은 현읍縣邑을 점거하였다. 외효가 반표에게 물었다.

"옛날 주나라가 망하고 전국戰國의 전쟁시대가 시작되자 천하가 분열되었고 수세 후에야 안정되었소. 전국시대처럼 제후들이 할거하면서 합종연횡하는 국면이 지금 다시 생겨날 것 같소? 아니면 한 황실을 계승한 한 사람이 일어날 것 같소? 선생께서 이를 논해주시길 바라오."

반표가 답하였다.

"주나라의 흥망은 한나라와 다릅니다. 주나라는 5등급의 작위를 두어 제후들이 각자 정치를 하게 하였으므로 근본은 쇠약하였고 지엽은 강성하였습니다. 그러므로 이후 합종연횡의 국면이 출현한 것은 필연적인 결과였습니다. 한나라는 진나라의 제도를 이어받아 군현을 설립하였습니다. 그리하여 군주는 독단적으로 결정할 수 있는 권위를 가지게 되었고, 신하는 종신토록 유지되는 권세가 없게 되었습니다. 성제 때는 외척이 권력을 장악하였고, 애제와 평제는 재위 기간이 짧았으며, 3대에 걸쳐 후사가 없었습니다. 위기가 위에서부터 시작되기는 했으나 그 화가 아래까지 미치지는 않았습니다. 그러므로 왕씨 가문이 존귀해져서 조정의 대권을 장악하고 황제의 지리를 훔쳤으니 백성들에게 깊이 뿌리내리지는 못했던 것입니다. 이 때문에 왕망이 정식으로 보위에 오르자 천하 사람들은 모두 목을 빼고 탄식하였습니다. 10여 년간, 조정 안팎이 동요하고 불안하였으며 멀고 가까운 곳에서 모두 반란이 일어났습니다. 황제와 왕을 칭하는 자들이 구름 떼처럼 일어나 모두 약속한 것처럼 똑같이 유씨의 후손이라고들 합니다. 지금 각 지역을 차지하고 있는 호걸 중에는 전국시대의 칠웅처럼 대대로 전해 내려온 기반이 있는 자가 없습니다. 『시경』에 이런 구절이 있습니다.

| | |
|---|---|
| 위대한 상제께서 | 皇矣上帝, |
| 세상을 환히 내려다보시고 | 臨下有赫, |
| 사방을 살피시어 | 鑒觀四方, |
| 백성이 편한 곳을 구하셨네. | 求民之莫. |

지금 백성들은 모두 한나라를 그리워하는 노래를 부르고 있고 민심이 유씨를 향하고 있습니다. 이미 알 수 있는 것입니다."

외효가 말했다.

"선생께서 말씀하신 주나라와 한나라의 형세는 옳습니다. 그러나 우매한 백성들이 유씨 성을 익숙해하는 것만 보고 한 왕조가 다시 일어날 것이라고 함은 실제에 맞지 않습니다. 옛날 진나라가 천자의 자리를 놓치고 유방이 뒤쫓아 그것을 차지하려 했을 때 백성들이 한나라가 있을 것을 알았겠습니까!"

반표는 외효의 말에 느끼는 바가 있었고, 교만하고 간사한 자들이 끊임없이 나타나는 상황이 안타까웠다. 그리하여 「왕명론王命論」을 지어 혼란한 세상을 구하고자 하였다. 그 내용은 이러하다.

옛날 요임금이 순임금에게 제위를 선양하면서 말했다.

"아, 순아, 나라를 다스리는 권한을 이제 너에게 넘겨주노라."

후에 순임금도 이렇게 제위를 우임금에게 선양하였다. 주나라의 시조 직稷, 상나라의 시조 설契이 요임금·순임금을 보좌하니 빛이 사해를 비추었고 그 은택이 대대로 이어졌다. 상나라 탕임금, 주나라 무왕에 이르러서야 천하를 얻게 되었다. 비록 그들의 시대가 다르고 선양과 제위 교체의 방식은 달랐지만, 하늘의 뜻에 부응하고 민심을 따랐다는 점에서는 같은 이치였다. 그러므로 유씨가 요임금의 복을 이어받았으며, 대대로 이어진 계보는 『춘추』에 분명히 드러나 있다.[4] 요임금은 화덕火德에 근거하였으므로 한나라는 이를 계

---

4)  여기서의 『춘추』는 『춘추좌전』을 말한다. 『좌전·소공昭公 29년』에 유씨가 요임금에게서 나왔다는 전설이 있다. "도당씨陶唐氏가 이미 쇠락한 후 그 후손에 유루劉累라는 자가 있었다. 그는 용을 길들이는 비법을 환룡씨豢龍氏에게 배운 뒤 공갑孔甲을 섬겼다."

승하였다. 처음 고조가 패현沛縣의 대택大澤에서 기병하였을 때 길에서 뱀을 베어 죽였다. 그러자 신령스런 노파가 나타나 백제白帝의 아들이 적제赤帝의 아들에게 죽임을 당했다며 울었던 일은 고조가 적제를 계승했음을 분명히 보여주는 부명이다.

이로 보건대 제왕의 복은 반드시 밝고 훌륭한 덕이 있어야 하고, 많은 공적과 이로움을 쌓은 기반이 있어야 한다. 그러한 연후에 정성스러움이 신명에 통하고 은혜가 백성에게 베풀어지면 귀신의 도움을 얻어 천하 사람들이 귀부하게 되는 것이다. 천명과 혈통 없이, 사람들에게 칭송되는 공덕도 없이 제위에 오른 자를 본 적이 없다. 그러나 세속에서는 고조가 평민 출신으로 황제가 된 것만을 보고 그 이면의 이치를 알지 못하고서 마침 난세를 만나 재능을 발휘할 기회를 얻은 것이라 여긴다. 유세하는 자들은 심지어 천하를 얻는 것을 사슴을 쫓는 일에 비유하여 운이 좋고 재빠르면 얻을 수 있다고 한다. 이들은 황제의 자리는 천명이 있어야 하는 것이지 능력과 힘으로 얻을 수 있는 것이 아님을 모르는 것이다. 슬프구나! 이것이 바로 세상에 난신적자亂臣賊子가 많은 이유이다. 만약 그러하다면 하늘의 이치만 모르는 것이겠는가? 사람의 일 또한 통찰하지 못한 것이다!

굶주리는 유랑민은 길에서 배고픔과 추위에 시달리면서 낡은 베옷과 조금의 식량만이라도 얻길 바란다. 이들이 바라는 것은 일금一金의 가치도 안 되는 것들이지만 결국 마지막에는 들판에서 죽어가게 된다. 왜 그러한가? 가난은 운명으로 정해진 것이기 때문이다. 하물며 천자와 같은 존귀한 지위와 천하의 부, 신성한 권위를 어찌 마음대로 차지할 수 있겠는가? 그러므로 혼란한 시기를 만나 권력을 훔쳤으나 한신韓信과 영포英布처럼 용맹했던 자들도, 항량項梁

과 항우처럼 사나웠던 자들도, 왕망처럼 성공했던 자들도 결국 마지막에는 팽형과 참수를 당하거나 육젓이 되거나 능지처참을 당했던 것이다. 하물며 보잘것없는 능력으로 이들보다도 못한 자가 제왕의 자리를 넘보고자 하는가! 노둔한 말이 끄는 수레는 천 리 길을 달릴 수 없고, 제비와 참새는 강한 날개를 펼칠 수 없으며, 작은 재목은 대들보로 쓸 수 없고, 재능과 견식이 짧은 사람은 제왕의 중임을 맡을 수 없다. 『주역』에서 "솥의 다리가 부러지면 귀한 음식이 엎어진다(鼎折足, 覆公餗)"고 하였으니 능력이 작은 사람은 그러한 중임을 감당할 수 없는 것이다.

진秦나라 말기 호걸들이 모두 진영陳嬰을 왕으로 추대하였다. 그러나 진영의 모친은 만류하였다.

"내가 시집온 이래 너희 집안은 대대로 가난했다. 갑자기 부귀해지는 것은 불길하니 군대를 다른 사람에게 맡기는 것이 낫다. 일이 성공한다면 약간의 이익을 얻을 수 있고, 성공하지 못해도 재앙은 다른 사람이 책임질 것이다."

진영은 모친의 말을 따랐고 그의 가문은 평안할 수 있었다.

왕릉王陵의 모친 또한 항씨가 반드시 망하고 유씨가 흥할 것을 알았다. 당시 왕릉은 한나라 장수였는데 모친이 초나라에 포로로 잡혔다. 한나라 군대의 사신이 오자 왕릉의 모친은 사자를 보고 이렇게 말했다.

"내 아들에게 이렇게 전해주시오. 한왕은 덕이 있는 사람으로 반드시 천하를 얻을 것이니 근신하며 그를 섬기고 배신의 생각을 품어서는 안 된다고 말이오."

그러고는 한나라 사신의 면전에서 검으로 자살하여 왕릉의 뜻을 굳건히 하고 독려하였다. 그 후 천하는 과연 한나라가 평정하였으며 왕릉은 재상이 되었고 열후에 봉해졌다. 일반 아녀자의 식견으로 사리를 깊이 헤아리고, 화복의 관건을 알았으니 가문의 제사를 오래도록 보존하고 역사에 공명을 남길 수 있었던 것이다. 하물며 대장부의 일이야 어떻겠는가! 곤궁과 현달은 천명으로 정해지는 것이고, 길함과 흉함은 사람의 선택이다. 진영의 모친은 명예와 지위를 포기할 줄 알았고, 왕릉의 모친은 공명을 세울 줄 알았던 것이다. 이 네 가지를 자세히 살핀다면 제왕의 명분이 어떤 사람에게 속하는지를 판단할 수 있을 것이다.

한 고조가 제왕으로 일어설 수 있었던 것은 다섯 가지 이유가 있다. 첫째는 요임금의 후손이기 때문이다. 둘째는 외모에 기이한 특징이 많았다. 셋째는 신령스러운 징조가 있었기 때문이고, 넷째는 관대하고 현명하며 인자하였기 때문이고, 다섯째는 사람을 알아보고 잘 임용했기 때문이다. 그는 성실하고 신용이 있었으며 모략을 좋아하여 사람들의 의견을 잘 듣고 수용하였다. 좋은 점을 보면 따라하지 못할까 염려하였고, 사람을 신임하고 등용하는 것은 자신을 대하듯 하였다. 간언을 듣는 것은 흐르는 물처럼 하였고, 시기를 포착하는 것은 부름에 응하듯 신속했다. 식사를 하다가도 먹던 것을 뱉고 장량張良의 계책을 받아들였으며, 발을 씻다 말고 역이기酈食其의 말을 공손히 들었다. 변방을 지키는 병사의 말을 듣고 깨우쳐 낙양을 도읍으로 하려던 생각을 포기하였으며, 상산商山 네 노인의 명성을 존경하여 총애하는 여인의 소생을 태자로 세우려던 마음을 접었다.[5] 낮은 직책이었던 한신을 발탁하고 도망자였던 진평

---

5) 한 고조는 척戚부인을 총애하여 그녀 소생의 유여의劉如意를 태자로 세우고 싶어했다. 그러나 당시 이미 여태후 소생의 유영劉盈(이후의 혜제惠帝)이 태자로 책봉되어 있는 상황이었다. 장량은 여후에게 계책을 내어 태자가 상산의 네 노인(商山四皓)을 맞아오도록 했다. 이들은 진나라 말기 난을 피해 상산으로 은거한 현자였는

陳平을 등용하였으니, 영웅들은 재능을 바치며 여러 책략들을 모두 내놓았다. 이것이 고조의 원대한 계획이었으며 제왕의 업적을 이룰 수 있었던 이유이다. 신령하고 상서로운 징조가 부응한 것도 대략 들을 수 있었다. 처음 유온劉媼이 고조를 회임하였을 때 신령과 만나는 꿈을 꾸었는데, 번개가 치고 대낮이 칠흑처럼 어두워지며 용 한 마리가 그녀의 몸에 올라가는 기이한 일이 있었다고 한다. 장성한 후에도 보통 사람들과 달리 신기한 일이 많았다. 이 때문에 왕씨王氏 노파와 무씨武氏 부인은 기이하게 여겨 고조의 외상 장부를 없앴던 것이다. 여공呂公은 그의 관상을 보고 딸을 시집보냈다. 진시황은 동쪽으로 순수巡狩했다가 이곳에 서려 있는 천자의 기운을 누르려 했고, 여후는 구름의 기운을 보고서 그가 있는 곳을 찾을 수 있었다. 처음 천명을 받고서 흰 뱀을 베어 죽였고, 서쪽으로 진격하여 관중에 들어가자 다섯 개의 별이 모여드는 현상이 나타났다.[6] 그리하여 회음후 한신과 유후 장량은 고조의 즉위가 하늘이 내린 것이지 사람의 힘으로 할 수 있는 것이 아니라고 하였다.

고금의 득실을 두루 살펴 일의 성패를 검증하고 제왕의 흥망성쇠를 헤아리려 앞에서 언급한 다섯 가지를 따져보면, 행실은 제왕의 지위에 걸맞지 않고 징조는 제왕의 기준에 부족하다. 그런데도 구차하고 어리석게 권세와 이익을 탐하고 망령되이 분수에 넘치는 것을 차지하려 든다. 밖으로는 자신의 역량을 헤아리지 못하고 안으로는

---

데, 고조가 그들을 초빙하고자 했으나 이들은 한나라의 신하가 되기를 거절했다. 태자는 겸손한 말과 후한 예물로 이 네 노인을 조정에 모셔왔고 이들이 태자를 지지하자 고조는 태자를 바꾸려던 마음을 접었다.

6) 유방이 진나라의 도성인 함양으로 들어갈 때 수, 금, 화, 목, 토의 다섯 행성이 동시에 동정東井 별자리에 모여드는 천문 현상이 일어났다. '오성취五星聚' 혹은 '오성취동정五星聚東井'이라 하는 이 현상은 역대로 왕조의 교체나 천명의 변화를 상징하는 것으로 해석되었다.

자신의 운명을 살피지 못하는 것이다. 결국 부모의 목숨을 잃고 자신 또한 천수를 누리지 못할 것이니 위태로운 일을 당하여 칼과 도끼로 주살될 것이다. 영웅이라면 이러한 이치를 깨닫고서 재앙의 경고를 두려워하여 견식을 멀고 깊게 할 수 있을 것이다. 왕릉·진영처럼 본분을 지키는 것을 배우고, 한신·영포처럼 분수에 맞지 않는 것을 바라는 마음을 접을 것이다. 제왕의 자리를 쫓으라는 헛된 말들을 거절하고, 천자의 자리는 하늘이 정한 주인이 있음을 분명히 알게 될 것이다. 제 것이 아닌 것을 탐내어 왕릉과 진영의 모친에게 비웃음당하지 않는다면 복은 자손에게까지 이어질 것이고 하늘이 내린 작위와 봉록은 영원할 것이다.

반표는 외효가 끝내 깨닫지 못할 것을 알고 바로 하서河西로 피하였다. 하서대장군 두융竇融은 그의 훌륭한 덕을 칭송하며 직접 찾아왔다. 두융이 반표의 재능을 인정하고 추천하여 서현徐縣의 현령에 임명되었으나 병 때문에 사직하였다. 이후 여러 번 삼공三公의 부름을 받았다. 반표의 출사는 봉록을 위한 것이 아니었으며 부임한 곳에서도 윗사람에게 영합하지 않았다. 학문은 사람들에게 인정받기 위한 것이 아니었으며 박식하였으나 속되지 않았다. 언사는 화려함을 추구하지 않아 옛것을 계승하여 서술할 뿐, 새로 짓지 않았다.

## 【하下】

요·순·하·상·주의 시대는 『시경』과 『상서』에 기재되어 있으며 세상에 전적들이 전해지고 있다. 그러므로 비록 요·순과 같은 성세라 하더라도 「요전堯典」, 「고요모皐陶謨」 같은 기록이 있고서야 후세에 명성을 날릴 수 있고 공덕은 모든 제왕의 우두머리가 될 수 있다. 그러므로 『논어·태백』에서도 "우뚝하구나, 요임금이 이룩한 공적은! 찬란하구나, 그 문물과 전장 제도는!"이라고 말씀하셨다.

한 왕조는 요임금의 덕을 계승하여 제왕의 위업을 이룩하였다. 6대가 되었을 때 사관史官 사마천이 6대의 공적을 기술하여 본기本紀를 지었다. 그러나 한나라 천자의 본기를 역대 모든 제왕의 마지막에, 진시황제·항우와 같은 반열에 두었다. 무제 태초 연간 이후의 역사 기록이 없기 때문에 나는 예전의 기록을 찾고 들은 것을 엮어서 『한서』를 지었다. 고조에서 시작하여 평제, 왕망이 주살되는 것에서 마치니 12대 230년간 일어난 모든 일을 종합하였다. 오경五經의 뜻을 관철하고 고금을 관통하여 기紀, 표表, 지志, 전傳 100편을 지었다.

순서와 각 편을 지은 뜻은 이러하다.

위대한 한 고조高祖께서는 요임금의 유업을 계승하였으며 하늘이 내려준 덕과 지혜, 위엄을 겸비하셨다. 진나라의 정치가 쇠락하자 진승陳勝 등이 난을 일으켰다. 이에 고조께서 떨치고 일어나 흰 뱀을 베어 죽이고 군사를 일으키셨다. 신령한 노파가 천명을 알려 주었고 적색 깃발을 들고서 진나라의 교외로 진격하자 자영子嬰은 머리를 조아리고 항복하였다. 새로운 왕조를 열어 제도를 만들고 약법삼장約法三章으로 기강을 세웠다. 위로는 천명에 부응하고 아래로는 민심을 따르니 다섯 개의 별이 모두 한 곳으로 모여들었다. 항우가 맹약을 배반하고 고조를 파巴·한漢 지역으로 쫓아냈으나 민심은 한나라로 돌아섰고 전사들은 항우에게 분노하였다. 이 기회를 잡아 회군하여 반격하였다. 삼진三秦 지역을 석권하고 진秦·

촉蜀의 강과 산을 차지하였으며 백성을 위무하였다. 소하와 조참이 황제의 팔과 다리가 되어 사직을 보좌하였고, 한신과 영포가 황제의 손톱과 어금니가 되어 황제를 호위하였다. 장량과 진평은 황제의 심복이 되어 천명을 받들고 주벌을 집행하니 위엄은 성대하고 상벌은 엄명하였다. 그러므로 첫 번째로 「고제기高帝紀」를 지었다.

혜제惠帝는 단명하였다. 고제의 황후인 여씨가 황제의 권력을 행사하였으나 하늘의 뜻을 살피지 않아 여씨 집안은 패망하게 되었다. 두 번째로 「혜제기惠帝紀」를, 세 번째로 「고후기高后紀」를 지었다.

문제文帝는 신중하고 공경하여 몸소 백성을 교화하고 덕행으로써 신하를 통솔하셨다. 농민의 세금은 줄어들고, 범죄자의 처자식은 연좌되지 않았으며, 궁전은 건물을 신축하지 않았고, 황제의 능원을 높이 건축하지 않았다. 문제의 덕은 바람처럼 사방으로 전해졌고 백성은 바람에 풀이 눕듯 그 영향을 받았다. 그리하여 나라는 부유하고 형벌은 공명정대하여 우리 한나라의 도가 이루어지게 되었다. 이에 네 번째로 「문제기文帝紀」를 지었다.

경제景帝가 집정하자 제후국의 반란이 일어났으나 칠국七國을 토벌하여 황실을 안정시켰다. 태만함과 미혹됨 없이 농업과 잠업에 힘쓸 것을 가장 중요한 법령으로 반포하니 백성은 이 덕분에 편안해졌다. 다섯 번째로 「경제기景帝紀」를 지었다.

무제武帝는 영명하셨다. 선조의 유업을 넓힐 것을 생각하여 능력 있는 자들을 두루 구하고 사업을 일으키니 뛰어난 인재들이 모두 모여들었다. 그는 어떤 사업을 완수하였는가? 모든 오랑캐를 물리쳐 사방의 변경 지역까지 우리의 강토가 넓어지게 되었다. 탁월한 무공 외에도 문화와 학술을 발전시켰으며 육경을 배우고 유학을 정통으로 추종하였다. 봉선의 의식을 거행하고 천신과 지신에게 제사를 지냈으며 모든 신령들에게 제를 올렸다. 음률을 제정하고 역법을 바꾸어 자손만대 영원토록 누리도록 하였다. 여섯 번째로 「무제기武帝紀」를 지었다.

소제昭帝는 나이가 어렸으나 대신들은 충성을 다하였다. 연왕燕王과 개장공주蓋長公主가 반란을 도모하였으나, 소제는 지혜롭고 총명하게 대처하여 죄인들은 처벌되고 나라는 화목해졌다. 일곱 번째로 「소제기昭帝紀」를 지었다.

선제宣帝는 현명하여 상과 벌을 신중히 하였다. 능력 있는 자들을 임용하고 간쟁을 받아들여 항상 정확하고 타당한 결정을 내렸다. 먼 곳을 회유하고 가까운 곳과 친선하니 명성과 위엄이 밝게 빛났다. 대사막 너머 멀리 용성龍城에서까지 한나라 조정을 찾아와 내조하였다. 선조의 공업을 빛나게 하는 일이 결국 이루어지게 된 것이다. 여덟 번째로 「선제기宣帝紀」를 지었다.

원제元帝는 공경하고 신중하였으며 뛰어나면서도 부드럽게 일을 처리하였다. 연로한 대신을 예로써 대우하였으며 성실하고 정직한 자들에게 관대하셨다. 밖으로는 황실 전용 원림을 폐지하였고, 안으로는 사치스런 복장을 줄였으며, 궁을 떠나서는 호위를 두지 않으셨고, 능묘인 위릉渭陵으로 백성을 이주시키지 않았다. 그러나 환관의 우두머리가 정권을 농단하여 우리 황제의 밝은 덕을 더럽혔다. 아홉 번째로 「원제기元帝紀」를 지었다.

성제成帝는 풍채가 화려하고 훌륭하였다. 조정에 나타나면 밝게 빛났고 그 위엄 있는 태도는 마치 아름다운 옥과 같았다. 그러나 후궁에는 방자한 조씨趙氏 자매가 있었고 조정은 왕씨王氏 가문이 장악하고 있었으니, 횃불처럼 환히 타올라야 할 천자의 권위는 빛을 잃었다. 열 번째로 「성제기成帝紀」를 지었다.

애제哀帝는 고상하였다. 그러나 위엄과 권력을 장악하자 황족을
내쫓고 대신들을 살육하였다. 동현을 총애하여 그의 도움으로 나라
를 다스리고자 하였다. 작은 재목으로 대들보를 삼으면 필히 중임
을 감당하지 못하고서 무너져 위태롭게 될 것이다. 열한 번째로「애
제기哀帝紀」를 지었다.

평제平帝는 불행하였다. 왕망이 재상이 되었으나 주공과 이윤이
되지 못하였고 우리 한나라를 찬탈하였다. 열두 번째로「평제기平
帝紀」를 지었다.


한나라가 처음 천명을 받았을 당시 각 제후들은 서로를 정벌하였
다. 분봉의 제도는 항우가 시작한 것으로 모두 18개의 나라가 있었
다.[7] 첫 번째로「이성제후왕표異姓諸侯王表」를 지었다.

고제는 개국공신을 보좌대신으로 책봉하고 방계 친척을 황실을
보호하는 병풍으로 삼았다. 그리하여 열후와 왕들은 모두 존귀해졌
다. 두 번째로「제후왕표諸侯王表」를 지었다.

제후왕의 복은 적장자손에게 세습되어 가문의 자제는 번창하고
방계는 무성해졌다. 세 번째로「왕자후표王子侯表」를 지었다.

개국 초기, 개국공신에게 부절을 주고 자손 대대로 계승되도록
하였으니 작위와 식읍의 제도가 분명하였다. 네 번째로「고혜고후
효문공신후표高惠高后孝文功臣侯表」를 지었다.

경제는 오초칠국의 난을 토벌하였고, 무제는 군대를 일으켜 출정
하였다. 이후는 태평한 시대였으나 여전히 공로를 세워 작위와 토

---

7)  기원전 206년, 항우가 진나라 수도였던 함양에 입성한 후 각 지역의 세력을 정리하
    기 위해 18개 나라를 분봉하고 각지의 제후왕으로 임명한다. 이때 유방이 한왕漢王
    으로 봉해지고 항우 자신은 서초패왕西楚覇王이 된다.

지를 받는 자들이 있었다. 다섯 번째로 「경무소선원성애공신후표景武昭宣元成哀功臣侯表」를 지었다.

공덕이 있는 자는 모두 상응하는 보상을 받았으며 은殷나라·주周나라의 후손까지도 책봉과 상을 받게 되었다. 재상과 외척은 옳은 것을 표창하고 잘못된 것을 경계하였다. 여섯 번째로 「외척은택후표外戚恩澤侯表」를 지었다.

한나라는 진나라를 계승하여 제도를 바꾼 것도 있고 답습한 것도 있다. 백관의 직책을 소개하고 관직을 맡은 사람의 이름을 함께 나열하여 일곱 번째로 「백관공경표百官公卿表」를 지었다.

전적을 두루 인용하고 고금을 관통하여 인물의 현명함과 어리석음, 선악을 구별하여 9등급의 순서로 배열하였다. 여덟 번째로 「고금인표古今人表」를 지었다.[8]

근본을 거슬러 올라가면 수數는 일一에서 시작된다. 황종률黃鐘律의 음에 근거하여 아주 미묘하고 세밀한 것까지 측량하였다. 8종의 악기와 7시始의 악곡, 5성의 음계, 12악률, 도량형, 역법과 산학이 모두 여기에서 파생되어 나왔다. 관리가 직분을 잃고 학술이 쇠락하자 역법은 황제력黃帝曆, 전욱력顓頊曆, 하력夏曆, 상력商曆, 주력周曆, 노력魯曆의 육가六家로 분열되었다. 혹자는 이것에, 혹자는 저것에 근거하여 정미함을 찾고자 하였다. 첫 번째로 「율력지律曆

---

8) 『한서』는 전한 시대의 역사이지만 「고금인표」는 유일한 통사적 인물 연표이다. 위로는 삼황, 요순에서 진秦왕조까지의 인물을 9등급으로 귀납한 것이다. 9등급은 상상성인上上聖人, 상중인인上中仁人, 상하지인上下智人, 중상中上, 중중中中, 중하中下, 하상下上, 하중下中, 하하우인下下愚人이다. 한나라 시기의 역사인데 정작 한나라 인물은 없다는 점, 인물의 등급에 대해 명확한 기준이 없다는 점 등 때문에 역대로 많은 비판을 받았다.

志」를 지었다.

위의 하늘은 높고, 아래의 연못은 낮고며, 천둥이 울리면 만물이 진동한다. 고대의 성왕은 이러한 현상을 관찰하여 예악을 제정하였다. 그 후, 예악이 무너지고 정나라·위나라의 음란한 음악이 유행하자 백성이 그에 물들어 풍속이 어지러워졌다. 중요한 부분을 대략 열거하고 옛 문헌을 정리하였다. 두 번째로 「예악지禮樂志」를 지었다.

천둥이 울리고 번개가 치면 하늘의 위엄이 진동하고 번쩍인다. 오형五刑의 제정은 바로 이를 본받은 것이다. 위엄은 덕정을 보좌하고, 형벌은 교화를 보조한다. 쇠락한 말세에는 신중한 판결이 이루어지지 못하니 덕정과 교화의 근본을 버리고 말엽적인 형벌만을 사용하게 된다. 오기吳起와 손무孫武는 교활하고 간사하였고, 신불해申不害와 상앙商鞅은 잔혹하고 흉포하였다. 한나라 초기 「구장율九章律」을 제정하였는데 문제文帝가 이를 수정하여 육형을 폐지하고 태형으로 바꾸어 형벌에 경중의 차이를 두었다. 이리하여 세상에는 성문화된 법률이 있게 되었다. 세 번째로 「형법지刑法志」를 지었다.

백성이 생긴 이래로 양식과 물자는 가장 중요한 것이었다. 정전제를 만들어 밭을 분배하고 10분의 1을 조세로 납부하게 하니, 백성은 풍족해지고 왕후는 존귀해졌다. 상업은 필요를 충족하게 하니 있는 것과 없는 것을 유통하게 한다. 화폐는 거북 껍질과 조개 껍질에서 시작되어 지금의 오수전五銖錢으로 발달하였다. 고금의 경제를 대략적으로 정리하여 세상의 가득 차고 비는 이치를 살펴보았다. 네 번째로 「식화지食貨志」를 지었다.

예부터 성왕은 많은 신령에게 성대한 제례를 지냈다. 천제와 육종六宗, 그리고 멀리 명산대천에도 제사를 올렸다.[9] 훌륭한 덕행은 가장 좋은 제물이니 영원히 풍년을 내려주신다. 그러나 난세에는 제사가 함부로 행해지고 무당과 미신에 미혹되었으며, 대부가 망령되이 태산에서 제사를 지내고 제후가 참월하여 천신을 제사 지냈다. 신선술을 말하는 방사들이 기회를 틈타 횡행하며 사람들을 미혹시켰다. 옛날을 돌아보고 앞날을 바라보아 그 시작과 끝을 정리하였다. 다섯 번째로 「교사지郊祀志」를 지었다.

빛나는 하늘에는 각종 별자리가 늘어서 있으니 태양과 달은 사방을 비추고 뭇 별들은 빛을 드리운다. 백관의 제도는 천문을 모방하였고, 궁실의 배치는 천문과 일치하게 만들었다. 천문과 정치는 서로 감응하니 그림자가 몸을 반영하는 것과 같다. 하·상·주 3대의 말년에는 천문을 관측하는 일이 문란해졌다. 천문의 조짐과 인사의 응험을 열거하니 과거를 살펴 앞날을 고찰하는 것이다. 여섯 번째로 「천문지天文志」를 지었다.

하도河圖를 복희에게 주고 낙서洛書를 우임금에게 내려 8괘가 체계를 갖추게 되고, 천하를 다스리는 아홉 가지 큰 법인 구주九疇가 펼쳐지게 되었다. 대대손손 이 보물을 전하니 찬란한 빛이 주나라 문왕과 무왕에게 전해졌고, 『춘추』는 재이를 기록하여 재앙의 징조를 열거하였다. 지난 일을 알려주면 앞날을 예측할 수 있으니, 이는 제왕의 정치가 좋고 나쁜 지표가 되는 것이다. 일곱 번째로 「오행지五行志」를 지었다.

곤괘坤卦는 대지를 상징하니 토질의 고하에 따라 아홉 등급으로

---

9) 육종六宗은 제사를 지내던 여섯 신을 가리키는데, 이 여섯 신에 대해서는 설이 분분하다. 물·불·번개·바람·산·연못을 들기도 하고, 하늘·땅·동서남북, 혹은 해·달·별·사시四時·추위와 더위·홍수와 가뭄을 들기도 한다.

나누었다. 고대 황제黃帝가 처음으로 주역州域을 나누었고, 요임금은 12주로 나누어 만국을 다스리고 동서를 안정시켰으며 남북의 경계를 정하였다. 3대에는 답습하면서 약간의 개혁이 있었고, 이후 진·한에 이르자 5등급의 제후 분봉을 폐지하고 군현제를 수립하였다. 산천을 대략 기록하여 지역의 구분과 연혁을 밝혔다. 여덟 번째로 「지리지地理志」를 지었다.

하나라의 우임금은 육로에서는 수레를, 수로에서는 배를, 진흙에서는 썰매를, 산길에서는 가마를 타면서 모든 하천을 통하게 만들었다. 황하는 가장 다스리기가 어려웠고 홍수의 재앙이 후대까지 이어졌다. 그러나 상나라 때에 황하는 고갈되었고 주나라 때에는 물길이 이동하였다. 진秦 왕조 때에 황하의 남쪽 물길을 뚫었고, 이때부터 한나라까지 북쪽의 8지류를 막았다. 문제 시기 산조현酸棗縣의 터진 둑을 막았고, 무제 때는 호자구瓠子口를 막은 것을 기념하여 「호자瓠子의 노래」를 지었다. 성제 건시 5년(기원전 28) 관도현館陶縣 둑의 보수작업이 성공하자 황하를 다스렸다는 의미에서 '하평河平'으로 개원하였다. 이후 황하의 물길은 순통하게 터졌고 크고 작은 수로를 만드니 우리나라에 이로움이 있었다. 아홉 번째로 「구혁지溝洫志」를 지었다.

복희가 처음으로 8괘를 그리고 문자가 만들어진 후, 우虞·하夏·상商·주周의 4대를 거쳐 공자가 이들의 사업을 계승하였다. 공자는 『상서』를 엮고, 『시』를 산정하고, 『예』를 편찬하고, 『악』을 정리하고, 단사象辭를 지어 『역』을 해석하고, 『춘추』를 지어 법도를 바로 세웠다. 육경이 이미 완비되었으나 전국이라는 난세를 만나 널리 펼쳐지지 못하였으니 백가는 다투어 자신의 학술을 주장하고 제자들은 서로 논쟁을 펼쳤다. 진시황의 분서갱유로 경전이 훼손되었으나 한나라 조정은 남아 있는 전적을 찾아 수습하였다. 유향이 서적을 정리하는 일을 주관하여 아홉 가지로 학파를 분류하였다. 이에 목록을 정리하고 간략하게 이 위대한 사업에 대해 기술하였다. 열 번째로 「예문지藝文志」를 지었다.

군주가 오만하고 백성이 흉포하니 도적이 반란을 일으켰다. 진승과 오광이 불꽃을 일으키자 뒤를 이어 항량과 항적이 봉기하여 맹렬히 타올랐다. 위풍당당하게 함양咸陽을 불태우고 중원을 나누어 제후왕을 분봉하였으며 자영子嬰을 주살하고 회왕懷王을 축출하였다. 그러나 속임수와 포악함 때문에 멸망하였다. 첫 번째로 「진승항적전陳勝項籍傳」을 지었다.[10]

장이張耳와 진여陳餘의 교유는 부자지간 같았다. 손을 잡고서 함께 진나라를 피하였고 날개를 펼쳐 함께 봉기하였다. 그러나 조趙나라를 차지하고 권력을 다투게 되자 반목하여 표범과 호랑이 같은 원수가 되었다. 장이는 감덕甘德의 건의를 받아들이고 한나라에 귀부하여 제후가 되었다. 두 번째로 「장이진여전張耳陳餘傳」을 지었다.

그루터기에서 새싹이 나듯 다시 일어났으나 그 뿌리는 이미 썩은 상황이었다. 고목에서 새싹이 돋아난들 어찌 오래 유지될 수 있겠는가![11] 전횡田橫은 웅대한 재주가 있었으나 섬으로 달아나 숨었다. 한 고조가 낙양으로 와서 귀부할 것을 명하자 전횡은 시향尸鄕

---

10) 항우의 이름은 '적籍'이며, '우羽'는 자이다. 『사기』에서 제왕의 기록인 본기에 포함되어 있던 항우는 『한서』에서 열전으로 강등되었다.

11) 진秦나라 말 위표魏豹, 전담田儋, 한신韓信이 기병하였다. 반고가 잘라진 나무에서 새 싹이 나왔다는 비유를 쓴 것은 이들이 모두 전국 말 멸망했던 제, 위, 한나라의 귀족 후예였기 때문이다. 위표는 위魏나라 공자였고, 한왕韓王 신信은 양왕襄王의 서출 손자였으며, 전담은 제齊나라 왕족 전씨의 후예였다. 전횡田橫은 전담의 사촌 동생이다.

까지 와서는 목욕을 한 후 머리를 바치며 신하를 칭하였다. 섬에 남아 있던 그의 빈객들은 소식을 듣고 따라 자결하였다. 그 의로움은 진秦 목공穆公이 현인들을 자신과 함께 순장하게 했던 일보다 훨씬 뛰어나다. 세 번째로 「위표전담한신전魏豹田儋韓信傳」을 지었다.

한신韓信은 굶주리던 거지였고, 영포英布는 묵형을 받은 자였으며, 팽월彭越은 도둑이었고, 오예吳芮는 현령을 지낸 자였다. 구름이 일어나 용이 날아오르니 이들도 왕후王侯가 되어 제나라와 초나라를 나눠받았고 회남국과 양梁나라를 차지하였다.[12] 노관盧綰은 고조와 동향으로 북방 변경을 진압하였으나, 미약한 재덕으로 높은 지위에 올랐으니 복이 아니라 재앙이 되었다. 오예는 충성과 신의를 지킬 수 있었으니 그 후손은 오래 번창할 수 있었다. 네 번째로 「한팽영노오전韓彭英盧吳傳」을 지었다.

유가劉賈는 종군하여 부지런히 공을 세우고 회淮·초楚 지역을 진압하였다. 유택劉澤은 낭야왕이 되어 권모술수로 여씨 일족을 부추겼다. 유비劉濞는 오나라를 받았는데 영지의 규모가 제도를 초과한 것이었다. 모반을 해서는 안 된다는 경고를 받았음에도 반란을 일으켰다가 토벌되었다. 다섯 번째로 「형연오전荊燕吳傳」을 지었다.

고조의 부친인 태상황은 네 아들이 있었다. 유백劉伯은 요절하였고, 유중劉仲은 대代국의 왕이 되었고, 유교劉交는 초나라에 책봉되었다. 유교의 손자인 유무劉戊는 음란하고 타락하여 유례劉禮가 왕위를 계승하였다. 장안으로 이주한 유교의 자손들은 몇 대에 걸쳐 종정宗正의 역할을 하며 왕실을 위해 힘썼으므로 양성후陽成侯에 봉해졌다. 유향劉向 부자는 박학하여 조손 3대가 명성이 있었다. 여

---

12) 한신은 먼저 제왕으로 봉해졌다가 나중에 초왕이 되었다. 영포는 회남왕에 봉해졌으며 팽월은 양왕에 봉해졌다.

섯 번째로 「초원왕전楚元王傳」을 지었다.

계포季布는 고조의 수배령을 피하기 위해 노예로 가장하여 자신을 굽히고 명예를 잃는 욕을 당하였다.[13] 흉노 선우가 여태후를 모욕하는 서신을 보내오자 상장군인 번쾌가 10만 대군을 이끌고 흉노를 토벌하겠다고 하였다. 그러자 계포는 번쾌를 참해야 한다고 호통쳤고, 그곳에 있던 대신들은 놀라 떨었다. 난포欒布는 양왕梁王을 위해 울면서 제를 올렸고, 전숙田叔은 죽음을 무릅쓰고 조왕趙王을 따랐으며 위험을 만나자 목숨을 내놓았으니 그 의로운 행동은 성명한 군주를 감동시켰다.[14] 난포는 연나라·제나라를 거쳤고, 전숙도 노나라의 승상을 지냈다. 백성들은 그들의 공적을 그리워하여 황금을 내놓아 장례를 돕기도 했고 사당을 세우기도 하였다. 일곱 번째로 「계포난포전숙전季布欒布田叔傳」을 지었다.

고조의 여덟 아들 중 두 명은 황제가 되었고 여섯 명은 왕이 되었다. 세 명의 조왕趙王은 죄 없이 해를 당하였고, 회남여왕淮南厲王은

---

13) 계포는 항우의 장수였는데 항우가 죽자 고조는 계포에게 현상금을 걸어 수배하였다. 계포는 피신을 위해 머리를 깎고 칼을 차고 허름한 옷을 입고는 노나라의 유명한 임협인 주가朱家에게 종으로 팔려갔다. 이후 여음후汝陰侯 등공滕公의 추천으로 한나라에서 다시 기용되었다.

14) 양왕 팽월과 교분이 있었던 난포는 양나라의 대부로 임명되었다. 고조가 팽월을 모반죄로 처벌하고 삼족을 멸한 후 그 시신을 효수해놓고 "감히 그의 머리를 거두는 자는 체포할 것"이라고 했다. 난포는 제나라의 사신으로 갔다가 돌아와서야 이러한 상황을 알고는 제사를 지내고 통곡하였다. 진노한 고조가 난포를 체포하자 난포는 당당히 팽월의 공적과 억울함에 대해 진언했다. 고조는 난포를 용서하고 도위에 임명하였다. 전숙은 조왕 장오의 낭중郎中이었다. 고조가 조왕을 모욕한 것에 분노한 조왕의 신하들은 반란을 모의하였으나 발각되었고 조왕까지 연루되었다. 조정에서는 "조왕을 따르는 자는 삼족을 멸할 것"이라는 조서를 내렸지만 전숙 등 10여 명은 수의를 입고서 스스로 머리를 깎고 쇠칼을 차고 조왕을 따라 장안까지 왔다. 결국 조왕은 무관함이 밝혀져 석방되었고 자신을 따라온 10여 명을 고조에게 추천하였다. 고조는 이들을 군수나 제후왕의 승상으로 임명하였다.

스스로 멸망을 자초하였다.[15] 연燕 영왕靈王은 후사가 끊어졌고, 제 나라 도혜왕悼惠王의 자손은 특히 번창하였다. 태산부터 바다까지 동쪽 지역을 전부 소유하였으며 서자들도 왕으로 책봉된 자들이 전후로 아홉 명이었다. 그러나 이 중 여섯 명은 주살되었고, 적자인 제왕은 후손이 없어 제사가 끊겼다. 성양城陽, 제북濟北 두 나라는 계속 계승되어 제사를 받들게 하였다. 성양의 경왕景王은 용맹하여 주발과 진평을 도와 여씨 일족을 주살하고 한나라 사직을 구하였다. 여덟 번째로 「고오왕전高五王傳」을 지었다.

위대하구나. 으뜸가는 공적으로 한중을 차지하고 한신을 천거하였다. 관중을 굳게 지키고 군량을 공급하여 병력을 충족하였으며, 도성과 궁궐을 세우고 제도와 법률을 제정하였다. 평양후 조참은 신중하고 묵묵히 계승하며 바꾸지 않았다. 백성들은 노래를 지어 칭송하였고 돈후한 덕행으로 우리 한나라를 교회하였다. 한나라에서 가장 존경받는 대신이니 상국相國이라 할 만하다. 아홉 번째로 「소하조참전蕭何曹參傳」을 지었다.

장량은 진시황을 습격하고 한 고조의 심복이 되었다. 모략으로 무관武關을 공격하고 홍문연에서의 위기를 구하였다. 한신을 제齊 나라 왕으로 봉하도록 추천하였고 전국시대 육국의 후손이 작위를 받는 것을 저지하였다.[16] 팽월과 한신이 해하垓下로 군대를 끌고 오게 하였으며, 상산의 네 노인을 불러와 태자의 지위를 보호하였다.

---

15) 조 은왕隱王 유여의劉如意는 여후에게 독살당했고, 공왕恭王은 여후에게 핍박당해 자살하였으며, 유왕幽王은 여후에게 유폐했다가 굶어죽었다. 회남여왕 유장劉長은 교만하고 방종하여 여러 차례 법을 위반하였다. 후에 모반으로 폐출되었다가 유배를 가던 중 곡기를 끊고 죽는다.

16) 고조는 역이기酈食其의 건의로 전국시대 6국의 후대를 책봉하려 이미 인장을 새기도록 명한 상황이었다. 장량이 이를 듣고는 불가한 여덟 가지 이유를 들어 진언하였다. 고조는 먹던 밥을 내뱉고는 즉시 새겼던 인장을 없애도록 명하였다.

진평은 궁지에 몰려 도망다니는 신세였다가 한나라에 귀의하고서 편안해졌다. 범증을 죽이고 항우를 멸망시켰으며 흉노에게 포위당했던 고조를 구하고 한신을 사로잡을 계책을 바쳤다. 그가 낸 여섯 번의 기묘한 계략 덕분에 한나라는 위험한 국면을 벗어날 수 있었다. 왕릉은 조정에서 힘써 간쟁하였으나 받아들여지지 않자 사직하고 집에 머물며 두문불출하였다. 주발은 용맹하여 여씨 일족을 주살하고 문제를 옹립하였다. 주아부周亞夫는 지조를 지켜 오초의 반란을 평정하는 데 공로가 있었다. 열 번째로 「장진왕주전張陳王周傳」을 지었다.

번쾌樊噲는 개를 도축하는 백정이었고, 하후영夏侯嬰은 말을 기르고 수레를 몰던 사람이었으며, 관영灌嬰은 장사꾼이었고, 역상酈商은 범상한 자였다. 그러나 그들 모두 한 고조가 황제가 되면서 함께 부귀와 권세를 누리게 되었다. 열한 번째로 「번역등관부근주전樊酈滕灌傅靳周傳」을 지었다.

장창張蒼은 옛 일에 해박하여 진나라 때 어사御史를 지냈고 한나라의 역법과 악률, 도량형의 제도를 제정하는 데 참여하였다. 주창周昌은 성격이 강직하여 황제의 위엄을 상하게 하는 일이 있었다. 임오任敖는 근면하여 옛날에 여후에게 베풀었던 은혜의 보답을 받았다.[17] 신도가申屠嘉는 원칙을 견지하여 등통鄧通을 질책하고 조조晁錯를 주살할 것을 청하였다. 충심어린 간언은 나라를 위한 것이었지 일신의 영달을 위한 것이 아니었다. 열두 번째로 「장주조임신도전張周趙任申屠傳」을 지었다.

---

17) 임오는 패현의 옥리였다. 고조가 죄를 짓고 도망다닐 때 옥리가 여후를 옥에 가두고 함부로 대하였다. 임오는 이를 보고 화가 나서 옥리를 때렸다. 이후 임오는 광아후에 봉해지고 1800호의 식읍을 받았다.

역이기酈食其는 마을의 문을 지키는 관직을 지냈다. 한왕漢王 유방에게 손을 모아 읍을 하고 계책을 바쳐 진류陳留와 오창敖倉을 취하도록 하였으며, 요충지를 막고 나루터를 지키게 하였다. 제왕의 기틀은 이것으로부터 뻗어나갈 수 있게 되었다. 육가陸賈가 사신이 되자 백월百越이 귀부해왔다. 그는 은근하게 건의하여 문치文治로써 고조를 개도해주었다.[18] 누경婁敬은 변방을 지키던 자였는데, 장안을 수도로 정하여 안으로는 관중을 강하게 하고 밖으로는 흉노와 화친할 것을 건의하였다. 숙손통叔孫通은 봉상奉常이 되어 시대의 흐름에 맞추어 병력을 쉬게 하고 예의제도를 수립하였다. 어떤 자는 지혜로, 어떤 자는 뛰어난 모략으로 나라의 빛을 찬란히 밝혔다. 열세 번째로 「역육주누숙손전酈陸朱婁叔孫傳」을 지었다.

회남왕 유장劉長은 거만하고 참월하여 두 아들이 화를 당하였다. 유안劉安은 인변이 뛰어났으나 사악한 마음을 품었고, 유사劉賜는 우매하고 황음하여 모반을 일으켰으니 부자 2대 세 사람이 멸망하였다. 열네 번째로 「회남형산제북전淮南衡山濟北傳」을 지었다.

괴통蒯通의 유세로 세 명의 영웅이 패망하였다. 역이기는 삶아졌고, 한신은 교만하게 되었으며, 전횡田橫은 도망다니는 신세가 되었다. 오피伍被는 처음에 회남왕 유안의 모반을 따르지 않았으나 그의 부모가 구금되자 반란에 참여하였다가 화를 당하였다. 강충江充, 식부궁息夫躬의 끝없는 음모와 계략은 한나라의 대업을 교란하였다. 열다섯 번째로 「괴오강식부전蒯伍江息夫傳」을 지었다.[19]

---

18) 육가는 항상 고조에게 진언할 때 『시』와 『서』를 인용하였다. 고조가 자신이 말 위에서 천하를 얻었으므로 그런 서책의 내용에 얽매이지 않는다고 하자 육가는 "말 위에서 천하를 얻었지만 어찌 말 위에서 천하를 다스릴 수 있겠습니까"라고 했다. 육가는 나라가 흥하고 망하는 이치에 대해 12편의 글을 지었고 이것이 『신어新語』이다.

19) 『사기』에는 「괴통전」이 없다. 반고는 『사기·회음후열전』 중 한신과 괴통의 대화 부

만석군萬石君 석분石奮은 온화하여 젊은 시절 성군을 깨우치게
하였으니 자손은 번창하고 화목하였다. 그 아들 석경石慶은 제나라
에 사당이 세워졌고 말을 하지 않고도 백성을 감동시킬 수 있었다.
위관衛綰, 직불의直不疑, 주인周仁, 장구張驅는 선량하고 조신하여
명철보신明哲保身하였다. 열여섯 번째로 「만석위직주장전萬石衛直周
張傳」을 지었다.

문제文帝는 세 아들이 왕에 책봉되었으니 대효왕代孝王 유참劉參,
양효왕梁孝王 유무劉武, 양회왕梁懷王 유읍劉揖이다. 양회왕은 요절
하여 후사가 없었으므로 양효왕이 총애를 받았다. 양효왕은 경제景
帝의 동모 아우였고 또 오초吳楚의 반란을 진압하였기 때문에 스스
로 총애를 믿고 공로를 과시하였다. 본분을 잃고 참람된 욕심을 품
었으며 생각은 우매하였다. 사냥을 나갔을 때 어떤 사람이 발이 등
위에 달린 소를 바쳤는데 재앙을 예고한 것이었다.[20] 경제는 친속
을 아낀다는 친친親親의 도리에 근거하여 양나라를 효왕의 다섯 아

분만을 독립시켜 입전한 것이다. 괴통은 한신에게 "군주를 떨게 하는 위력을 가졌
고 상을 받을 수 없는 정도의 공로를 세웠으므로 위태로운 상황이니" 과감히 모반
할 것을 건의하였다. 그러나 한신은 차마 한나라를 배반할 수 없었고 결국 모반죄
로 몰려 처형된다. 사마천은 표면적으로 한신이 모반을 했던 것으로 기술하였다. 그
러나 「회음후열전」에서 상당히 긴 편폭을 할애하여 한신과 괴통의 대화 장면을 기
록하였는데, 이 대화는 한신이 한 왕조를 배신할 마음이 없었다는 것과 그의 죽음
이 억울함을 보여준다. 반고는 이 대화를 따로 독립시켜 「괴통전」을 구성한 것이다.
괴통이 한신을 설득하는 대목은 「한신전」에 수록되어 있어야 한신의 진심을 보여
줄 수 있고, 상황을 정확히 파악하고 예견했던 괴통의 면모도 부각될 수 있다. 괴통
이 한신에게 모반을 권유하였지만 한신은 모반하지 않았음에도 반고는 괴통의 단
독 전傳을 역모자 강충, 식부궁과 합쳐 기술하였다. 괴통의 입장에서도 상당히 억울
한 배치라고 볼 수 있다. 반고가 『사기』와 달리 「괴통전」을 독립시켜 구성한 것은 이
때문에 역대 학자들로부터 많은 비판을 받았다.

20) 양효왕 유무는 경제와 함께 두태후의 소생이었다. 두태후가 특히 총애하여 수도에
   오래 머무르며 경제와 같은 수레를 탈 정도로 천자와 다름없는 위세를 누렸다. 경제
   는 점차 양효왕을 멀리하였고 결국 양효왕이 수도에 머무를 것을 청하자 허락하지
   않았다. 봉국에서 앙앙불락한 심정으로 지내던 효왕에게 어떤 사람이 발이 등 위에
   달린 소를 바쳤는데 얼마 후 열병에 걸려 6일 만에 죽었다.

들에게 나누어주었다. 그러나 덕이 총애를 감당하지 못하여 네 명의 아들은 다음 대까지 계승되지 못했다. 열일곱 번째로 「문삼왕전文三王傳」을 지었다.

가의賈誼는 출중하여 약관의 나이에 조정에 등장하였다. 성군인 문제文帝를 만나 자주 상소하여 직간하였다. 포악한 진나라를 경계삼고 하·은·주 삼대의 성왕을 모범으로 삼도록 건의하였다. 조정을 호위하는 울타리로 제후국을 세워 수비를 강하게 하였으니 오·초의 반란을 막은 것은 가의의 계책 덕분이었다. 열여덟 번째로 「가의전賈誼傳」을 지었다.

원앙爰盎은 성격이 강개하여 격렬하고 직설적으로 간언하였다. 고삐를 잡고 자리의 배치를 바로잡으며 성패와 이해를 분명히 진언하였다.[21] 조조晁錯는 작은 재주가 있었다. 지혜는 부족한데 모략은 원대하였으니 재앙이 급박하게 닥쳐 오초의 반란군이 토벌되기도 전에 먼저 화를 당하였다. 열아홉 번째로 「원앙조조전爰盎晁錯傳」을 지었다.

장석지張釋之가 형법을 관장하니 나라의 법이 공평해졌다. 풍당馮唐은 위상魏尙에 대한 잘못된 처분을 바로잡아 군주의 영명을 더하게 하였다.[22] 급암汲黯은 강직하여 정의로운 마음이 겉으로 드러났다. 회남왕 유안劉安은 그가 직간할까 두려워하였고 무제도 관을 단정하게 바로 쓰고서야 그를 만났다. 정당시鄭當時는 뛰어난 재능

---

21) 문제가 산비탈에서 말을 달리게 하자 원앙은 고삐를 잡아 말렸다. 문제가 두竇황후, 애첩 신愼부인과 함께 상림원을 유람하였는데 시종들이 세 사람의 자리를 동렬에 배치하자 원앙은 예의에 맞도록 신부인의 자리를 약간 뒤쪽으로 놓았다.

22) 위상이 운중 태수를 맡고 있을 때 전공을 보고하면서 적군을 참수한 숫자가 6급級이 차이가 난 일이 있었다. 문제는 위상의 관직과 작위를 삭탈하고 형벌에 처하였는데, 풍당은 이 처분이 부적절했음을 직간하였다. 문제는 바로 위상을 사면하고 운중 태수에 임명하였으며 풍당을 중용하였다.

으로 천거되어 사람들이 그의 덕을 칭송하였다. 스무 번째로 「장풍급정전張馮汲鄭傳」을 지었다.

영광과 치욕은 모두 이유가 있으니 신하가 군주에게 간언하는 것은 단정한 성품의 표현이다. 이들의 충성과 정직은 군자들의 인정을 받았다. 스물한 번째로 「가추매로전賈鄒枚路傳」을 지었다.[23]

두영竇嬰은 득의양양하였고 지조와 명예를 중시하였다. 관부灌夫는 용맹을 자랑하였고, 전분田蚡은 교만하였다. 세 사람의 나쁜 성격이 상충하여 화를 초래하였고 망하게 되었다. 한안국韓安國은 재상에 임명되려던 때 다리를 다쳐 재상이 되지 못했고, 왕회王恢는 흉노를 공격할 것을 주장하였으나 실패하여 책임을 지고 자결하였다. 한안국은 천명이었고 왕회는 사람이 만든 재앙에 가깝다. 스물두 번째로 「두전관한전竇田灌韓傳」을 지었다.

경제는 13명의 아들이 왕으로 책봉되었으니 문제의 은택을 물려받은 것이다. 노공왕魯恭王은 궁실을 지었고, 강도왕江都王은 교활하고 경박했다. 조경왕趙敬王은 음험하고 사악했으며, 중산왕中山王은 술을 좋아하였다. 장사왕長沙王은 냉대받았고, 광천왕廣川王은 명성이 없었고, 교동왕膠東王은 신의가 없었고, 상산왕常山王은 교만하였다. 유영劉榮, 유알劉閼, 유단劉端, 유승劉乘 네 명은 후손이 없었다. 하간왕河間王 유덕劉德은 현명하고 예악을 익혀 한 황실의 걸출한 인재가 되었다. 스물세 번째로 「경십삼왕전景十三王傳」을 지었다.

이광李廣은 온화하고 겸손하여 병사들의 마음을 얻었다. 활을 쏘면 돌을 뚫었으며, 북방의 흉노에까지 명성을 떨쳤다. 70여 차례 전쟁에 참여하였으며 군중에서 죽었다. 이광의 아들 이감李敢은 위청

---

23) 「가추매로전」에는 가산賈山, 추양鄒陽, 매승枚乘, 노온서路溫舒가 수록되어 있다. 이 네 명은 모두 글을 짓는 능력이 뛰어나 상소문으로 명성을 얻었다.

을 원망하다가 곽거병에게 주살되었다. 이릉李陵은 흉노의 포로가 되자 자살하지 못하여 집안을 욕되게 하고 일족은 몰살당하였다. 소무蘇武는 지조를 지켜 군주의 사명을 욕되게 하지 않았다. 스물네 번째로 「이광소건전李廣蘇建傳」을 지었다.

위청의 용맹은 상장군의 으뜸이니 흉노를 토벌하여 북방을 개척 하였다. 일곱 차례 출격하였고, 군대의 진용은 엄정하였으며, 선우 를 포위하였고, 북으로 전안산闌顔山에 올랐다. 표기장군 곽거병은 용감하고 민첩하여 여섯 차례 멀고 깊은 적진까지 진격하였다. 번 개와 벼락이 치듯 돌격하여 한해翰海까지 말을 질주하고, 낭거산狼 居山에 올라 승리를 기념하는 제사를 지냈으며, 하서河西 지역을 점 령하였고, 기련산祁連山까지 군郡을 설치하였다. 스물다섯 번째로 「위청곽거병전衛青霍去病傳」을 지었다.

동중서董仲舒는 조신하고 겸허하여 두 차례 제후왕의 상국으로 임명되었다. 자신을 수양하고 제후국이 잘 다스려지자 사직하고 집으로 돌아왔다. 휘장을 내리고서 사색하고 강학하며 저술에 종 사하였다. 정직한 말로 황제의 질문에 답하였으니 일대를 풍미한 순수하고 바른 유학자였다. 스물여섯 번째로 「동중서전董仲舒傳」을 지었다.

문사가 화려하면 쓸모가 적다. 자허子虛와 오유선생烏有先生이 등 장하는 「자허부子虛賦」는 화려한 문사에 뜻을 담아 처음부터 끝까 지 황제에 대한 권계를 기탁하였다. 지식이 풍부하고 견문이 넓으 니 참고할 만한 것들이 있다. 문학의 큰 스승으로 사부辭賦와 가공 송덕歌功頌德의 시조가 되었다. 스물일곱 번째로 「사마상여전司馬相 如傳」을 지었다.

공손홍公孫弘은 신중하였기에 만년에 벼슬길에 오르게 되었다.

승상이 되고 작위를 받자 봉록과 상으로 받은 것은 현인을 봉양하는 데 사용하고, 자신은 삼베 이불을 덮고 거친 밥을 먹으며 검소하게 절제하는 생활을 하였다. 복식卜式은 농사짓고 목축하며 자신의 뜻을 실현시킬 기회를 구하였고 충심으로 명군을 깨닫게 하여 작위를 받고 임용되었다. 아관兒寬은 근면하였으며 어려서부터 유학을 공부하여 명신의 반열에 올라 정치를 보좌하였다. 스물여덟 번째로 「공손홍복식아관전公孫弘卜式兒寬傳」을 지었다.

장탕張湯은 고위직에 올라 정무를 장악하고 황제의 신임을 독차지하였다. 황제는 그의 보고를 받느라 해가 저물도록 밥 먹는 것조차 잊을 정도였다. 총애와 봉록을 얻었으나 또한 화를 당하게 되었다. 그의 아들 장안세張安世는 온화하고 선량하였으며 덕행이 깊고 후하였다. 자손들은 그의 기풍을 이어받아 복택과 봉지를 온전히 지킬 수 있었다. 스물아홉 번째로 「장탕전張湯傳」을 지었다.

두주杜周는 안건을 처리하면서 오직 황제의 뜻이 관대한지 엄한지에 따라 죄의 경중을 결정하였다. 이것을 처세의 자질로 삼아 다행히 화를 면할 수 있었다. 그의 아들 두연년杜延年은 관대하고 온화하여 명신의 반열에 올랐다. 두연년의 아들 두흠杜欽은 관리가 되지 않고 지혜와 모략으로 유명해졌으니, 고위 관직을 지낸 형제들과 달랐다. 서른 번째로 「두주전杜周傳」을 지었다.

장건張騫은 사신의 부절을 가지고 대하大夏와의 외교에 공로를 세웠다. 이광리李廣利는 도끼를 손에 쥐고 출정하였다가 패하여 투항하였고, 흉노는 그의 피로 제사를 지냈다. 죽기를 각오하고 싸운 자들은 복을 얻었고, 살고자 한 자들은 화를 당하였다. 서른한 번째로 「장건이광리전張騫李廣利傳」을 지었다.

아, 사마천은 이릉을 변호하다 연루되어 형벌을 받고 발분하여 저서를 지었다. 정밀한 생각으로 백가百家의 말을 종합하고 고금을 관통하여 일가지언一家之言을 이루어냈으니 그 종지는 매우 분명하다. 서른두 번째로 「사마천전司馬遷傳」을 지었다.

무제의 여섯 아들 중 소제 유불릉劉弗陵, 제왕齊王 유굉劉閎은 후사가 없었다. 연자왕燕剌王은 반역을 도모하였고, 광릉왕廣陵王은 주술을 행하였다. 창읍왕昌邑王은 단명하였고, 그 아들 유하劉賀는 우매하여 황위와 왕위를 잃었다. 여태자는 불행하였으나 그의 손자인 선제가 황위를 계승하였다. 서른세 번째로 「무오자전武五子傳」을 지었다.

무제는 위엄을 갖추었고 공적을 이루고자 문무의 신하들을 모두 기용하여 사방을 경략하였다. 엄조嚴助, 주보언主父偃, 회남왕 유안劉安 세 사람의 재덕은 자신을 보전하지는 못했으나 나라를 위한 모략에는 뛰어났다.[24] 서른네 번째로 「엄주오구주보서엄종왕가전嚴朱吾丘主父徐嚴終王賈傳」을 지었다.[25]

동방삭東方朔은 문사가 풍부하고 해학이 뛰어난 재주꾼이었다. 무제가 황실 정원인 상림원을 확장하려는 것을 말렸고, 두竇 태주가 총애하던 동언董偃이 연회에 참석하는 것을 저지하였다. 곧은 말로 간언하고 황제의 과오를 지적하였다. 황제가 하사한 고기를 잘라 나누어주는 관리를 기다리지 않고 직접 잘라 집으로 가져갔고, 술에 취해 궁전에서 소변을 보기도 하였다. 시대와 세속의 흐름에 따라 처세하였다. 서른다섯 번째로 「동방삭전東方朔傳」을 지었다.

---

24) 회남왕 유안의 열전은 이 권에 있지 않다. 유안이 엄조와 관계가 밀접하고 세 사람의 행적과 말로가 비슷하여 같이 언급하였다.

25) 이 권에는 문장을 잘 짓는 것으로 출세한 9인이 수록되어 있다. 엄조, 주매신, 오구수왕吾丘壽王, 주보언主父偃, 서락徐樂, 엄안嚴安, 종군終軍, 왕포王褒, 가연지賈捐之이다. 이들은 비극적 결말을 맞았다는 점에서도 공통점을 갖는다.

공손하公孫賀의 아내는 위황후의 자매였고, 유굴리劉屈氂는 무제의 이복형인 중산성왕中山靖王의 아들이었다. 전천추田千秋는 적시에 위태자의 억울함을 하소연하였고, 왕흔王訢은 군현의 관리부터 경력을 쌓아 승상까지 올랐다. 양창楊敞, 채의蔡義는 곽광에 의지하여 요행히 기회를 만났을 뿐이다. 정홍鄭弘은 법률과 정사에 밝았고, 진만년陳萬年은 아부로 총애를 받았다. 진만년의 아들 진함陳咸은 부친의 가르침을 들으면서 졸았지만 누가 그에게 자식의 도리를 다하지 못했다고 하겠는가![26) 서른여섯 번째로 「공손유전양왕채진정전公孫劉田楊王蔡陳鄭傳」을 지었다.

양왕손楊王孫은 나체로 매장할 것을 유언으로 남겼고, 호건胡建은 군법을 위반한 감군어사監軍御史를 먼저 참수하고 후에 보고하였다. 주운朱雲은 조정에서 장우張禹를 공격하였고, 매복梅福은 먼 곳에서 글을 올려 왕봉王鳳을 질책하였다. 이들은 다소 극단적이었지만 운창云敞은 적절함을 얻었다고 할 수 있다. 서른일곱 번째로 「양호주매운전楊胡朱梅云傳」을 지었다.

곽광은 당당하게 무제의 유조를 받아 소제를 옹립하고 보좌하여 임종의 유명遺命을 실현하였다. 황실의 불행이 발생하자 창읍왕을 폐위하고 선제를 옹립하였다. 권세와 위엄으로 사직을 안정시켰으니 그 충성은 주나라의 이윤伊尹에 비할 만하다. 그러나 점점 작위에 연연하게 되었고 총애를 자신하여 화를 초래하였다. 아내의 악행을 비호하다가 자식 대에 이르러 망하였다. 김일제는 흉노왕의 아들이었으나 성실하고 공경하였으며 충성스럽고 신뢰가 있어 자

---

26) 진만년이 병이 들자 아들 진함을 불러 당부를 하는데 아들이 졸다가 병풍에 머리를 부딪쳤다. 진만년이 노하자 아들은 머리를 조아리며 말했다. "말씀하신 것 다 압니다. 아첨을 잘해야 한다는 것이지요."

손 대대 그 복을 누렸다. 서른여덟 번째로 「곽광김일제전霍光金日磾傳」을 지었다.

군사가의 책략은 싸우지 않고서 승리를 거두는 것이다. 조충국趙充國은 백발이 되도록 공을 세우고 군사에 대해 건의하였다. 반대 의견을 제시하여 황제가 정확한 조치를 취할 수 있게 하였고 황제도 그의 충성을 이해하였다. 신무현辛武賢과 그의 아들 신경기辛慶忌는 모두 걸출한 무장이었다. 서른아홉 번째로 「조충국신경기전趙充國辛慶忌傳」을 지었다.

부개자傅介子는 누란왕樓蘭王을 주살하였다. 상혜常惠는 오손국烏孫國의 군대를 감호하였으며, 정길鄭吉은 일축왕日逐王을 영접하였고, 감연수甘延壽는 질지선우郅支單于를 주살하였다. 진탕陳湯의 대범하고 거리낌 없는 성격은 유향·곡영谷永·경육耿育 세 사람의 변호 덕에 위기를 넘길 수 있었다. 단회종段會宗은 임무를 충실히 수행하였으니 서역의 도호都護 중 걸출한 자였다. 마흔 번째로 「부상정감진단전傅常鄭甘陳段傳」을 지었다.

준불의雋不疑는 성품이 어질고 언행이 민첩하였으며, 상황에 적절히 대처하고 사리에 부합하였다. 곽씨 가문과의 혼인을 거절하였고 후에 관직에서 물러났다. 숙부와 조카 관계인 소광疏廣과 소수疏受는 사직하고 귀향하여 천수를 누렸으니 재물을 털어 빈객을 초청하며 만년을 향유하였다. 우정국于定國의 복은 그의 인자한 부친으로부터 비롯된 것이었다. 설광덕薛廣德, 평당平當, 팽선彭宣은 봉록과 작위에 연연하지 않았으니 염치를 아는 자들이라 할 수 있다. 마흔한 번째로 「준소우설평팽전雋疏于薛平彭傳」을 지었다.

상산商山의 네 노인은 은거하여 진나라의 화를 피하였다. 미혹되지 않고 동요하지 않았던 고대의 은사로는 엄평嚴平과 정진鄭眞이

있다. 왕길王吉은 유하劉賀 때문에 곤경에 처하였으나 그의 고상함
은 물들지 않았다. 공우貢禹는 나이가 들어서야 덕행으로 벼슬에 올
랐다. 공사龔舍는 오직 자신을 수양하는 것만을 생각하였으며, 공승
龔勝은 죽을 때까지 도의를 지켰다. 곽흠郭欽, 장후蔣詡는 왕망이 섭
정하자 사직하고 고향으로 돌아가 숨어 지냈으므로 화를 당하지 않
았다. 마흔두 번째로 「왕공양공포전王貢兩龔鮑傳」을 지었다.

위현韋賢은 위엄이 있고 공손하였으며 『시詩』와 『예禮』를 익혔다.
위현의 아들 위현성韋玄成은 겸양의 덕이 있었으니 부자가 대를 이
어 재상을 지냈다. 한나라의 종묘 예제는 숙손통叔孫通이 정한 것인
데, 원제 때부터 유학자들이 제도의 개혁을 건의하였다. 이는 나라
의 중요한 제도이므로 그 경과를 상세히 기술하였다. 마흔세 번째
로 「위현전韋賢傳」을 지었다.

위상魏相은 주변 사람들을 스승 삼아 본받았으며, 곽씨 가문의 권
력과 지위를 폐출하고 군주가 권위를 독점할 것을 간언하여 선제를
보좌하였다. 병길丙吉은 과시하지 않았으나 넓고 큰 포부를 품고 있
었으니 하늘이 그의 뜻을 계도해주었고, 그 복택이 후손에까지 이
어졌다. 마흔네 번째로 「위상병길전魏相丙吉傳」을 지었다.

과거를 점쳐 미래를 예측할 때는 암암리에 신명의 도움을 받는
다. 그러나 만약 성철聖哲함이 없다면 도가 아무것도 없이 저절로
발휘되지는 않는다. 도리는 미묘하고 술수는 은밀하거늘 혹자는 대
략적인 표피만 보고서 의심스런 것을 신중하게 보류하지 않고 멋
대로 해석하여 사람들의 뜻을 거슬렀다. 그리하여 가볍게는 과오와
후회를, 깊게는 원망과 화를 당하게 되었다. 마흔다섯 번째로 「휴양

하후경익이전昳兩夏侯京翼李傳」을 지었다.[27]

조광한趙廣漢은 지혜롭고 명찰한 경조윤이었다. 한연수韓延壽가 좌풍익으로 부임하자 정치가 화평해졌다. 그러나 두 사람은 재능을 자부하여 상관을 공격하다가 극형을 받았다. 윤옹귀尹翁歸는 좌부풍을 역임하였는데, 그가 죽고 난 후 선제는 조서를 내려 표창하였다. 장창張敞 또한 편안하고 질서 있게 다스렸으며 유가의 경학으로 정치를 보좌하였다. 왕존王尊은 실로 위무가 넘쳤으니 나라의 훌륭한 인재였다. 왕장王章은 무고하게 죽임을 당하여 선비와 백성들이 안타까워하였다. 마흔여섯 번째로 「조윤한장양왕전趙尹韓張兩王傳」을 지었다.

갑관요蓋寬饒는 엄정하여 관리를 감찰하고 바로잡는 일을 맡았다. 제갈풍諸葛豐은 강직함을 좋아하였고, 유보劉輔도 정직함을 경모하였다. 그러나 모두 지나치게 극단적이어서 상도에는 맞지 않았으니 모범이 되지는 못한다. 정숭鄭崇은 군주에게 간언하는 책임을 다하였고, 무장륭毋將隆은 관리로서의 소임을 다하였다. 손보孫寶는 순우장淳于長에게 굴복하였고, 하병何並은 권세를 두려워하지 않고 자신의 뜻을 지켰다. 마흔일곱 번째로 「갑제갈유정무장손하전蓋諸葛劉鄭毋將孫何傳」을 지었다.

소망지蕭望之는 온화하고 점잖았다. 곽광을 만나서는 천거를 받지 못하였고 선제를 만나서야 발탁되었다. 먼저 원제의 태부가 되었다가 후에 보정대신이 되었다. 그러나 멀고 깊게 도모하지 못하여 석현과 허장許章에게 해를 당하였다. 마흔여덟 번째로 「소망지전蕭望之傳」을 지었다.

---

27) 이 편에는 휴홍昳弘, 하후시창夏侯始昌, 하후승夏侯勝, 경방京房, 익봉翼奉, 이심李尋이 수록되어 있다. 이들은 모두 음양과 재이설災異說을 주장한 자들이다.

풍봉세馮奉世는 서역에서 찬란히 빛나는 공적을 세워 외적을 막아낸 공신의 반열에 들었으며 그 자식들도 모두 능력이 있었다. 마흔아홉 번째로 「풍봉세전馮奉世傳」을 지었다.

선제宣帝는 왕으로 책봉된 네 명의 아들이 있었다. 회양왕 유흠劉欽은 총명하고 민첩하였으나 외숙인 장박張博의 아첨 때문에 형벌을 받을 뻔했다. 초효왕楚孝王은 병이 있었고, 동평왕東平王은 법률을 위반하였다. 중산왕中山王은 단명하여 그 모친은 고향으로 돌아갔다. 원제의 두 아들은 왕에 책봉되었고 두 손자가 제위를 계승한 애제와 평제이다. 성제에게 후사가 없었으므로 이들이 차례대로 즉위한 것이다. 쉰 번째로 「선원육왕전宣元六王傳」을 지었다.

광형匡衡은 경학에 뛰어났으며 고대의 유가 학설에 조예가 깊었다. 백성들이 모두 그를 존경하였으나 덕망을 잃어 왕존王尊과 왕준王駿 두 사예교위의 탄핵을 받았다. 장우張禹가 재물을 벌어 부자가 되자 주운朱雲은 그를 비방하였다. 공광孔光은 돈후하며 신중하였으나 왕망에게 뜻을 굽혀 양심에 어긋나는 일을 하였다. 쉰한 번째로 「광장공마전匡張孔馬傳」을 지었다.

왕상王商은 충실하고 강하며 타협을 하지 않았기에 많은 화를 당하였고 배척되었다. 사단史丹은 충심과 간절함으로 태자를 보좌하였고, 충성스러우면서도 지략이 있었기에 후에 그 보답을 누릴 수 있었다. 부희傅喜는 정도를 지켰기에 자신을 온전히 할 수 있었다. 쉰두 번째로 「왕상사단부희전王商史丹傅喜傳」을 지었다.

설선薛宣은 법령을 잘 알았고, 주박朱博은 군사모략에 뛰어났다. 정무를 처리하는 능력은 있었으나 도덕 수양이 부족하였고, 능력을 넘어선 권력과 지위였으니 그 봉록을 오래 누릴 수 없었다. 주박의 능력과 덕행은 재상의 지위에 맞지 않았으니, 그의 임명식이 거행될 때 불길함의 전조인 이상한 종소리가 먼저 나타났다. 쉰세 번째로 「설선주박전薛宣朱博傳」을 지었다.

적방진翟方進은 유학을 공부하였다. 형벌로 위엄을 세우면서 시의적절하게 사용하였고 세상이 필요로 하는 재능을 두루 갖추었다. 적의翟義는 부친을 이어받아 호랑이와 표범처럼 용감하였으나 반걸음도 나아가지 못했고, 집안은 흉악한 자들에게 죽음을 당했다.[28] 쉰네 번째로 「적방진전翟方進傳」을 지었다.

황통이 쇠미해지고 정치가 쇠락하면서 재이가 계속 발생하였다. 곡영谷永은 재이가 나타나는 이유를 말하며 한 왕조는 건국 210년 만에 액운이 닥칠 것이라 경고하였다. 두업杜鄴은 외척인 정씨丁氏·부씨傅氏 집안을 비난하였는데 대략 점술을 알고 있었다. 쉰다섯 번째로 「곡영두업전谷永杜鄴傳」을 지었다.

애제와 평제의 우환은 정씨·부씨 집안과 왕망, 동현 때문이었다. 하무何武, 왕가王嘉는 이를 염려하다가 목숨을 잃었고 사단師丹은 축출되었으니 모두 정절을 지킨 대신들이다. 쉰여섯 번째로 「하무왕가사단전何武王嘉師丹傳」을 지었다.

이 사람의 학문은 깊고 넓구나! 실로 문장과 학술을 좋아하였다. 처음에는 사마상여를 모방하여 사부辭賦를 지어 황제에게 바쳤다. 그 후 사부 짓는 일을 그만두고 생각을 깊이하여 『법언法言』과 『태현경太玄經』을 지었다. 육경을 참조하고 『역易』과 『논어』를 본받으며 오로지 저술에 몰두하여 자신을 널리 알렸다. 쉰일곱 번째로 「양웅전揚雄傳」을 지었다.

흉포함으로 망한 진나라는 성인의 경전을 파괴하였다. 한나라는

---

28) 적의는 엄향후嚴鄕侯 유신劉信과 함께 거섭 2년(7), 왕망이 유자를 세워 천자의 자리를 쥐고서 한 왕실을 끊으려 하고 있다며 토벌을 모의하였으나 실패하였다.

경전을 보존하고 육경의 학문을 분류하였으며 종합하고 정리하여 벼리와 갈피를 명확히 하였다. 스승과 제자의 분파가 점점 많아져 그 시작과 끝을 기록하였다. 쉰여덟 번째로 「유림전儒林傳」을 지었다.

누구를 비방하고 누구를 칭송할 것인가. 칭송하는 것은 공적이 있기 때문이다. 백성은 무지하니 능력 있는 관리에 의해 교화가 이루어진다. 능력 있는 군자들이 같은 시대에 있었으나 공적은 각자 달랐다. 세상을 떠난 후에도 인자함이 남아 있으니 백성들은 여전히 그들을 그리워한다. 쉰아홉 번째로 「순리전循吏傳」을 지었다.

위의 조정이 쇠락하자 아래의 관리들은 횡포를 자행하였다. 범법자들이 많아지고 폭정이 성행하면서 형벌이 남용되었다. 이들은 권세를 이용하여 백성을 수탈하며 군림하였다. 황제께서 징벌로 관리들에게 되갚아주시니 결국 비참한 최후를 맞이하였다. 예순 번째로 「혹리전酷吏傳」을 지었다.

사농공상의 백성들은 힘으로 먹고살며 겸업을 하지 않는다. 부자는 사치하지 않고 백성은 궁핍하지 않도록 골고루 분배하여 가난한 자가 없어야 왕법을 준수할 수 있게 된다. 법과 제도가 없다면 백성은 속임수를 자행하며 분수를 넘어 윗사람을 쫓고 약소한 자들을 병탄하여 재산을 불릴 것이다. 왕후王侯의 옷을 입고 진귀한 음식을 먹게 되면 풍속과 교화를 해치게 될 것이다. 예순한 번째로 「화식전貨殖傳」을 지었다.

제후가 나라를 세우고 대부가 가읍家邑을 계승함에는 법률과 제도가 있다. 가읍은 무기를 소장할 수 없고, 제후는 주살을 독단으로 주관할 수 없다. 하물며 백성이 상벌을 마음대로 하는데도 바로잡지 않으면서 무슨 예법을 논하겠는가! 예순두 번째로 「유협전游俠傳」을 지었다.

저들은 어떤 자들이기에 이러한 부귀영화를 훔쳤는가! 사람들의 총명과 지혜를 해쳤으니 후세의 경계로 삼아야 할 것이다. 예순세 번째로 「영행전佞幸傳」을 지었다.

아! 『상서·순전舜典』에 오랑캐가 중국을 어지럽힌 기록이 있고, 주 선왕宣王이 이들을 물리친 일은 『시경』에 있다. 혼군 주나라 유왕幽王은 포사褒姒를 총애하여 여산驪山에서 견융犬戎에게 패배하였고, 결국 서주는 멸망하였다. 한나라가 갓 천하를 평정했을 때 흉노는 강성하여 우리 고조를 평성平城에서 포위하였고 변경지역을 침범하고 약탈하였다. 분개한 무제는 군대를 일으켜 번개처럼 저들의 황량한 들판을 공격하였다. 선제 때 흉노의 세력이 쇠약해지자 큰 덕을 베풀고 우리의 위력을 보이시니 이 이후로 5대 동안 한나라 조정에 내조하였다. 왕망이 정권을 찬탈하면서 흉노와의 관계에서 실패를 초래하였다. 그 변천의 과정을 기록하여 후세가 참고할 수 있도록 하고자 한다. 예순네 번째로 「흉노전匈奴傳」을 지었다.

서남 지역의 오랑캐는 종족이 다르고 지역도 특수하다. 남월南越의 위타尉佗는 반우番禺에서 스스로 왕을 칭하였다. 요원한 국경 밖에는 민월국閩越國과 동구국東甌國이 있다. 조선은 연국燕國의 밖에 있다. 한나라는 개국 후 먼 곳의 종족들을 회유하여 그들에게 분봉해주었다. 그들은 모두 험한 지형에 근거하여 때로는 굴복하기도, 때로는 교만하였으므로 무제께서 군대를 일으켜 멀리 연안 지역의 나라들을 토벌하였다. 예순다섯 번째로 「서남이양월조선전西南夷兩越朝鮮傳」을 지었다.

서융西戎이 교화된 것은 우임금이 덕으로 개도하였기 때문이다. 주나라 목왕은 출사하여 견융을 정벌하였으나 이후 이들은 조공을 바쳐오지 않았다. 한 무제는 모든 정력을 원방을 경략하는 데 쏟아부었다. 대완大宛을 원정하느라 군대는 피폐해졌다. 아름다운 공주를 오손왕烏孫王에게 시집보내는 것으로 서역 길은 완전히 통하여 사신이 조지국條支國의 해변까지 이를 수 있게 되었다.[29] 소제와 선제는 위업을 계승하여 서역도호西域都護를 설치하고 현지의 나라들을 관리하였다. 그리하여 36국이 모두 내조하여 조공을 바쳐왔다. 예순여섯 번째로 「서역전西域傳」을 지었다.

화복禍福은 변화무상하니 그 전형적 사례가 외척이다. 고후는 개국 황후이지만 여씨 일족은 주살되었다. 박희薄姬는 위魏나라가 망하자 고조에게 재가하여 문제文帝를 낳았다.[30] 두태후는 본래 친정과 가까운 조趙나라로 가려 했으나 대代나라로 시집가게 되었고, 결국 경제를 낳는 기쁨을 누렸다. 왕씨는 출신이 미천하였으나 그 아들 무제가 황위를 계승하였다. 위자부衛子夫는 가문이 부귀하게 되었으나 그 불꽃이 마지막까지 가지는 못했다. 무제의 구익부인鉤弋夫人은 슬퍼하며 자결하였으나 그 덕분에 소제가 즉위할 수 있었다. 소제의 상관황후上官皇后는 6세의 어린 나이에 황후가 되었으므로 모반에 가담하여 주살된 부친 상관안과 조부 상관걸에게 연루되지 않고 이들의 제사를 계속해서 지낼 수 있었다. 여태자의 사량제史良娣와 사황손 왕도후王悼后는 죽임을 당하였으나, 선제가 즉위하면서 사씨와 왕씨 집안은 빛을 보게 되었다. 공애황후恭哀皇后는 원제를 낳았으나 단명하여 천수를 누리지 못하였다. 허황후가 죽고 곽황후가 폐출된 후 선제는 왕첩여를 황후로 세웠고, 이 공성황

<hr />

29) 조지국은 대략 지금의 이라크 경내이다.

30) 항우에게 18제후왕 중 하나로 봉해졌던 위표魏豹의 위나라이다. 박희는 위표의 후궁이었는데 위표가 죽자 고조의 후궁이 되었다.

후邛成皇后가 선제·원제·성제의 3대를 지냈다.[31] 조비연趙飛燕은 요망하였고 그 동생은 재앙을 만들었다. 정丁·부傅 두 집안은 분에 넘치는 교만함을 부리다 화를 자초하였다.[32] 중산中山의 풍소의馮昭儀와 위희衛姬는 죄가 없었으나 풍씨와 위씨 두 집안은 모두 주살되는 화를 당하였다.[33] 혜제 장張황후, 경제 박薄황후, 무제 진陳황후, 선제 곽霍황후, 성제 허許황후, 애제 부傅황후, 평제 왕王황후는 존귀한 지위에 올라 사람들의 부러움을 받았지만 하늘의 뜻이 아니었다. 이처럼 원망과 지탄을 초래하였으니 외척을 어찌 삼가지 않을 수 있겠는가. 예순일곱 번째로 「외척전外戚傳」을 지었다.

원후의 모친은 그녀를 잉태했을 때 달이 품으로 들어오는 꿈을 꾸었다. 성제가 향락을 즐기자 정치는 여러 외숙부가 주도하게 되었다. 왕봉은 위엄을 휘두르고 상벌을 멋대로 하여 승상인 낙창후樂昌侯 왕상王商과 경조윤 왕장王章을 주살하였다. 성도후成都侯 왕상王商은 권세가 하늘을 찌를 정도였으니 황제에게 명광궁을 빌려 피서를 하였고, 왕근의 세력도 기세등등하여 섬돌 계단에 붉은색을 칠하였다. 왕망의 무도함은 극에 달하였고 난을 일으켜 멸망되었

---

31) 선제의 허황후는 원제를 낳았으나 곽광의 아내에 의해 독살되었다. 곽광의 딸인 곽황후가 폐위된 후 선제는 후궁 중 조신하고 아들이 없었던 왕첩여를 황후로 세우고 태자를 부양하게 했으며, 그녀의 부친을 공성후邛成侯에 봉하였다. 원제는 왕태후를 황태후로 높였으며 성제는 태황태후로 높였다. 원제의 황후이자 성제의 모친인 왕태후와 구분하기 위해 공성태후라 불렀다.

32) 애제의 조모인 부태후와 친모인 정희丁姬의 집안은 애제가 즉위하면서 제후로 봉해지고 요직을 차지하였다. 그러나 애제가 죽은 후 왕망이 실권을 장악하면서 두 집안의 관직과 작위를 파면하였다.

33) 풍소의는 원제의 후궁이자 평제의 조모이다. 부태후에게 모함을 당해 자살하였다. 위희는 평제의 모친이다. 꼭두각시 황제를 앉히기 위해 평제를 옹립한 왕망은 부씨와 정씨처럼 외척이 득세하는 일이 없게 하고자 위희 및 외척이 수도에 오지 못하도록 하였다. 왕망의 아들 왕우가 위씨 일족을 수도로 올 수 있도록 하려 했으나 왕망에게 발각되어 왕우와 위씨 일족 모두가 주살되었다.

다. 예순여덟 번째로 「원후전元后傳」을 지었다.

　아, 난신 왕망은 한나라를 찬탈하여 하늘을 거역하였다. 교만한 행실은 하나라 걸왕桀王을 뛰어넘고, 포악함과 잔혹함은 상나라 주왕紂王을 넘어섰다. 거짓으로 황제黃帝와 순임금의 후손임을 자칭하고 허위로 유가의 경전을 인용하였다. 사람들은 원망하였고 신명도 분노하니 죄악이 가득 차 주살되었다. 간악하고 음험한 수단들을 모조리 다하였으니 백대 제왕 중 가장 악한 자이다. 예순아홉 번째로 「왕망전王莽傳」을 지었다.

　『한서』는 한 왕조의 황제를 서술하고 관직제도와 제후로 책봉된 자들을 열거하였다. 천문을 관측하고 음양과 재이를 종합 정리하였으며 만물의 근원을 밝히고 해와 달, 별자리의 운행을 추산하였다. 주州·군郡·현縣의 경계를 나누고 각 지역의 산물을 관찰하였으며, 역대 인물을 모두 품평하였고 만방의 신령까지 포함하였다. 육경의 뜻을 관통하여 도통을 이었고, 사람들의 사적을 모아 전기를 지었다. 규범적인 해석을 담았고 고금을 관통하였으며 문자를 교정하였으니 학문의 총체라 할 수 있다. 일흔 번째로 「서전敍傳」을 지었다.

# 전한 제계표

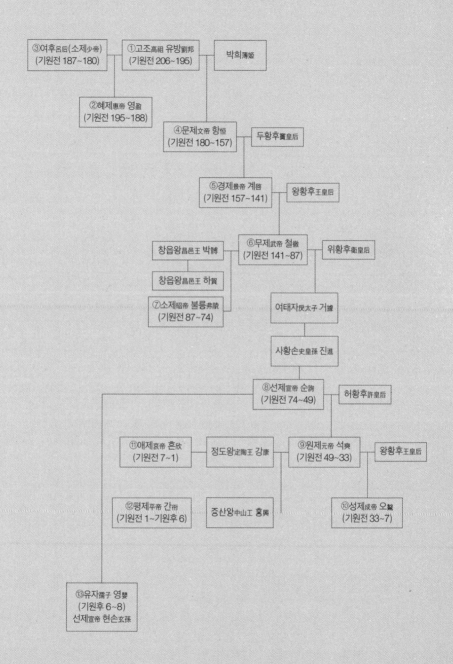

③여후呂后(소제少帝)
(기원전 187~180)

①고조高祖 유방劉邦
(기원전 206~195)

박희薄姬

②혜제惠帝 영盈
(기원전 195~188)

④문제文帝 항恒
(기원전 180~157)

두황후竇皇后

⑤경제景帝 계啓
(기원전 157~141)

왕황후王皇后

창읍왕昌邑王 박博

⑥무제武帝 철徹
(기원전 141~87)

위황후衛皇后

창읍왕昌邑王 하賀

⑦소제昭帝 불릉弗陵
(기원전 87~74)

여태자戾太子 거據

사황손史皇孫 진進

⑧선제宣帝 순詢
(기원전 74~49)

허황후許皇后

⑪애제哀帝 흔欣
(기원전 7~1)

정도왕定陶王 강康

⑨원제元帝 석奭
(기원전 49~33)

왕황후王皇后

⑫평제平帝 간衎
(기원전 1~기원후 6)

중산왕中山王 흥興

⑩성제成帝 오驁
(기원전 33~7)

⑬유자孺子 영嬰
(기원후 6~8)
선제宣帝 현손玄孫

# 전한 연표(기원전 206~기원후 8)

기원전 206년    진나라 멸망. 항우가 진나라 수도 함양咸陽을 도륙하고 항복한 자영子嬰을 죽였으며 서초패왕이 되어 18명을 제후로 분봉하면서 유방을 한왕漢王으로 책봉.

기원전 202년    유방의 군대가 해하垓下에서 항우군을 포위. 항우는 오강烏江에서 자결. 유방이 한 고조高祖로 즉위.

기원전 200년    한 고조가 대군을 이끌고 흉노 공격에 나섰다가 평성平城의 백등산白登山에서 7일 동안 묵돌선우에게 포위당함.

기원전 198년    종실의 딸을 공주로 사칭하여 선우에게 시집보내 화친을 맺음.

기원전 196년    한신韓信, 모반에 연루되어 죽음. 팽월彭越, 모반죄로 주살됨. 육가陸賈를 남월南越에 사신으로 파견하여 조타趙佗를 남월왕으로 책봉. 영포英布가 모반하자 고조가 병력을 이끌고 출격.

기원전 195년    고조 죽음. 황태자 영盈 즉위(혜제惠帝).

기원전 194년    여후가 조왕趙王 여의如意를 독살하고 척戚부인의 손발을 자르고 두 눈을 도려내고 귀머거리, 벙어리로 만듦. 혜제가 이를 보고 충격을 받아 정사를 돌보지 못함.

기원전 193년    상국相國 소하蕭何 죽음. 조참曹參이 상국에 임명됨.

기원전 191년    민간에서 책을 소장하는 것을 금했던 진秦나라의 협서율挾書律 폐지.

기원전 190년    상국 조참 죽음.

기원전 188년    혜제 죽음. 황태자 공恭이 제위 계승(소제少帝). 고조의 황후인 여후가 수렴청정.

기원전 187년    여후가 여씨 일족을 왕으로 책봉하려 하자 승상 왕릉王陵이 "유씨가 아닌 자가 왕이 되면 천하가 모두 그를 공격할 것"이라는 고조의 유언을 들어 반대하다가 파면됨.

기원전 185년    장량張良 죽음.

기원전 184년    여후가 소제를 죽이고 항산왕恒山王 의義를 즉위시킴(소제少帝).

기원전 180년    여후 죽음. 진평陳平, 주발周勃 등이 여씨 일족의 반란을 평정하고 고조의 아들 대왕代王 항恒을 옹립(문제文帝).

기원전 178년  진평 죽음.

기원전 171년  문제가 제나라의 복생伏生에게 사람을 보내 『상서尚書』를 배워 오게 함. 조조晁錯가 파견됨.

기원전 167년  문제가 육형肉刑을 폐지하는 조서를 내림.

기원전 157년  문제 죽음. 황태자 계啓가 제위를 이어받음(경제景帝).

기원전 155년  조조晁錯를 어사대부로 임명. 조조가 오나라의 영지를 삭탈할 것을 간언.

기원전 154년  오초칠국의 난 발생. 경제는 원앙袁盎의 건의를 받아들여 조조를 죽이는 것으로 난을 일단락 지음.

기원전 151년  황후 박씨薄氏 폐위.

기원전 150년  왕부인王夫人을 황후로 세우고 왕부인 소생의 교동왕膠東王 철徹을 황태자로 세움. 두寶태후는 경제의 아우인 양효왕梁孝王을 후사로 세우고자 했으나 대신들의 반대로 무산.

기원전 144년  양효왕이 입조하였다가 봉국으로 돌아간 후 죽음.

기원전 141년  경제 죽음. 황태자 철徹이 제위를 이어받음(무제武帝).

기원전 140년  동중서董仲舒가 유가의 학술만을 중심으로 한 정치를 주장한 대책문을 올림.

기원전 139년  두태후가 황로黃老의 학술을 선호하고 유자儒者를 싫어하여 승상이었던 두영寶嬰과 태위 전분田蚡이 파면당함. 장건張騫, 사신으로 서역 파견.

기원전 136년  오경박사五經博士 설치.

기원전 135년  두寶태황태후 죽음. 승상 허창許昌을 해임하고 전분을 승상에 임용함.

기원전 134년  군국郡國에 명을 내려 효렴孝廉을 1명씩 추천하도록 함.

기원전 131년  위기후 두영 처형, 얼마 후 전분 병사.

기원전 130년  진陳황후, 무고죄로 폐위.

기원전 129년  위청衛靑, 공손오公孫敖, 공손하公孫賀, 이광李廣 네 장수 출격. 이광은 패전하여 포로가 되었다가 탈출, 서인으로 강등됨. 위청은 대승하여 관내후關內侯에 책봉.

기원전 127년  주보언主父偃의 간언을 채택하여 추은령推恩令 반포.

기원전 126년  장건, 13년 만에 귀환.

기원전 124년  위청을 대장군에 임명.

기원전 123년  대장군 위청이 여섯 장군을 통솔하여 흉노 공격.

기원전 122년  회남왕 안安·형산왕 사賜 모반. 두 왕은 자살하였고, 수만 명이 연루되어 죽음.

기원전 121년　흉노의 혼야왕이 휴도왕을 죽이고 4만 명과 함께 한나라에 투항. 휴도왕의 태자 일제日磾에게 김씨 성 하사.

기원전 119년　위청과 곽거병이 각각 5만 기병을 이끌고 흉노 공격. 이후 흉노는 사막 이남으로 내려와 선우정單于庭을 세우지 못함. 전장군 이광 자살.

기원전 118년　3수전을 폐지하고 5수전 주조.

기원전 117년　곽거병 죽음. 사마상여司馬相如 죽음.

기원전 115년　장건이 오손烏孫에서 돌아옴. 서역과 한나라가 통하는 길이 이때부터 개통.

기원전 112년　남월南越 정벌.

기원전 111년　남월 평정. 남해南海·창오蒼梧·울림鬱林·합포合浦·교지交趾·구진九眞·일남日南·주애珠崖·담이儋耳 9군 설치.

기원전 110년　무제가 18만 기병을 통솔하고 북방 변경 순행. 태산에서 봉선 거행.

기원전 109년　무제가 동래東萊 바닷가에 가서 신인神人을 기다렸으나 보지 못함. 방사를 파견하여 신선과 영지를 구함.

기원전 108년　위만 조선이 왕을 죽이고 한나라에 투항. 위만 조선 멸망. 진번眞番·임둔臨屯·낙랑樂浪·현도玄菟의 4군郡 설치.

기원전 106년　13부에 자사刺史를 설치. 대장군 위청 죽음.

기원전 105년　종실 여인을 공주로 임명하여 오손왕烏孫王에게 시집보내 화친.

기원전 104년　백량대 화재. 건장궁 지음. 태초력太初曆 제작. 이광리를 이사장군貳師將軍으로 임명, 대완 공격. 동중서 죽음.

기원전 102년　대완국, 한나라에 복속됨.

기원전 100년　소무蘇武가 흉노에 사신으로 갔다가 억류됨.

기원전 99년　이릉李陵이 5000명의 보병을 이끌고 흉노로 출격했다가 투항.

기원전 96년　공손오公孫敖의 아내가 무고巫蠱를 행한 죄로 주살됨.

기원전 92년　무고 사건 시작.

기원전 91년　무제가 감천궁에서 요양. 강충江充은 무제의 병이 무고 때문이라며 대대적인 조사 강행. 태자 유거劉據는 강충과 일당인 한열韓說을 살해하고 군대 동원, 패한 후 도주하여 호현湖縣에서 자살. 위황후는 폐위 후 자살.

기원전 90년　무고 사건의 진상이 밝혀지고 강충 집안 멸족.

기원전 88년　강충의 여당인 망하라莽何羅가 무제 암살을 시도했다가 주살됨.

|  |  |
|---|---|
|  | 무제는 불릉弗陵을 후사로 정하고 생모인 구익부인鉤弋夫人을 죽임. |
| 기원전 87년 | 무제 죽음. 황태자 불릉이 제위 계승(소제昭帝). 대사마 대장군 곽광 등이 유조를 받들어 보정輔政함. |
| 기원전 86년 | 김일제 죽음. |
| 기원전 83년 | 상관황후(상관걸의 손녀, 곽광 외손녀) 책봉. |
| 기원전 81년 | 군국에서 추천된 현량賢良·문학文學과 상홍양桑弘羊이 소금·철·술의 국가 전매에 대해 논쟁, 이후 환관桓寬이 당시의 변론을 『염철론鹽鐵論』으로 편찬. |
| 기원전 80년 | 무제의 아들인 연왕燕王 단旦과 상관걸, 상홍양, 개장공주蓋長公主 등이 모반. 상관걸과 상홍양은 멸족. 연왕과 개장공주 자살. |
| 기원전 77년 | 차천추車千秋 죽음. |
| 기원전 74년 | 소제 죽음. 곽광 등이 무제의 손자이자 창읍왕昌邑王 박髆의 아들인 하賀를 옹립하였으나 황음무도하여 27일 만에 폐위. 여태자의 손자인 병이病已 옹립(선제宣帝). |
| 기원전 71년 | 곽광의 부인이 허許황후 독살. 겨울, 정령丁令, 오환烏桓, 오손烏孫이 흉노를 총공격, 흉노의 세력 약해짐. |
| 기원전 70년 | 곽광의 딸 황후로 책봉. |
| 기원전 68년 | 곽광 죽음. |
| 기원전 66년 | 곽우霍禹 등 모반. 곽씨 및 연루된 가문 모두 멸족. 곽황후도 폐위되었다가 12년 후 자살. |
| 기원전 65년 | 조광한趙廣漢, 요참을 당함. |
| 기원전 64년 | 선제 순詢으로 개명. |
| 기원전 61년 | 조충국趙充國 등을 파견하여 서강西羌 공격. |
| 기원전 60년 | 흉노의 일축왕日逐王이 한나라에 투항. |
| 기원전 57년 | 흉노의 다섯 선우가 자리다툼을 하면서 내분 발생. 동·서 흉노로 분열. 한연수韓延壽 죽음. |
| 기원전 55년 | 병길丙吉 죽음. |
| 기원전 54년 | 흉노의 선우가 칭신稱臣하면서 변경이 편안해지자 국경수비대 감축. 양운楊惲, 요참형에 처해짐. |
| 기원전 51년 | 흉노의 호한야선우呼韓邪單于가 장안에 와서 선제 접견. 기린각麒麟閣에 공신 11인의 화상을 그림. 황패黃霸 죽음. 선제가 석거각石渠閣 회의를 소집하여 유가의 오경五經에 대한 해석 정리. |
| 기원전 49년 | 호한야선우 내조. 선제 죽음. 황태자 석奭이 제위 계승(원제元帝). |

| 기원전 47년 | 환관 중서령 홍공弘恭과 복야 석현石顯이 전횡함. 전장군 소망지蘇望之가 홍공과 석현의 모함으로 자살. 홍공 죽음. 장창張敞 죽음. |
|---|---|
| 기원전 37년 | 경방京房 처형. |
| 기원전 36년 | 서역도위 감연수甘延壽, 부교위 진탕陳湯 등이 군대를 이끌고 질지선우郅支單于를 공격하여 죽임. |
| 기원전 33년 | 흉노의 호한야선우가 한나라의 사위가 될 것을 청하여 왕소군王昭君을 하사함. 5월 원제 죽음. 황태자 오驁가 제위 계승(성제成帝). 외숙 왕봉王鳳을 대사마 대장군에 임명. 왕씨가 이때부터 득세하기 시작. |
| 기원전 32년 | 석현石顯 파면, 고향으로 돌아가다 죽음. |
| 기원전 22년 | 왕봉 죽음. 왕음王音을 대사마, 거기장군에 임명. |
| 기원전 16년 | 왕태후의 조카 왕망王莽을 신도후新都侯에 임명. 조비연趙飛燕을 황후로 책봉. |
| 기원전 15년 | 왕음 죽음. 왕상王商을 대사마 위장군으로 임명. |
| 기원전 12년 | 왕상 죽음. 왕근王根을 대사마, 표기장군으로 임명. |
| 기원전 9년 | 정도왕定陶王 강康의 아들인 흔欣 입조. |
| 기원전 8년 | 정도왕 흔을 황태자로 책봉. 왕망이 대사마에 임명됨. 유향劉向 죽음. |
| 기원전 7년 | 성제 죽음. 황태자 흔이 제위 계승(애제哀帝). |
| 기원전 6년 | 유향의 아들 유흠劉歆이 『좌씨춘추左氏春秋』, 『모시毛詩』, 『일례逸禮』, 『고문상서古文尚書』를 학관에 세울 것을 청하였다가 금문학자들에게 배척되어 하내河內 태수로 밀려남. 경학계의 금고문 논쟁이 이때부터 시작됨. |
| 기원전 3년 | 원제의 후궁 부소의傅昭儀를 황태태후皇太太后로 높임. |
| 기원전 2년 | 황태태후 부씨 죽음. 동현董賢을 대사마 위장군으로 임명. |
| 기원전 1년 | 애제 죽음. 태황태후가 모든 병력과 정무를 왕망에게 맡김. 동현 파면, 자살. 중산왕 흥興의 아들인 간衎이 9세의 나이로 즉위(평제平帝). |
| 1년 | 왕망에게 '안한공安漢公'의 칭호를 내림. |
| 3년 | 왕망의 딸을 평제의 황후로 책봉. 왕망이 장자인 우宇를 죽임. |
| 4년 | 이윤과 주공의 호칭을 따라 왕망에게 '재형宰衡'의 칭호를 더함. |
| 5년 | 왕망에게 구석九錫을 더함. 12월 평제 죽음. |
| 6년 | 선제宣帝의 현손玄孫인 영嬰을 황태자로 하고 유자孺子라 함(당 |

시 2세). 왕망이 태후를 접견할 때 '황제대리假皇帝'라고 칭하도록 함.

8년       부명符命이 대대적으로 일어남. 11월, 왕망이 천자의 자리에 올라 국호를 신新으로 함.

한 권에 담은 한나라 이야기

# 한서 선역

2019년 3월 6일 초판 1쇄 찍음
2019년 3월 20일 초판 1쇄 펴냄

지은이 반고
옮긴이 안예선

펴낸이 정종주
편집주간 박윤선
편집 두동원 강민우
마케팅 김창덕

펴낸곳 도서출판 뿌리와이파리
등록번호 제10-2201호(2001년 8월 21일)
주소 서울시 마포구 월드컵로 128-4 2층
전화 02)324-2142~3
전송 02)324-2150
전자우편 puripari@hanmail.net

디자인 가필드
종이 화인페이퍼
인쇄 및 제본 영신사
라미네이팅 금성산업

값 25,000원
ISBN 978-89-6462-112-7 (03910)

이 도서의 국립중앙도서관 출판예정도서목록(CIP)은 서지정보유통지원시스템 홈페이지(http://
seoji.nl.go.kr)와 국가자료공동목록시스템(http://www.nl.go.kr/kolisnet)에서 이용하실 수
있습니다(CIP 제어번호: CIP2019007084).